PRISMA BIOLOGIE 1

Arbeitsblätter

Jürgen Beck
Irmtraud Beyer
Stefan Klär
Richard Müller
Bernd Mura
Horst Schneeweiß
Christina Winger

Ernst Klett Verlag
Stuttgart · Leipzig

1. Auflage

1 8 7 6 5 4 | 16 15 14 13 12

Alle Drucke dieser Auflage sind unverändert und können im Unterricht nebeneinander verwendet werden.
Die letzte Zahl bezeichnet das Jahr des Druckes.

Autorinnen und Autoren: Jürgen Beck, Göggingen; Dr. Irmtraud Beyer, Langen; Stefan Klär, Karlsruhe; Richard Müller, Balve-Elsborn; Bernd Mura, Erftstadt; Dr. Horst Schneeweiß, Hamburg; Christina Winger, Lieskau

Redaktion: Dr. Robert Strobel

Umschlaggestaltung: KOMA AMOK, Kunstbüro für Gestaltung, Stuttgart
Illustrationen: Jörg Mair, München
Reproduktion: Meyle + Müller, Medien-Management, Pforzheim
Druck: Digitaldruck Tebben, Biessenhofen

Printed in Germany
ISBN 978-3-12-068312-4

9 783120 683124

Prisma Arbeitsblätter Biologie – eine Stütze Ihres Unterrichts

Prisma Arbeitsblätter Biologie sind eine wertvolle Ergänzung der Prisma Schülerbücher für die Hand von Lehrerinnen und Lehrern. Sie ergänzen das Unterichtswerk Prisma und andere Unterrichtswerke für diese Schulklassen mit geeigneten Kopiervorlagen und mit Zusatzinformationen zu den behandelten Themen. Sie bieten eine Fundgrube von Bausteinen und Materialien und erleichtern die Vorbereitung des Biologie-Unterrichts. Neben wissensorientierten Aufgaben gibt es viele handlungsorientierte Anregungen, Anleitungen zu Experimenten, zur Auswertung von Materialien, Spiele, Puzzles und Bastelbögen für einfache Modelle. Projektseiten bieten eine Fülle unterschiedlichster Infomationen, Materialien und Anregungen für projektartigen Biologieunterricht und für Unterricht mit fachübergreifender Ausrichtung. Das Schlagwort-Register ermöglicht den schnellen Zugriff auf bestimmte Themen.

Die fachlichen Inhalte entsprechen den Vorgaben der aktuellen Lehr- und Bildungspläne für die Realschule.

Prisma Arbeitsblätter Biologie sind einheitlich aufgebaut: Der rechten Seite mit der Kopiervorlage steht links immer eine Seite mit den Lösungen der Aufgaben des Arbeitsblatts, mit Zusatzinformationen und Kommentaren gegenüber. Dieses Schema wird nur an wenigen Stellen durch mehrseitige Lernzirkel, Spiele und Bastel- und Projektseiten durchbrochen.

Folgende Symbole werden auf den Lehrerseiten einheitlich verwendet:

A Hier sind die Lösungen der Aufgaben der Arbeitsblätter zu finden.

Z Bezeichnet Zusatzinformationen zum Thema.

V Unter diesem Symbol sind Anregungen für zusätzliche unaufwändige Versuche zu finden.

M Hier ist eine Auswahl von Medien – hauptsächlich Videofilme – und gelegentlich geeignete Internetadressen angeführt.

Angaben von weiterführender Literatur ohne Anspruch auf Vollständigkeit.

Die vorliegenden Arbeitsblätter gibt es auch als Ausgabe auf CD-ROM mit separatem Zugriff auf die Grafiken, mit Vorschau, Register, Exportfunktion und praktischer Verwaltung ausgewählter Arbeitsblätter (Klett-Nr. 068314).

Übersicht der Arbeitsblätter, Projekte, Spiel- und Praktikumsseiten

Kennzeichen des Lebendigen

Arbeitsblatt Seite 7

1. Autos
2. Bewegung, Wachstum, Fortpflanzung, Stoffwechsel, Reizbarkeit
3. Wachstum und Fortpflanzung finden nicht statt. Das hat Mukti nur aus der Tatsache geschlossen, dass es große und kleine Fahrzeuge gab. Ein Auto baut zwar Stoffe (Benzin) ab, jedoch ist es nicht in der Lage, energiereichere Stoffe aufzubauen wie Lebewesen. Die Reizbarkeit ist keine Eigenschaft des Fahrzeugs, sondern des Fahrers darin. Dieser steuert ebenso die Bewegung.

Die Kerzenflamme – ein Modell des Lebendigen?

Die Kerzenflamme zeigt viele Analogien zu Lebensäußerungen: Reizbarkeit, Wachstum, Stoffwechsel, evtl. Fortpflanzung. Bei genauerer Betrachtung zeigen sich jedoch wesentliche Unterschiede sowohl rein biologisch als auch biochemisch:
a. Lebewesen bestehen aus Zellen, eine Flamme aus glühenden Gasen
b. Lebewesen bauen auch aus einfachen Stoffen kompliziertere auf; die Flamme dagegen baut nur energiereiche Materie (Wachs) zu energieärmeren Stoffen ab
c. Lebewesen vermehren sich durch Zellteilung mit Verdoppelung der DNA; bei der „Vermehrung" der Kerzenflamme werden immer andere Rußteilchen zum Glühen gebracht

Unterricht mit lebenden Tieren

Schüler erleben sehr anschaulich die Kennzeichen des Lebendigen im direkten Vergleich eines Spielzeugtieres mit einem echten Tier. Kinder in den Klassen 5 und 6 besitzen eine große Begeisterung für Tiere, die man sich mit einem Tierbesuch im Unterricht zunutze machen kann. Sehr oft bieten auch Schüler selbst an, ihr Haustier mitzubringen. Für einen solchen Einstieg eigenen sich in der Regel Säugetiere. Erfahrungsgemäß ist ein Hund bei vielen Kindern sehr beliebt. An diesem Beispiel soll dargestellt werden, wie eine solche Stunde vorbereitet und durchgeführt werden kann. Der Hund sollte nur von einer Person in den Unterricht geführt werden, der er absolut gehorcht. Bei Schülern muss dieser Sachverhalt genau geprüft werden. Ist im Schulumfeld kein Hund verfügbar, so lohnt sich eine Anfrage bei Jägern, Hundevereinen oder der Hundestaffel der Polizei.
Mit dem Hundeführer vereinbart man einen Besuch fünf Minuten nach dem Klingeln. Dadurch kann der Hund durch leere Schulgänge gehen und wird nicht durch große und laute Schülermengen erschreckt. Die Klasse bildet inzwischen einen Sitzkreis. Kinder, die Angst haben, stellen sich hinter die Stuhlreihe oder auf einen Tisch. Der Hund legt sich in den Stuhlkreis und die Klasse beobachtet das Tier und stellt Merkmale im Vergleich zu anderen Tieren fest (Behaarung etc.). Nun kann man die besonderen Fähigkeiten des Tieres mit den Schülern zusammentragen. Beim Hund sind dies sicherlich sein gutes Gehör und sein guter Geruchssinn. Das gute Gehör lässt sich demonstrieren, in dem der Hund in eine Ecke des Raumes geführt wird und auf einen geflüsterten Zuruf der Bezugsperson aus einer anderen Ecke reagiert. Nur für Mutige ist die Demonstration des Geruchssinns. Drei Schüler erhalten ein Stück eines Trockenfutters in die Hand, ohne dass dies der Hund sieht. Nun strecken alle im Kreis eine geschlossene Hand zur Mitte und der Hund versucht die Leckerbissen zu finden. Bei Katzen kann man als Körpermerkmal die einziehbaren Katzenkrallen zeigen. Die Hundekrallen sind nicht einziehbar. Dadurch hört man auch die Schritte im Klassenzimmer, während Katzen sich unbemerkt fortbewegen können. Evtl. kann man bei einem Hund, der darauf vorbereitet wurde, auch das (Raubtier-)Gebiss zeigen. Natürlich wollen Kinder das Tier auch streicheln. Allerdings ist es für den Hund u.U. sehr anstrengend, wenn alle Schüler einer Klasse ihn gemeinsam streicheln wollen. Auch dies kann im Kreis organisiert werden: Der Hund wird durch den Kreis geführt und jedes Kind kann ihn streicheln, nachdem der Hund zuvor an der Hand gerochen hat. Das Festhalten ist verboten. Die Veranstaltung endet wiederum fünf Minuten vor Unterrichtsende, damit der Hund das Schulhaus ruhig verlassen kann.
Im Vorfeld des Besuchs sollte noch abgeklärt werden, ob ein Versicherungsschutz für das Tier und von ihm verursachte Schäden besteht.
Bei einem solchen Unterrichtsbesuch eines Hundes können auch Verhaltensregeln gegenüber fremden Hunden mit den Kindern eingeübt werden. Solche Regeln basieren auf den Verhaltensweisen von Wolfsrudeln, von denen Hunde abstammen, und sind über das Internet erhältlich.

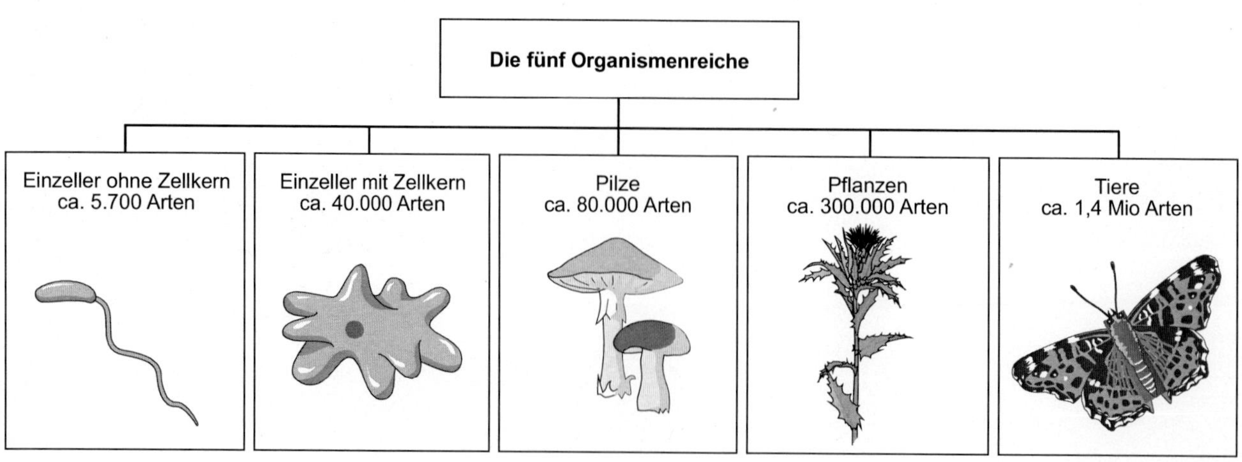

Eine Weltraum-Geschichte

Kürzlich machte ein kleines Raumschiff in der Nähe der Erde Halt. Da der Kapitän dieses Raumschiffes noch nie einen so wunderschön blauen Planeten gesehen hatte, wählte er aus seiner Mannschaft die kleine Mukti aus und schickte sie zu diesem hübschen Planeten. Dort sollte sie in Erfahrung bringen, ob es auf ihm Lebewesen gäbe.
Als Mukti nach einigen Tagen wieder an Bord kam, hatte sie dem Raumschiffkapitän viel zu erzählen:
„Die Bewohner dieses Planeten, der im übrigen „Erde“ heißt, sind sehr ungewöhnlich.“, erzählte sie aufgeregt. „Es gibt weiße und rote, gelbe und schwarze. Wie wir können auch sie sich bewegen. An manchen Stellen wimmelt es regelrecht von ihnen. Anscheinend wachsen die Erdlinge auch, denn ich habe große und kleine von ihnen gesehen.“ Noch ganz erschöpft von ihrem Ausflug, setzte sich Mukti in einen Sessel und fuhr fort. „Diese Erdbewohner haben mächtigen Appetit! Wenn ein solcher Erdling Hunger verspürt, so bewegt er sich auf breiten, schwarzgrauen Wegen zu einer Art Schnellrestaurant, wo er eine stinkende Brühe zu sich nimmt, die ihm aber gut zu schmecken scheint. Kurz bevor er sich dann weiterbewegt, stößt er ein lautes Brummen hervor, lässt einen gewaltigen Pups fahren, so dass eine dunkle Wolke am Hinterteil aufsteigt, und zieht von dannen.
In diesen Restaurants können sich die Erd-Lebewesen auch schwarze, runde Schuhe kaufen. Die nutzen sich anscheinend ziemlich schnell ab, denn hinter einem der Häuser sah ich einen riesigen Haufen dieser Dinger liegen.
Es kam mir vor, als bekämen die Erdlinge im Alter Hautunreinheiten. Dann entstehen auf ihrem Körper braune Pickel und Löcher. Manche von ihnen haben eine Krankheit, die sie mit etlichen Beulen überzieht. Wahrscheinlich eine Art Beulenpest“, meinte Mukti leicht angeekelt.
„Diese Erdbewohner können sogar sehen. An ihren Wegen stehen kleine Lämpchen. Leuchtet ein rotes Licht, so bleiben alle Erdwesen stehen, leuchtet ein grünes, bewegen sie sich weiter. So vermeiden sie, dass sie alle ineinander rollen.
Ganz schön komisch, diese Erdlinge!“

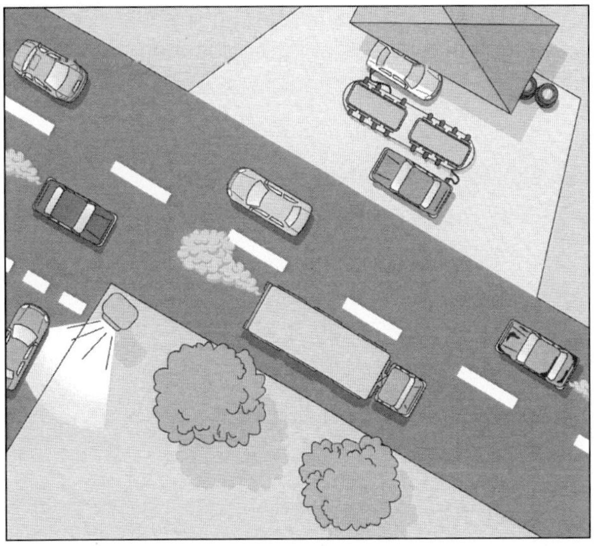

Aufgaben

1. Was war das, was Mukti für Erdbewohner gehalten hatte?
2. Welche Kennzeichen des Lebens hat Mukti bei „ihren“ Erdlingen erkannt?
3. Wie würdest du Mukti erklären, dass „ihre“ Erdbewohner gar keine Lebewesen sind?

Praktikum: Sind Pflanzen auch Lebewesen?

Die Kriterien eines Lebewesens sind den Schülern durch Beobachtung an einem Tier bekannt:

- Stoffwechsel - Aufnahme, Verarbeitung und Abgabe von Stoffen,
- Bewegung,
- Reizbarkeit,
- Fortpflanzung,
- Wachstum,
- Tod.

Mittels einfacher Experimente können nun die Schüler auch der Frage nachgehen, ob Pflanzen ebenso Lebewesen sind.

Die Versuche sind so ausgewählt, dass sie den Schülern Lebensäußerungen der Pflanzen beobachtbar machen, jedoch auf die Erklärung von Hintergründen und Zusammenhängen verzichten.
In den Versuchsanweisungen wird für die Schüler Bekanntes angesprochen, das sie dann experimentell prüfen sollen. So können selbst Kinder dieser Altersstufe an wisssenschaftliches Arbeiten und den Umgang mit Versuchsgeräten herangeführt werden. Sie werden zudem aufgefordert ihre Beobachtungen in kurzer Form zu beschreiben sowie Skizzen anzufertigen und diese zu beschriften.

V **Hinweise zu den Experimenten**

Bei dem Experiment „Pflanzen stellen Nährstoffe (Stärke) her" wird mit heißem Alkohol gearbeitet. Diese Versuchsphase sollte unter Beachtung aller Sicherheitsmaßnahmen und nur unter Aufsicht des Lehrers erfolgen. Für den Versuch müssen Schablonen vorbereitet werden (s. auch S. 168 in diesem Buch).

Bei dem Versuch „Pflanzen reagieren auf Berührung" müssen die Schüler lernen zeitlich exakt zu arbeiten. Denn nur so erkennen sie, dass der Schließmechanismus erst dann ausgelöst wird, wenn die Fühlborsten innerhalb eines Zeitintervalls von höchstens 20 Sekunden zweimal berührt werden.

Das letzte Experiment „Pflanzen wachsen" ist ein Langzeitversuch, der den 10 – 11-jährigen Kindern doch ein gehörig Maß an Durchhaltevermögen abverlangt. Aus zeitlichen Gründen empfiehlt es sich dieses Experiment als Hausarbeit zu vergeben.

Pflanzen nehmen Stoffe auf

Es ist kein Geheimnis, dass Pflanzen zum Leben Wasser brauchen.

Das kannst du mit einem Versuch beobachten:

Verdünne rote und blaue Tinte jeweils zur Hälfte mit Wasser. Fülle damit je ein Tablettenglas und stelle diese in ein Becherglas.

Spalte den Stängel einer weißblütigen Blume (z.B. Nelke, Gänseblümchen) und stelle je ein Stängelende in ein Tablettengläschen.

Nach zwei Tagen kannst du den Weg des Wassers erkennen. Beschreibe.

Welches Kennzeichen des Lebens zeigt dieser Versuch?

So sieht dein Versuchsaufbau aus.

Praktikum: Sind Pflanzen auch Lebewesen?

Pflanzen scheiden Stoffe aus

Die Wasserpest – eine Wasserpflanze – scheidet Gasbläschen aus. Dabei handelt es sich vermutlich um Sauerstoff.

Das kannst du überprüfen:

Lege dazu einige Wasserpesttriebe in ein wassergefülltes Becherglas. Stülpe einen Glastrichter darüber, auf den ein ebenfalls wassergefülltes Tablettenglas gesteckt wird. Stelle das Becherglas ins Sonnenlicht. Sofort steigen Gasbläschen nach oben, die das Röhrchen langsam füllen.

Handelt es sich bei dem Gas um Sauerstoff?

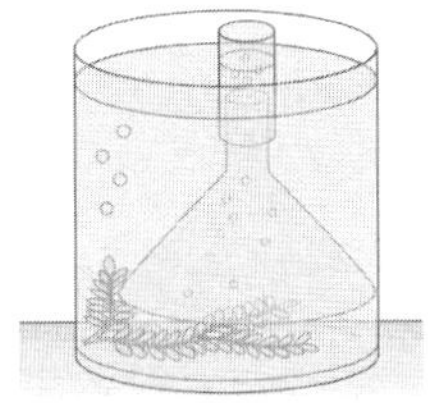

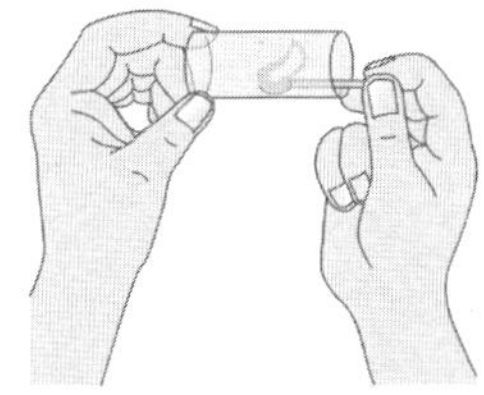

So sieht dein Versuchsaufbau aus.

Zünde zunächst ein großes Streichholz an. Blase es nach kurzer Brennzeit wieder aus und halte es, wie in der Zeichnung zu sehen ist, in das Tablettenglas. Wenn das glimmende Streichholz hell aufflammt, ist das Gas wirklich Sauerstoff.

Pflanzen stellen Nährstoffe her

Das kannst du überprüfen:

Ein Nährstoff heißt Stärke. Befestige die Schablone an einem Geranienblatt mit Büroklammern. Bis zur nächsten Biologiestunde wird das Blatt mit dem Schriftzug „Stärke“ künstlich beleuchtet.

Dein Lehrer hat heißen Alkohol bereitgestellt. Pflücke das Blatt ab, löse die Schablone und lege es etwa 5 Minuten in den heißen Alkohol (Vorsicht: Verbrühungsgefahr!!).
Tauche das Blatt kurz in kaltes Wasser und lege es anschließend in eine Petrischale.
Übergieße es mit etwas Jodkaliumjodid-Lösung

Stellt die Pflanze den Nährstoff „Stärke“ her?

Welche Voraussetzung muss außerdem gegeben sein?

Dein Lehrer hat für dich diese gefaltete Doppelschablone vorbereitet. Auf der Vorderseite ist das Wort „STÄRKE“ ausgeschnitten.

So sieht dein Versuchsaufbau aus.

Stärke kannst du mit Jodkaliumjodidlösung nachweisen. Sie färbt sich schwarz-violett.

Praktikum: Sind Pflanzen auch Lebewesen?

Pflanzen bewegen sich

Dass Pflanzen sich bewegen, kannst du mit einem Versuch nachweisen:

- Stelle eine Petrischale mit Kressepflänzchen in einen kleinen Schuhkarton, an dessen Seite ein Loch ausgestanzt ist.
- Öffne am nächsten Tag den Karton ohne ihn zu verrücken. Skizziere die Pflänzchen und die Lage des Loches.
- Drehe nun die Petrischale mit den Kressepflänzchen um 180°. Skizziere nach einem weiteren Tag deine Beobachtung.

Dieser Versuch kann übrigens mehrfach wiederholt werden.

Beschreibe deine Beobachtung.

Beschreibe den Unterschied zwischen den Bewegungen der Pflanzen und der Tiere.

Welches weitere Kennzeichen des Lebens zeigt dieser Versuch?

Dein Lehrer hat bereits in einer Petrischale Kressepflänzchen aus Samen vorgezogen.

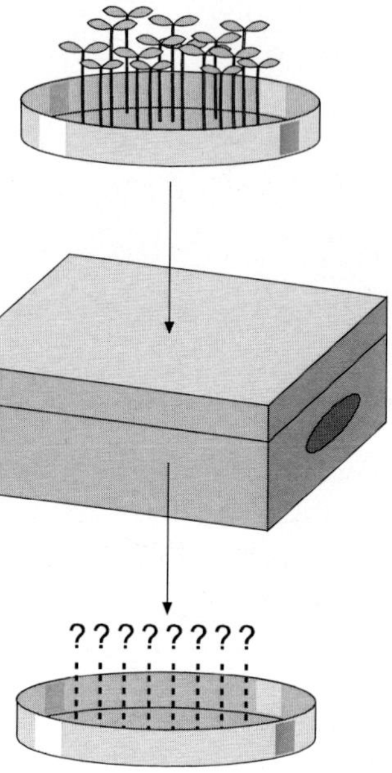

Pflanzen reagieren auf Berührung

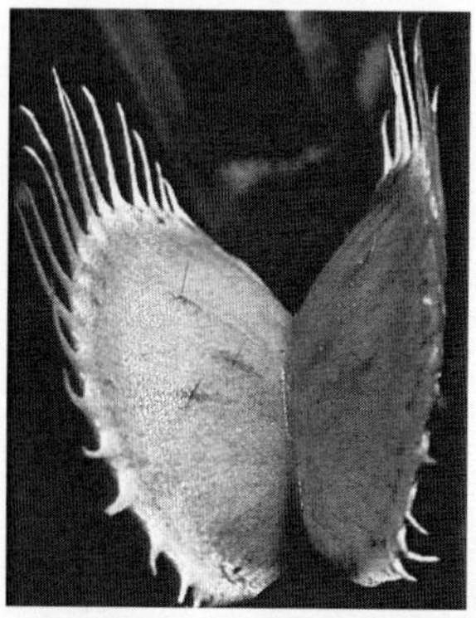

Geöffnete Fangblätter mit jeweils 3 Fühlborsten auf den beiden Blattinnenseiten

Die Venusfliegenfalle ist eine fleischfressende Pflanze.

Du kannst ihr Fangverhalten beobachten:

Berühre mit einem Bleistift eine der Fühlborsten zuerst zweimal im Abstand von 60 Sekunden, dann im Abstand von 40 Sekunden und ein drittes Mal im Abstand von 20 Sekunden.

Zur Absicherung deiner Beobachtung kannst du das Fangverhalten an einem weiteren Fangblatt auslösen, indem du eine Fühlborste im Abstand von 10 Sekunden zweimal berührst.

Die Fangblätter umschließen ein gefangenes Insekt. Die Fangblätter sondern Säfte aus, die das Insekt verdauen. Die Nährstoffe werden von der Blattoberfläche aufgenommen

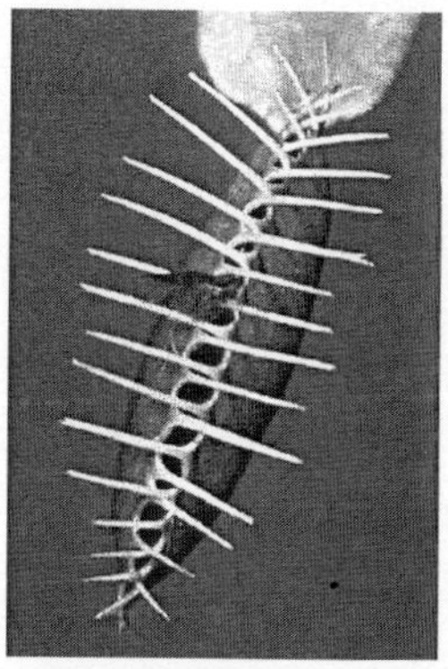

Wann wird das Fangverhalten ausgelöst?

Nenne mindestens drei Kennzeichen des Lebens, die du an der Venusfliegenfalle beobachten kannst.

Praktikum: Sind Pflanzen auch Lebewesen?

Pflanzen pflanzen sich fort

Wenn deine Mutter im Garten Bohnensamen in die Erde steckt, wachsen daraus Bohnenpflanzen.

Wie das möglich ist, kannst du an einem gequollenen Bohnensamen untersuchen.

Entferne zunächst die **Samenschale**. Darunter kommen zwei weiße Bohnenhälften zum Vorschein. Man nennt sie **Keimblätter**. Auf der Innenseite eines der beiden Keimblätter entdeckst du das „Pflanzenkind". Es besteht aus zwei **Laubblättchen**, einem kurzen verdickten Keimstängel und einer spitz zulaufenden **Keimwurzel**.

Zeichne die Bohnenhälfte mit dem „Pflanzenkind" und beschrifte die Einzelteile mit den fett gedruckten Begriffen.

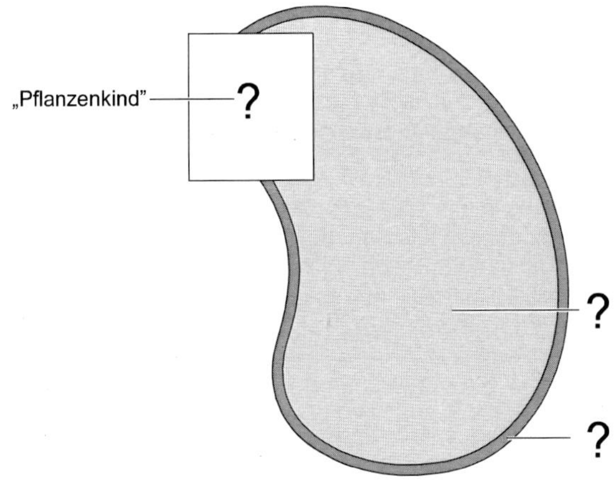

Die Keimblätter enthalten Nährstoffe, z.B. Stärke.
Das kannst du mit Jodkaliumjodid-Lösung nachweisen. Sie färbt Stärke schwarz-violett.

Ritze ein Keimblatt mit einer Präpariernadel mehrfach an und träufle Jodkaliumjodid-Lösung darauf.

Wozu ist der Nährstoff Stärke in den Keimblättern notwendig?

Pflanzen wachsen

Auch das ist kein Geheimnis, dass Pflanzen größer werden. Bei dieser Arbeitsstation sollst du den Wachstumsvorgang über ein paar Wochen beobachten.

Bau nebenstehende Versuchsanordnung auf: Roll ein Blatt Fließpapier zu einer Röhre und stell sie in einen Standzylinder. Bring mit einer Pinzette einen vorgequollenen Bohnensamen zwischen Glas und Papierröhre. Die Fließpapierröhre drückt den Samen gegen die Zylinderwand und hält ihn feucht. So kannst du ihn beim Keimen und Wachsen schön beobachten. Füll den Standzylinder etwa 5 cm hoch mit Wasser.

Verschließ den Standzylinder mit Alufolie, um eine zu hohe Wasserverdunstung zu vermeiden.

Zeichne deinen wachsenden Bohnensamen immer dann auf ein Blatt im Querformat, wenn du eine neue Beobachtung machen kannst. Versuche deine Beobachtung auch in kurzer Form zu beschreiben.

Hierfür hat Dein Lehrer Bohnensamen bereitgelegt.

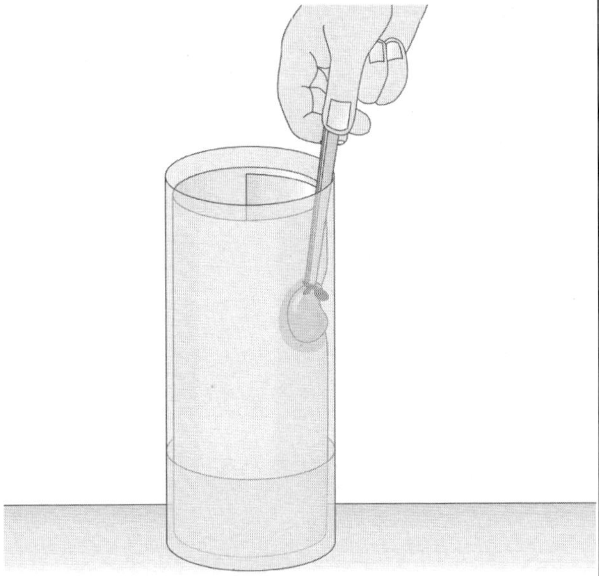

Praktikum: Mikroskopieren

Anfertigen mikroskopischer Zeichnungen

Die Schüler sollen zum großformatigen Zeichnen angehalten werden. Dabei kommt es weniger auf Details an als vielmehr auf die Umrisse und Lage der Zellen. Der gezeichnete Ausschnitt darf nicht zu groß gewählt werden.

Z. B. sollten aus dem Präparat der Zwiebelhaut nur etwa fünf Zellen gezeichnet werden, diese jedoch im Zusammenhang und jeweils etwa 5 cm lang.

Für die Schüler im mikroskopischen Anfangsunterricht bereitet es immer wieder Probleme sich auf diese Forderungen einzulassen. Eine Hilfe kann die Vorgabe von fehlerhaften und richtigen Mikrozeichnungen sein. Dazu kann die „Hilfe für die mikroskopische Betrachtung“ kopiert und foliert werden.

Seifenschaummodell

Das Seifenschaummodell führt dem Schüler erstens den Übergang vom räumlichen Zellgebilde bzw. Zellverband (Gewebe) zum flächig erscheinden Bild plastisch vor Augen, zweitens zeigt es die vielfältigen Kontaktflächen der Zellen untereinander.

In eine Plexiglasküvette gibt man etwa 1 cm hoch Wasser mit Spülmittel versetzt. Mit einem Trinkröhrchen bläst man kräftig Luft ein, bis die Küvette mit Blasen gefüllt ist. Die Blasen sind wie die Zellen räumliche Gebilde. Der Schaum stellt den Zellverband (Gewebe) dar. Nun kann der Schüler mit einem wasserlöslichen OHP-Stift die Blasenränder auf einer Seite der Küvettenwand nachzeichnen. Aus der räumlichen Struktur wird so ein flächiges Bild.

Die Zelle – eine räumliche Struktur

Dass Zellen räumliche und keine flächigen Strukturen sind, vermögen Schüler dieser Altersstufen nur sehr schwer nachzuvollziehen. Hier stößt ihre Vorstellungskraft an ihre Grenzen. Um so wichtiger ist es, das Vorstellungsvermögen durch geeignete Modelle zu unterstützen.

Hierfür ist die Kopiervorlage „Bastelbogen für ein Zellmodell“ (S. 13) vorgesehen. Der Lehrer kopiert die Vorlage auf Papier (160 - 200 g/m^2). So entstehen recht stabile Zellmodelle. Ferner können die Modelle zu einem Modellgewebe zusammengeklebt und als Mobile im Biologieraum aufgehängt werden.

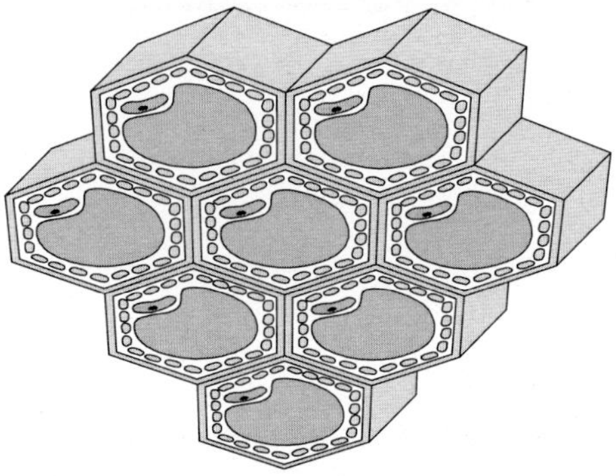

Modellgewebe aus Zellmodellen gefertigt

Hilfe für die mikroskopische Betrachtung

Betrachte dein Mikropräparat bei 400-facher Vergrößerung.
Welches der abgebildeten mikroskopischen Bilder kommt deiner Beobachtung im Okular am nächsten? Überlege dir, welche Fehler in den falsch gezeichneten Darstellungen gemacht wurden.
Zeichne fünf Zellen der Zwiebelhaut im richtigen Zusammenhang, wobei jede Zelle etwa 5 cm lang und entsprechend breit sein soll.

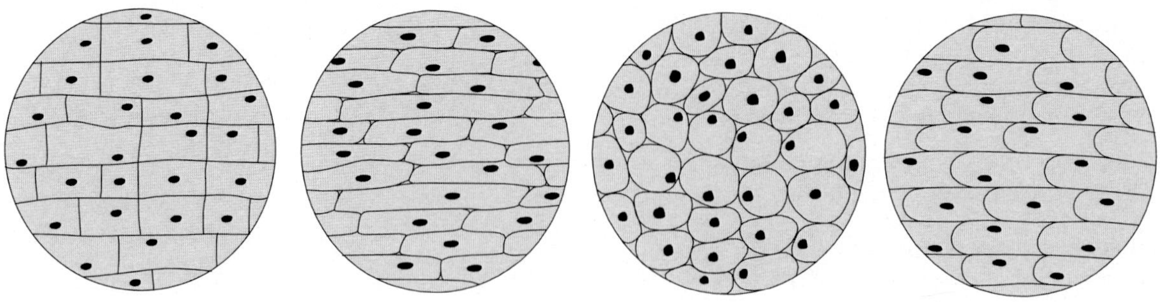

Praktikum: Mikroskopieren

1. Male die erkennbaren Zellstrukturen an.
2. Schneide die Vorlage aus.
3. Falte die Ränder nach innen und klebe das Modell zusammen.

So kannst du die Zellbestandteile anfärben:

Zellkern	–	rot
Chloroplasten	–	grün
Zellwand	–	braun
Zellmembran	–	lila
Zellplasma	–	blau
Vakuole	–	gelb

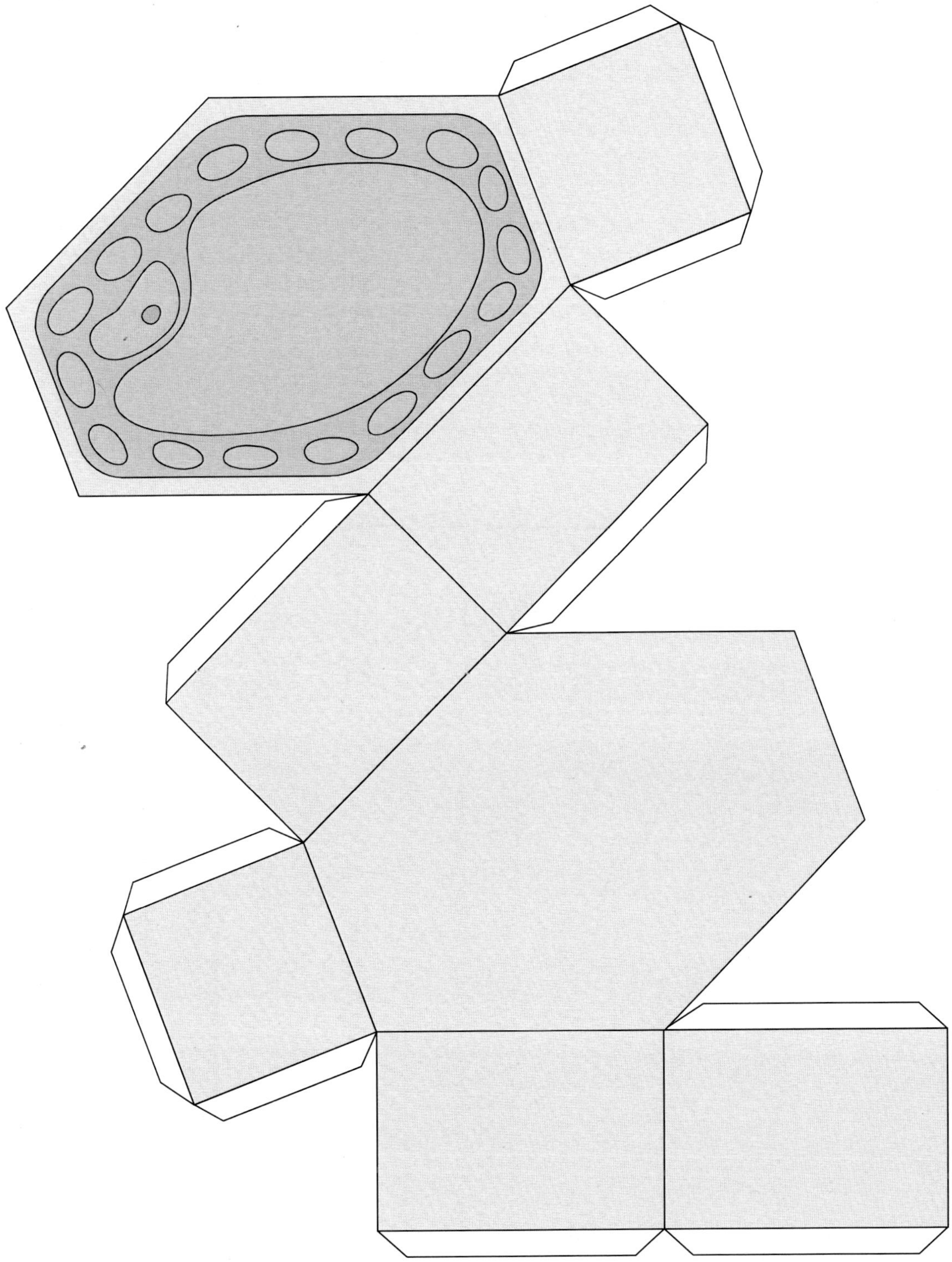

Praktikum: Mikrokopieren – Bastelbogen Mikroskop

Der Aufbau des Mikroskops

- Schneide die Teile des Ausschneidebogens aus, betrachte dein Mikroskop möglichst genau und ordne die ausgeschnittenen Bauteile in der richtigen Weise auf dem Grundblatt an.
- Lies den Text genau durch. Erstelle eine dreispaltige Tabelle mit Nummer, Name (fett-kursiv) und Aufgabe des jeweiligen Bauteils.

Der Grundkörper des Mikroskops besteht aus dem ***Stativ*** und dem ***Fuß***. Das Stativ verbindet alle Teile des Mikroskops miteinander und der Fuß gibt ihm festen Halt. Nur hier darf das Mikroskop zum Tragen angefasst werden. Alle anderen Teile sind viel zu empfindlich dazu.

Oben am Stativ befindet sich der ***Tubus***. Er trägt das ***Okular***, durch das man das mikroskopische Bild betrachtet. Das Okular ist neben den Objektiven an der Vergrößerung des Bildes beteiligt. Es vergrößert normalerweise 10-fach.

Unterhalb des Tubus ist der ***Objektivrevolver*** am Stativ drehbar gelagert, um die ***drei Objektive*** schnell wechseln zu können. Das kleine Objektiv vergrößert etwa 3-fach, das mittlere 10-fach und das große vergrößert 40-fach.

Im senkrechten Bereich des Stativs ist der ***Objekttisch*** verschiebbar angelagert. Er besitzt in der Mitte eine Öffnung, über die das Präparat gelegt wird. Mit den beiden ***Objektklammern*** kann es befestigt werden. Unterhalb des Objekttisches befindet sich die ***Blende mit dem Blendenhebel***. Mit ihm kann die Helligkeit reguliert werden, um ein kontrastreiches Bild zu erhalten.

Auf beiden Seiten des Stativs siehst du ***Drehknöpfe***. Mit ihnen kannst du den Objekttisch nach oben und unten bewegen, wodurch das Bild scharf eingestellt wird. Die ***Beleuchtung*** am Fuß sorgt für die „Durchleuchtung“ des Präparats, wobei die Bildhelligkeit mit dem ***Beleuchtungsregler*** stufenlos eingestellt werden kann. An der Fußrückseite befindet sich die Einsteckmöglichkeit für das ***Stromversorgungskabel***.

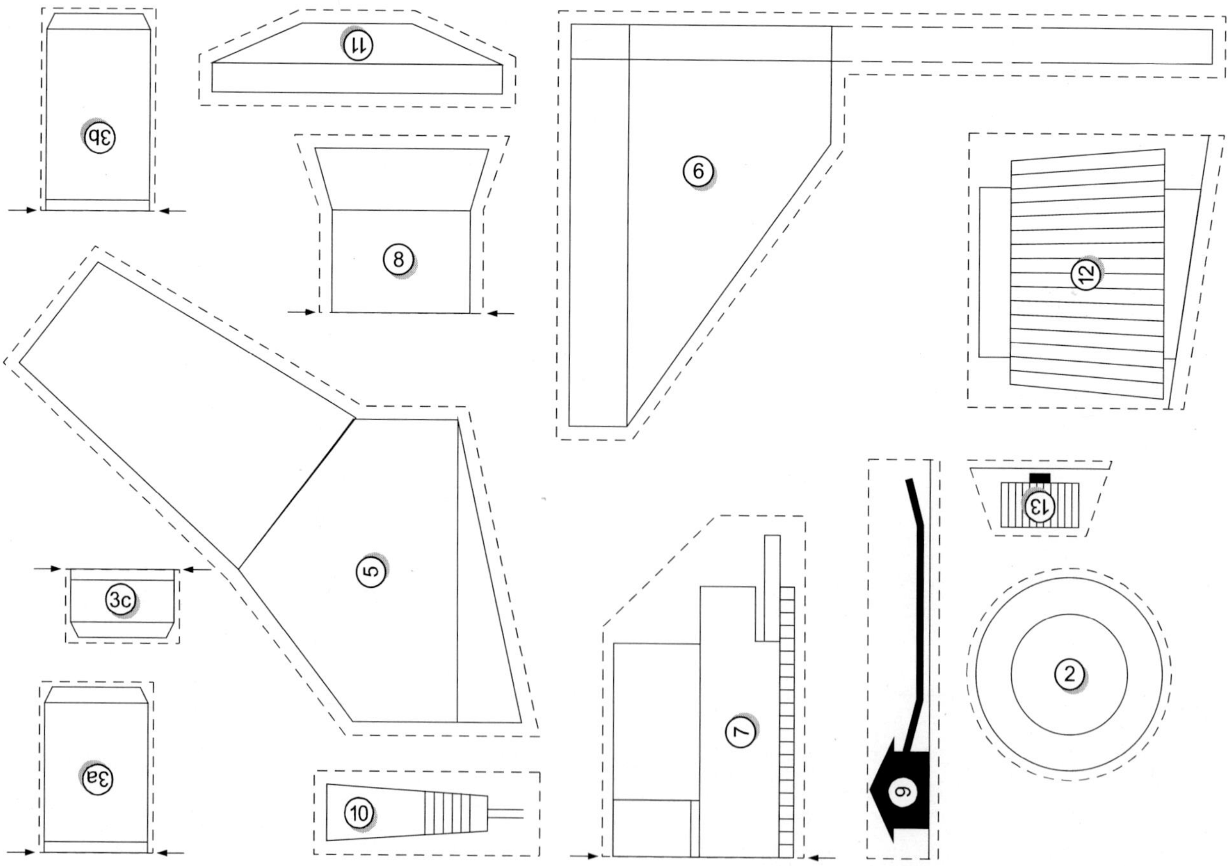

Ausschneidebogen „Bauteile des Mikroskops“

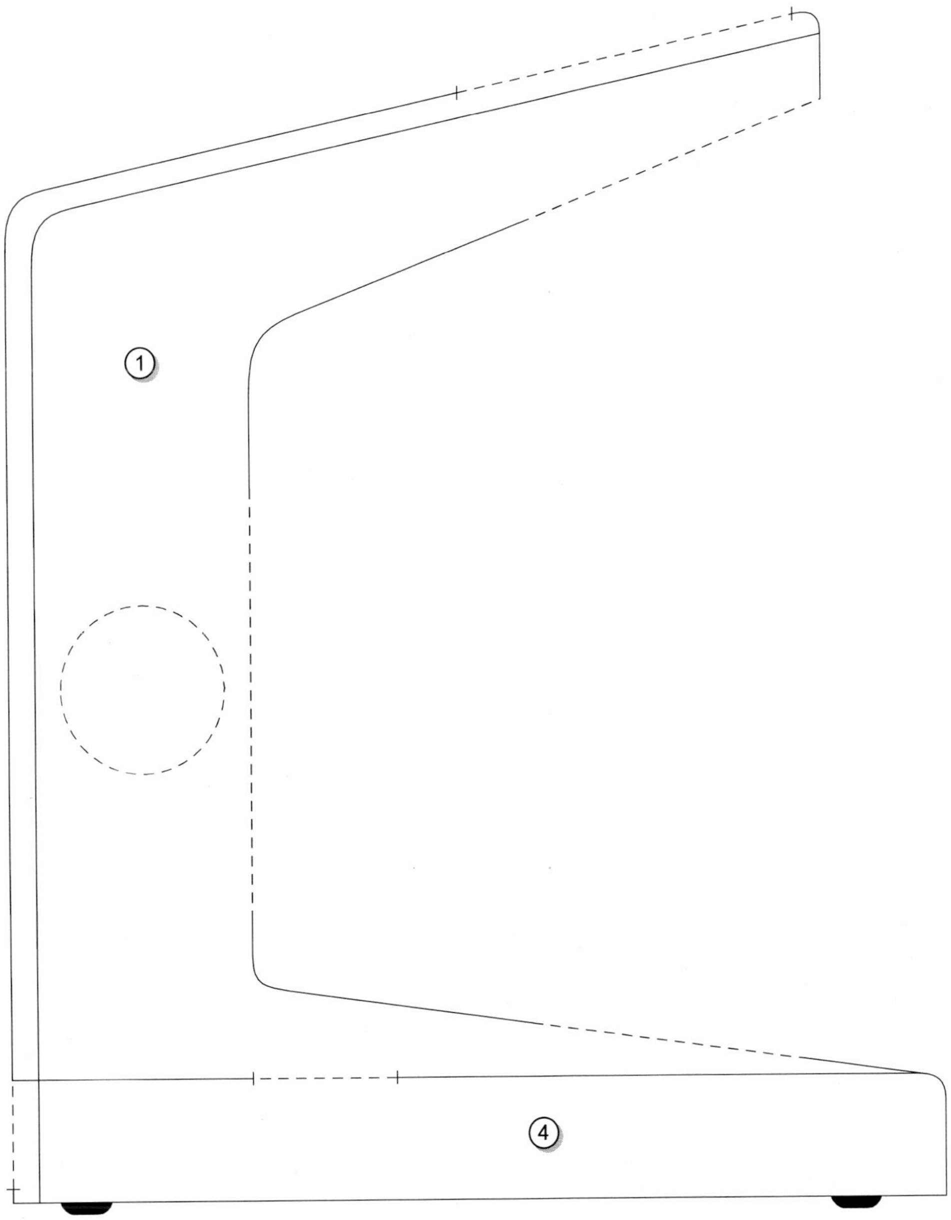
1
4

Eine Skelett-Rekonstruktion

A **Arbeitsblatt Seite 17**

Zu den fehlenden Knochen siehe die Abbildungen.
Es handelt sich um das Armskelett eines Maulwurfs, die Hand besitzt einen zusätzlichen Knochen, das Sichelbein.

Z **Die Geschichte zum Arbeitsblatt: Der Blaue Ritter und sein Pferd**

Vor vielen hundert Jahren ritt der berühmte Blaue Ritter in Windeseile auf seinem Pferd durch eine gebirgige Gegend. Schroffe Abgründe taten sich auf, kein Problem für den Ritter und sein Pferd, ein gut eingespieltes Team. Als es dunkel wurde, hatte der Ritter nur noch wenige Steinwürfe bis zum nächsten Gasthaus zurückzulegen.
Er träumte schon von Wurstsalat und einem kräftigen Schluck. Aber das war sein letzter Traum! Er übersah einen der tiefsten Abgründe in der Gegend und stürzte samt seinem Pferd tief hinab in einen Sumpf. Beide gingen sofort unter. Viele hundert Jahre später wurde der Sumpf trockengelegt, um ein Fastfood-Restaurant zu bauen. Dabei fanden die Bauarbeiter die sterblichen Überreste des Blauen Ritters und seines Pferdes.

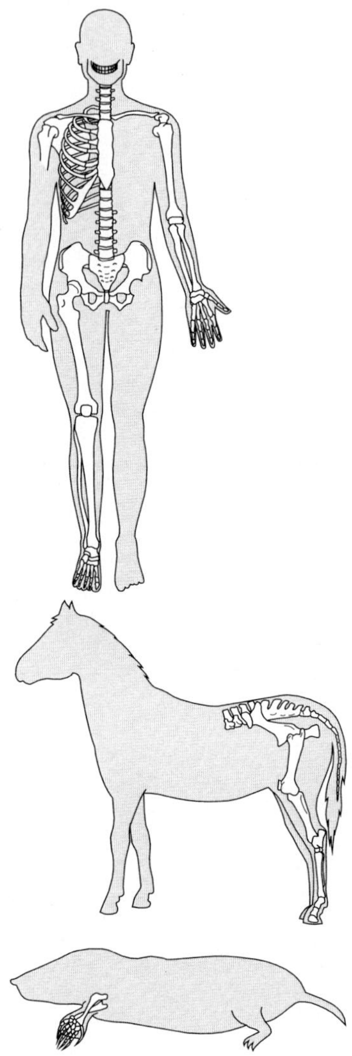

Skelettteile vom „blauen Ritter", Pferd und Maulwurf

Die sterblichen Überreste des Blauen Ritters und seines Pferdes

Bei Ausgrabungsarbeiten wurden die unten abgebildeten Knochen gefunden. Leider waren die Skelette nicht ganz vollständig.

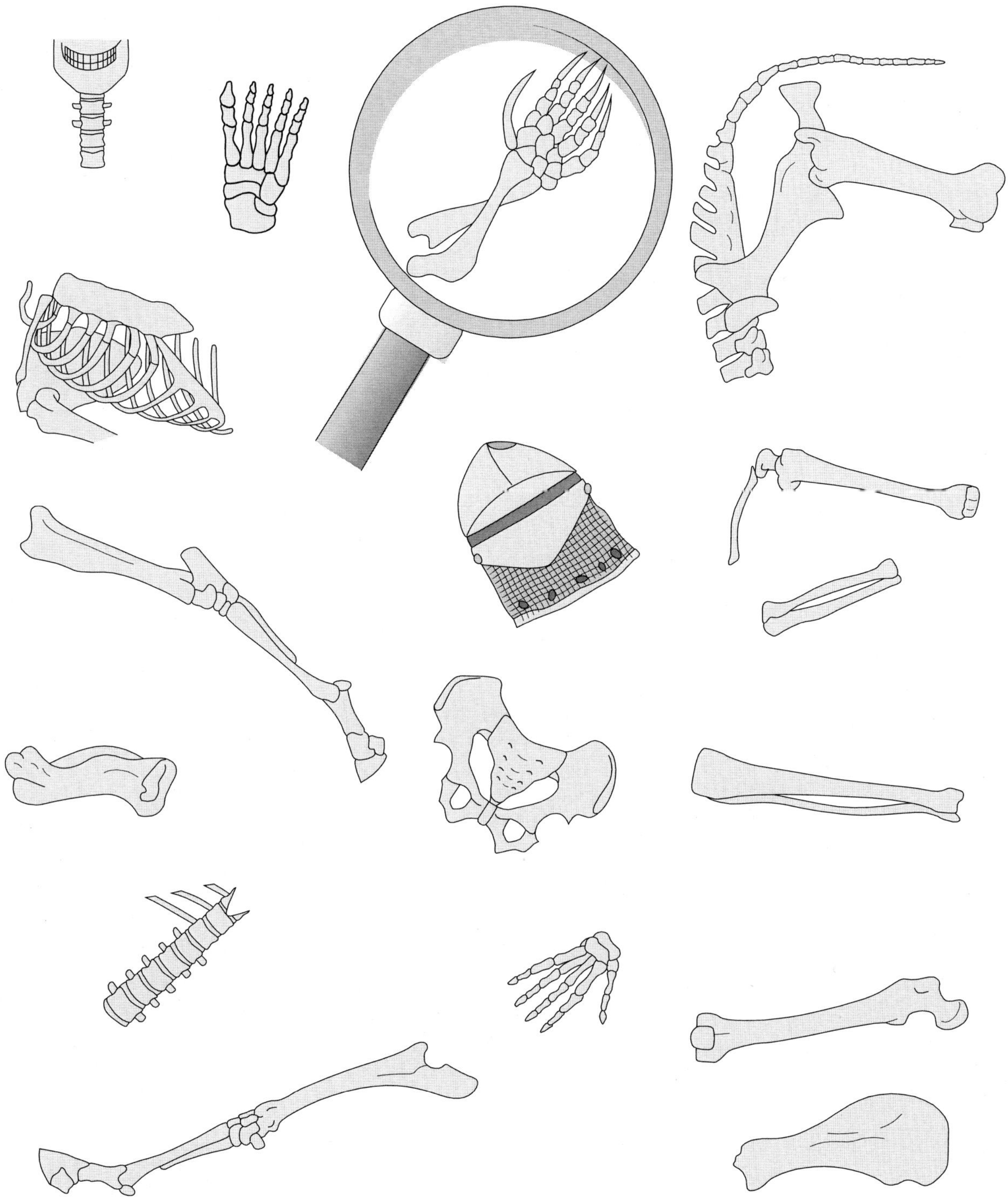

Aufgabe

Schneide die Knochen des Blauen Ritters aus, setze sie richtig zusammen und klebe sie auf. Schreibe auf, welche Knochen fehlen. Setze auch die Pferdeknochen zusammen. Wie ein Pferdeskelett aussieht, erfährst du in deinem Biologiebuch. Zuletzt ist noch das Armskelett eines unbekannten Säugetieres übrig. Finde mithilfe deines Buches heraus, um welches Tier es sich handelt. Eine kleine Hilfe: Vergleiche das Armskelett mit der abgebildeten Hand.

A **Arbeitsblatt Seite 19**

1. Hals- (HWS) und Lendenwirbelsäule (LWS) sind nach vorn, Brustwirbelsäule (BWS) und Kreuzbein sind nach hinten gewölbt. Es entsteht die Form eines Doppel-S.
2. HWS, BWS und LWS sind beweglich, wobei HWS und LWS starke Bewegungen ermöglichen.
3. Der Bauchmuskel dient als Rückenbeuger, der Rückenmuskel als Rückenstrecker.
4. Ein zu schwacher Rückenstrecker führt zur Ausbildung eines Rundrückens, wogegen ein schwacher Rückenbeuger ein Hohlkreuz zur Folge hat.

A **Arbeitsblatt Seite 20**

Beim Beugen fühlt der Schüler eine Verdickung und Verhärtung des Muskels auf der Vorderseite des Oberarms, beim Strecken des Unterarm fühlt er die Veränderungen an der Rückseite des Oberarms.

A **Arbeitsblatt Seite 21**

Wird der *Unterarm* gegen den Oberarm gebeugt, dann *verkürzt* sich der *Beugemuskel*. Man nennt ihn auch *Bizeps*. Er wird dabei *dicker*. Da er mit dem Unterarm durch *Sehnen* verbunden ist, wird dieser gegen den *Oberarm* hin bewegt. Da sich ein Muskel nur *zusammenziehen* kann, wird ein zweiter Muskel zur *Streckung* des Unterarms benötigt. Er sitzt an der *Rückseite* des Oberarms und heißt *Streckmuskel*. Man nennt ihn auch *Trizeps*. Zieht er sich zusammen, wird der Beugemuskel wieder *gestreckt*. Zu einer Bewegung gehören immer *zwei* Muskeln. Sie arbeiten als *Gegenspieler*.

B - Beugemuskel oder Unterschenkelbeuger
A - Streckmuskel oder Unterschenkelstrecker

Fußheber: Vorderseite des Schienbeins
Fußstrecker: Wadenmuskel

V **Vom Wirbel zur Wirbelsäule**

Ein einfaches Modell bringt die Schüler dazu Einzelelemente (Wirbel) zu einer Einheit (Wirbelsäule) zusammenzufügen. Der handlungsorientierte Ansatz bringt die Erkenntnis, dass die einzelnen Wirbel nur durch die Verbindung von Muskeln, Bändern und Sehnen zu einer funktionellen Einheit werden. Im zweiten Schritt kann an diesem Modell die Bedeutung der Wirbelsäulenform herausgefunden werden.

Die dazu benötigten Bausteinchen können aus Dübelholz (∅ 16 mm), 20 mm-Rundkopfnägeln und 15 mm-Drahtstiften leicht hergestellt werden (siehe Abb. 1).

Herstellung eines Bausteinchens

Ein Dübelholzstück 4 cm lang absägen. An der unteren Stirnseite zentral eine Halbkugel (∅ 5 mm) ausbohren. Im Zenrum der oberen Stirnseite einen Rundkopfnagel einschlagen, der etwa 5 mm überstehen soll. In der Mantelfläche jeweils um 90° versetzt mittig vier Nägel einschlagen, die ebenfalls 5 mm überstehen sollen.

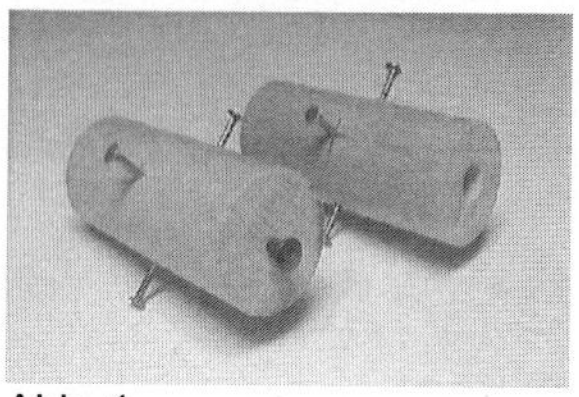

Abb. 1

Jede Schülergruppe erhält 4 Bausteinchen mit dem Auftrag, daraus ein Türmchen zu bauen. Das Unternehmen misslingt.
Schnell wird die Forderung nach Draht, Schnur, Gummi erhoben.

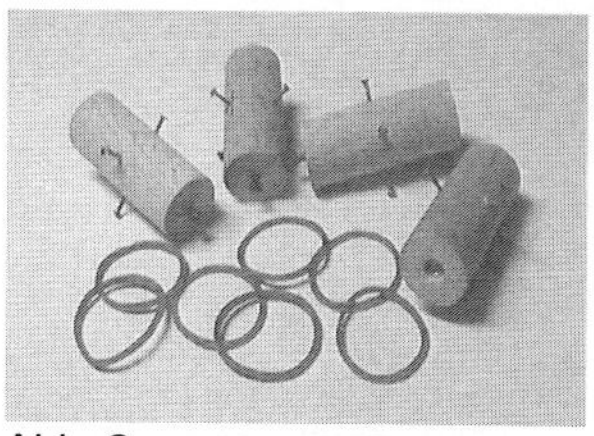

Abb. 2

Die Gruppe, die ihre „Wirbel" mit Haushaltsgummis (∅ 20 mm) zu einer Modellwirbelsäule verbindet, hat die beste Lösung gefunden, denn ihre „Wirbelsäule" ist stabil und dennoch beweglich.

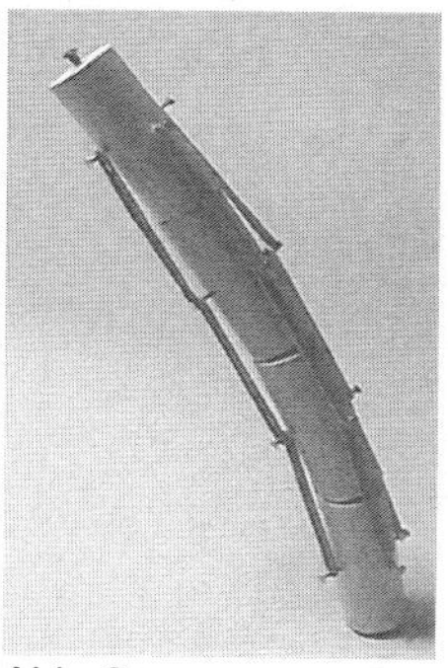

Abb. 3

Nun soll die Form unserer „Wirbelsäule" untersucht werden. Die Schüler erhalten den Auftrag, das Türmchen auf den Tisch zu stellen. Es soll alleine stehenbleiben. Es wird nur gelingen, wenn die „Wirbelsäule" entlang der Standlinie – über dem Standpunkt – gebogen angeordnet wird (Abb.4). Ist dies nicht der Fall, wird das Türmchen umfallen

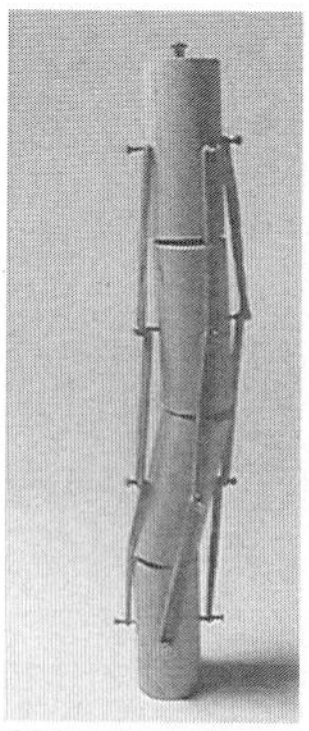

Abb. 4

Das Türmchen bleibt stehen, wenn es sich im Gleichgewicht befindet.

Die Form der menschlichen Wirbelsäule ermöglichte erst den aufrechten Gang. Rücken- und Bauchmuskulatur können so unseren Körper leichter senkrecht auf dem Becken halten.

Die Wirbelsäule – Stütze unseres Körpers

Die Wirbelsäule bildet die bewegliche Achse unseres Körpers. Sie trägt Kopf und Rippen. Über Schulter- und Beckengürtel sind Arme und Beine mit ihr verbunden. Außerdem umgibt sie schützend das Rückenmark.
Sie besteht beim Menschen aus 34 Wirbelkörpern (7 Hals-, 12 Brust-, 5 Lenden-, 5 Kreuzbein- und 5 Steißbeinwirbel). 24 Wirbelkörper sind beweglich über Gelenke miteinander verbunden. Die 10 Kreuz- und Steißbeinwirbel sind miteinander zu einer Einheit verwachsen. Zwischen den Wirbelkörpern liegen die Bandscheiben. Diese flüssigkeitsgefüllten, elastischen Knorpel, die erst die Beweglichkeit unserer Wirbelsäule ermöglichen, wirken als Stoßdämpfer.

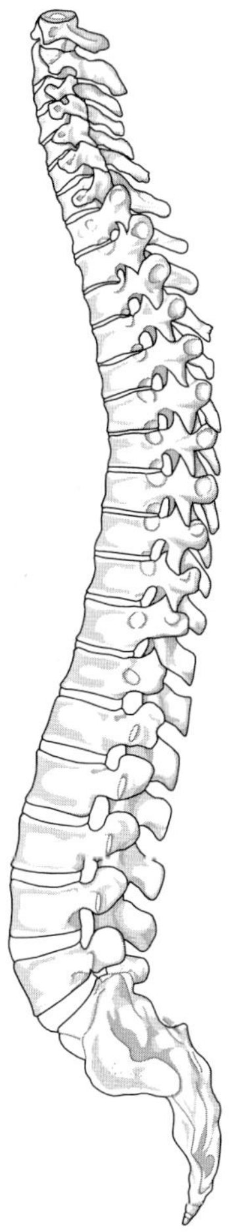

1. Färbe die Namenskästchen und die Wirbelsäulenabschnitte mit den angegebenen Farben. Beginne oben. Färbe auch die Bandscheiben.

   Welche Bereiche der Wirbelsäule sind nach vorn „ (“ gewölbt, welche nach hinten „) “? Zeichne entsprechende Bögen rechts in die Abbildung ein.

   Wenn du die Symbole für die Wölbungen aneinanderzeichnest, erhältst du einen „Doppelbuchstaben“. Welchen? Mit ihm läßt sich die Form unserer Wirbelsäule beschreiben.

Halswirbel rot	
Brustwirbel grün	
Lendenwirbel blau	
Kreuz- und Steißbein grün	
Bandscheiben lila	

2. Drei Wirbelsäulenabschnitte sind beweglich. Welche? Bewege deine Wirbelsäule langsam.

   Sind alle Wirbelsäulenabschnitte gleich beweglich? Beschreibe deine Beobachtung.

3. Zeichne in die Skizze unserer Wirbelsäule zwei Muskeln verschiedenfarbig ein, die die Wirbelsäule aufrecht halten. Gib ihnen entsprechend ihrer Aufgabe einen Namen. Trage die Namen mit derselben Farbe in die Kästchen ein.

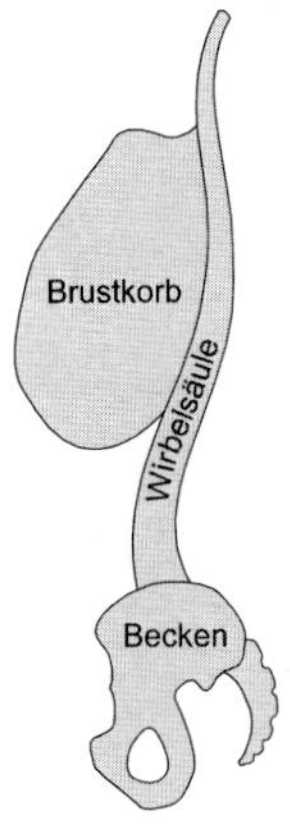

4. Welche Auswirkung hat es, wenn die Wirbelsäule belastet wird und die von dir eingezeichneten Muskeln nicht kräftig genug sind? Beschreibe die Auswirkung für jeden der beiden Muskel einzeln.

So arbeitet die Muskulatur

Beobachtungen zur Muskeltätigkeit

Taste zunächst mit der rechten Hand den linken Oberarm auf seiner Vorder- und Rückseite ab. Schließe nun die linke Hand zur Faust und spanne deine Armmuskeln kräftig an. Beuge und strecke deinen Unterarm mehrfach langsam. Dabei kannst du die Veränderungen der Muskeln auf der Vorder- und Rückseite des Oberarms deutlich spüren. Beschreibe deine Beobachtung.

So wird der Unterarm bewegt

Male in beiden Bildern die Knochen gelb, die Muskeln rot und die Sehnen braun an. Schneide beide Bildstreifen aus und klebe sie an der Klebefläche so übereinander, dass die beiden Kreuze jeweils genau aufeinander liegen. Der obere Bildstreifen wird um einen Bleistift gewickelt. Dieser wird dann langsam hin und her bewegt, so dass der obere den unteren Bildstreifen abwechseln verdeckt bzw. sichtbar werden lässt. Du kannst damit die Muskeltätigkeit bei der Unterarmbewegung beobachten.

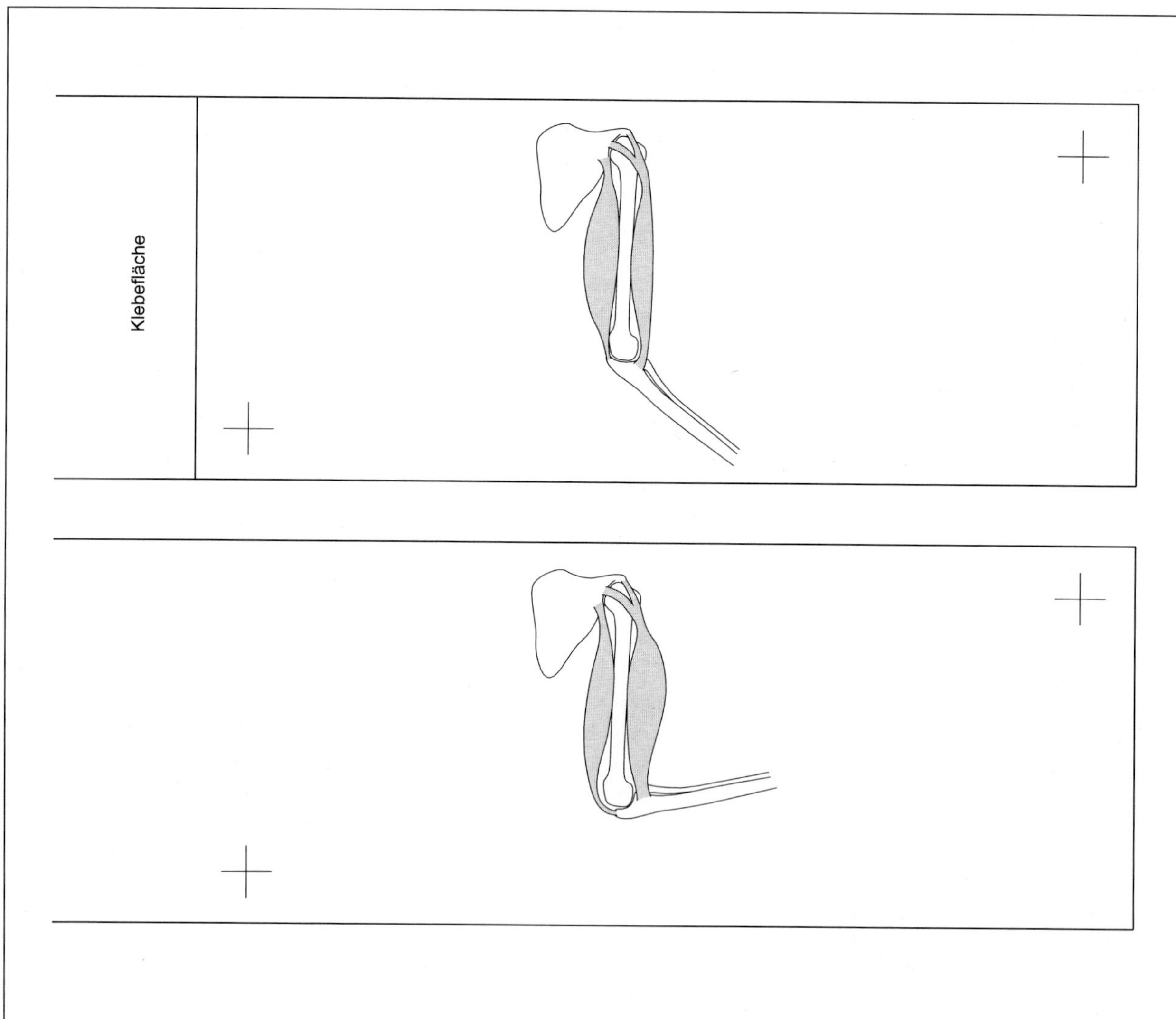

Muskeln bewegen die Gliedmaßen

Die Abbildung zeigt die Muskeln, die den Unterarm bewegen.

Färbe den Beugemuskel in beiden Teilbildern rot, den Streckmuskeln blau und schreibe die Namen der beiden Muskeln mit gleicher Farbe in die beiden Kästchen.

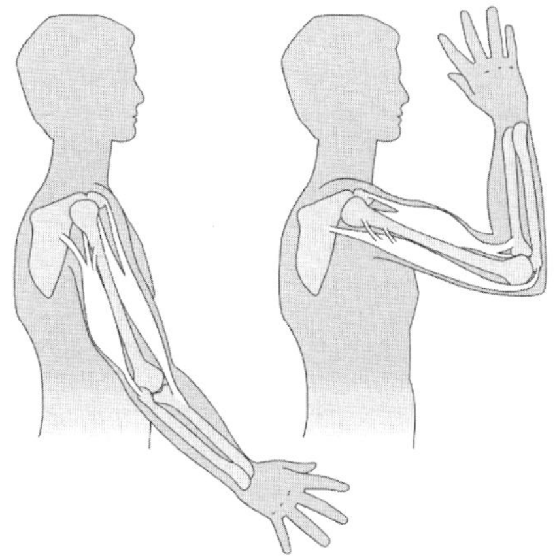

Fülle den Lückentext aus. Benutze dazu nachstehende Begriffe.

Begriffe: zusammenziehen - Oberarm - Unterarm - Beugemuskel - Streckung - Bizeps - Rückseite - Sehnen - verkürzt - Streckmuskel - Trizeps - gedehnt - Gegenspieler - dicker - zwei

Wird der ____________ gegen den Oberarm gebeugt, dann ____________ sich der ____________. Man nennt ihn auch ____________. Er wird dabei ____________. Da er mit dem Unterarm durch ____________ verbunden ist, wird dieser gegen den ____________ hin bewegt. Da sich ein Muskel nur ____________ kann, wird ein zweiter Muskel zur ____________ des Unterarms benötigt. Er sitzt auf der ____________ des Oberarms und heißt ____________. Man nennt ihn auch ____________. Zieht er sich zusammen, wird der Beugemuskel wieder ____________. Zu einer Bewegung gehören immer ______ Muskeln. Sie arbeiten als ____________.

In der nebenstehenden Abbildung wird der linke Unterschenkel angewinkelt. Welcher Muskel ist dafür verantwortlich? Färbe ihn rot. Gib ihm einen Namen und notiere den Kennbuchstaben.

Der rechte Unterschenkel ist gestreckt. Welcher Muskel ist dafür verantwortlich? Färbe ihn blau. Gib auch ihm einen Namen und notiere den Kennbuchstaben.

Im linken Bein ist der Fuß gestreckt. Zeichne den Fußstrecker rot ein. Zeichne in das andere Bein den Muskel blau, der den Fuß anwinkelt.

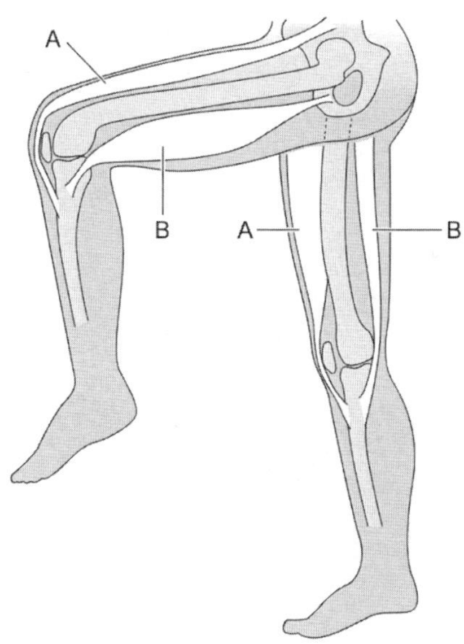

Z **Ess-Störungen bei Kindern und Jugendlichen und ihre Behandlung in der Schule**

Die Situation

In den letzten Jahrzehnten wurde im Anfängerunterricht der Klassen 5/6 bei Ernährungsfragen vor allem die unausgewogene Ernährung (wenig Rohkost, wenig Vollkornprodukte, Vitaminmangel etc.) problematisiert. Die vergangenen Jahre zeigten allerdings, dass für Jugendliche Ernährung noch auf ganz andere Arten problematisch werden kann. Bei immer mehr jungen Menschen werden Ess-Störungen festgestellt. Man ist geneigt, dieses Thema im Biologieunterricht eher auf Klassenstufen während der Pubertät zu vertagen. Jedoch zeigt ein Blick auf jüngere Untersuchungen ein anderes Bild:

- Eine Umfrage unter 2400 Jugendlichen im Alter von 12 bis 17 Jahren (Bielefelder Jugendgesundheitssurvey, 1993) ergab, dass 20 % leicht und 8 % deutlich untergewichtig sind, während ebenfalls 20 % etwas und 11 % deutlich über dem Referenzgewicht liegen. 7 % der Mädchen und 9 % der Jungen gelten als erheblich bis extrem übergewichtig (adipös).
- Nach einer Studie der Universität Jena hat sich zwischen 1975 und 2000 bei den 10- bis 13-Jährigen der Anteil der Übergewichtigen bei den Jungen mehr als verdoppelt (auf 25,8 %) und bei den Mädchen fast verdreifacht (auf 33 %).
- Bereits 12 Prozent der 11- bis15-jährigen Jungen und 17 Prozent der gleichaltrigen Mädchen geben nach der Bielefelder HBSC-Studie (Health Behaviour in School Children, Bielefeld 2000) an, aktuell eine Diät zu machen.

Nach Meinung von Fachleuten scheint es so, dass die Einstellungen und Gewohnheiten bezüglich Ernährung und Gewicht beim Eintritt in das Jugendalter weitgehend ausgeprägt sind. Will man oben genannter Entwicklung entgegenwirken, so muss dies bereits in Klasse 5/6 geschehen.

Formen der Ess-Störungen

Magersucht (Anorexia nervosa oder Anorexie)
Die Patienten verringern zwanghaft die Nahrungszufuhr, wodurch das Körpergewicht mind. 15% unter Normalgewicht liegt. Schätzungen zufolge leiden in Deutschland mehr als 100.000 Frauen zwischen 15 und 35 Jahren an Magersucht. Rund 15 % der Betroffenen hungern sich regelrecht zu Tode. Man hat im Alter von 14 und 18 Jahren Erkrankungsgipfel festgestellt.

Ess-Brechsucht (Bulimia nervosa oder Bulimie)
Die Patienten verschlingen meist heimlich große Nahrungsmengen und erbrechen sie anschließend wieder. In Deutschland leiden ca. 600.000 Frauen und 70.000 Männer daran (BZgA). Der Erkrankungsgipfel liegt bei 20- und 21-Jährigen. Über die Hälfte der Anorexiepatienten entwickeln eine Bulimie.

Starkes Übergewicht (Adipositas)
Deutliches Übergewicht liegt bei einem BMI (s. unten) über 29 bei Frauen bzw. 30 bei Männern vor. Dies ist die häufigste Ess-Störung. Rund 20 % der Frauen und 16 % der Männer (Schnitt aller Altersgruppen) sind adipös.

Binge-Eating-Disorder
Die Patienten nehmen bei einer Fressattacke bis zu 10.000 Kalorien auf. Allerdings übergeben sie sich anschließend nicht. Schätzungen gehen davon aus, dass 6-8 % der Bevölkerung Deutschlands daran erkrankt sind.
Eine klare Zuordnung fällt oft schwer, da die Krankheitsbilder verschieden stark ausgeprägt sein können und viele Übergänge existieren.

Bin ich zu dick? – „Was ist normal"?

Mit dieser Frage quälen sich viele Schülerinnen und Schüler. Um das eigene Gewicht einzuordnen, gibt es mehr oder weniger fundiert ausgearbeitete Kennzahlen.
Broca-Index
Körpergröße in cm minus 100 = Normalgewicht
(Frauen sollten noch 5 % bis 10% abziehen)
Diese Formel wurde in den 60er Jahren von einer Lebensversicherungs-Gesellschaft erfunden, nachdem sie die Daten von 5 Mio. Nordamerikanern hinsichtlich Körpergewicht und Lebenserwartung ausgewertet hatte. Untersuchungen zeigen, dass dieses Normalgewicht allenfalls für junge Erwachsene stimmt, aber bereits ab einem Alter von 30 Jahren zu niedrig angesetzt ist.

Body-Mass-Index, BMI
Mittlerweile ist der BMI die am häufigsten benutzte Kennzahl für Körpergewicht.

$$\text{BMI} = \frac{\text{Körpergewicht}\,[\text{kg}]}{(\text{Körpergröße}[\text{m}])^2}$$

Es gelten folgende Kategorien:

BMI < 20:	Untergewicht
20 < BMI < 24,9:	Normalgewicht
25 < BMI < 29,9:	leichtes bis mäßiges Übergewicht
30 < BMI :	deutliches Übergewicht.

Bioelektrische Impedanzanalyse – Körperfettanteil
Da Fett und Eiweiß unterschiedliche elektrische Leitfähigkeit aufweisen, lässt sich über eine Widerstandsmessung der Körperfettanteil bestimmen. Entsprechende Messgeräte sind oft bereits in Waagen eingebaut und immer mehr verbreitet. Es gelten differenzierte Tabellen, um den eigenen Messwert einzuordnen.

Waist-to-Hip-Ratio, WHR

$$\text{WHR} = \frac{\text{Taillenumfang}\,[\text{cm}]}{\text{Hüftumfang}\,[\text{cm}]}$$

Diese Kennzahl berücksichtigt die Fettverteilung am Körper. Der Birnentyp lagert Fett an Hüfte und Oberschenkel ein, der Apfeltyp rund um den Bauch. Letzterer gilt als gefährlicher für die Gesundheit. Die WHR sollte bei Frauen nicht größer als 0,85, bei Männern kleiner als 1,0 sein.

Kennzahlen für Kinder und Jugendliche
All die genannten Kennzahlen und Referenzwerte nutzen Kindern und Jugendlichen wenig, da sie sich auf den erwachsenen Körper beziehen. Gerade für den oft benutzten BMI werden von der WHO erst für 19-Jährige Referenzwerte genannt. Entwicklungsbedingte Phasen der Fetteinlagerung und des Fettverbrauches erschweren eine Einordnung. Neuerdings orientieren sich Fachleute bei der Einordnung an so genannten Perzentilkurven. Dazu wurde der BMI von über 34.000 Jungen und Mädchen zwischen 0 und 18 Jahren gemessen und in ein Schema gebracht. Daran lässt sich ablesen, wie viel Prozent einer bestimmten Alterstufe unterhalb eines bestimmten BMI liegen. Zum Beispiel besagt die P97-Kurve im Diagramm, dass 97 % einer Alterstufe unter dem BMI-Wert liegen, den die Kurve zeigt. (Bsp.: P97 für 16jährige: 97% aller 16-Jährigen haben einen BMI von maximal 28. Die Arbeitsgemeinschaft „Adipositas im Kindes- und Jugendalter" orientiert sich bei der Definition von Adipositas bei 0-bis18-Jährigen an der P97-Kurve.

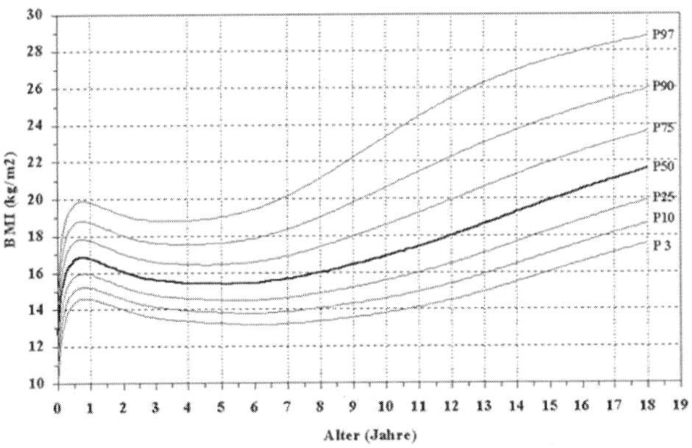

Abb. 1. Perzentile für den Body-Mass-Index von Jungen im Alter von 0 bis 18 Jahren.

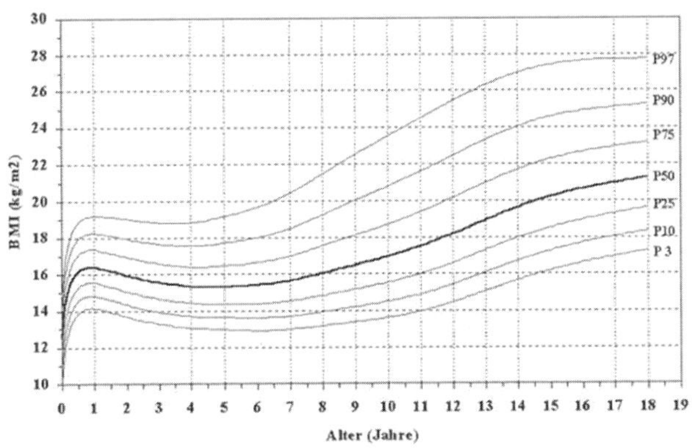

Abb. 2. Perzentile für den Body-Mass-Index von Mädchen im Alter von 0 bis 18 Jahren.
Beide Abbildungen aus:
KROMEYER-HAUSCHILD, K; WABITSCH, M; KUNZE, D; et al. Monatsschr Kinderheilkd 2001; 149: 807-818

Essstörungen im Unterricht

Ess-Störungen gehören zu den Suchtkrankheiten. Wie auch bei anderen Suchterkrankungen sind Hinweise auf schwere gesundheitliche Schäden oder abschreckende Tatsachenberichte und Abbildungen bei der Krankheitsprävention nur wenig hilfreich. Alle Maßnahmen sollten sich vielmehr auf die Ursachen der Erkrankung richten. Doch hier sind sich Fachleute uneinig. Folgende Ursachen werden unter anderen diskutiert:

- gesellschaftliches Schönheits- und Schlankheitsideal,
- Magersucht als Weigerung erwachsen zu werden,
- Traumatisierung im Kindesalter (Bulimie),
- Essen als Ersatzbefriedigung bei emotionalen Mängeln.

Mittlerweile gelten Essstörungen als multifaktorielle Erkrankungen.
Wenn auch die Ursachen vielfältig sein können, so sind sich die meisten Wissenschaftler darüber einig, dass insbesondere ein positives Körpergefühl und vertrauensvolle Beziehungen neben der Ausbildung allgemeiner Lebenskompetenzen (Kommunikation, Umgang mit Gefühlen, kritisches Denken, Entscheidungsfindung/Handlungskompetenz, Problemlösung, Selbstbehauptung, Selbstwahrnehmung, Widerstand gegen Gruppendruck, Umgang mit Stress und Angst, Frustrationstoleranz) als wirksamste protektive Faktoren wirken (EGLE u.a. 1997; BUDDEBERG-FISCHER 2000)
Berücksichtigt man die genannten Fakten, so stellen sich an den Unterricht zum Thema Essstörungen in den Klassen 5 und 6 folgende Forderungen:

- keine bloße Abschreckung oder reine biologische Aufklärung über Essstörungen, sondern:
- Stärkung der Kinder und Sensibilisierung für ihre Fähigkeiten und Talente,
- Stärkung eines positiven Körpergefühls,
- Entwicklung einer positiven Einstellung zu Nahrungsmitteln,
- Entwicklung eines natürlichen Gefühls für Hunger und Sättigung.

Konkrete Unterrichtsmodelle und –materialien sind in den unten genannten Veröffentlichungen zu finden (v.a.: aid, BZgA, Friedrich-Verlag, Unterricht Biologie 270 und 281

Die Behandlung des Themas wird erheblich schwerer, wenn aktuelle Krankheitsfälle oder der Verdacht darauf in der Klasse vorliegen. U. U. sollten dann interne oder externe Fachleute hinzugezogen werden.
Liegt ein Krankheitsfall in der Klasse offensichtlich vor, so muss der Lehrkraft klar sein, dass hinter einer solchen Krankheit oftmals ein schwerwiegendes psychisches Problem steckt. Ob und wie weit ein solches Problem im schulischen Kontext angegangen werden kann, sollte unbedingt mit Fachleuten abgeklärt werden. Adressen lassen sich u.a. bei den unten angegebenen Internetadressen ermitteln.

Literaturhinweise

aid (Hrsg.): Schlankheitsideal – Bausteine für die Gestaltung von projektorientiertem Unterricht und Projektwochen, Bezug über: aid, Friedrich-Ebert-Str. 3, 53177 Bonn (www.aid.de)
BUDDEBERG-FISCHER, B.: Früherkennung und Prävention von Essstörungen, Stuttgart 2000
Bundeszentrale für gesundheitliche Aufklärung (Hrsg.): Essgewohnheiten, Sachinformationen u. Vorschläge zur Behandlung des Themas Essgewohnheiten i.d. Klassen 5 – 10
Bundeszentrale für gesundheitliche Aufklärung (Hrsg.):Ess-Störungen. Leitfaden für Eltern, Angehörige, Partner, Freunde, Lehrer und Kollegen
EGLE, U.T./HOFFMANN, S.O./STEFFENS, M.: Pathogenese und protektive Entwicklungsfaktoren in Kindheit und Jugend. In: EGLE, U.T. (Hrsg.): Sexueller Missbrauch, Misshandlung, Vernachlässigung, Stuttgart 1997
Friedrich-Verlag (Hrsg.): Schüler 2002 – Körper, Seelze 2002
Friedrich-Verlag (Hrsg.): Ernährungsverhalten, Unterricht Biologie 270 (25. Jg.), Dezember 2001
Friedrich-Verlag (Hrsg.): Sucht, Unterricht Biologie 281 (27. Jg), Januar 2003
WÖCKEL, L. u. SCHMIDT, M.H.: Magersucht, Bulimie und Adipositas; Biologie in unserer Zeit 32/6, 2002, 362-369

Medienhinweise

FWU 42 02541 Magersucht
FWU 42 02542 Bulimia nervosa
FWU 42 67493 Essstörungen

www.anad.de
www.praevention-von-essstoerungen.de
www.hungrig-online.de
www.bulimie.de
www.magersucht.de
www.adipositas-online.com/

Zähne und Zahnpflege

A **Arbeitsblatt Seite 25**

Zahnformel Milchgebiss: 2 1 2 : 2 1 2
Zahnformel Dauergebiss: 5 1 2 : 2 1 5

Z **Hinweise zur Zahnpflege**

1. Spätestens 30 Minuten nach einer Mahlzeit die Zähne putzen. Kein Dauerkonsum von zuckerhaltigen Lebensmitteln.
2. Fluorhaltige Zahnpasta oder Gel verwenden. Fluortabletten nehmen, schützt Zähne „von innen".
3. 3 Minuten die Zähne putzen, sodass die Zahnpasta auf Zähne einwirken kann.
4. Nach dem Zähneputzen nicht ausspülen, da sonst die Wirkstoffe der Zahnpasta von den Zähnen abgespült werden.
5. Hin und wieder zuckerfreien Kaugummi kauen.
6. Nach Aufnahme von Säure Mund mit Wasser ausspülen und zuckerfreien Kaugummi kauen.

Paradontitis

Die Bakterien im Mund können auch Zahnfleischentzündung (*Gingivitis*) hervorrufen, die an gerötetem Zahnfleisch, das auch bluten kann, zu erkennen ist. Gründliches Zähneputzen schafft meist Abhilfe. Unbehandelt geht die Gingivitis häufig in eine Zahnbettentzündung (*Paradontitis*) über, deren chronische Ausbildung *Paradontose* genannt wird. Begleitet wird dieses Krankheitsbild von Zahnfleisch- und Kieferknochenschwund, die Zähne fallen aus.

V **Modelle**

Schüler haben zuhause oftmals Abdrücke von ihrem eigenen Gebiss oder können diese von ihrem Zahnarzt mitbringen. An diesen Gipsmodellen können die Kinder das Milchgebiss kennen lernen und ihre Zahnformeln ableiten.

Blank polierte Marmorstücke (z. B. von einer ausrangierten Fensterbank) werden unter der Wirkung von Haushaltsessig matt und rau.

„Gut gekaut ist halb verdaut!" - Modell zur Oberflächenvergrößerung

Der Merksatz „Gut gekaut ist halb verdaut!"
kann mithilfe einer Packung Würfelzucker (500 g-Packung) demonstriert werden (s.u). Die Packung stellt ein Stück Brot mit einer Oberfläche von 433,84 cm^2 dar. Eine Packung enthält 147 Würfel. Ein Würfel hat eine Oberfläche von 12,24 cm^2, alle zusammen 147 x 12,24 = 1799,28 cm^2. Kleinere Nahrungsbruchstücke bieten den Verdauungssäften also eine größere Angriffsfläche als unzerteilte.

Das Würfelzuckermodell

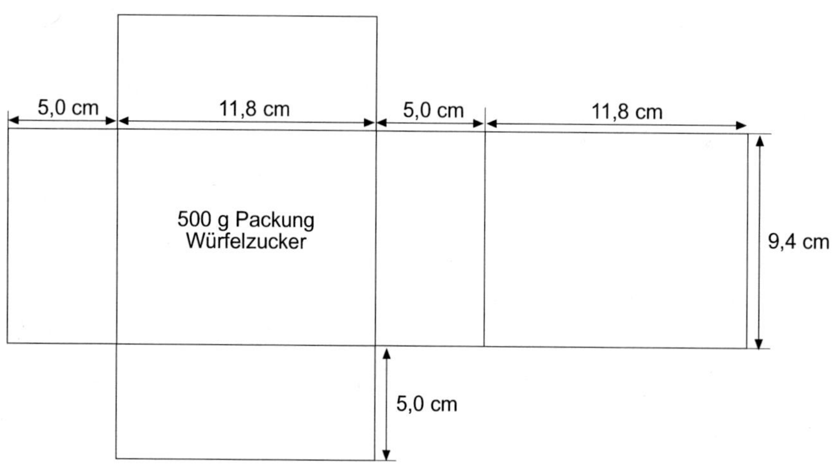

Eine Packung Würfelzucker enthält 147 Zuckerstückchen mit folgenden Maßen:

Länge: 1,6 cm
Breite: 1,5 cm
Höhe: 1,2 cm

Zähne und Gebiss

Der Mensch hat verschieden geformte Zähne in unterschiedlicher Anzahl.

Das Milchgebiss des Menschen

Milchzähne

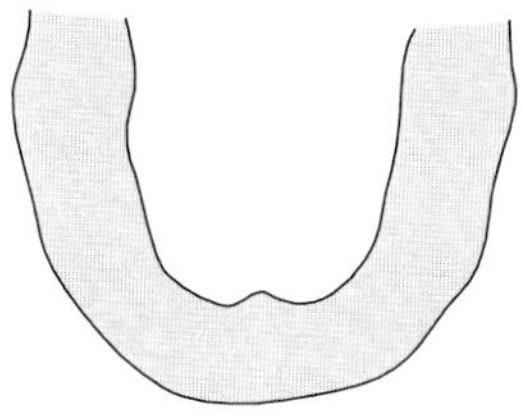

	Milchgebiss					
	rechts			links		
	BZ	EZ	SZ	SZ	EZ	BZ
Oberkiefer						
Unterkiefer						

Das Dauergebiss des Menschen

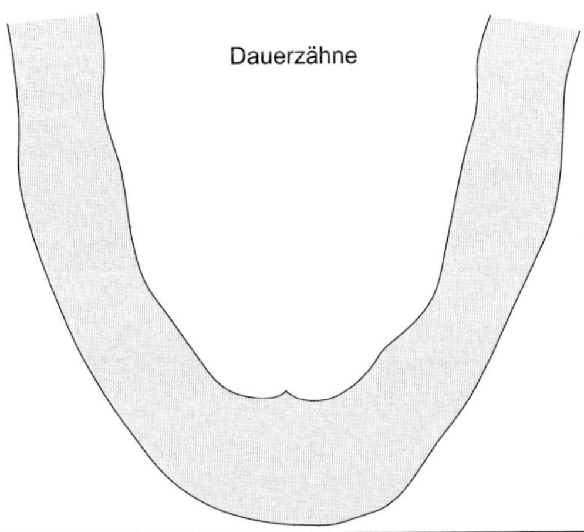

	Dauergebiss					
	rechts			links		
	BZ	EZ	SZ	SZ	EZ	BZ
Oberkiefer						
Unterkiefer						

Aufgaben

1. Schneide die Zahnbilder des Milchgebisses aus und ordne sie auf dem Zahnkreis an. Stelle die Zahnformel für Ober- und Unterkiefer auf.

2. Schneide die Zahnbilder vom Oberkiefer eines Erwachsenen aus und ordne die Zähne des Dauergebisses auf dem Zahnkreis an. Markiere dann die Schneidezähne grün, die Eckzähne rot und die Backenzähne blau. Stelle die Zahnformel für Ober- und Unterkiefer auf.

Milchgebiss:

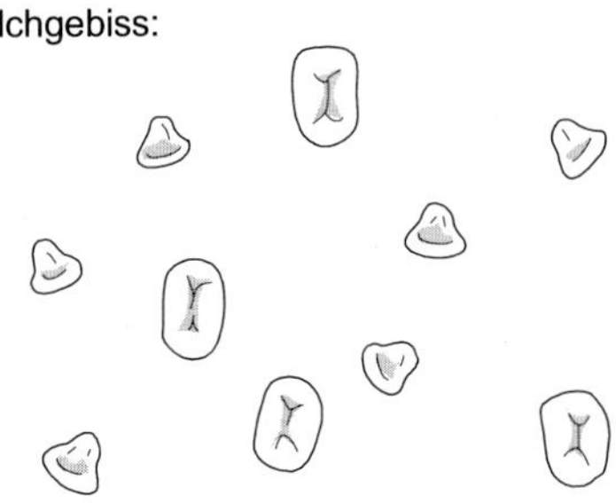

Dauergebiss:

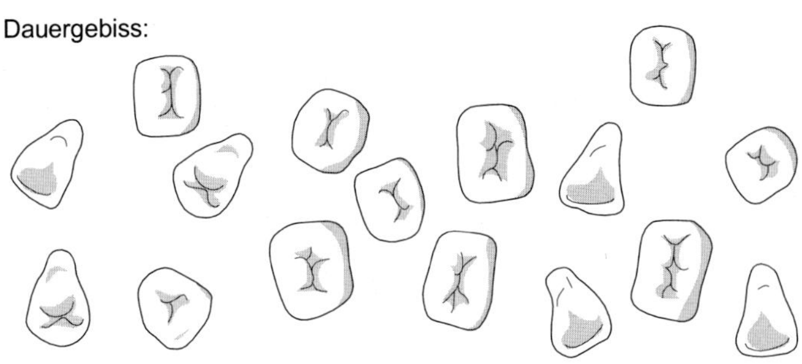

Arbeitsblatt Seite 27

Experiment 1:

Durch Verdauungsstoffe des Mundspeichels wird die Stärke des Weißbrotes zu Zucker zersetzt, der süß schmeckt. Dieser süße Geschmack ist allerdings erst nach längerer Kauzeit bemerkbar, daher sollte auf die Einhaltung der genannten drei Minuten geachtet werden.

Experiment 2:

Weißbrot enthält Stärke (gleiche Reaktion wie Speisestärke), Zucker jedoch nicht.
Iodlösung ist im Lehrmittelhandel oder in Apotheken erhältlich, kann aber auch selbst gemischt werden. Dazu löst man 5 g Kaliumiodid in 1000 ml Leitungswasser. Nach vollständiger Auflösung gibt man 1 g Iod zu und rührt erneut um. Die an Schüler ausgegebenen Pipettenflaschen müssen entsprechend den Sicherheitsbestimmungen als „gesundheitsgefährdend“ gekennzeichnet sein.
Keinesfalls sollte der Versuchsansatz längere Zeit stehen gelassen und dann erst ausgewertet werden, da Iod einen hohen Dampfdruck besitzt und sich verflüchtigt.

Experiment 3:

Der Speichel auf der Kartoffel führt zum Stärkeabbau. Der entstehende Zucker wird durch die Iodlösung nicht angezeigt. Dadurch bleiben mit Speichel benetzte Teile hell.

Versuche

Kann man im Handstand trinken?

Material: Glas, Wasser, Trinkhalm mit Gelenkzone
Durchführung: Probiere aus, ob du im Handstand trinken kannst. Benütze ein Glas Wasser und einen Trinkhalm. Erkläre deine Beobachtungen.
Ergebnis: Trinken und essen im Handstand sind möglich.

Modell zum peristaltischen Transport

Wie kann der Speisebrei im Handstand nach oben, also entgegen der Schwerkraft transportiert werden?
Man stelle einem Schüler die Aufgabe, einen Tennisball durch einen Nylonstrumpf nach oben zu transportieren. Der Schüler wird mit der Hand den Strumpf unterhalb des Balles einschnüren und die Hand – damit auch den Ball – in die gewünschte Richtung schieben. Dieses einfache Modell lässt den muskulären Mechanismus der Peristaltik erschließen. Ringförmige Muskulatur verengt forlaufend die Speiseröhre (bzw. den Darm); gleichzeitig kontrahiert sich die Längsmuskulatur. Diese Kontraktionswelle wandert in Magenrichtung.

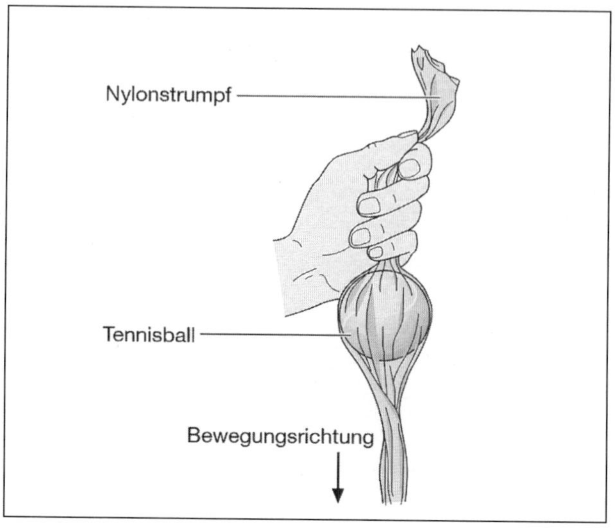

Abb. 1 Modell zum peristaltischen Transport

Modell zur Resorption

Um die Resorption im Dünndarm zu visualisieren, können die Nährstoffe durch Papierstreifen verdeutlicht werden, auf die eine Kette einzelner Bausteine aufgemalt wird (s. Abb. 2). Diese Nährstoffe müssen nun die Darmwand passieren, um in das Blut zu gelangen. Dies kann nur an einem engen Durchlass der Darmwand geschehen, der im Modell durch einen Schlitz gebildet wird. Der Schlitz ist so dimensioniert, dass der Streifen weder längs noch quer hindurch passt. Zur Veranschaulichung kann man auch eine „Blut-Box“ bauen (s. Abb. 3) in die die Nährstoffbausteine hinein müssen.
Die Schüler erahnen schnell, dass erst das Zerschneiden der Nährstoffkette in die Einzelbausteine Papierstücke liefert, die durch den Schlitz passen.

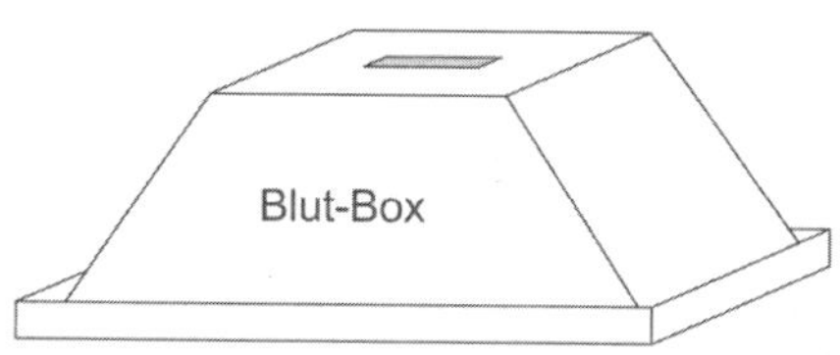

Abb.3

Tipp: Sehr anschaulich und altersgerecht lässt sich das Thema Verdauung mit dem Würfelspiel „Klein – kleiner – verdaut“ (s. Literaturhinweis) erarbeiten, welchem auch das obige Resorptionsmodell entnommen wurde.

Literaturhinweise

„klein – kleiner – verdaut: ein Würfelspiel“ aus: Projektideen 3, umwelt: biologie, Klett Verlag GmbH, Stuttgart 2001

Abb. 2
Stärkesymbol

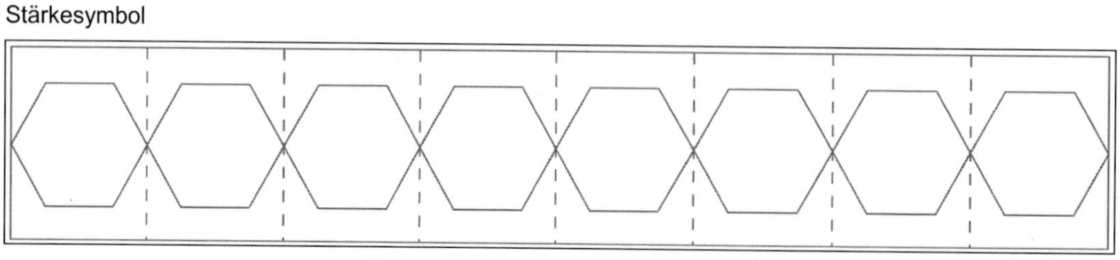

Versuche mit Stärke

Material

Weißbrot, Jodlösung, Speisestärke, Reagenzgläser, Löffel, Wasser, Zucker, Petrischalen, gekochte Kartoffel, Trinkröhrchen

Experiment 1

Kaue ein Stück Weißbrot, bis es soweit zerkleinert ist, dass es bequem heruntergeschluckt werden könnte. Kaue dann ein zweites Stück etwa 3 Minuten. Pass auf, dass du den Bissen nicht aus Versehen herunterschluckst. Beschreibe deine Geschmacksempfindung.

____

Experiment 2

Führe den Stärkenachweis mit einem Stückchen Weißbrot, Speisestärke und Zucker durch, wie er in deinem Buch beschrieben ist.

Ergebnis: ______________________________

Experiment 3

a) Schneide von einer gekochten Kartoffel zwei Scheiben so dünn wie möglich ab und lege sie jeweils in eine Petrischale.

b) Durch das Trinkröhrchen kannst du Speichel aus deinem Mund auf die Kartoffelscheibe transportieren. Versuche mit Hilfe des Röhrchens ein Kreuz aus Speichel auf die Kartoffelscheibe zu „zeichnen" und lasse es ca. 15 Minuten einwirken (siehe Zeichnung).

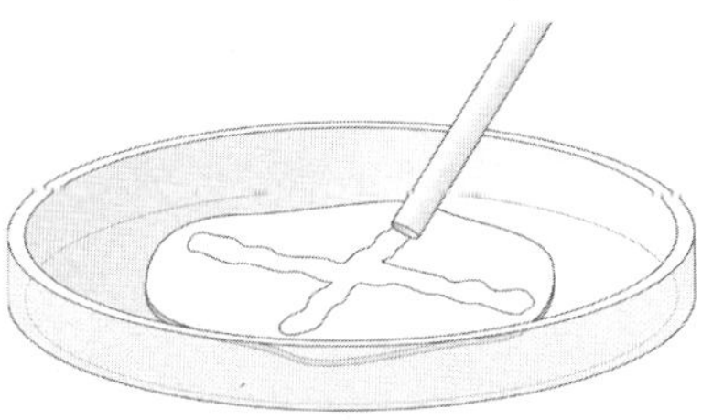

c) Benetze nach der Einwirkzeit beide Kartoffelscheiben mit Jodlösung und halte die Ergebnisse in der Abbildung rechts fest.

Ergebnis ohne Speichel:

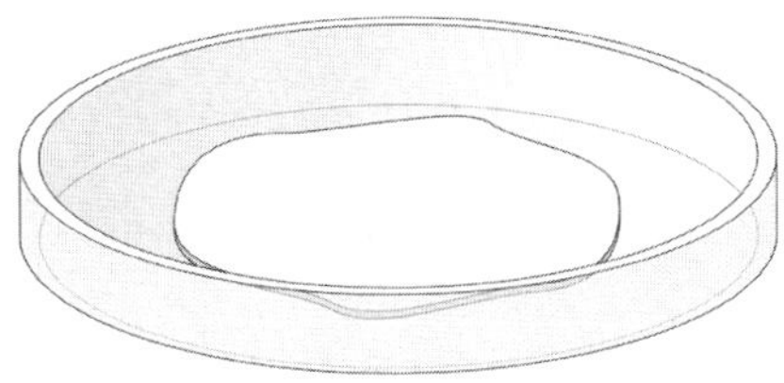

Ergebnis mit Speichel:

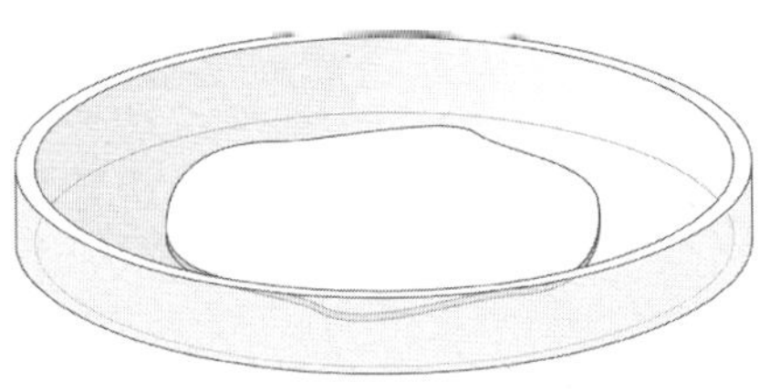

Erklärung

Versuche nun zu erklären, wie es zu den Ergebnissen in Experiment 3 kam. Beziehe dabei die Ergebnisse aus den Experimenten 1 und 2 mit ein.

Tipps: Experiment 1 zeigt dir, was mit Stärke geschieht, wenn sie mit Speichel in Kontakt kommt.
Experiment 2 zeigt dir, welche Stoffe durch Jodlösung angezeigt werden und welche nicht.

____

____

____

____

Spielanleitung

Benötigt werden ein 6er-Würfel und vier Spielfiguren. Ziel des Spiels ist es, als verdauter Nährstoff ins Blut zu gelangen. Eine Spielgruppe besteht aus vier Spielern und einem Spielleiter. Der Spielleiter liest die Ereignis- und die Wissenskarten vor. Nachdem ein Spieler eine Wissensfrage richtig beantwortet hat, rückt er auf das Jokerfeld der Wissenszone vor.

E
Du hast Durchfall. Wandere durch den Verdauungstrakt und fange erneut beim Start an. Überspringe Wissenszonen, in denen du schon eine Frage beantwortet hast.

E
Du hast dir für dein Pausenbrot Zeit genommen.
Zweimal würfeln.

E
Gestern hattest du deinen Obsttag.
Rücke 2 Felder vor.

E
Du hast zu wenig Ballaststoffe zu dir genommen und leidest an Verstopfung.
1-mal aussetzen.

E
Du hast zu viel Schokolade gegessen.
Einmal aussetzen.

E
Du hast in der letzten Zeit viel Gemüse, Obst und Vollkornbrot gegessen, dein Verdauungsapparat arbeitet perfekt.
Rücke 3 Felder vor.

E
Du hast zu viele Pommes frites gegessen und hast dir den Magen verdorben.
1 Runde aussetzen.

E
Du hast dich viel an der frischen Luft bewegt.
Noch einmal würfeln.

E
Du hast vor dem Frühstück Limonade getrunken und übergibst dich. Fange erneut beim Start an. Überspringe Wissenszonen, in denen du schon eine Frage beantwortet hast.

E
Du hast zu hastig gegessen.
Rücke 3 Felder zurück.

E
Du hast dir eine Magen-Darm-Infektion zugezogen.
1 Runde Bettruhe.

W1
1) Kann man im Handstand trinken? (Ja)
3 Felder vor

W1
2) Welcher Nährstoff wird vom Mundspeichel verdaut? (Stärke)
3 Felder vor

W1
3) Warum ist es vorteilhaft, die Nahrung gut zu kauen? (Oberfläche wird vergrößert; größere Angriffsfläche für die Verdauungssäfte)
3 Felder vor

W1
4) Nenne die wichtigsten Betriebsstoffe in unserer Nahrung. (Fette, Zucker, Stärke)
für jede richtige Antwort 1 Feld vor

W1
5) Warum schmeckt Brot nach längerem Kauen süß? (Weil Stärke in Zucker umgewandelt wird)
3 Felder vor

W2
1) Woraus besteht der Magensaft? (Aus Salzsäure und Verdauungssäften)
3 Felder vor

W2
2) Welche Aufgabe hat der Pförtner? (Er lässt den Nahrungsbrei portioniert in den Zwölffingerdarm)
2 Felder vor

W2
3) Welche Aufgabe hat die Magensäure? (Sie tötet Keime und Bakterien ab)
2 Felder vor

W2
4) Welcher Nährstoff wird im Magen vorverdaut? (Eiweiß)
2 Felder vor

W2
5) Nenne den wichtigsten Baustoff des Körpers. (Eiweiß)
2 Felder vor

W3
1) In welchem Organ befindest du dich gerade? (In der Leber)
3 Felder vor

W3
2) Welche Aufgabe hat der Gallensaft? (Er zerlegt Fett in kleinste Tröpfchen)
3 Felder vor

W3
3) Warum ist es vorteilhaft, wenn Fett in kleinste Tröpfchen zerlegt wird? (Weil sie den Verdauungssäften eine größere Oberfläche anbieten)
3 Felder vor

W3
4) Wie heißt der Sack, der von der Leber zum Zwölffingerdarm zieht? (Gallenblase)
3 Felder vor

W3
5) Welche Lebensmittel sollte man in Maßen essen, wenn man sich vollwertig ernährt? (Fette, Eiweiße)
für jede richtige Antwort 1 Feld vor

W4
1) In welchem Organ befindest du dich gerade? (In der Bauchspeicheldrüse)
3 Felder vor

W4
2) Welche Nährstoffe werden vom Saft der Bauchspeicheldrüse verdaut? (Fette, Eiweiße, Kohlenhydrate)
für jede richtige Antwort 1 Feld vor

W4
3) Was sind Ballaststoffe? (Unverdauliche, pflanzliche Nahrungsbestandteile)
3 Felder vor

W4
4) In welchen Lebensmitteln sind viele Vitamine enthalten? (Obst, Gemüse)
3 Felder vor

W4
5) Ist es sinnvoll, bei ausgewogener Ernährung Vitamintabletten zu sich zu nehmen? (Nein)
3 Felder vor

W5
1) In welchem Abschnitt des Darms befindest du dich gerade? (Im Dünndarm)
3 Felder vor

W5
2) Warum besitzt der Dünndarm Zotten? (Zur Oberflächenvergrößerung)
3 Felder vor

W5
3) Welche Auswirkungen kann Vitaminmangel haben? (z. B. Skorbut, Sehstörungen, Erschöpfung)
für jede richtige Antwort 1 Feld vor

W5
4) Wie wird der Nahrungsbrei durch den Darm transportiert? (Die Muskulatur der Darmwand zieht sich in Wellen zusammen)
3 Felder vor

W5
5) Welche Aufgabe hat der Dickdarm? (Rückgewinnung von Wasser)
3 Felder vor

Würfelspiel „Mahlzeit“

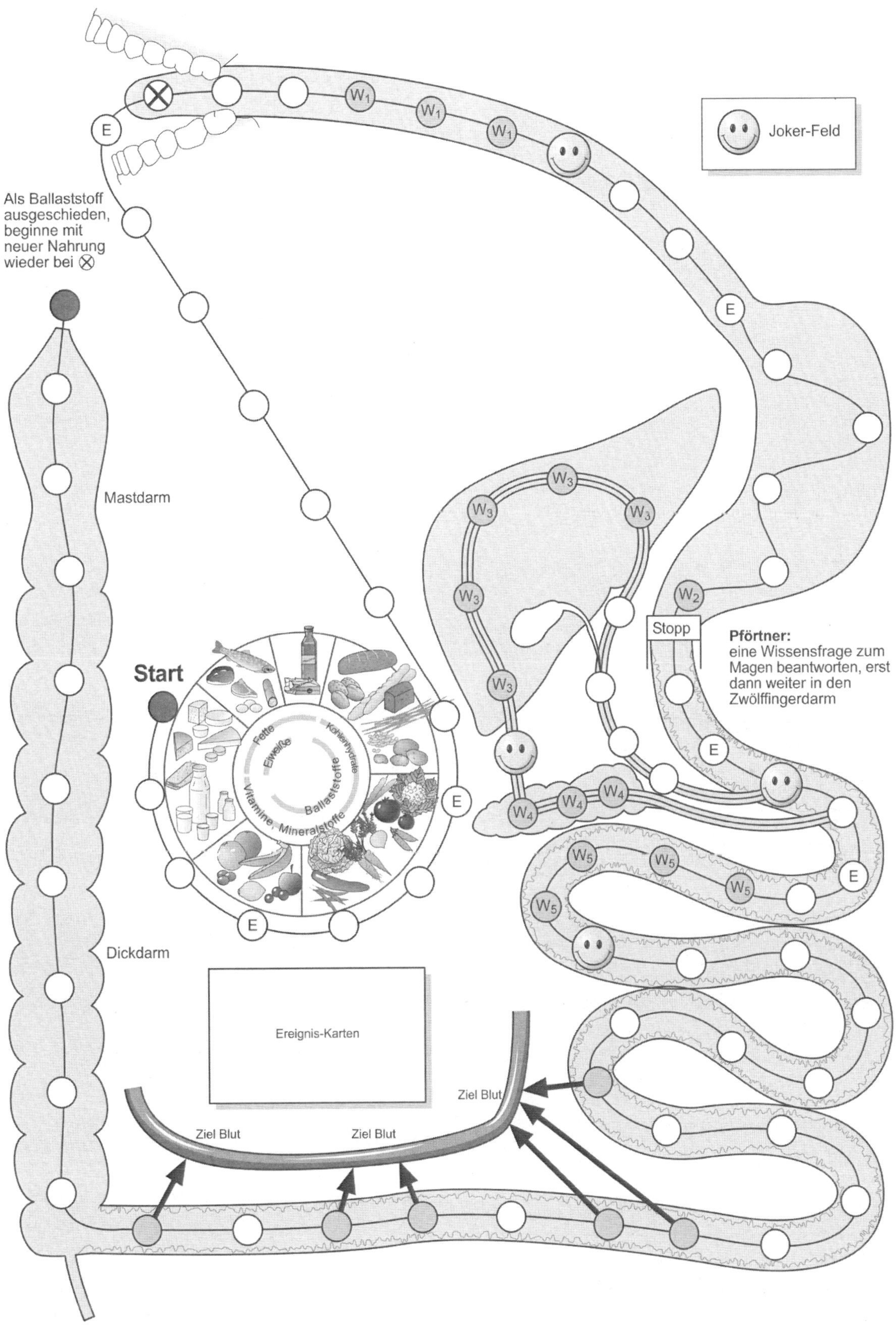

Zusammensetzung von Frühstücksgetreideflocken

Mithilfe der Angaben auf Verpackungen von Frühstücksgetreideflocken (z. B. Cornflakes, Loops, Smacks) kann man den Zucker- und Ballaststoffanteil ermitteln und mit Vollkornbrot vergleichen.

Mikroskopische Untersuchung von Stärke in Lebensmitteln

Samen vom Weizen, Roggen, Gerste, Hafer, Mais und Reis zermahlen. Mehlproben mit Wasser auf einen Objektträger geben und mit Deckgläschen mikroskopieren.

Die Stärkekörner zeichnen lassen. Brot-Backmischungen mikroskopisch untersuchen und die Herkunft der Stärke herausfinden. Kartoffelstärke: Im Quetschpräparat lassen sich Kartoffelstärkekörner leicht untersuchen. In gekeimten Kartoffeln werden die Stärkekörner als Energielieferant durch das Enzym Amylase abgebaut, die Stärkekörner korrodieren.

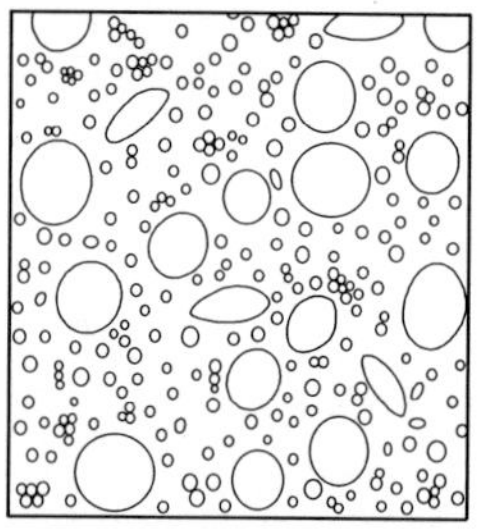

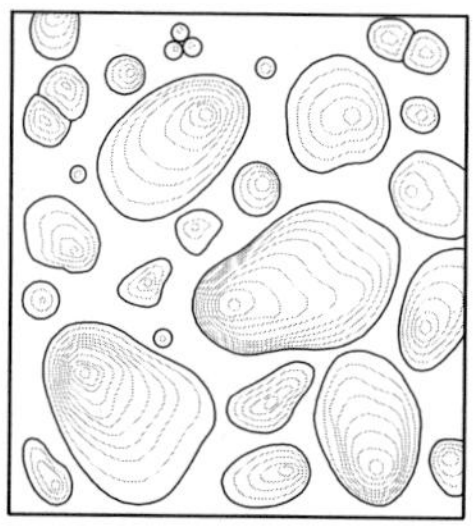

Mikroskopische Untersuchung des anatomischen Baus eines Weizensamenkorns

Man sollte die Körner einige Stunden in Wasser quellen lassen und dann zwei Tage zur Härtung in ein Gemisch aus einem Teil Alkohol und einem Teil Glycerin legen.

Mögliche Untersuchungen sind: Längs- und Querschnitte (mit einer Rasierklinge anfertigen), Stärkenachweis mit Iod-Kaliumiodidlösung, Vergleich gekeimter Körner mit nicht gekeimten.

Ernährungsprotokoll

Was, wie viel, wie oft essen die Schüler an einem Tag, in der Woche?

Unterschiedliche Essgewohnheiten können diskutiert und mit Ernährungsratschlägen verglichen werden.

Das vollwertige Frühstück

Man kann ein gemeinsames Klassenfrühstück planen und durchführen, das schmeckt und gleichzeitig vollwertig ist. Dabei wird geklärt, was vollwertig bedeutet.

Mit der Sammlung von Rezepten sollte rechtzeitig begonnen werden.

Esstabus in verschiedenen Religionen und Kulturen

Kulturhistorische Hintergründe und die (frühere) Bedeutung von Esstabus lassen sich aufzeigen. Beispiele sind: Schweinefleisch im Islam; Rindfleisch im Hinduismus; Hundefleisch in der westlichen Welt.

Fastfood

Was ist Fastfood? Ist Fastfood ungesund? Ist Fastfood als Zwischenmahlzeit ernährungsphysiologisch sinnvoll? Warum sind Schnellrestaurants bei Jugendlichen beliebt?

Neuerdings gibt es eine Slowfood-Bewegung, die dem Fastfood bewusst das Genießen entgegensetzt.

Fastfood. Essen auf die Schnelle. AID, Nr. 1199
Essen und Trinken in Deutschland. Ernährungsbericht 1996. AID, Nr. 1367
Alternative Ernährungsformen. Deutsche Gesellschaft für Ernährung (DGE) e.V., Feldbergstr. 28, 60323 Frankfurt. (http://www.dge.de)

Zivilisationsbedingte Essfehler

Zu viel, zu süß, zu salzig, zu fett, zu ballaststoffarm. Mögliche Ursachen und ernährungsphysiologische Konsequenzen können aufgedeckt werden.

Die Ergebnisse können der (Schul-)Öffentlichkeit bekannt gemacht werden.

Rund um das Ei

Die Schüler üben Recherchieren und das übersichtliche Darstellen ihrer Ergebnisse.

Aufbau eines Eies, Haltung von Legehennen, Qualität und Kennzeichnung von Eiern, Hygiene: Schutz vor Salmonellen, Eier in unserer Ernährung, Verwendung in der Küche.

In ähnlicher Weise lassen sich auch andere Grundnahrungsmittel, wie Kartoffel, Getreide, etc. zum Thema machen.

Eier. AID, Nr. 1069

Nachweis von Inhaltsstoffen mit Teststäbchen

Eiweiß: Teststäbchen in der Apotheke kaufen; z. B. Eiklar und Aufschwemmungen proteinhaltiger Lebensmittel untersuchen (negative Kontrolle: Leitungswasser)

Glukose: Nachweis mit Diabetes-Teststreifen

Teigwaren

Das älteste überlieferte Teigwarenrezept stammt aus China und ist über 4000 Jahre alt. In der Folgezeit haben sich in verschiedenen Kulturen die unterschiedlichsten Produkte entwickelt.

Mögliche Themen für Recherchen sind:
die ernährungsphysiologische Bedeutung heutiger Teigwaren, Warenkunde, Teigwarensortiment, industrielle Fertigung, Teigwaren können auch selbst hergestellt werden.

Teigwaren. AID, Nr. 1066

Andere Länder – anderes Essen

In Abhängigkeit von der geografischen Lage, vom Klima, der Beschaffenheit der Böden nutzt der Mensch verschiedene Pflanzenarten für seine Ernährung. Auf dieser Grundlage haben sich in verschiedenen kulturellen Zusammenhängen Essgewohnheiten herausgebildet. Wie sieht der Speiseplan von Kindern aus, die aus anderen Ländern zu uns gekommen sind? Typische Gerichte können in der Schulküche zubereitet werden.

Gliederfüßer als Eiweißquelle der Zukunft? Geht die Rechnung auf?
100 g Nachtfalterlarven enthalten 46 g Eiweiß, 10 g Fett; 100 g Rindfleisch enthalten 21g Eiweiß und 17g Fett.

Wolfsspinnen auf Blätterteig
2 TL Olivenöl, 1 Zwiebel, 1 Knoblauchzehe, 1 Pfund Spinat, 3 Eier, Feta, Oregano, Petersilie, Pfeffer, Butter und 24 mittelgroße Wolfsspinnen. Zwischen Blätterteiglagen geben, 35 Minuten backen und fertig.

Exoten im Einkaufskorb

Exotische Lebensmittel: Viele exotische Früchte bereichern das bundesdeutsche Frischobst-Angebot. Die weltweiten Handelsbeziehungen und ein schneller Transport mit dem Flugzeug machen dies möglich. Aus welchen Ländern kommen die exotischen Früchte, wozu können sie verwendet werden?

Babaco: Heimat: Ecudaor, mittlerweile Anbau auch in Italien. Frischverzehr, Salate, Konfitüren.

Cherimoya: Heimat: Hochland Perus, Ecuadors. Frischverzehr, Milchprodukte, Fruchtsäfte.

Datteln: Marokko, Pakistan, heute auch in USA, Mexiko, Australien. Trockenfrüchte, Alkoholherstellung (Arrak), Dattelhonig.

Zuckerrohr: Heimat: tropisches Asien, wird in den Tropen der ganzen Welt kultiviert.
Zuckergewinnung, Frischverzehr des Marks oder des ausgepressten Marksaftes.

Die Schüler fertigen mithilfe eines Overhead-Projektors, einer Folienvorlage „Weltkarte“ und weißem Tonpapier eine Weltkarte an und markieren die Herkunftsländer der Exoten.

Exoten & Zitrusfrüchte. AID, Nr. 1281.

Neue Kulturpflanzen. Themenheft Nr. 206, Unterricht Biologie, 7, 1995.

E-Nummer

Zum Beispiel Verbraucherzentralen halten Broschüren bereit, in denen Zusatzstoffe von Nahrungsmitteln mit E-Nummern aufgelistet sind.

Die Nummern von Farbstoffen, Konservierungsstoffen etc. können auf mitgebrachten Packungen gesucht werden. Die Broschüren verraten Wissenswertes über die Stoffe.

Gewürze

- Wo werden welche Gewürze angebaut?
- Weiterführende Frage: Welche Pflanzenorgane werden wie weiterverarbeitet?
- Welche Geschichte haben Gewürze?

Beispiele:
Mittelamerika: Anis, Ingwer, Kardamon
Vorderer Orient: Lorbeer, Fenchel, Kümmel
Indonesien: Muskat, Nelken, Vanille
Südeuropa: Anis, Safran, Paprika
China: Chilipfeffer, Nelken, Zimt
Kanada: Pfeffer

Das Ergebnis kann ein selbst erstelltes Gewürzlexikon sein.

FRANKE, W.: Nutzpflanzenkunde. Nutzbare Gewächse der gemäßigten Breiten, Subtropen und Tropen. 5. Aufl., Thieme, Stuttgart 1992

Geschichten rund ums Essen

Die Geschichte vom Hund

Ein deutsches Ehepaar auf Chinareise. In einem hübschen kleinen Restaurant wird gespeist. Auch der Rauhaardackel Wastel soll etwas bekommen. Der Kellner scheint zu verstehen und nimmt den Dackel mit in die Küche. ...

Nicht nur „makabere“ Geschichten rund um das Essen können Schüler erfinden.

Literatur

GORDON, D. G.: The Eat-a-Bug Cookbook. Ten speed Press, Berkley, 1998
FREY, H. D.: Vom Supermarkt ins Klassenzimmer: Tropenpflanzen und exotische Früchte. Teil 1–5. In: Praxis der Naturwissenschaften Biologie. Heft 8/46, 12/97 – Heft 4/47, 6/98
Lebensmittel Kennzeichnung und Zutaten. AID, Nr. 3357
Umweltschutz rund um die Küche. AID, Nr. 1288.(1998)
Let's talk about . . . essen, hungern, fressen. Das Magazin für Jugendliche. Friedrich Verlag, Seelze 1998
AID: AID Infodienst Verbraucherschutz. Ernährung. Landwirtschaft e.V. (www.aid.de; Übersicht über alle Publikationen unter „Medienshop“)

A Arbeitsblatt Seite 33

2. a) Nasenhöhle, b) Mundhöhle, c) Kehlkopf
   d) Luftröhre, e) Bronchien, f) Lungenbläschen
   g) Zwerchfell, h) Lungenflügel
3. Nase / Mund / Kehlkopf / Luftröhre / Bronchien / Lungenbläschen
4. In der eingeatmeten Luft ist viel Sauerstoff. Er wandert aus dem Lungenbläschen ins Blut, mit dem er zu allen Organismen und Muskeln transportiert wird. Umgekehrt bringt das Blut von dort Kohlenstoffdioxid mit. Es nimmt den umgekehrten Weg vom Blut in die Lungenbläschen und wird ausgeatmet.
5. Zieht sich der Zwerchfellmuskel zusammen wird der Brustraum größer. Luft strömt über die Luftröhre in die Lunge.

V Versuche zur Atmung

Dichteunterschiede

Beim Schlachter oder im Schlachthof eine Schweinelunge bestellen. Ein Stück Lungengewebe und ein Stück Muskelfleisch wird in Wasser gegeben.

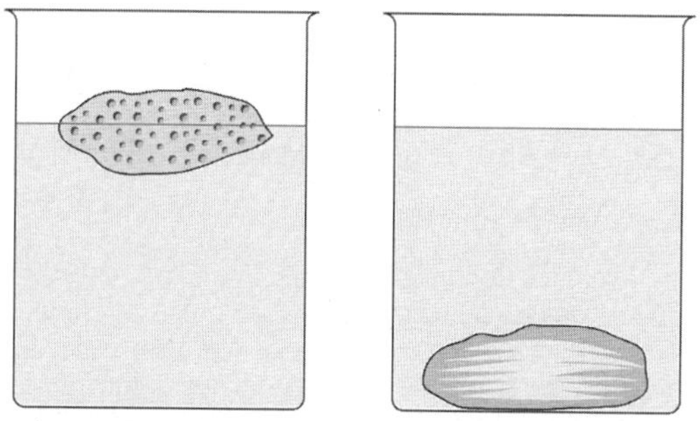

Beobachtung des Cilienschlages

Der Schlag der Cilien auf den Kiemen der Miesmuschel dient als Modell für den Schlag der Cilien in den Atemwegen des Menschen.
Aus einer Miesmuschel, die im Fischgeschäft erhältlich ist, lässt sich leicht Kiemengewebe entnehmen, das mit Flimmerhärchen besetzt ist. Dazu keilt man eine Miesmuschel an der geraden Seite mit einem Frühstücksmesser auf und steckt einen stumpfen Bleistiftstummel in den Spalt. Die lamellenartigen Kiemen bilden in einer trockengefallenen Miesmuschel die oberste Gewebsschicht, die der Schale aufliegt. Mit einer Pinzette wird ein Stäckchen herausgezupft und mikroskopiert. Die Stäckchen werden in einer Salzlösung (27 g Meersalz pro Liter) gehalten.

Umfangsmessungen

Die Bewegungen bei Brust- und Bauchatmung können am eigenen Körper beobachtet, die jeweilige Ausdehnung mit einem Maßband gemessen werden. Die Atemmechanik wird mit dem rechts dargestellten einfachen Flaschenmodell veranschaulicht.

Prinzip der Oberflächenvergrößerung

Die Abbildung auf DIN A3 vergrößern. Mit einem Bindfaden wird die Oberfläche der 4 Lungentypen vermessen.

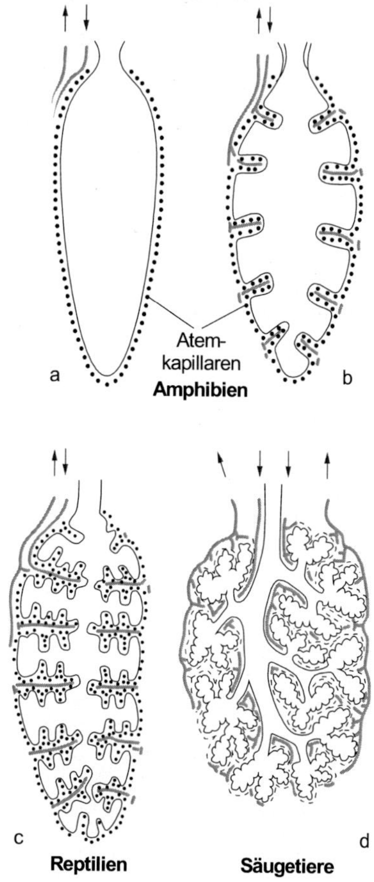

Selbst hergestelltes Funktionsmodell zur Atmung
1 Stopfen 2 Luftballon 3 Plastikflasche

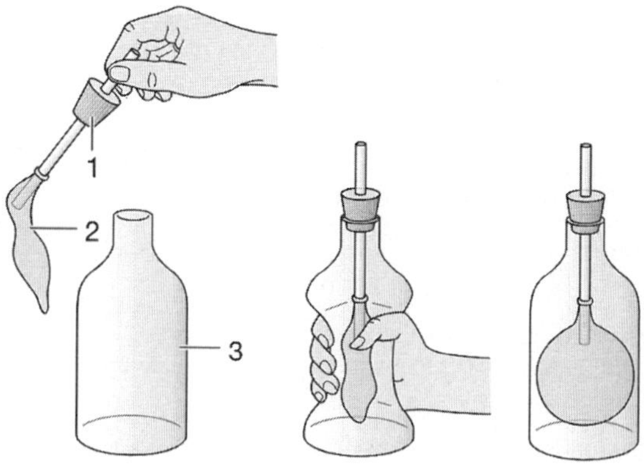

Lungenpuzzle

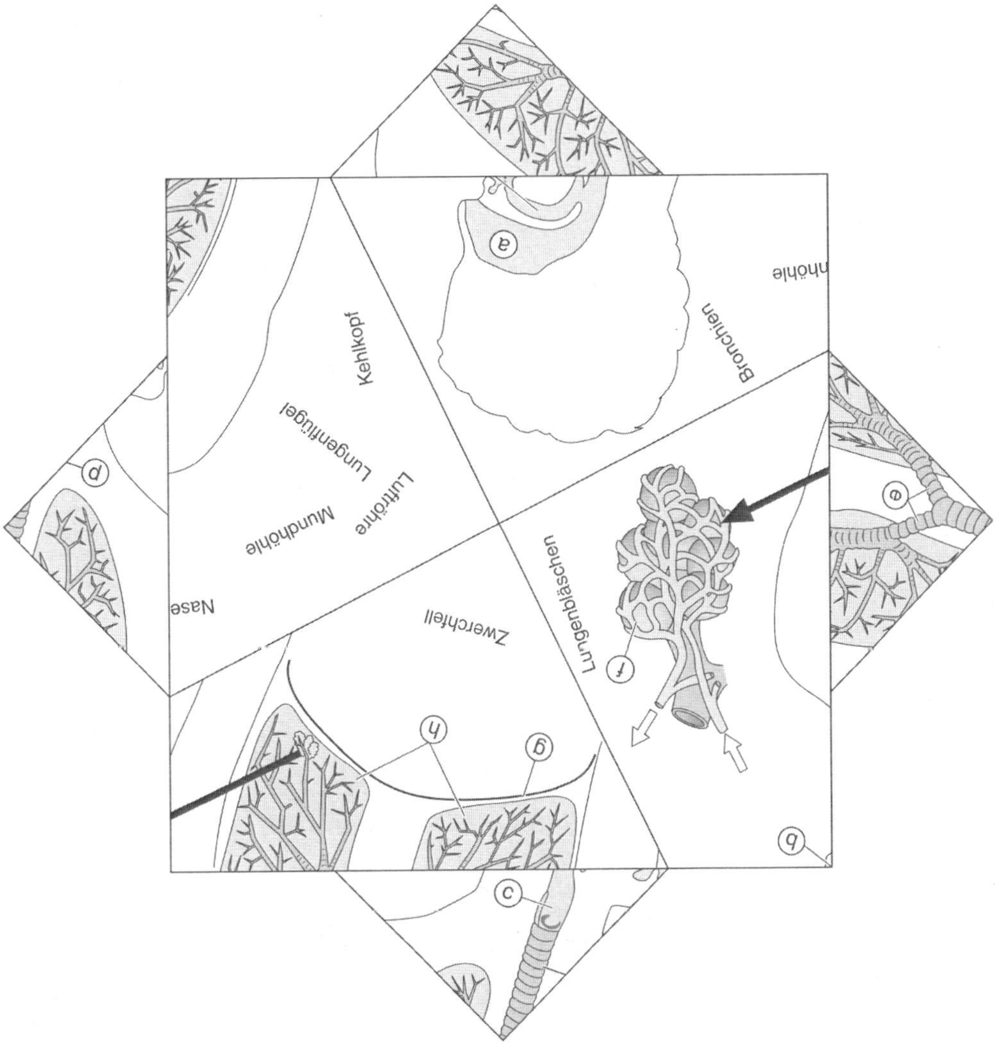

Aufgaben

1. Die Puzzle-Teile ergeben ein quadratisches Bild. Klebe sie in der richtigen Anordnung in dein Heft.
2. Beschrifte die gekennzeichneten Teile der Atmungsorgane. Im Bild sind dazu Hinweise zu finden.
3. Beschreibe den Weg der Außenluft zu den Lungenbläschen.

____

____

4. Beschreibe den Gasaustausch in den Lungenbläschen. Informiere dich im Biologiebuch.

____

____

5. Welche Aufgabe hat das Zwerchfell? Informiere dich im Biologiebuch.

____

____

So arbeitet das menschliche Herz

A Zwei Modelle zur Funktion des Herzens

Der Bau des menschlichen Herzens ist komplex, seine Funktionsweise nicht leicht zu verstehen. Bei der unterrichtlichen Behandlung können von den Schülern selbst gebastelte Modelle dazu beitragen, die Arbeitsweise des Herzens zu veranschaulichen.

Das dynamische Wackelbild (unten) vermittelt eine einfache Vorstellung vom Pumpvorgang. Am statischen Papiermodell des Herzens können die Vorgänge im Einzelnen verdeutlicht werden. Der Ausschneidebogen (S.35) sollte auf kräftiges Papier oder leichten Karton kopiert und dabei auf das Doppelte vergrößert werden. Das fertige Modell ist auf S. 35 abgebildet.

Ein Modell des Pumpvorgangs

Auf dieser Seite ist ein Herz in verschiedenen Arbeitsphasen abgebildet. Male die rechte Herzkammern (im Bild links) mit Farbstift blau und die linken (im Bild rechts) rot an. Schneide die beiden Abbildungsstreifen entlang der gestrichelten Linien aus. Bestreiche die Klebeflächen des einen Bildes mit Klebstoff und lege das zweite Bild so darauf, dass die beide Kreuze der Bildstreifen jeweils genau aufeinander liegen.
Halte die Bildstreifen dazu gegen das Licht.
Wickle dann den oberen Bildstreifen um einen Bleistift. Bewege den Bleistift hin und her, sodass der obere Bildstreifen das untere Bild abwechselnd verdeckt bzw. sichtbar werden lässt. Du kannst jetzt die Pumptätigkeit des Herzens beobachten.

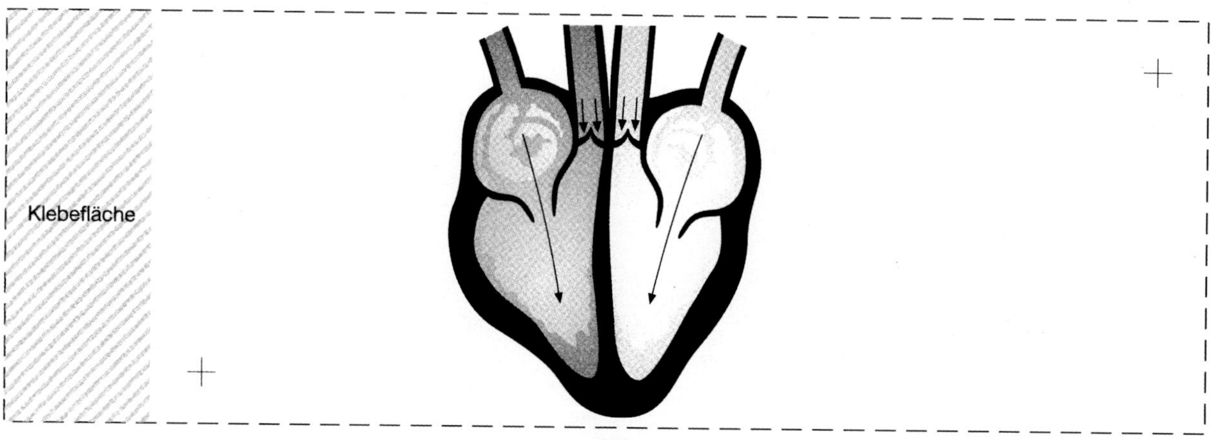

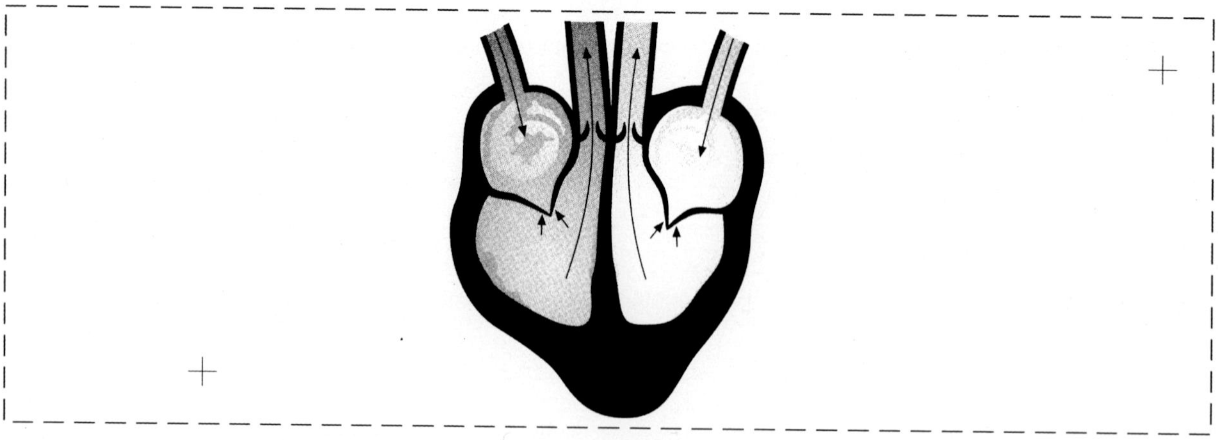

Bau eines Herzmodells

Du brauchst dazu:

Den Bastelbogen sowie Klebstoff, Schere, Filzstift und Büroklammern

Die unterschiedlichen Linien auf dem Bastelbogen bedeuten:

- - - - - - nach innen falzen
-x-x-x-x- nach außen falzen
▪▪▪▪▪▪▪▪ Lage der Herzklappen

So einfach geht's:

1. Übermale die dunkelgrauen Flächen des Auschneidebogens violett, die hellgrauen rot.

2. Schneide die Teile aus und klebe die beiden Herzhälften zusammen: Falze dazu den breiten weißen Streifen jeder Herzhälfte an der durchgehend gestrichelten Linie - - - - - - nach innen; klebe diese Streifen mit ihren Außenseiten aneinander.

   Falze nun alle anderen Teile wie oben beschrieben. Klebe sie dann mit Hilfe der Buchstaben und Zahlen aneinander („C" deckungsgleich auf „C" kleben, „2" auf „2" usw.). Genauso klebst Du diese Dreiecke auf die ausgesparten weißen Dreiecke der beiden Herzhälften.

   Mit Büroklammern kannst du, wenn nötig, Teile zusammenklemmen, bis der Klebstoff trocken ist.

3. Benenne die Teile des Herzmodells! Schneide dazu die beschrifteten Schildchen aus und klebe sie auf die weißen Felder in den beiden Herzhälften.

4. Am Herzmodell erkennst du nun vier Öffnungen, die die Venen bzw. Arterien darstellen. Bestimme die Fließrichtung des Blutes, indem du mit einem Finger durch die Herzklappen fährst. Markiere den Weg des Blutes mit einem Filzstift. Zeichne dazu Pfeile in Fließrichtung des Blutes in dein Modell ein.

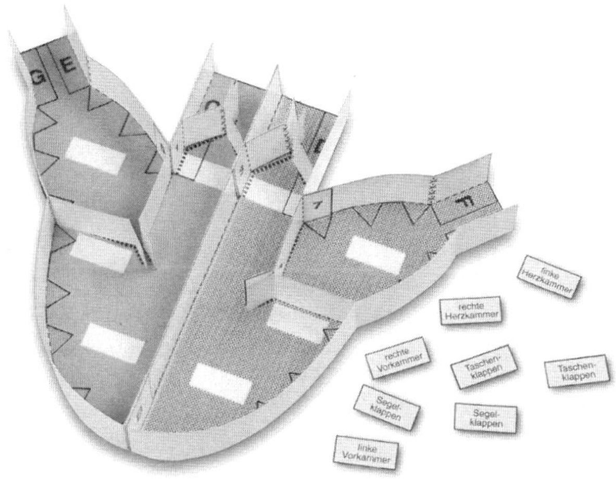

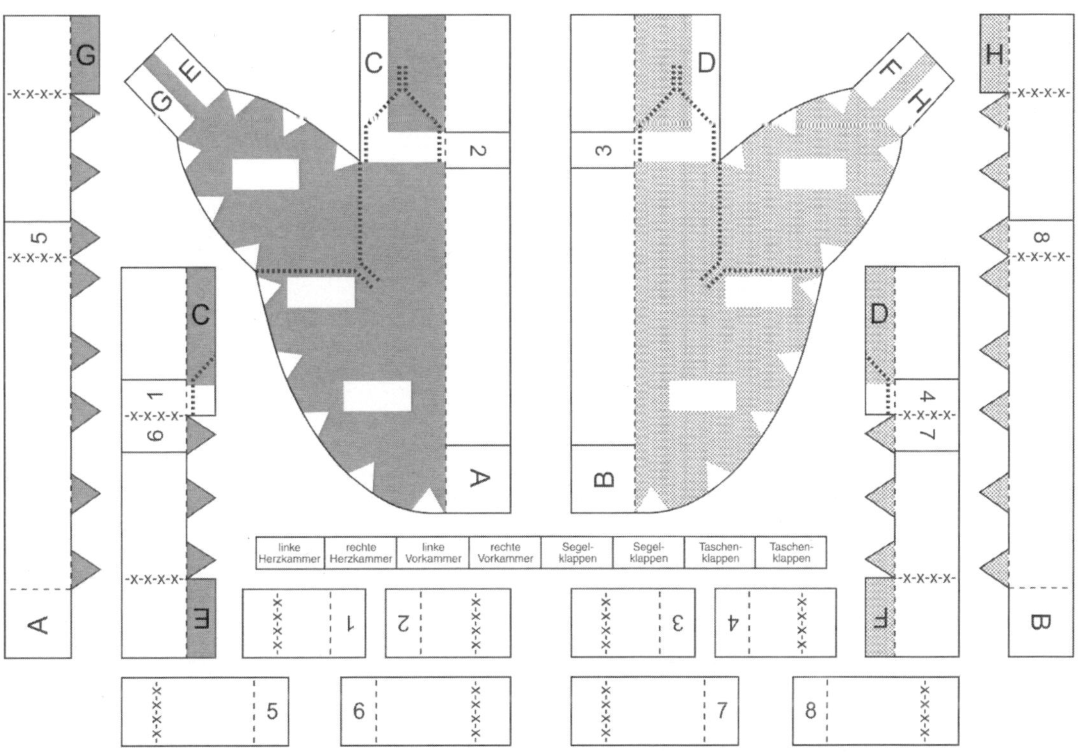

Der Blutkreislauf

A **Arbeitsblatt Seite 37**

Aufgabe 2
Ruhe: 15 000 ml = 15 l
Belastungsphase: 51 840 ml = 51,840 l
Erholungsphase: 23 580 ml = 23,580 l

A **Blutkreislauf, Zusatzaufgaben**

1. Im 16. Jahrhundert war man folgender Meinung: „Das Blut strömt vom Herzen aus in den ganzen Körper, kommt gelegentlich zum Herzen zurück, um Verunreinigungen abzuladen, wofür es manchmal die Lunge benutzt. Wir haben uns die Bewegungen des Blutes wie Ebbe und Flut vorzustellen." Was ist daran falsch?
– *Beschreibung des geschlossenen Blutkreislaufs*
2. Es gibt Neugeborene, bei denen sich in der Herzscheidewand ein Loch befindet. Heute kann dieser Herzfehler operativ behoben werden. Welche Auswirkungen hat der Herzfehler, wenn er nicht behoben wird?
– *Sauerstoffreiches und sauerstoffarmes Blut würden sich vermischen, die Leistungsfähigkeit des Körpers ist herabgesetzt, da er mit dem Mischblut nur ungenügend Sauerstoff geliefert bekommt.*
3. In Arterien fließt das Blut vom Herzen weg, in Lungenvenen fließt es zum Herzen zurück.
Stimmt es, dass sauerstoffreiches Blut immer in Arterien fließt? Begründe deine Meinung!
– *Nein, denn das sauerstoffreiche Blut fließt aus der Lunge durch Venen zur linken Herzkammer zurück.*
4. Warum ist das Herz-Kreislauf-System eines Frosches (es hat nur eine Herzkammer) nicht so leistungsfähig wie das des Menschen?
Da das Froschherz nur eine Kammer besitzt, wird sauerstoffreiches Blut aus der Lunge und sauerstoffarmes Blut aus dem Körper gemischt. Das Mischblut, das in den Körperkreislauf gepumpt wird, enthält weniger Sauerstoff als beim zweikammerigen Herz. Das Mischblut, das in die Lungen gepumpt wird, enthält mehr Sauerstoff als im zweikammerigen Herz und kann in den Lungen deswegen weniger Sauerstoff aufnehmen.
5. Durch Ausdauertraining vergrößert sich das Herz. Wie sähe das Balkendiagramm (s. Arbeitsblatt Pulsmessung S.37) bei gleicher Laufgeschwindigkeit aus, wenn sich die Auswurfsleistung von Dominiks Herz auf 80 ml erhöht hätte?
– *1. Min.: 65 Schläge, 2. Min.: 64, 3. Min.: 60, 4. Min.: 98, 5. Min.: 127, 6. Min.: 131, 7. Min.: 148, 8. Min.: 145, 9. Min.: 117, 10. Min.: 89, 11. Min.: 89*

Herzfrequenz –Pulsmessung

Schüler verzählen sich – insbesondere nach körperlicher Aktivität – beim Pulsmessen oft. Verlässlichere Daten liefern Herzfrequenzmonitore, welche die Herzfrequenz kontinuierlich aufzeichnen. Die dargestellte Kurve zeigt die Entwicklung der Herzfrequenz eines 13-jährigen Schülers. Er ging 2 Minuten, lief 5 Minuten und ging danach 7 Minuten. In den ersten 10 Sekunden der 9. Minute registrierte das Gerät 119 Schläge/min. Die Pulsmessung durch zwei Schüler am linken und rechten Arm ergab für denselben Zeitraum 126 Schläge/min bzw. 114 Schläge/min.

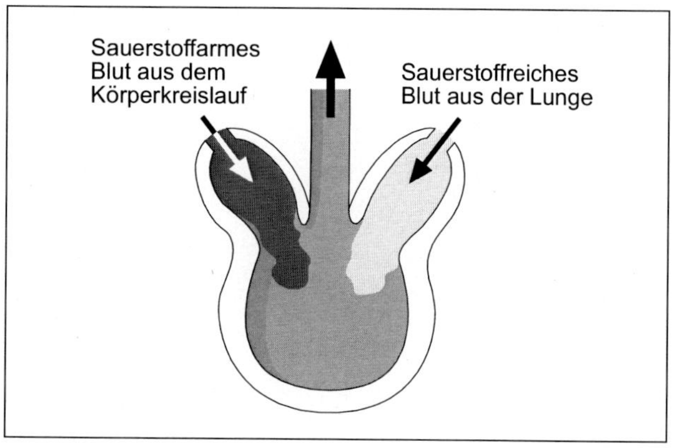

Froschherz

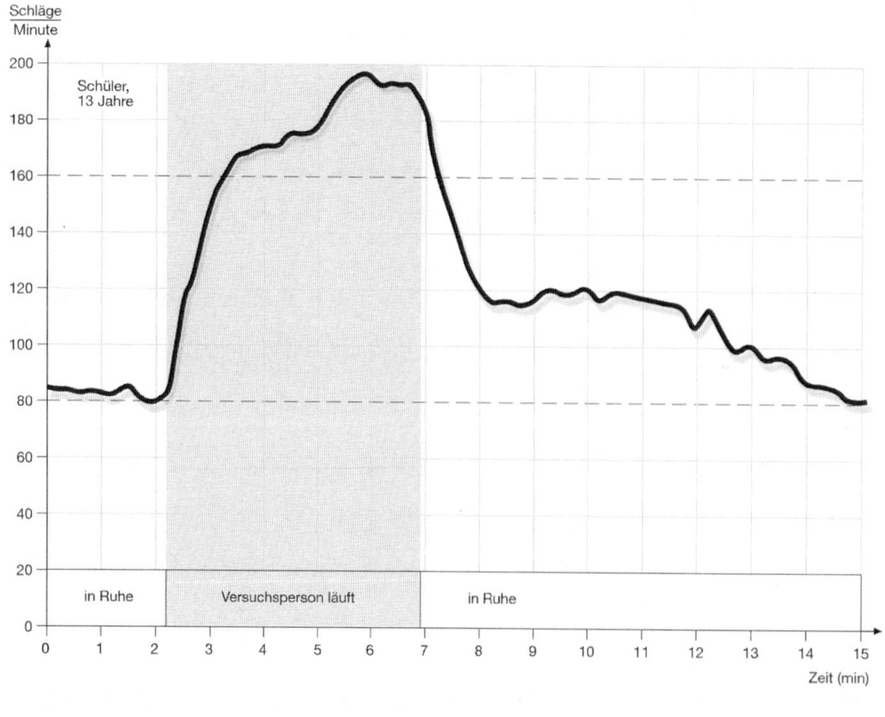

Pulsmessung

Ertaste mit deinen Fingern den Puls am Unterarm. Miss 10 Sekunden deinen Puls, multipliziere den Wert mit 6. Du erhältst die Schläge deines Herzens pro Minute.

Mein Puls beträgt: __________

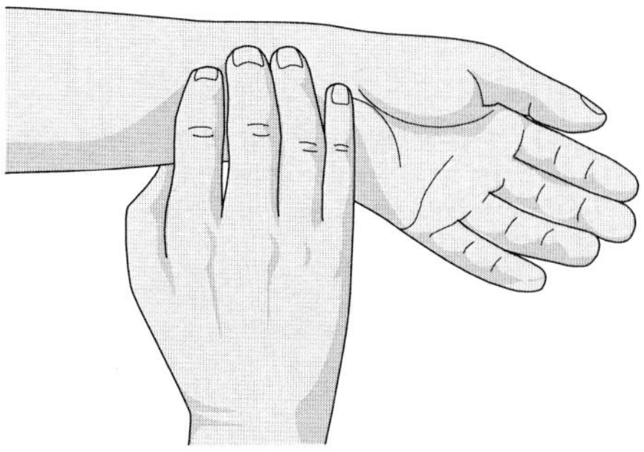

Miss deinen Puls in Ruhe *(Ruhepuls)*, nach 5-minütigem Laufen um den Schulhof *(Belastungspuls)* und 4 Minuten nach dem Lauf *(Erholungspuls)*.

Ruhepuls: ____________ Belastungspuls: ____________ Erholungspuls: ____________

Dominiks Herzfrequenz

Dominik ist 12 Jahre alt. Messungen haben ergeben, dass sein Herz 60 ml Blut pro Schlag pumpt. Dominik ist auch um den Schulhof gelaufen. Er hatte einen Pulsmesser dabei, in der Tabelle sind seine Herzfrequenzwerte aufgelistet.

Aufgaben

1. Vervollständige das Balkendiagramm.

Zeit (Minuten)	Herzschläge/Minute
1	86
2	85
3	79
4	131
5	169
6	174
7	197
8	193
9	156
10	118
11	119

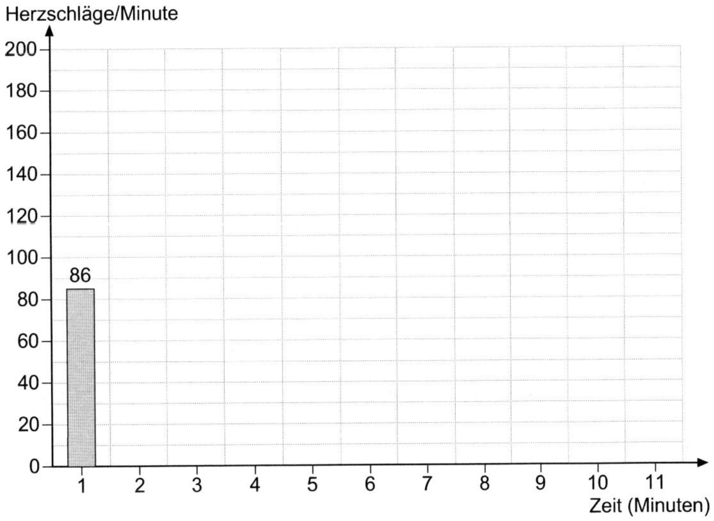

2. Rechne aus, wie viel Blut Dominiks Herz gepumpt hat!

	Pulsschläge (Schläge pro Minute)	Blutmenge (ml)
In den 3 Minuten vor dem Lauf:		ml
In der 5-minütigen Belastungsphase:		ml
In den 3 Minuten nach dem Lauf (Erholungsphase):		ml

A **Arbeitsblatt Seite 39**

Die Venenklappen lassen das Blut nur in Richtung Herz fließen (Ventilfunktion). Sie verhindern ein Zurücklaufen des Blutes in der Systole, wenn das Herz pumpt und nicht saugt.

Muskelpumpe: Ziehen sich Muskeln zusammen, entsteht eine intramuskuläre Spannung, die auch auf die Venen einwirkt. In Verbindung mit der Ventilfunktion der Venenklappen wird das Blut in den Venen zur rechten Herzhälfte hin ausgepresst.

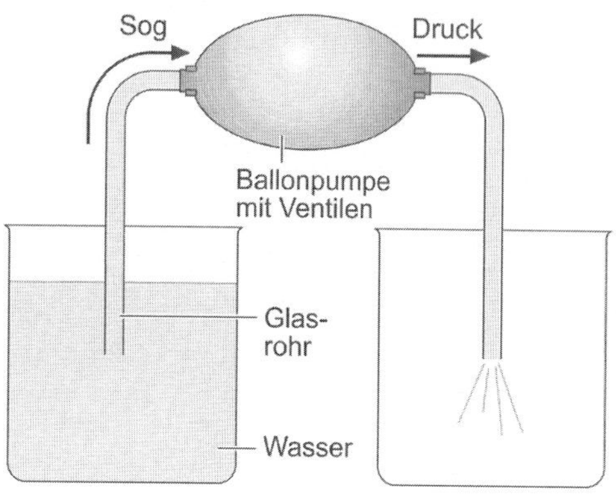

Modell: das Herz als Saugdruck-Pumpe

Arteriovenöse Kopplung: Arterien und Venen liegen im Körper meist eng benachbart zusammen und sind von einer Bindegewebsscheide umschlossen. Die Pulsationswelle der Arterienwand überträgt sich auf die Venen. In Verbindung mit der Ventilfunktion der Venenklappen kommt es zu einer Verlagerung von Blut zum Herzen hin.

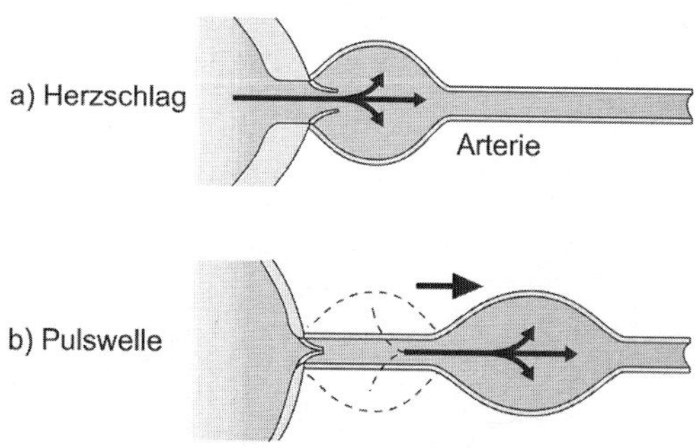

Windkesselfunktion der Aorta

Z **Krampfadern**

Die Venenwände werden insbesondere dort, wo die Venenklappen befestigt sind, stark beansprucht. Bei Veranlagung oder im Alter kann es geschehen, dass sich die Wände der Venen ausbeulen oder gar brechen. Es bilden sich Krampfadern.
Krampfadern bilden sich meist im Bereich der Beinvenen. Blut tritt in das umliegende Gewebe aus, das Gewebe schwillt an. Da die Venenklappen nicht mehr richtig schließen, staut sich das Blut in den Venen. Dadurch werden die Venen stärker belastet, ein Teufelskreis.

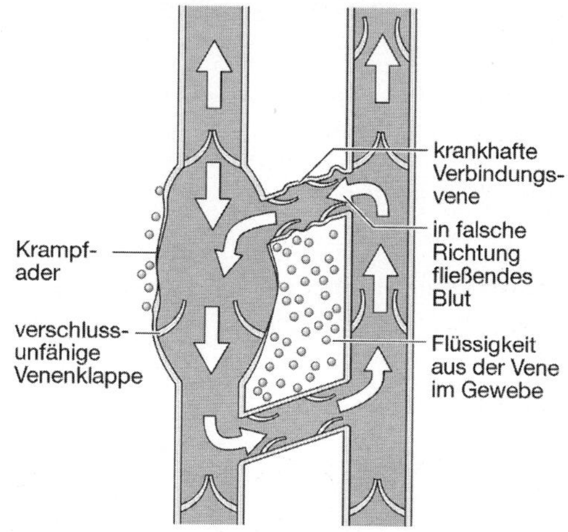

Schwerarbeit der Venen

Blut in den Lungen- und Körperkreislauf zu pumpen, stellt hohe Anforderungen an das Herz. Eine noch größere Leistung ist es jedoch, das Blut wieder zum Herz zurückzubefördern. Aus den Körperpartien, die oberhalb des Herzens liegen, geht das noch am leichtesten, weil die Schwerkraft hilft. Die Saugkraft des Herzens reicht aber allein nicht aus, das Blut aus der Tiefe der Füße und Beine heraufzubefördern. Im Unterschied zu den Arterien besitzen Venen Klappen, die für den Rücktransport des Blutes unverzichtbar sind.

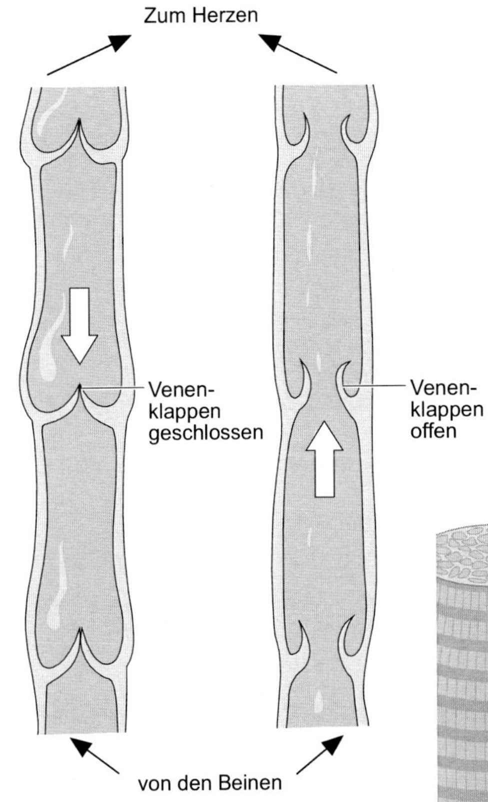

Aufgabe

Schau dir die Abbildungen genau an und schreibe auf, in welcher Weise die Venenklappen das Herz beim Rücktransport des Blutes unterstützen.

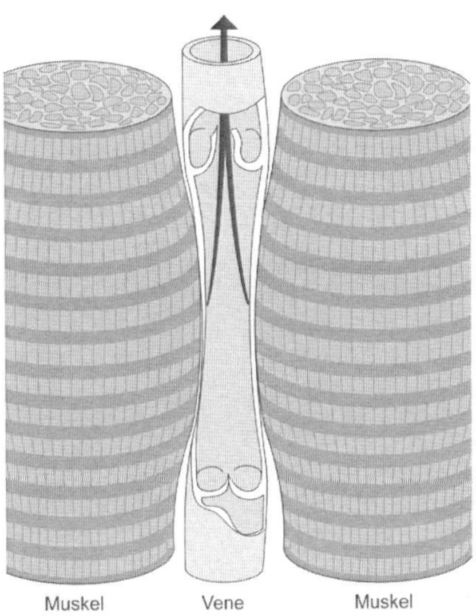

Muskelpumpe

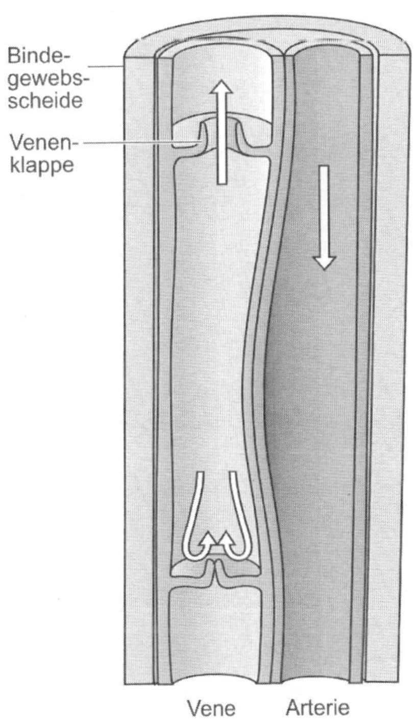

Arteriovenöse Kopplung

A Arbeitsblatt Seite 41

Pulsmessung

Die Messung des Pulses durch Schüler ist ungenau: Der errechnete Wert liegt immer etwas zu niedrig, da sich der Puls bereits in dem Messintervall von 10 Sekunden absenkt (s. S. 36). Verlässlichere Daten liefern Herzfrequenzmonitore, die in Medizin und Sport Verwendung finden und die Herzfrequenz kontinuierlich messen und abspeichern (s. S. 36).

Trainingsbelastung

Anfängern bereitet das Laufen mit gleichmäßiger Geschwindigkeit Schwierigkeiten, sie laufen gerne spielerisch mal langsamer oder schneller. Einigen gelingt es zunächst auch nicht, mehrere Minuten hintereinander zu laufen. In diesem Fall sollten Gehpausen eingelegt werden. Schüler, die sich für das sechswöchige Lauftraining entschieden haben, machen auf der gewählten Strecke Erfahrungen mit dem Tempo und können schon bald ein gleichmäßigeres mittleres Tempo einhalten.

Bedeutung der Pausen

Das Prinzip des Mehrausgleiches (Superkompensation) wird am Beispiel des „Muskeltreibstoffes" Glykogen erklärt. Beim Training wird Glykogen in der Arbeitsmuskulatur verbraucht. In den Pausen zwischen den Trainingseinheiten werden die Glykogenvorräte wieder aufgefüllt. Dabei macht der Neuaufbau aber nicht Halt beim ursprünglichen Niveau, sondern geht darüber hinaus. Die Kunst eines guten Trainings liegt darin, die Pausen so zu wählen, dass der nächste Trainingsreiz auf die Arbeitsmuskulatur im Zustand des Mehrausgleichs trifft. So werden die Glykogenvorräte sukzessiv von einem niedrigeren Ausgangsniveau auf ein höheres Niveau angehoben. Sind die Pausen zu kurz gewählt, kann noch nicht einmal das Ausgangsniveau wieder erreicht werden. Die Ausdauerleistungsfähigkeit geht zurück (Übertraining), das Training macht keinen Spaß mehr.

Sportlerherz

Ausdauertrainierte Herzen sind größer und kräftiger gebaut als untrainierte. Während untrainierte Erwachsene ein Schlagvolumen (ml/Herzschlag) von durchschnittlich 90 ml aufweisen, kommen trainierte Herzen auf die doppelte Menge, d. h. bei gegebener Herzschlagfrequenz von 160 Schlägen/ min wirft das untrainierte Herz 14,4 Liter, das Sportlerherz hingegen 28,8 Liter aus (s. Tabelle unten).

Blutkapillaren

Durch ein Ausdauertraining beginnen Blutkapillaren der Arbeitsmuskulatur zu wachsen und vergrößern ihren Querschnitt. Im Tierversuch konnte auch die Neubildung von Kapillaren an ausdauertrainierten Muskeln beobachtet werden. Beide Mechanismen verbessern die Versorgung eines Muskels mit Blut.

Muskelzellen

Ausdauertrainierte Muskeln haben einen erhöhten Myoglobingehalt und verfügt über mehr Mitochondrien als nicht trainierte Muskeln.

Z Ausdauertraining

Bei allen Ausdauersportarten und auch bei der Prävention von Herz-Kreislauf-Erkrankungen spielt eine Verbesserung der Ausdauerfähigkeit eine zentrale Rolle. Beim Untrainierten reicht es schon aus größere Muskelgruppen z.B. beim Fahrrad fahren, Inline-skating, Laufen oder Schwimmen 3-mal pro Woche 10 Minuten zu belasten, sodass mehr als 50% der Leistungsfähigkeit des Herz-Kreislauf-Systems beansprucht werden. 100% entspricht der maximalen Herzschlagfrequenz (Schläge/ min), die sich nach der Faustformel (220 - Lebensalter) näherungsweise bestimmen lässt. Die optimale Trainingsintensität liegt im Bereich von 60 bis 70%. Gesunde Jugendliche sind in diesem Bereich ohne jedes Risiko belastbar. Um den passiven Bewegungsapparat zu schützen sollte Wert auf Laufschuhe mit einem geeigneten Fußbett sowie Luft- und Gehpolster zur Stoßdämpfung gelegt werden.

Literaturhinweise

MARKWORTH, P.: Sportmedizin; Rowohlt Verlag 1983
JONATHAN, U.: Lexikon der Trainingslehre; Rowohlt Verlag 1988
HOTTENROTT, K., ZÜLCH, M.: Ausdauerprogramme; Rowohlt Verlag 1995
folgende Broschüren sind u.a. erhältlich bei der Technikerkrankenkasse, 22291 Hamburg
CONRADT, M.: Das Herz (Funktionen, Erkrankungen, Behandlungen, Vorsorge) 1993
RITZDORF, W.: Bewegung (Freizeitsport, Wohlbefinden, Fitnesstraining, Entspannung) 1994

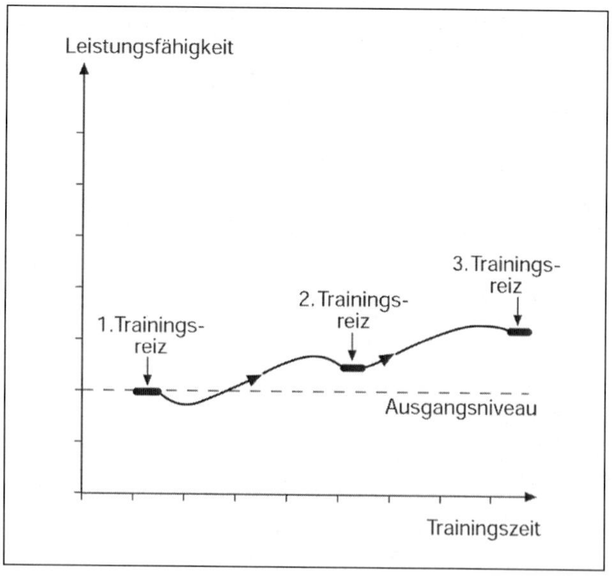

	Herzschlagvolumen (ml)	Herzfrequenz (Schläge/min)	Herzminutenvolumen (Liter/min)
Untrainierte	90	160	14,4
Ausdauertrainierte	180	160	28,8

Mein Lauftraining

Ausdauertrainierte Sportler haben größere und kräftigere Herzen als nicht trainierte Menschen. Das Sportlerherz läuft sozusagen im Schongang, es schlägt langsamer. Das kann es sich leisten, da es größer ist und bei niedrigerer Schlagzahl die gleiche Menge Blut pumpen kann.

Auch du kannst die Anpassung deines Herz-Kreislauf-Systems an ein Ausdauertraining beobachten. Dazu brauchst du sechs Wochen Zeit und eine Taschenuhr mit Sekundenanzeige. Du musst 3-mal die Woche eine bestimmte Strecke laufen. Wenn du Fieber hast oder wenn es draußen zu heiß ist, laufe nicht. Such dir eine Strecke im Grünen aus, die möglichst keine Steigungen hat und für die du 15 Minuten brauchst. Leg ein Lauftagebuch an.

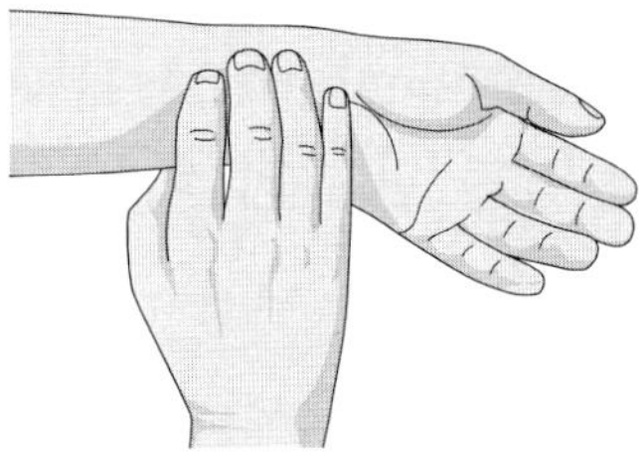

Mein Lauftagebuch

Name ____________ Strecke ____________ Woche ____________

	Montag	Dienstag	Mittwoch	Donnerstag	Freitag	Samstag	Sonntag
Ruhepuls							
Belastungspuls		Ruhe		Ruhe		Ruhe	
Erholungspuls							
Besonderheiten							

Herzschläge in 10 Sekunden x 6 = Herzschläge pro Minute

Merk dir Start- und Zielpunkt, laufe immer die gleiche Strecke (möglichst ohne große Steigungen). Lauf ein mittleres Tempo, nicht zu schnell und nicht zu langsam. Die Geschwindigkeit ist richtig gewählt, wenn du nach 15 Minuten noch etwas weiter laufen könntest.

Miss immer den Ruhepuls vor dem Laufen. Nach dem Lauf gehst du gemächlich weiter und misst gleich den Belastungspuls. Nach 3 Minuten misst du den Erholungspuls. Am besten steckst du dir einen Notizzettel in die Jogginghose und notierst dir gleich die Werte. Zuhause überträgst du die Werte in dein Lauftagebuch.

Übrigens: Laufen macht auch in der Gruppe Spaß. Du solltest mit Freunden laufen, die etwa gleich viel Sport treiben wie du. Wenn du deine Trainingsstrecke nach einigen Wochen in kürzerer Zeit als 15 Minuten läufst, notier dir die Zeit. Notier dir auch besondere Ereignisse wie Rückenwind, Gegenwind und wenn die Strecke glitschig ist oder du schlecht geschlafen hast.

Tipp: Die Länge deiner Laufstrecke kannst du mit deinem Fahrrad bestimmen, wenn es einen Streckenzähler besitzt. Vergleich die Pulswerte der 1. und 6. Trainingswoche miteinander. Eine kürzere Laufzeit bei gleichem Belastungspuls in der 6. Woche oder ein niedrigerer Belastungspuls bei gleicher Laufzeit sind deutliche Hinweise für eine Anpassung deines Herz-Kreislauf-Systems an das Lauftraining.

Arbeitsblatt Seite 43

1. a) Hoden (links, rechts); b) Nebenhoden (links, rechts); c) Spermienleiter (links, rechts); d) Prostata; e) Harn-Spermien-Röhre
2. Nebenhoden, Spermienleiter, Harn-Spermien-Röhre, Freisetzung

Arbeitsblatt Seite 44

1. a) Eileiter (links, rechts); b) Eierstöcke (links, rechts); c) Gebärmutter; d) Vagina
2. Ende der 2. Woche: Eisprung, eine reife Eizelle verlässt den Eierstock; die Eizelle wandert durch den Eileiter und erreicht nach 3 bis 4 Tagen die Gebärmutter; Ende der 4. Woche Menstruation, Auflösung der Schleimhaut, Blut und Scheidenflüssigkeit bilden die Menstruationsflüssigkeit.
3. Der Muskel der Gebärmutter wird während der Schwangerschaft auf ein Vielfaches seiner Ausgangsgröße gedehnt.

Arbeitsblatt Seite 45

1. Anordnung anhand der hell unterlegten Umrandungen der Teilbilder.
2. 1 Menstruation; 2 Eileiter; 3 Eierstock; 4 Schleimhaut; 5 Gebärmutter; 6 Scheide; 7 reifendes Ei; 8 Eisprung

Samen oder Spermien?

In der Umgangssprache wird das Ejakulat des Mannes oft als Samen oder Samenflüssigkeit bezeichnet. Diese Bezeichnungen benutzen auch häufig die Schüler im Unterricht. Man spricht exakter von Spermien oder Spermienflüssigkeit, um jegliche Verwechslung mit den Samen des Pflanzenreichs auszuschließen. An diesen beiden Begriffen lässt sich gut der Unterschied zwischen einer Keim- oder Geschlechtszelle (Ei- und Spermienzelle) und einer befruchteten Eizelle, wie sie in Pflanzensamen enthalten ist, aufgreifen und erläutern.

Menstruation

Der erste Besuch beim Frauenarzt

Junge Mädchen müssen lernen, ihren Körper zu verstehen und mit ihm umzugehen. Fragen zur eigenen körperlichen Entwicklung beantwortet auch der Frauenarzt. Der erste Besuch dort kann bei Mädchen Angst auslösen. Vorteilhaft ist es dann, direkt bei der Terminabsprache um eine Beratung zu bitten. Eine etwaige Untersuchung hat Zeit, bis die Situation beim Frauenarzt vertrauter ist.

Der Menstruationszyklus

Ein Zyklus zählt vom ersten Tag der Blutung bis zum letzten Tag vor Eintritt der folgenden Menstruation. Jeder Tag einer Blutung wird in einen Menstruationskalender eingetragen. Folgende Merkmale werden notiert: Schwache Blutung, normale Blutung, starke Blutung, Bauchschmerzen, Ausfluss. Bei der erwachsenen Frau tritt alle 26 bis 31 Tage eine Menstruation auf. Eine nicht befruchtete Eizelle stirbt ab, die Gebärmutterschleimhaut kann ihre Aufgabe nicht erfüllen, sie bleibt 14 Tage bestehen und wird dann abgestoßen. Dabei setzt die Menstruation ein. Daraufhin reift innerhalb von 14 Tagen eine Eizelle heran und eine neue Schleimhaut entwickelt sich in der Gebärmutter. Das wiederholt sich ungefähr jeden Monat. Bei jungen Mädchen kann der Zeitabstand kürzer oder länger sein. Seelische oder extreme körperliche Belastungen wirken sich ebenfalls auf die Regelmäßigkeit des Zyklus aus.

Tamponversuch

Die Flüssigkeit aufnehmende Fähigkeit von Binden oder Tampons wird festgestellt. Dazu werden die trockenen Materialien gewogen. Man gibt dann soviel Wasser hinzu, bis das Material tropfnass ist und wiegt es erneut.

Literaturhinweise

Die Menstruation, o.b. Beratung, Johnson & Johnson Beratung. 14. Aufl., Frankfurt/M. 1992

Größenvergleich von Teilen der Geschlechtsorgane

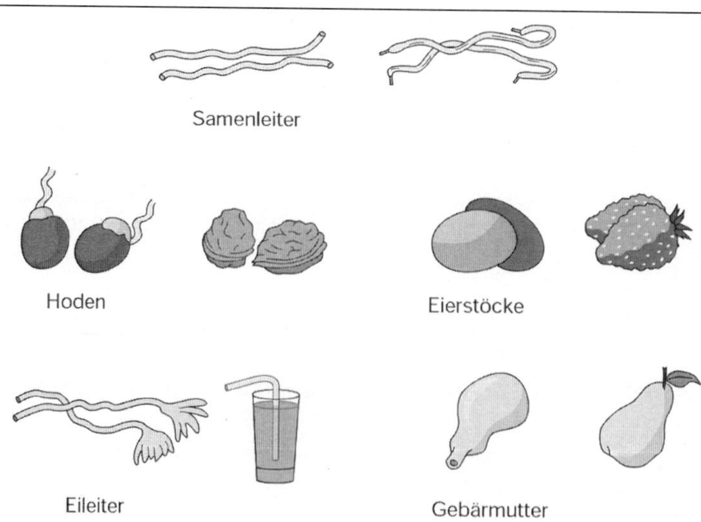

Die Geschlechtsorgane des Mannes

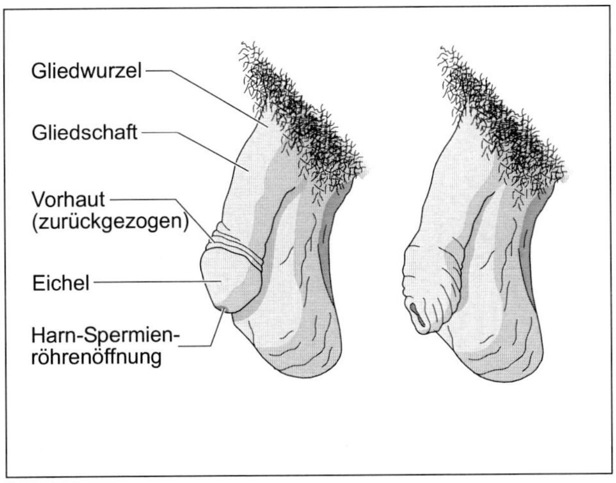

Abb. 1 Äußere Geschlechtsorgane des Mannes

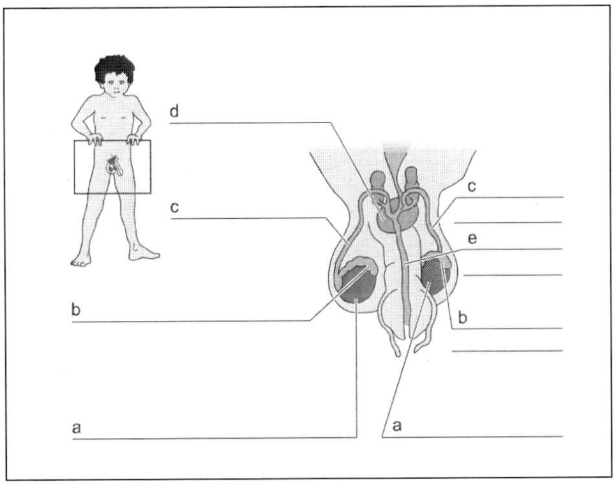

Abb. 2 Innere Geschlechtsorgane des Mannes

Penis und *Hodensack* sind die äußerlich sichtbaren Geschlechtsorgane des Mannes. Der Penis besteht aus weichem, schwammigem Bindegewebe und aus Blutgefäßen. Wird die Vorhaut zurückgezogen, so wird die Eichel des Penis sichtbar. Es handelt sich dabei um den sexuell erregbarsten Teil des männlichen Körpers. Die Eichel entspricht der Klitoris der Frau. Sie enthält die Öffnung der Harn-Spermienröhre.

Aufgabe

1. Beschrifte die inneren Geschlechtsorgane des Mannes.

Spermienentwicklung und Pollution

Wenn die Hoden beginnen Spermien zu produzieren, ist ein Junge bald geschlechtsreif und in der Lage, ein Kind zu zeugen.

Die Spermien wandern, nachdem sie im Hoden entstanden sind, ca. zwei Monate durch das Schlauchsystem des Nebenhodens und reifen dabei heran. Erst dann sind sie in der Lage, eine Eizelle zu befruchten.

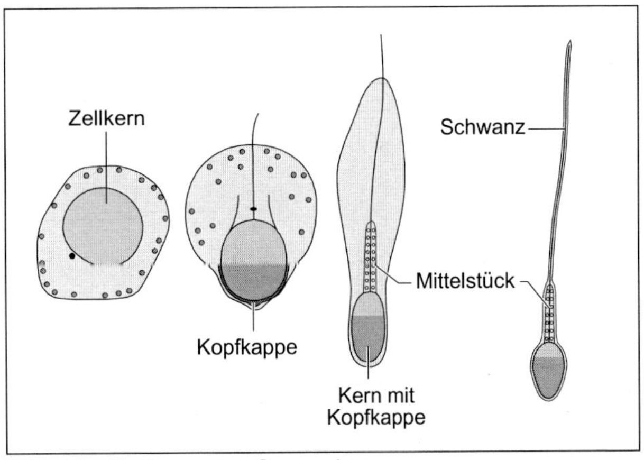

Abb. 3 Reifung der Spermien

Die reifen Spermien werden im Nebenhoden gespeichert und von Zeit zu Zeit *ejakuliert*, d.h. freigesetzt. Einer Ejakulation geht meist eine Versteifung des männlichen Gliedes voraus. Diese Versteifung *(Erektion)*, kommt dadurch zustande, dass sich die Schwellkörper des Gliedes bei Erregung mit Blut füllen, das gestaut wird. Findet dieser Vorgang unbewusst im Schlaf statt, spricht man von *Pollution*.

Aufgabe

2. Beschreibe in Stichwörtern den Weg der Spermien bei der Ejakulation. Beginne beim Nebenhoden.

___

___

___

Die Geschlechtsorgane der Frau

Die äußeren Geschlechtsorgane der Frau werden *Vulva* genannt. Vulva kommt aus dem Lateinischen und bedeutet „Decke". Die Vulva besteht aus den Schamlippen, der Klitoris *(Kitzler)*, der Öffnung der Harnröhre und dem Scheideneingang.

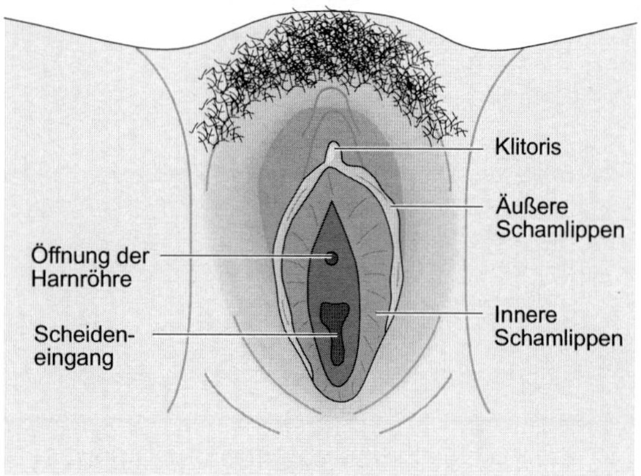

Abb. 1 Äußere Geschlechtsorgane der Frau

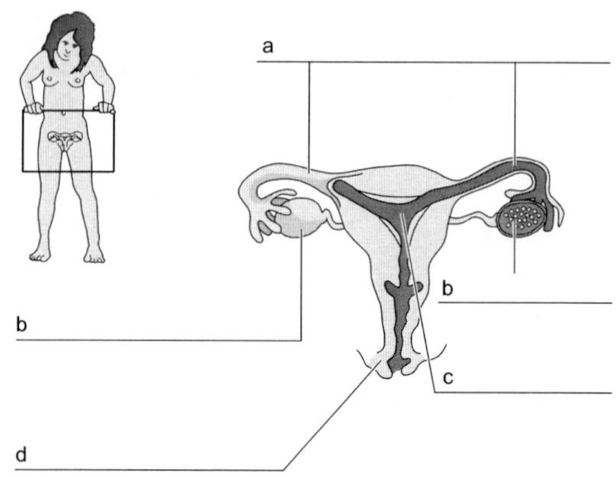

Abb. 2 Innere Geschlechtsorgane der Frau

Die Schamlippen der Frau sind weiche Hautfalten, die die Klitoris, die Harnröhre und den Scheideneingang bedecken. Die Klitoris ist der sexuell erregbarste Teil des weiblichen Körpers und entspricht der Eichel des Mannes. Die Öffnung der Harnröhre gehört nicht zu den weiblichen Sexualorganen, durch sie verlässt der Urin den Körper. Die Scheide stellt eine Verbindung zwischen der Gebärmutter und der Außenwelt dar.

Aufgaben

1. Beschrifte die inneren Geschlechtsorgane der Frau.

2. Stelle dar, was mit einer nicht befruchteten Eizelle geschieht.

____

____

3. Die Gebärmutter ist ein kräftiger Muskel. Welche besondere Eigenschaft dieses Muskels verrät die nebenstehende Abbildung?

____

____

____

____

____

____

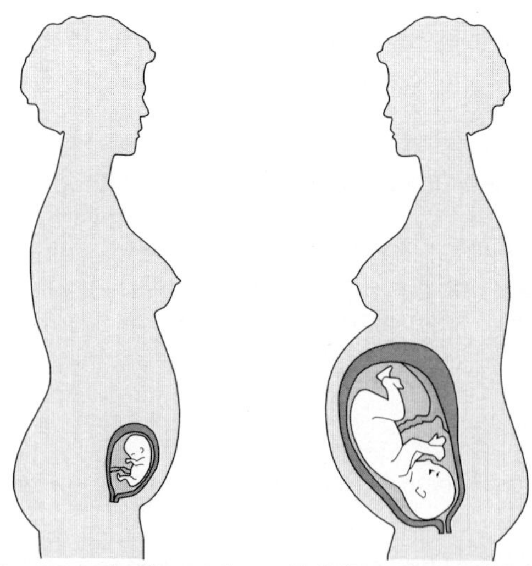

3. Schwangerschaftsmonat 7. Schwangerschaftsmonat

Abb. 3 Entwicklung vom Embryo zum Fetus

Der weibliche Zyklus

Das Wort „Menstruation" leitet sich vom lateinischen Wort „mensis" (der Monat) ab und bezeichnet die Monatsblutung der Frau. Die erste Monatsblutung ist ein sicheres Zeichen dafür, dass die weiblichen Geschlechtsorgane voll entwickelt sind. In jedem folgenden Monat reift dann in den Eierstöcken ein Ei heran. Mit dem Einsetzen der Menstruation kann ein Mädchen schwanger werden.

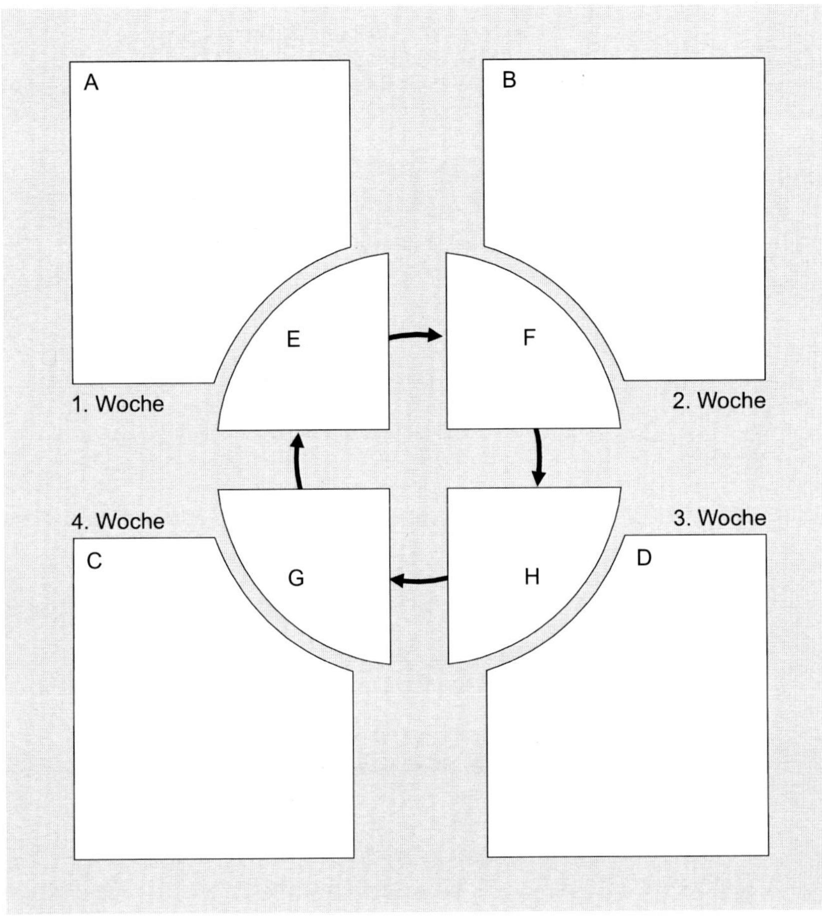

1 ______________________

2 ______________________

3 ______________________

4 ______________________

5 ______________________

6 ______________________

7 ______________________

8 ______________________

Aufgaben

1. Schneide die unteren Abbildungen aus und ordne sie richtig zu. Klebe die Teile an den richtigen Stellen ein.
2. Benenne die mit Nummern versehenen Strukturen oder dargestellten Vorgänge.

✂- -

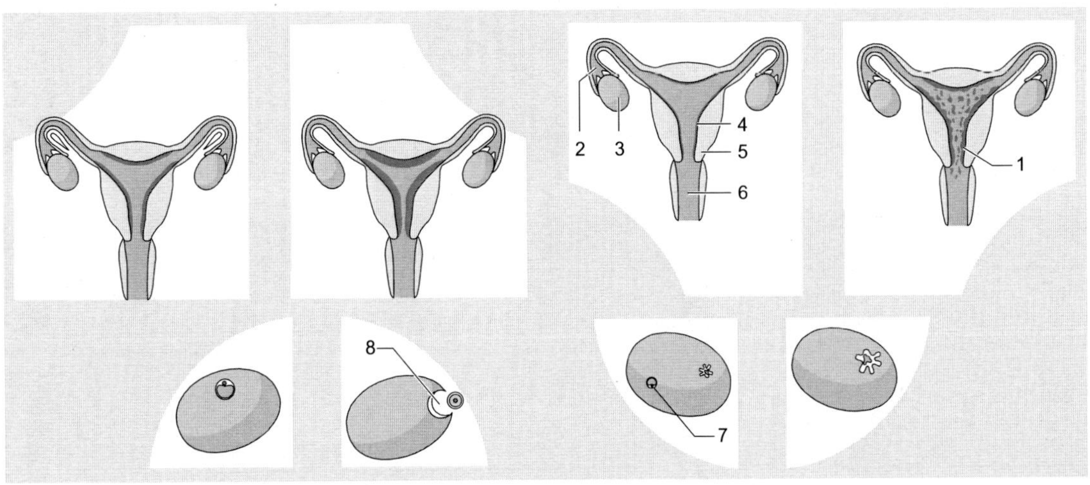

Arbeitsblatt Seite 47

1. c, e, a, d, b
2. c) = Begattung, e) = Eisprung, a) = Befruchtung, d) = Einnistung, b) = Schwangerschaft

Versuche

Fülle einen Plastikbeutel mit Wasser, gib ein rohes Ei hinzu und gib ihm einen Stoß. Beobachte und beschreibe die Bedeutung der Fruchtblase.
Das Ei wird selbst bei harten Schlägen nicht zerstört. Dies ist ein Modell für den Schutz gegen äußere mechanische Einwirkungen von Embryo und Fetus im Fruchtwasser der Fruchblase.

Modell – Schutz des Embryos im Mutterleib

Das Modell lässt sich erweitern, indem man den Beutel mit Wasser und Ei in ein Becherglas gibt. Nun kann man es kräftig schütteln, ohne dass am Ei ein Schaden entsteht. Macht man denselben Versuch ohne Wasserkissen, zerbricht die Eischale. Man kann den Plastikbeutel auch herausnehmen und auf den Tisch fallen lassen, wobei man allerdings darauf achten muss, dass der Plastikbeutel kräftig genug ist und nicht platzt!

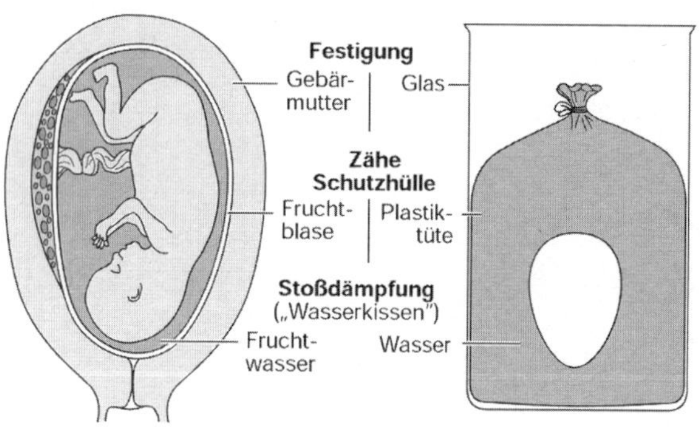

Tipp zum Unterrichtseinstieg

In einem witzigen Kinderbilderbuch von B. Cole (s. Literaturhinweise) erklären Mutter und Vater ihren Kindern woher die Kinder kommen. Cole legt den beiden Eltern ziemlich witzige und absurde Erklärungsversuche in den Mund, was die Kinder nur zu einem riesigen Gelächter veranlasst. Da Papa und Mama anscheinend keine Ahnung haben, müssen die Kinder den Eltern erklären, woher der Nachwuchs stammt.
Die Schüler bekommen den ersten Teil der Bildergeschichte (Kopien). Die Bilderfolge bricht für die Schüler dort ab, wo die Kinder in der Geschichte mit ihrem Aufklärungsunterricht für ihre Eltern beginnen. Nun dürfen sich die Schüler als Bilderbuchzeichner betätigen und die Geschichte zuende zeichnen. Die Comics können anschließend im Klassenzimmer aufgehängt werden.
Bei dieser Arbeit verlieren die Kinder untereinander die Scheu über das Thema zu sprechen bzw. es zu zeichnen. Das Vorwissen wird gesammelt und Missverständnisse werden zum Teil aufgedeckt und miteinander besprochen.

Literaturhinweise

COLE,B; Mama hat ein Ei gelegt, Verlag Sauerländer
HARRIS, R. H.: total normal. Was du schon immer über Sex wissen wolltest; alibaba Verlag, Frankfurt/M 1995
MÖLLER, L.: Kinder machen geht so, Berlin 1992
MÜLLER, J.; GEISLER, D.: Ganz schön aufgeklärt; Bindlach 1993
SCHNEIDER, S.; RIEGER, B.: Das Aufklärungsbuch; Ravensburger Buchverlag 1992

Medienhinweise

FWU 42 31538 Vom Mädchen zur Frau
FWU 42 31537 Vom Jungen zum Mann
FWU 42 01935 Pubertät
FWU 42 10344 Achterbahn der Gefühle
FWU 46 01058 Achterbahn der Gefühle (DVD)

Anlage des Beinskeletts aus Knorpel

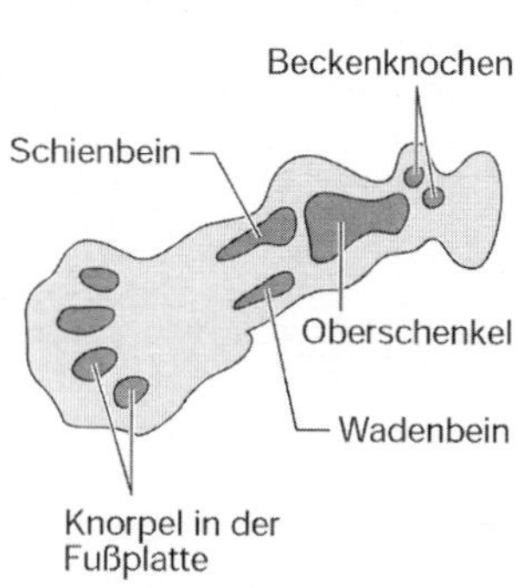

Embryo Anfang 6. Woche

Beinanlage bei einem 6 Wochen alten Embryo (Auftreten der Knorpelkerne)

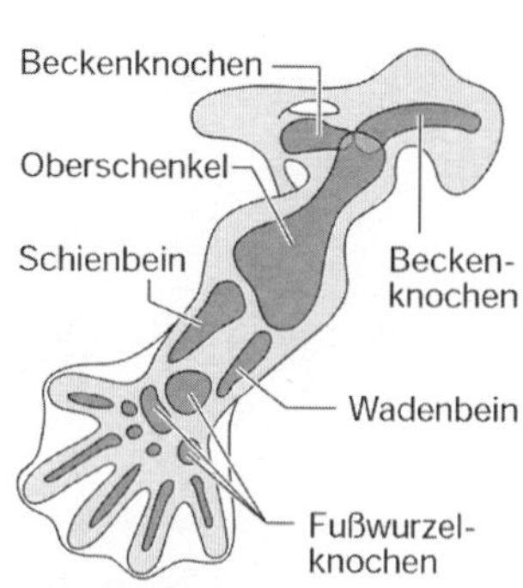

Embryo Ende 6. Woche

Beinanlage am Ende der 6. Woche

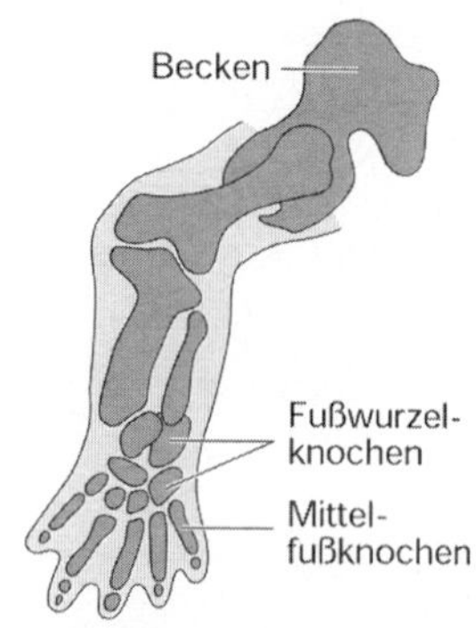

Embryo Anfang 8. Woche

Beinskelett ist Anfang der 8. Woche als Knorpelmodell angelegt.

Ein Kind entsteht

a)

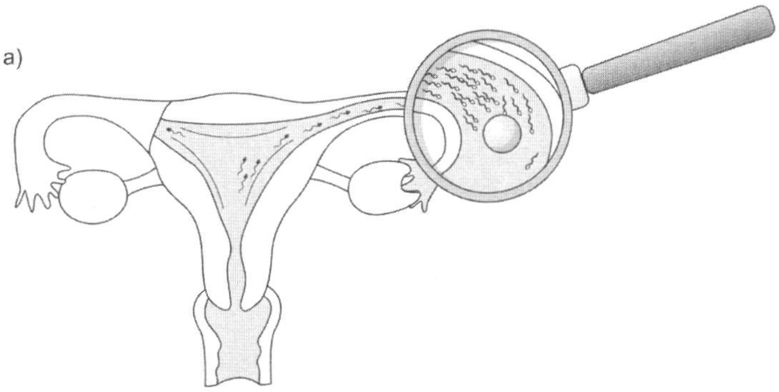

b)

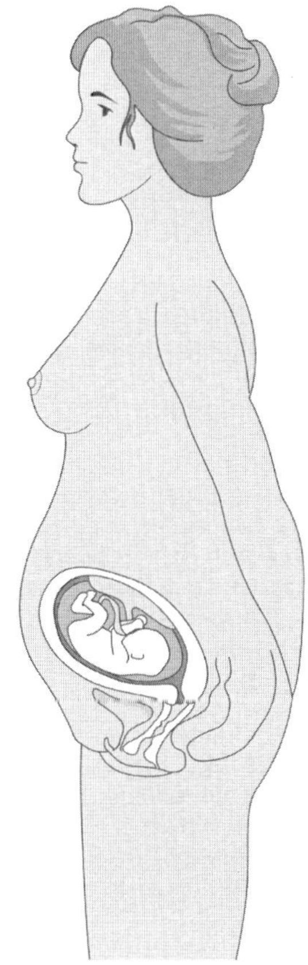

c)

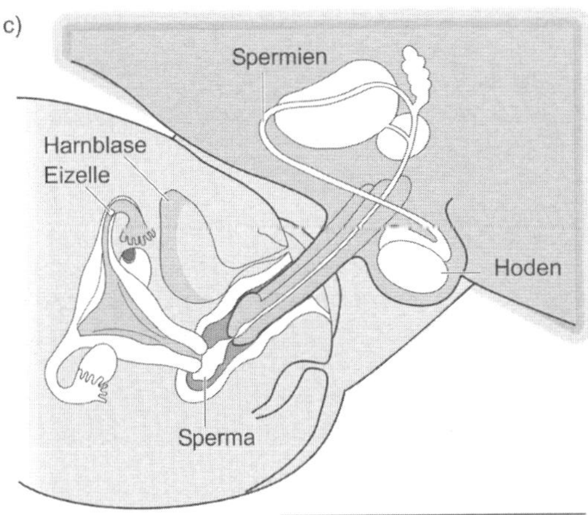

d)

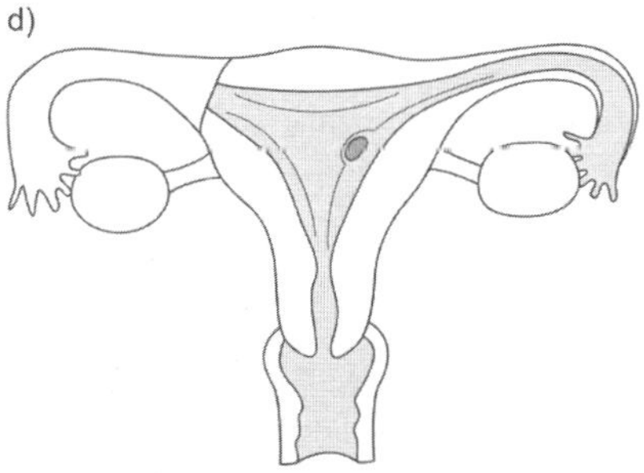

e)

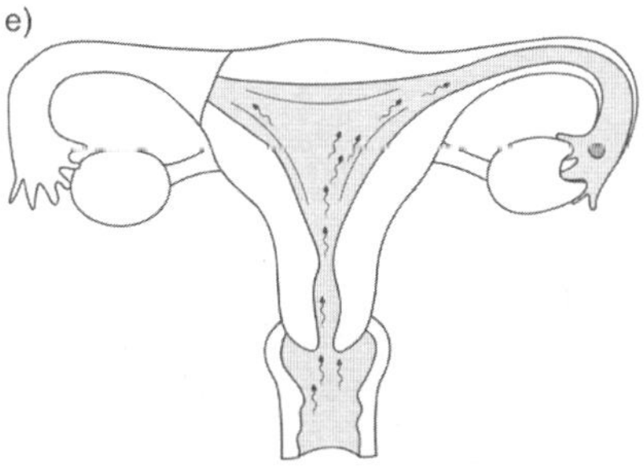

Aufgaben

1. Bringe die fünf Abbildungen in die richtige Reihenfolge und nummeriere sie.

2. Ordne den Abbildungen die folgenden Begriffe zu: Begattung, Eisprung, Befruchtung, Einnistung, Schwangerschaft.

Projekt: Sexualität

In der Jahrgangsstufe 5/6 ist der Entwicklungsunterschied innerhalb einer Lerngruppe oftmals groß. Da die Orientierung an der Gruppe der Gleichgeschlechtlichen noch stark ist, bieten sich auch Arbeitsphasen in geschlechtshomogenen Gruppen an. Da die Lehrkräfte beim Thema „Sexualität“ auf eigene Tabus stoßen können und Sexualpädagogik in der Ausbildung meist nicht vertreten war, bietet sich der Besuch von Veranstaltungen der Lehrerfortbildung an.
Sprachspiele dienen der Enttabuisierung und als Ventil für Peinlichkeiten. Assoziationsspiele ermöglichen eine Einschätzung des Verhältnisses der Schüler zum Thema Sexualität. Kontaktspiele eröffnen im eher sprachorientierten Rahmen der Schule einen anderen Zugang zueinander über den Körper. Es kann sich Vertrauen entwickeln, Spannungen werden abgebaut und Unruhe ausgeglichen. Vertrauensspiele sind als Unterrichtseinstieg geeignet.

Körperspiel

Zwei Kinder erstellen in Partnerarbeit Selbstportraits auf Packpapier oder Tapete. Die Körperumrisse werden aufgezeichnet und dann ausgemalt bzw. präzisiert.

Kontaktspiel

Die Kinder befinden sich auf einer gedachten Eisscholle, die in den Süden treibt und schmilzt. Sie rücken immer näher zueinander bis die Eisscholle weg geschmolzen ist und sie sich nicht mehr halten können. Dabei begrenzt der Spielleiter die Stehfläche mit einem Seil, das immer enger gezogen wird.

Vertrauensspiel

Mehrere Kinder bilden einen engen Kreis. Einer steht in der Mitte, legt die Hände an die Hosennaht und macht sich steif (Ganzkörperspannung). Wie ein Pendel lässt er sich nun in die ausgestreckten Hände seiner Spielpartner fallen. Diese fangen ihn sanft ab, reichen ihn weiter bzw. balancieren ihn durch die Mitte.

Rollenspiel

Der Körper und seine Unzulänglichkeiten sind oft Zielscheibe von abwertenden Äußerungen, die als verletzend empfunden werden können. Derartige Äußerungen werden gesammelt und auf Karten geschrieben. Jeder zieht eine Karte, die notierte Äußerung wird mehrmals von allen vorgetragen. Einer der Gruppe ist das gedachte Zielobjekt und soll auf seine Empfindungen achten.

Selbstbefriedigung

Selbstbefriedigung ist innerhalb eines zu skizzierenden Gesamtverständnisses von Sexualität zu werten und einzuordnen. Selbstbefriedigung kann während der Pubertät als ein Stadium und später als eine Facette des Sexualverhaltens bewertet werden. Sie wird durch soziales Sexualverhalten abgelöst oder ergänzt.
Das Thema kann in (möglichst nach Geschlecht getrennten) Gruppen diskutiert werden, wenn zwischen Schülern und Lehrkraft ein angemessenes Vertrauensverhältnis besteht.

Typisch Mann, typisch Frau

Es werden unter dem Motto „Welche Eigenschaften hat ein Mensch?“ Adjektive gesammelt. Die gesammelten Begriffe sollen dann auf einer Skala, deren Extreme „total männlich“ bzw. „total weiblich“ genannt werden, zugeordnet werden. Das Ergebnis wird diskutiert.

Sprache und Sexualität

- Wie werden die Teile der Geschlechtsorgane in der Fachsprache und in der Umgangssprache genannt?
- Welche der umgangssprachlichen Begriffe werden als angenehm oder unangenehm empfunden?
- Welche Begriffe werden als abwertend empfunden?
- Welche Begriffe beinhalten einen Gewaltaspekt?

Die Begriffe werden z. B. als Wandzeitung dargestellt und den Kategorien zugeordnet:
Sexualität ist ..., Sexualität ist nicht ...
Die Sätze können fortgeführt werden. Strittige Begriffe bekommen einen gesonderten Platz.

Männersachen, Frauensachen

In geschlechtshomogenen Gruppen werden zu Themen, wie Veränderungen des eigenen Körpers während der Pubertät, Texte geschrieben und diese der anderen Geschlechtsgruppe übermittelt und dann besprochen.

Briefe an die Redaktion

Anonym werden in Gruppen oder einzeln Leserbriefe zu verschiedenen Themen an die Redaktion einer fiktiven Jugendzeitschrift geschrieben. Die Briefe werden ausgetauscht und dann von Mitschülern schriftlich beantwortet.

Was ist Freundschaft? Was ist Partnerschaft?	Was Prügel sind, weiß jeder; was Liebe ist, hat noch niemand herausgefunden. Heinrich Heine
Freundschaft ist eine Seele in zwei Körpern. Aristoteles	Liebe kann intelligente Menschen zu daumenlutschenden Idioten machen. Sylvester Stallone
Keine Straße ist zu lang mit einem Freund an der Seite. japanisches Sprichwort	Vielleicht ist man zur Liebe geboren, man muss sie trotzdem erlernen. Manès Sperber
Freundschaft ist nicht nur ein köstliches Geschenk, sondern auch eine dauerhafte Aufgabe. Ernst Zacharias	Viele kleine Liebschaften sind fortschreitende Immunisierung gegen die große Liebe. Jeanne Moreau

Vergehen gegen die sexuelle Selbstbestimmung

Auszüge aus dem Strafgesetzbuch:

– § 174: Sexueller Missbrauch von Schutzbefohlenen:
  (1) Wer sexuelle Handlungen
  1. an einer Person unter sechzehn Jahren, die ihm zur Erziehung, zur Ausbildung oder zur Betreuung in der Lebensführung anvertraut ist,
  2. an einer Person unter achtzehn Jahren, die ihm zur Erziehung, zur Ausbildung oder zur Betreuung in der Lebensführung anvertraut oder im Rahmen eines Dienst- oder Arbeitsverhältnisses untergeordnet ist, unter Missbrauch einer ... Abhängigkeit ... vornimmt oder an sich von Schutzbefohlenen vornehmen lässt,

  wird mit Freiheitsstrafe bis zu fünf Jahren oder mit Geldstrafe bestraft.

– § 176: Sexueller Missbrauch von Kindern
  (1) Wer sexuelle Handlungen an einer Person unter vierzehn Jahren (Kind) vornimmt oder an sich von dem Kind vornehmen lässt, wird mit Freiheitsstrafen von sechs Monaten bis zu zehn Jahren, in minder schweren Fällen mit Freiheitsstrafe bis zu fünf Jahren oder mit Geldstrafe bestraft.

Die meisten sexuellen Übergriffe gehen nicht von fremden Tätern, sondern von Bekannten bzw. Verwandten aus.

Berichte aus der Tagespresse oder Filme können Anlass für Diskussionen sein.

Sexuell übertragbare Krankheiten

Nur vier Krankheiten der vielen sexuell übertragbaren Krankheiten zählen nach dem „Gesetz zur Bekämpfung der Geschlechtskrankheiten" zu den Geschlechtskrankheiten und sind meldepflichtig: *Gonorrhoe* (Tripper), *Syphilis* (Lues) und die bei uns seltenen Erkrankungen *Lymphogranuloma inguinale* (venerische Lymphknotenentzündung) und *Ulcus molle* (Schanker). Die anonyme Meldepflicht soll einen Überblick über die Verbreitung der Krankheiten ermöglichen. Die Symptome dieser Krankheiten zeigen sich in erster Linie an den Geschlechtsorganen.

Die Schüler können Informationen zusammentragen und z. B. auf Plakaten für die Mitschüler aufbereiten.

Hinweise zum Thema Human-Immunschwäche Virus (HIV) und AIDS

Kinder kennen in der Regel die Begriffe HIV und AIDS, sind aber ohne sachliche Information unsicher, wie sie sich davor schützen können. Daher sollte dieses Thema angesprochen werden. Es reicht aus, die Übertragungswege ungeschützter Geschlechtsverkehr und Blut-zu-Blut-Kontakte zu benennen und auf die Schutzmöglichkeiten durch Kondome zu verweisen.

Literatur *Sexualität und Gesundheit. Themenheft 191, Unterricht Biologie, Januar 1994*

Eine Liste mit umfangreichem sexualpädagogischem Medienmaterial kann angefordert werden bei: Pro Familia Vertriebsgesellschaft, Niddastr. 76, 60 329 Frankfurt/M, oder bei der Bundeszentrale für Gesundheitliche Aufklärung, 51101 Köln.

Verhütungsmethoden – Verhütungskoffer

Es werden bei Gesundheitsämtern, Pro Familia oder in der Apotheke verschiedene Verhütungsmittel und Informationsmaterial besorgt. Die Schüler stellen die verschiedenen Methoden vor und beantworten Fragen, z. B. wo man die Verhütungsmittel bekommt, was sie kosten, welche Vor- und Nachteile sie haben usw. Es ist denkbar, dass die Schüler selber ein Konzept für einen Verhütungskoffer entwickeln und realisieren. Die verschiedenen Mittel und Informationsmaterialien werden in eine Ordnung gebracht und stehen zur Verwendung im Unterricht zur Verfügung.

Pro Familia Verhütungskoffer

Das Kondom wirkt mechanisch; mittlere Zuverlässigkeit; keine Nebenwirkungen; schützt vor einer Infektion mit dem HI-Virus; viele Manipulationen vor dem Geschlechtsverkehr	**Die Pille** wirkt hormonell; sehr hohe Zuverlässigkeit; man muss jeden Tag daran denken; Nebenwirkungen möglich
Das Diaphragma wirkt mechanisch; mittlere Zuverlässigkeit; keine Nebenwirkungen; erfordert einige Übung im Gebrauch; wird nur genommen, wenn man es braucht	**Chemische Verhütungsmittel** wirken spermatizid; mittlere Zuverlässigkeit; keine Nebenwirkungen; Vorbereitung unmittelbar vor dem Geschlechtsverkehr
Temperaturmessung *geringe Zuverlässigkeit;* *keine Nebenwirkungen;* *setzt disziplinierte und regelmäßige Lebensweise voraus;* *an empfängnisbereitem Tag kein Geschlechtsverkehr;* *keine Vorbereitung unmittelbar vor dem Geschlechtsverkehr*	***Die Spirale*** *wird vom Arzt eingesetzt;* *wirkt mechanisch;* *hohe Zuverlässigkeit;* *man muss sich vor dem Geschlechtsverkehr nicht kümmern;* *Gefahr von Entzündungen*
	Koitus interruptus sehr unzuverlässig; kein Aufwand erforderlich; keine Nebenwirkungen; stört das Liebeserlebnis

Geschichte der Verhütungsmittel

„Kondom (Condom), ein Ueberzug von Goldschlägerhaut, der von Wüstlingen vor dem Beischlaf über das männliche Glied gezogen wird, um die Befruchtung zu verhüten, auch wohl um die venerische Ansteckung unmöglich zu machen, eine jener raffinierten Erfindungen, auf welche die verderbte Zeit geführt hat, die aber der sittliche Mensch verachtet, ja kaum dem Namen nach kennt." (Aus: Meyers Conversations-Lexicon. Originalausgabe. 18 Bände. Das große Conversations-Lexicon für die gebildeten Stände. Hildburghausen, Amsterdam, Paris und Philadelphia. Druck und Verlag des Bibliographischen Instituts, 1851).

Ein historischer Einstieg kann das Thema auflockern.

HOONAKKER, E. W.: *Die Geschichte der Empfängnisverhütung. Wilhelm Heyne Verlag, München 1994*

Hundehaltung

Arbeitsblatt Seite 51

1. a) Der Hund muss regelmäßig ausgeführt werden (mindestens dreimal am Tag für eine halbe Stunde).
   b) Der Hund muss regelmäßig gefüttert werden.
   c) Hunde brauchen Pflege (Bürsten, Baden, Krallenbehandlung).
   d) Hundehaltung kostet Geld; schon die Anschaffung kann über 500 € kosten.
   e) Der Hund muss erzogen werden (zeitaufwändiger Besuch der Hundeschule, tägliches Training, anfangs Problem der Stubenreinheit).
   f) Hunde müssen zur Urlaubszeit vielleicht in Pflege gegeben werden.
2. a) Probleme: Wer macht es? Was passiert bei Regen? Geeignete Umgebung vorhanden?
   Lösung: Alle Familienmitglieder einigen sich vor der Anschaffung (auch Vermieter fragen!) und übernehmen verschiedene Pflichten.

b) Probleme: Wer? Kosten? Einkauf?
Lösung: siehe 2.a).

c) Probleme: Wer? Platz? Kosten?
Lösung: siehe 2.a).

d) Problem: Wie hoch dürfen die Kosten sein? Lösung: Hund aus dem Tierheim, Kosten vorher kalkulieren.

e) Problem: Dazu ist eine Bezugsperson notwendig, die ausreichend Zeit haben muss.

f) Problem: Tier muss Pflegeeltern kennen, Kosten sind vielleich zu hoch, Aussetzen ist keine Lösung!

Medienhinweise

FWU 42 00251 Der Deutsche Schäferhund
FWU 32 03042 und 32 03043
Verhalten bei Wildhunden (Dingos)
1. Geburt und Welpenentwicklung
2. Entwicklung des Sozialverhaltens
FWU 10 00815 Hunderassen
Der Haushund; V-Dia, Heidelberg

Literaturhinweise

BÜRGER, M: Lexikon der Hundehaltung; Landbuch-Verlag, Hannover 1988
FOGLE, B.: Deutscher Schäferhund; BLV, München 1996
HARRIES, B.: Ein Welpe kommt ins Haus; Franckh-Kosmos, Stuttgart 1995
HEGER, A.: Hundehaltung; Franckh-Kosmos, Stuttgart 1992
METZGER, Chr., STREITFERD, U.: Mischlinge – Hunde mit Intelligenz und Charakter; Gräfe und Unzer, München 1992

Weitere Hinweise

Über den Verband für das deutsche Hundewesen, Westfalendamm 174, 44141 Dortmund, können zahlreiche weitere Informationen bezogen werden.

Hundehaltung

a)

b)

c)

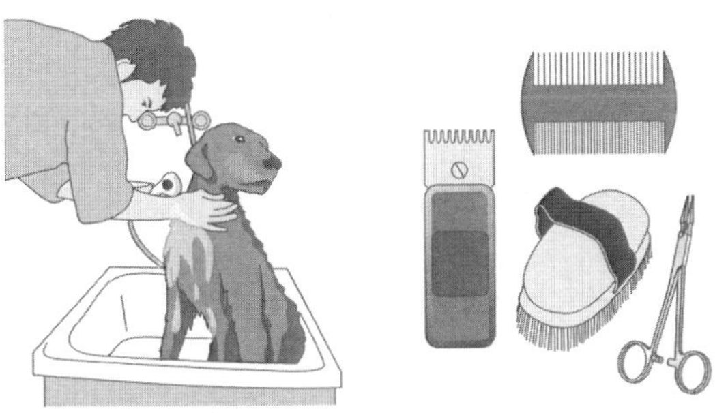

d)

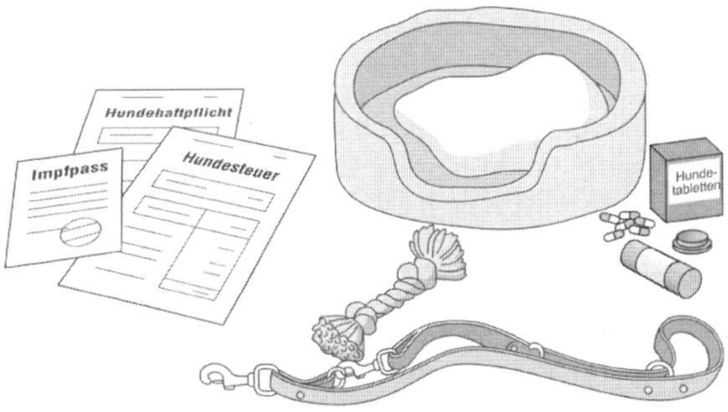

e)

f)

Aufgaben

1. Welche Aufgaben hat ein Hundebesitzer? Schreibe zu den einzelnen Bildern einen kurzen Satz.
2. Welche Probleme sind zu jeder Situation denkbar und wie kann man sie lösen? Notiere die Ergebnisse in Form von Stichpunkten.

Hunderassen

A **Arbeitsblatt Seite 53**

a **Bernhardiner:**
Der Bernhardiner gilt zu Recht als freundlicher, intelligenter und gehorsamer Hund. Er ist ein ausgezeichneter Wachhund für Familie und Tiere. Allerdings gilt diese Rasse auch als die schwerste aller Hunderassen und benötigt somit viel Nahrung und Bewegung. Ebenso beansprucht das Fell dieser Tiere und ihre hängenden Augen eine aufmerksame Pflege. Ihre Berühmtheit haben die Bernhardiner jedoch ihrem Einsatz als Bergrettungshunde zu verdanken. Seit dem 17. Jh. wurden sie von den Mönchen des Hospizes auf der Passhöhe des Großen St. Bernhard gezüchtet und als Begleithund in den Bergen oder zum Aufspüren von in Schnee und Nebel verirrten Reisenden eingesetzt.

b **Cocker-Spaniel:**
Seine erste Namenshälfte verdankt die äußerst freundliche Jagdhunderasse vermutlich den Waldschnepfen (woodcocks), die von ihm auf der Jagd aufgespürt und zum Auffliegen gebracht wurden. Der Begriff Spaniel ist weitaus älter und wird mit dem keltischen Wort „span“ für Kaninchen in Verbindung gebracht, was ebenfalls auf eine Verwendung als Jagdhund schließen lässt. Bei zuwenig Bewegung neigt der Cocker-Spaniel zur Fettleibigkeit. Offiziell werden viele verschiedene Spaniel-Rassen unterschieden, darunter auch zwei Rassen des Cocker-Spaniel: English Cocker Spaniel und American Cocker Spaniel

c **Englische Bulldogge:**
Trotz ihres grimmigen Aussehens und ihrer unerschrockenen Natur, ist diese Hunderasse durch geschickte Zucht zu einem angenehmen Haushund geworden, der in Amerika sogar zur Therapie behinderter Kinder eingesetzt wird. Bereits 1209 wurde die Rasse erwähnt. Damals sollen einige dieser Hunde zwei kämpfende Bullen getrennt haben (Name). Dies war der Beginn der Bulldog-Kämpfe, die jedoch 1835 endgültig vom britischen Parlament verboten wurden

d **Pudel:**
Hunde dieser Rasse sind schon auf römischen und antikgriechischen Darstellungen zu sehen. Der genaue Ursprung konnte nie genau geklärt werden. Er wird aber immer wieder mit Wasserhunden in Verbindung gebracht, was auch seine heutige Vorliebe für das nasse Element erklären würde. Sein Name lässt sich dem alten deutschen Wort „Pfudel“ zuordnen, was dem heutigen „Pfütze“ entspricht. Pudel wurden früher oft zur Entenjagd eingesetzt.

e **Foxterrier:**
Der Foxterrier stammt wie nahezu alle Terrierarten von der britischen Insel. Bereits im 14. Jh. wird der Foxterrier erwähnt. Seine frühere Aufgabe war die Jagd von Füchsen und Dachsen, nachdem die anderen Treibhunde sie in den Bau gejagt hatten. Von dieser Fuchsjagd unter der Erde stammt auch sein Name: „fox“ (engl.) = Fuchs und „terra“ (lat.) = Erde. Foxterrier sind sehr spielfreudige Hunde. Damit sie nicht zu aggressiven „Raufern“ werden, benötigen sie eine gute Erziehung, viel Bewegung und Kontakt zu Artgenossen.

f **Chow-Chow.**
Der Chow-Chow war einst der Hund der chinesischen Herrscher. Von einem wird berichtet, dass er mehr als 2.500 Chow-Chow-Pärchen gehalten hat. Seine Geschichte lässt sich über 2000 Jahre zurückverfolgen. Über seine Ursprünge gibt es widersprüchliche Aussagen. Immer wieder wird der Name mit „lecker-lecker“ übersetzt, womit man seine tatsächliche Verwendung als Masttier belegen möchte. Andere Namensdeutungen bringen den Namen mit einem Ausdruck von Seeleuten in Verbindungen, den diese für allerlei Kuriositäten verwendeten oder mit dem ähnlich klingenden Begriff „Chao-Chao“, was übersetzt soviel wie „Alles sehen“ oder „Sehr wachsam“ bedeutet. Dies käme dem Naturell der vielfach als Wachhunde eingesetzten Rasse mit ihrer charakteristischen blauschwarzen Zunge sehr nahe.

g **Boxer:**
Der Boxer stammt von einer Rasse mit dem etwas gefährlich klingenden Namen „Brabanter Bullenbeisser“ ab. Diese Hunde hatten bei der Jagd die Aufgabe, das gehetzte Wild zu packen und festzuhalten. Entstanden ist die heutige Rasse im 19. Jh. in München, als Züchter Bullenbeisser und Englische Bulldogge kreuzten. Wegen ihres stolzen Wesens und ihres Kampfmutes gaben sie der Kreuzung den Namen Boxer.

h **Pekinese:**
Der Sage nach entstand der Pekinese aus der Liebe eines stattlichen Löwen zu einem kleinen Affenweibchen. Das so entstandene Kind hatte vom Vater Mut und Stolz, von seiner Mutter Intelligenz und Sanftmut geerbt. Auch heute noch sehen Züchter in dieser Geschichte eine gute Charakterisierung der Rasse. Viele Jahrhunderte lang war die Züchtung nur in der Hand der chinesischen Kaiser in Peking (Name!). Die Hunde waren so hoch angesehen, dass sie mit dem Aufkommen des Buddhismus in China Buddha geweiht wurden und als Beschützer der Tempelanlagen galten. Erst durch die Besetzung Pekings 1860 durch die Engländer kamen Exemplare nach Europa.

i **Dackel:**
Diese Rasse wurde für die Dachsjagd unter der Erde gezüchtet. Deshalb werden Dackel auch als Dachshunde bezeichnet. Die Rasse wird in Kurzhaar-, Rauhhaar- und Langhaardackel unterteilt. Die weit verbreiteten Tiere werden als Jagd- und Haushund verwendet.

k **Kleiner Englischer Windhund (Whippet):**
Diese Rasse wurde ursprünglich zur Jagd auf Kaninchen und Ratten aus Greyhound und verschiedenen Terriern gezüchtet. Seine ungeheuere Schnelligkeit sorgte dafür, dass er in England zum Rennhund bei Wettrennen eingesetzt wurde, wo man seine Neigung, bewegten Objekten hinterher zu hetzen, ausnutzt.

l **Deutscher Schäferhund:**
Diese Hunderasse entstand aus uneinheitlichen Bauernhunden. Ihre Aufgabe, die Herden der Bauern zu hüten, übernahm der Schäferhund von ihnen. Dieser Hund zeigt äußerlich noch am ehesten die Abstammung der Hunde vom Wolf. Allerdings ist sein Wesen nicht mit dem des Stammvaters zu vergleichen. Es handelt sich beim Schäferhund um einen arbeitswilligen wachsamen Hund von hoher Intelligenz.

m **Samojedenspitz:**
Sein Aussehen mag zwar an einen Spitz erinnern, jedoch ist der Samojede vom Körperbau und seinem Wesen vollkommen anders. Ihren Namen hat die Rasse von einem Nomadenvolk, das in der Nähe des Urals lebte. Der Samojede war deren treuer Begleiter, Herdenhüter und Lastenträger. Als voll akzeptiertes Familienmitglied durfte er nachts mit in das Zelt so zusagen als „Wärmflasche“ vor allem für die Kinder. Sein Tatendrang und sein Bedürfnis nach Geselligkeit erinnern noch an den früheren Arbeits- und Familienhund des hohen Nordens.

Hunderassen

1. Zu welchen Rassen gehören die abgebildeten Hunde? Trage die Namen ein.

a ____________________

b ____________________

c ____________________

d ____________________

e ____________________

f ____________________

g ____________________

h ____________________

i ____________________

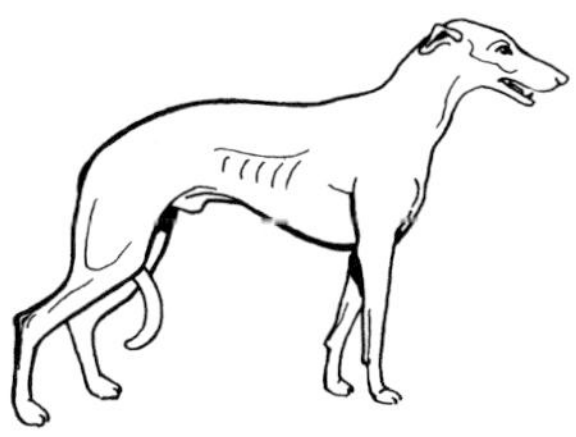

k ____________________

l ____________________

m ____________________

2. Welche weiteren Hunderassen kennst du?

____

3. Am besten gefallen mir:

a ____________________ b ____________________

Begründung: ____

Der Hund – ein Säugetier

A **Arbeitsblatt Seite 55**

1. Die Skelettteile können auch auf ein Stück transparente Folie aufgeklebt werden. Befestigt man dies mit Klebefilm an der Längsseite über dem Umriss, kann man das Skelett nach Belieben „wegklappen".
2. a) schlanker Rumpf
   b) lange Beine
   c) Zehengänger
   d) bewegliche Wirbelsäule

A **Zusatzaufgaben**

Nenne Merkmale, die den Hund als Säugetier kennzeichnen. Auf welche andere Tiere treffen diese Merkmale ebenfalls zu?
Hunde bringen lebende Jungen zur Welt, die mit Milch ernährt werden. Außerdem besitzen sie ein Fell. Andere Säugetiere sind z.B. Katzen.

Begründe, warum man die jungen Welpen Nesthocker nennt.
Welpen sind nach der Geburt hilflos und müssen gewärmt, gepflegt und beschützt werden. Ihre Augen und Ohren sind noch geschlossen.

Im Freien gehaltene Hunde legen vor der Geburt der Welpen eine Wurfhöhle an. Kannst du nun erklären, weshalb die Hündin ungefähr zwei Tage vor der Geburt der Welpen zu scharren anfängt.
Das Scharren zeigt, dass das Anlegen einer eigenen Wurfhöhle bei der Hündin angeboren ist.

Mit welchen Zähnen kann der Hund am kräftigsten zubeißen und einen Knochen zerbrechen? Durch einen Vergleich kannst du dieses herausfinden: Stelle fest, wie du mit einer Schere die größte Kraft entfalten kannst.
Will man mit einer Schere etwas Hartes durchschneiden, muss man sie weit öffnen und den Schnitt möglichst nahe am Drehpunkt der Schere ansetzen. Entsprechendes gilt für das Hundegebiss: Die hinteren Backenzähne werden für die stärksten Belastungen eingesetzt, z.B. zum Zerbrechen der Knochen.

Körperteile und Skelettsystem des Hundes

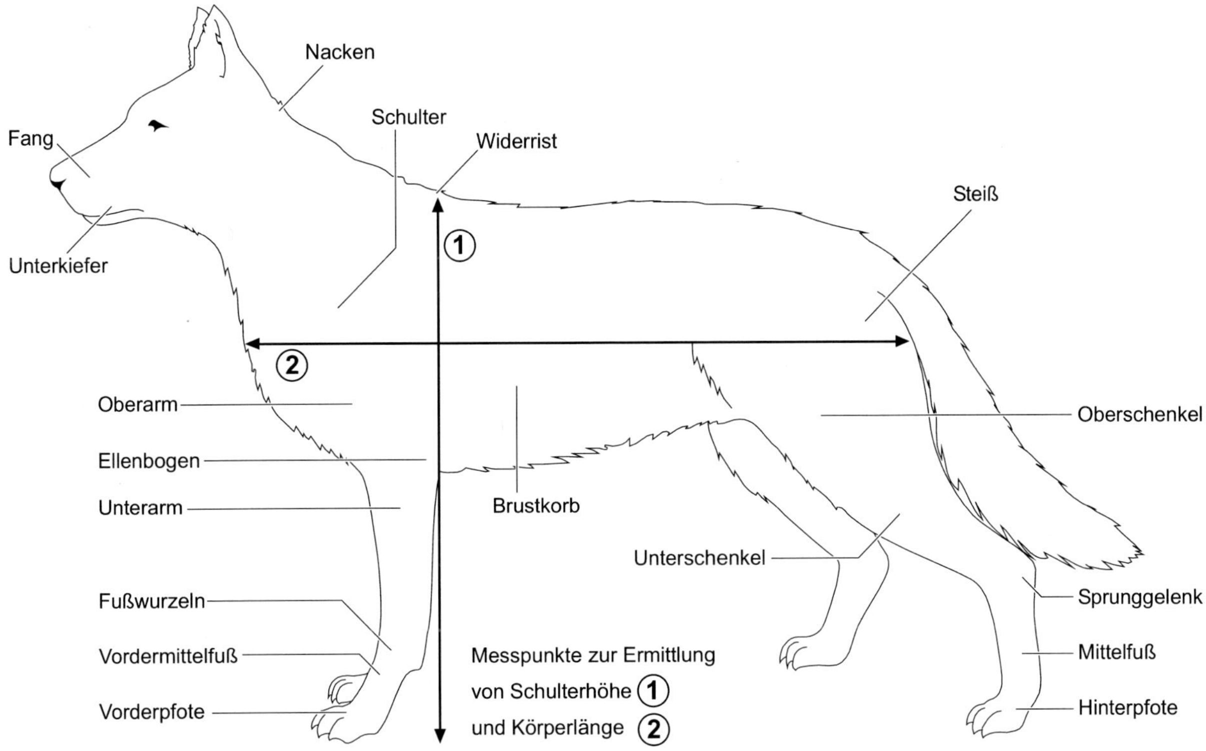

Aufgaben

1. Schneide die Skelettteile aus und füge sie in den Umriss des Hundes ein.
2. Suche nach Körpermerkmalen, die für ein Lauftier typisch sind:

a) ______________________ b) ______________________

c) ______________________ d) ______________________

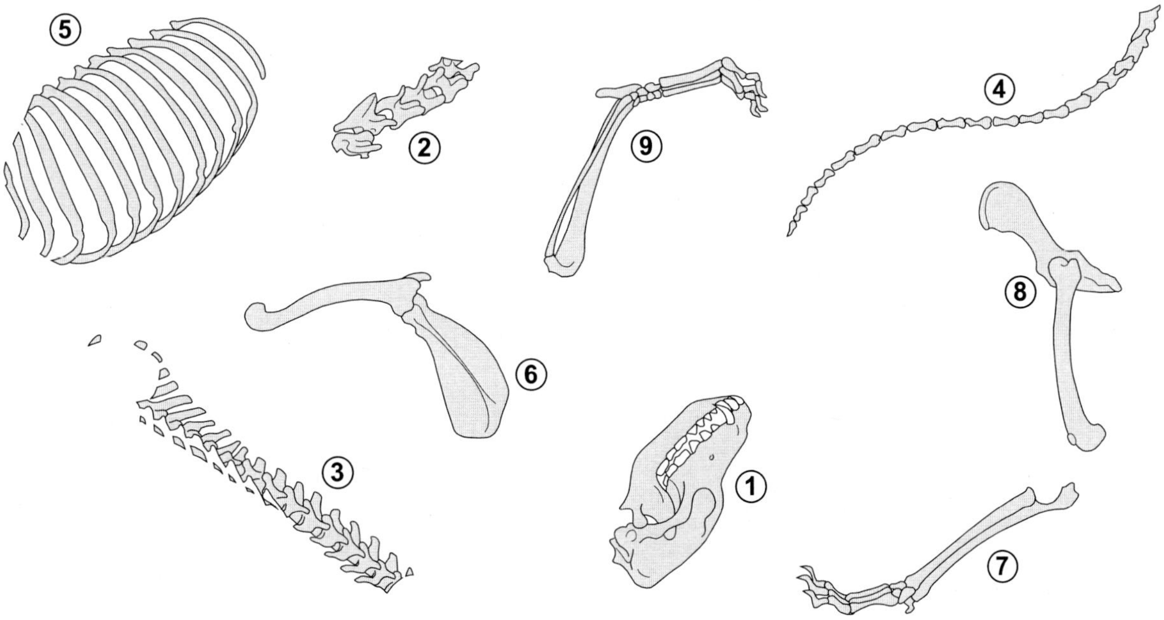

Um Hunde und Wölfe

A **Arbeitsblatt Seite 57**

Das Kreuzworträtsel ist gut als zusammenfassende Hausaufgabe am Ende der Einheit Hund einzusetzen.

Lösungen

Waagrecht:
4. Mops
6. Fleischfresser
9. Pudel
10. Bernhardiner
13. Fangzähne
14. Welpen
15. Husky
16. Dackel

Senkrecht:
1. Leitwolf
2. Imponieren
3. Rudel
5. Zehen
7. Collie
8. Schaeferhund
10. Blinde
11. Demut
12. Nase

Z **Die Geschichte des Hundes**

Zur Familie der Hunde zählen Wölfe, Schakale, Kojoten, Wildhunde und Füchse. Die Gattung Hund umfasst den Wolf mit Haushund und Dingo, die Schakale und die kojoten. (Die Dingos Neuguineas und Australiens sind im frühen Domestikatonsstadium verwilderte Haushunde.) Domestizierte Formen können sich mit dem Wolf paaren und – meist in menschlicher Obhut – auch Nachkommen haben, da die Chromosomenzahl beider tiere übereinstimmt.

Obwohl der Hund das älteste Haustier des Menschen ist, gibt es vergleichsweise wenig gesicherte Erkenntnisse vom ersten Auftreten und dem Ursprung des Hundes und der verschiedenen Rassen. Erst in den letzten Jahrhunderten lässt sich die Geschichte weitgehend verfolgen.

Die 10000-jährige Geschichte des Hundes ist eng mit der Kulturgeschichte des Menschen verknüpft. Erste Skelettfunde kleiner Haushunde stammen aus kleinasien und werden auf etwa 9500 v. Chr. datiert. Neuere Informationen zu ersten Domestikationen sprechen sogar von 13500 Jahren (Science, 1997). Künstlerische Darstelllungen jüngeren Datums von Wolfs-, Schakal- oder Fuchsmasken weisen auf eine kultische Rolle hin. Als Jagdbegleiter scheint der Hund erstmals im 7. Jahrtausend v. Chr. im asiatischen Raum eingesetzt zu werden. Später sind wietere Nutzungsarten auch in anderen Kulturkreisen vereinzelt nachweisbar: Hirtenhund, Wachhund, Zughund, Kriegshund und Bluthund für die Sklavenjagd. zunhemnde wird der Hund in herrschenden Klassen zum Statursymbol; daraus folgend nimmt seine Typenmannigfaltigkeit zu. Zahlreiche Beispiele dafür liefern die altägyptischen kulturen (6000 – 200 v. Chr.): Wertvolle Hunde werden hier einbalsamiert und mit großem Zeremoniell beigesetzt. Die Kaiser der chinesischen Han-Dynastie (206 v. Chr. – 9 n. Chr.) halten sich Chow-Chow-ähnliche Hunde als „Götterhunde".

In späteren Jahrhunderten jedoch gilt Hundefleisch als heilkräftiges, gesundes und begehrtes Nahrungsmittel. Auch in indianischen Kulturen findet man den Hund einerseits als Fleischlieferant, andererseits als Gestalt auf religiösen Kultgegenständen. Im alten Griechenland unterscheidet man die Hunde nach ihrem Verwendungszweck und ihrer Herkunft. So stammt der kräftige, mastiffähnliche Molosser als Molottia und der zierliche, eichhörnchengroße Melitäer von der griechischen Insel Melita (durch eine Verwechslung mit der Insel Malta wird er seit dem 16. Jahrhundert als Malteser bezeichnet). Ersterer wird auch im antiken Rom noch als Kampfhund gegen die wilden Tiere oder in Gladiatorenkämpfen benutzt, letzterer hingegen als Schoßhündchen verwendet. Im Gefolge der römischen Heere gelangen die Molosser später als Treib- und Hütehunde über die Alpen. Ebenso kommen ägyptische und afghanische Windhunde nach Mitteleuropa.

Der römische Kaiser VESPSIAN führt um 70 n. Chr. die Hundesteuer als Geldquelle für Rom ein. Aus dieser Zeit datiert auch das Schild „Cave canem" (hüte dich vor dem Hund), da Wachhunde nicht frei herumlaufen durften. Bei den Germanen hingegen hatte der Wolf zuerst eine große kultische Bedeutung. Später spielen kräftige und ausdauernde Hunde bei der Jagd und als Wach- oder Schutzhunde eine Rolle. Im Mittelalter wird im europäischen Raum die Jagd zur Lieblingsbeschäftigung des Adels, Jagdpagen pflegen die Hunde und unterdrückte Bauern oder Klöster müssen mit einem „Huntegeld" die Versorgung sicherstellen. zunehmend kommen reine Luxushunde in Mode. Am Hofe des Sonnenkönigs Ludwig XIV. (1643 – 1715) erleben die sorgsam geschorenen Zwergformen ebenso eine Glanzzeit wie später Möpse oder zierliche Windhunde in anderen Fürstenhäusern. 1830 wird die Hundesteuer im deutschsprachigen Raum eingeführt und mit der beginnenden Industrialisierung auch die Nutzung und Zucht des Hundes verändert. Negativbeispiele dafür sind züchtungen von Hunden als Rohrputzer (die durch enge Kanalisationsrohre gejagt wurden) oder als Killerhunde für illegale hundekämpfe. die für einzelne Hunderassen typischen Verwendungsmöglichkeiten als Schutz- und Diensthunde ändern sich im Verlauf der zeit mehrfach. zunehmend werden heute Hunderassen gezüchtet, die „nur noch" Freizeitgefährten des menschen sind.
(Nach BÜRGER, M., siehe Seite 50)

Kreuzworträtsel zu Hunden und Wölfen

Suche die Begriffe, die unten beschrieben sind, und trage sie in das Rätselraster ein. Wenn du nicht selbst auf den Begriff kommst, so schlage in Biologiebüchern nach, recherchiere im Internet oder frage bei Bekannten oder Eltern nach. **Beachte:** Ä = ae; ö = oe; ü = ue; ß = ss.

Waagrecht:

4. Gerollt steht dieser Hund im Fischregal.
6. Vegetarische Nahrung ist nichts für diese Tiere.
9. Gern fühlt man sich so wohl wie dieser Hund.
10. Die wohl berühmtesten Rettungshunde
13. Sitzen im Hundegebiss an der Ecke
14. So werden Hundejungen genannt.
15. Oft blauäugiger Schlittenzieher
16. Schimpfwort und Jagdhund

Senkrecht:

1. Der „Chef" der Wolfsgruppe
2. Wer Anführer der Wölfe sein will, muss es gut können.
3. Die Großfamilie des Wolfes
5. Darauf läuft der Hund (Mehrzahl, Skelett anschauen!).
7. Der Fernsehstar Lassie gehörte zu dieser Hunderasse.
8. Der „Hüter" der Herde
10. Für diese Menschen sieht der Hund mit.
11. Legt sich ein kämpfender Wolf auf den Rücken, bedeutet es dies.
12. Wichtigstes „Werkzeug" eines Drogenhundes.

Der Wolf – Stammvater des Hundes

Z **Wolf und Hund**

Äußeres Erscheinungsbild

Wölfe sind die größten Hundeartigen. Die Körperlänge von der Nasenspitze bis zum Schwanzansatz beträgt im Durchschnitt 110 (w) bis 120 (m) cm und die Körperhöhe (Widerrist) 60 bis 90 cm. Einzelexemplare können erheblich größer und schwerer sein. Der Wolf ähnelt damit einem sehr großen Hund, hat aber einen längeren Rumpf und einen schmaleren Brustkorb. Lange Beine ermöglichen auch im tiefen Schnee einen schnellen Ortswechsel. Die Fellfärbung ist sehr variabel und kann alle Farben von weiß über rötlich bis grau oder schwarz annehmen. Im Raubtiergebiss fallen die mächtigen Eckzähne auf.

Unterschiede zwischen Wolf und Hund

	Wolf	Hund
Schwanzhaltung	Waagrecht oder gesenkt	erhoben
Veilchendrüse	vorhanden	fehlt
Fußspur	Hinterpfoten auf Vorderpfoten	Hinterpfoten zwischen Vorderpfoten
Fortpflanzung	einmal pro Jahr	zweimal pro Jahr
Schnauze	lang	meist kurz
Ohrmuscheln	gewölbt	abgeflacht
Rassen, Unterarten	ca. 20	über 400

Verbreitung

Der ursprünglich über ganz Europa verbreitete Wolf kommt heute nur noch in Osteuropa, Asien, Alaska und Kanada vor. In West- und Nordeuropa sind vereinzelte Restpopulationen oder kleinere zugewanderte Rudel nachgewiesen. In Polen lebten beispielsweise 1996 nach offiziellen Schätzungen 800 bis 900 Tiere. In Deutschland gibt es zur Zeit keine standorttreuen, wilden Wolfsrudel. Sollte der Wolf je auftreten, darf er weder gefangen noch gejagt werden.

Lebensraum

Sein Lebensraum ist variabel (Prärien, Wälder, Waldsteppen, Tundra, Gebirge), in Europa jedoch meist an Wälder gebunden. Entsprechende Plätze für das Anlegen von Höhlen sind zweitrangig. Lediglich eine wachsende Bevölkerungsdichte des Menschen sowie die Expansion von Ackerbau und Viehzucht, verbunden mit einer intensiven Verfolgung (der Wolf als Nahrungskonkurrent, der Wolf als Raubtier) haben sein Vorkommen eingeschränkt.

Revierverteidigung

Je nach Größe des Rudels, dem Bestand an Beutetieren und der Jahreszeit wird ein Territorium besetzt, das zwischen 100 und 1000 km^2 groß ist. Die Reviergrenzen werden meist mit Harn, seltener mit Kot markiert. Wölfe können den Geruch des Harns der Mitglieder ihrer Gruppe von dem fremder Individuen unterscheiden. Kampf- und verletzungsträchtige Begegnungen werden durch Heulen vermieden.

Sozialverhalten

Im Revier leben die Wölfe im Familienrudel mit einer genau definierten Rangordnung. Tonangebend ist der Alpha-Rüde. Zwischen den Mitgliedern eines Rudels – meist das Elternpaar mit Nachkommen desselben Jahres oder der vorhergehenden Jahre und/ oder abseits lebende Einzeltiere – besteht eine starke Bindung, die sich auch in altruistischem Verhalten zeigt. Die Verständigung erfolgt durch vielfältige Körperhaltungen, Verhaltensweisen und Duftstoffe. Winseln, Knurren, Bellen und Heulen haben unterschiedliche Bedeutung in der akustischen Verständigung. Damit lässt sich z.B. die Aufforderung zum Spiel, Ergebenheit, aggressives Drohen, eine kurze Herausforderung, gemeinsame Revierverteidigung oder der Ruf nach Artgenossen verbinden. Innerhalb des Reviers werden die begrenzten Nahrungsvorräte gegenüber fremden Individuen und auch anderen Rudeln der eigenen Art verteidigt. In jedem Gebiet existiert in der Regel nur ein reproduzierendes Paar. Nahrungsangebot, Territorialität und die innerartlichen Konflikte begrenzen die Populationsgröße.

Körpersprache der Wölfe

1. Ein untergeordnetes Rudelmitglied (rechts) „begrüßt" mit leicht gesenktem Schwanz und angelegten Ohren ein höher gestelltes Tier.
2. Ein Wolfsjunges zeigt das nicht aggressive „Spielgesicht", während es von einem anderen gepackt wird.
3. Herausforderndes Verhalten eines Jungtieres (links) an ein anderes, entspannte Kopfhaltung des Elterntieres.

Der Wolf – Stammvater des Hundes

Nahrungsspektrum

Im Sommer fressen Wölfe kleine Wirbeltiere, Vögel, zum Teil auchFische, Beeren und größere Insekten oder Aas, meist jedoch Hirsche und andere Huftiere, die in gemeinsamer Hetzjagd erlegt werden. Wölfe selektieren in der Regel kranke, alte oder sehr junge Tiere.

Jagd

Manchmal – besonders im Sommer – gehen Wölfe allein auf Jagd, überwiegend arbeitet aber das Rudel zusammen. Zur Lokalisierung der Beute über weite Strecken dient die Nase. Haben die Wölfe Witterung aufgenommen, bleibt das Rudel stehen, „schnüffelt“ intensiv und richtet sich auf die Beute aus. Ruhig schleichen sich die Tiere an, hetzen dann den Hauptteil der Herde in die Flucht und kreisen schwache oder hinter der Herde zurückbleibende Tiere ein. Fällt das Opfer zu Boden, schart sich das Rudel um den Kadaver und verschlingt zunächst große Fleischportionen. Ein Wolf kann 9 bis 10 kg Fleisch auf einmal fressen, verdaut relativ schnell und kann schon nach einer Stunde wieder Beute aufnehmen, Reste sehr großer Beutetiere, die nicht auf einmal bewältigt werden, vergräbt das Rudel. Durch die Aufgabenteilung bei der Jagd können Tiere erlegt werden, die weit größer sind als der Wolf. Die strenge Rangordnung bei der Nahrungsverteidigung bewirkt u.a., dass nur die ranghohen Rüden und Fähen Nachwuchs haben.

Beobachtungsmöglichkeiten

In der Wolfsschule im Tierpark Kalletal kann die Lernfähigkeit kanadischer Wölfe und der besondere Umgang des Rudels mit seinem Lehrer beobachtet werden (Tel.: 05264/242). Im Freigehege der saarländischen Kreisstadt Merzig, die auch die Stadt der Wölfe genannt wird, betreibt Werner Freund seit mehr als 20 Jahren Verhaltensstudien, die bei Führungen den Besuchern erläutert werden (Tel.: 06861/1051). Im Nationalpark Bayrischer Wald befindet sich ebenfalls ein Wolfsgehege.

Verwandte von Wolf und Hund

Die Ordnung der Raubtiere wird in 7 Familien unterteilt: Bären-, Marder-, Katzen-, Waschbär-, Hyänen-, Schleichkatzen- und Hundeartige. Zu Letzteren gehören wiederum 15 gegenwärtig lebende Gattungen und zahlreiche Arten, u.a. Fuchs, Marderhund, Fennek, afrikanischer Windhund und als „Sonderformen“ die vom Mensch gezüchteten Haushunderassen. Der Verwandtschaftsgrad zwischen den Hundeartigen wurde vor wenigen Jahren durch Vergleich der Cytochrom-Bausteine näher erforscht und zeigt, dass der Wolf *(Canis lupus)* sehr eng mit den Kojoten *(Canis latrans)* verwandt ist.

Schakale

Sie galten eine Zeit lang als Vorfahren der Haushunde. Schakale leben jedoch meist paarweise oder allein, haben einen schlanken, fuchsähnlichen Kopf und heulen kaum, sondern bellen eher. Wie Hund und Wolf besitzen sie ein vielfäliges Repertoire an Ohr-, Maul- und Schwanzhaltungen zur Verständigung und können sich mit Haushunden noch kreuzen. Vier Arten bewohnen unterschiedliche Regionen: Goldschakal (Steppe: Nordafrika, Südosteuropa und Indien), Schabrakenschakal (trockenes Unterholz: Ost- und Südafrika), Streifenschakal (feuchte Wälder im tropischen Afrika), Abessinischer Fuchs (Hochgebirge Äthiopiens).

Kojote

Der „Heulwolf“ ist aus zahllosen Wildwestfilmen als Einzelgänger bekannt, scheint aber nach neueren Untersuchungen häufig paarweise oder situationsbedingt auch in kleineren Rudeln zu leben. Steigende Bestände rufen in Gebieten mit Schafzucht eine intensive Verfolgung hervor. Sein anpassungsfähiges Verhalten rettet den scheuen Jäger bisher aber vor der Ausrottung.

Literaturhinweise

Bibikow, D.I.: Der Wolf; Neue Brehm-Bücherei, Bd. 587; Westarp-Wissenschaften, Hohenwarsleben 1990

Chinery, W.: Die Tiere und ihre Beute; Ott-Verlag, Paris 1984

Harries, B.: Ein Welpe kommt ins Haus; Franckh-Kosmos, Stuttgart 1995

Okarma, H.: Der Wolf: Ökologie und Verhalten; Parey, Berlin 1997

Zimen, E.: Der Wolf (Mythos und Verhalten); Meyster, München 1978

Körpersprache der Kojoten

1 Drei Rudelmitglieder fressen
2 Das dominante Männchen zeigt durch die Haltung der Rute, der Ohren, der Mundwinkel und des Fells eine aggressive Drohhaltung.
3 Der Eindringling nimmt eine defensive Drohposition ein.
4 Ein zweites Rudelmitglied steht hinter dem dominanten Tier, zeigt aber deutlich weniger Aggression.
5 Ein weiterer Eindringling beobachtet den Ablauf der Begegnung.
6 Andere Kojoten warten in ihrem Territorium darauf, dass das Rudel den Kadaver verlässt.

Beim Einsatz der Arbeitsblätter als Lernzirkel ist es sinnvoll, mit der Station 1 zu beginnen. Die Abfolge der weiteren Stationen kann dann von den Schülern selbst bestimmt werden. Nach der Bearbeitung der einzelnen Stationen werden die Ergebnisse von einzelnen Schülern oder Arbeitsgruppen vorgestellt.

Station 1 – Die Jagd

Material:
- Arbeitsblatt Seite 62
- Schere, Klebstoff
- Videosequenz „Fangverhalten der Katze"

Lösungen:

1.
- Katze und Schleiereule
- scharfe Krallen, gute Ohren, Sammet-Pfötchen bzw. Seidenschwingen, sehr gute „Nachtsicht"-Augen
- nächtliche Jagd vorwiegend auf Mäuse

2.
- Lösungsaussage: HOEREN UND SEHEN

3.
- Hunde und deren Verwandte jagen im Rudel und hetzen ihre Beute. So können sie auch größere Tiere überwältigen. Hauskatzen dagegen sind Einzeljäger, schleichen sich an ihre Beute heran und können so nur kleinere Tiere erbeuten.

Station 2 – Die Sinnesorgane

Material:
- Arbeitsblatt Seite 63
- Taschenlampe, Modell Katzenauge, Seite 61
- Stricknadel, Draht, Wollestück, Nähgarn
- Zeichenpapier

Lösungen:
- In das linke Katzengesicht werden senkrecht schlitzförmige Pupillen, in das rechte große runde Pupillen eingezeichnet. So wird die Katze in der Helligkeit nicht geblendet, weil weniger Licht ins Auge eindringen kann. Dagegen können in der Dämmerung viele Lichtstrahlen ins Auge fallen.
- Die Zeichnungen werden noch durch die „steifen Tast- oder Schnurrhaare" und die „beweglichen tütenförmigen Ohren" ergänzt und in den seitlich angeordneten Textfeldern beschrieben.
  Die lichtreflektierende Schicht im Hintergrund des „Katzenauges" verstärkt das einfallende Licht. So können Katzen in der Dämmerung die wenigen vorhandenen Lichtstrahlen besser ausnutzen.

Station 3 – Pfoten und Krallen

Material:
- Arbeitsblatt Seite 64
- Modell Katzenkralle, Seite 61

Lösungen:

1.
- Hund: Krallen nicht einziehbar – sind stumpf.
- Katze: Krallen einziehbar – bleiben spitz.

2.
- Bild 1: obere Sehne – Kralle
- Bild 2: untere Sehne – elastisches Krallenband.
  Das elastische Krallenband hält die Kralle in Ruhelage fest und zieht sie in die Hautfalte zurück. Die untere Sehne streckt die Zehe und fährt die Kralle aus. Die obere Sehne krümmt die Zehe beim Gehen.

3.
- Sie kann lautlos anschleichen und ihre Krallen bleiben stets scharf.

Station 4 – Das Gebiss

Material:
- Arbeitsblatt Seite 65
- Katzen- und Hundeschädel
- Brotstücke

Lösungen:
1. Eck- oder Fangzähne; sie sind dolchartig, spitzig.
2. Die Reißzähne gleiten scherenartig aneinander vorbei. So kann die Katze Fleischstücke „abschneiden"
3. Vergleich Hunde- und Katzengebiss:
   Beide haben dolchartige Eck- oder Fangzähne und scherenartig aneinander vorbeigleitende große Reißzähne. Die Anzahl der Backenzähne ist unterschiedlich.

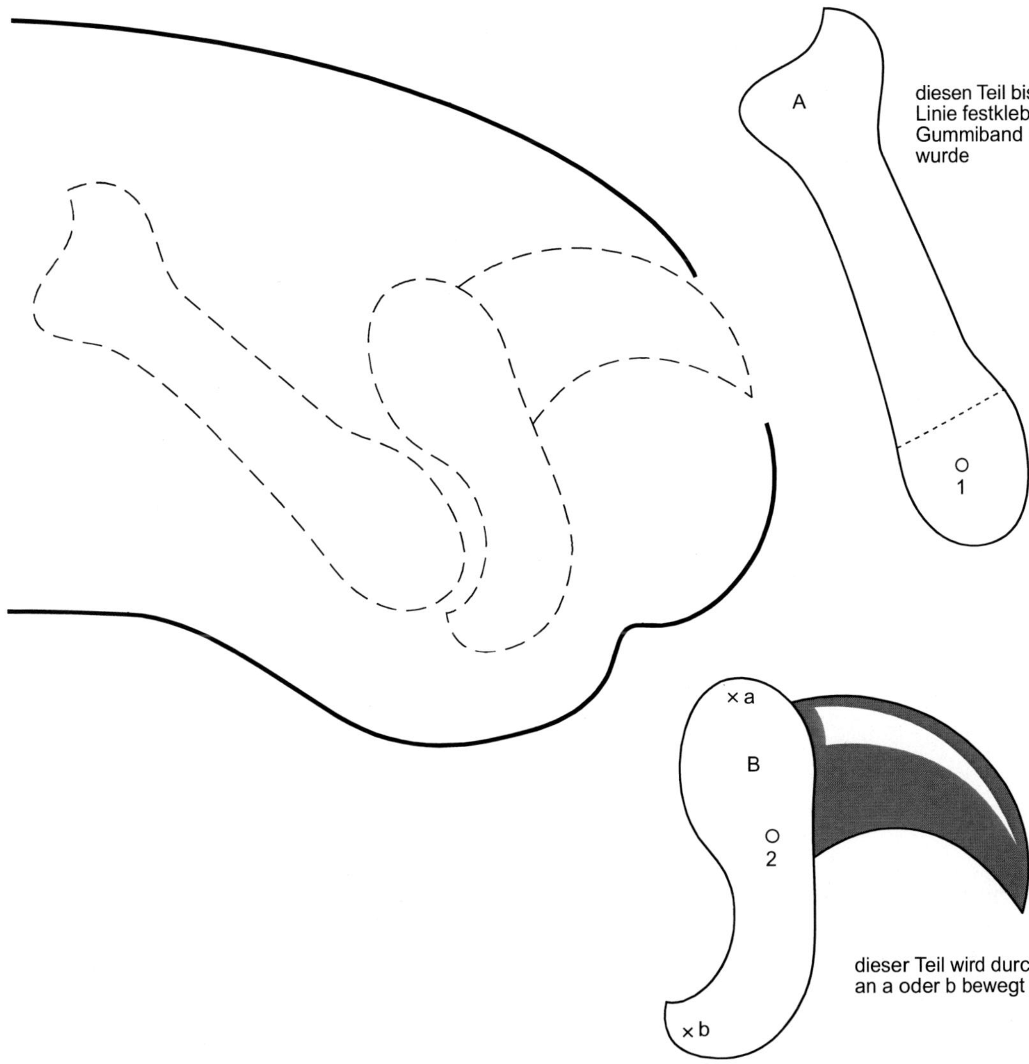

Modell Katzenauge

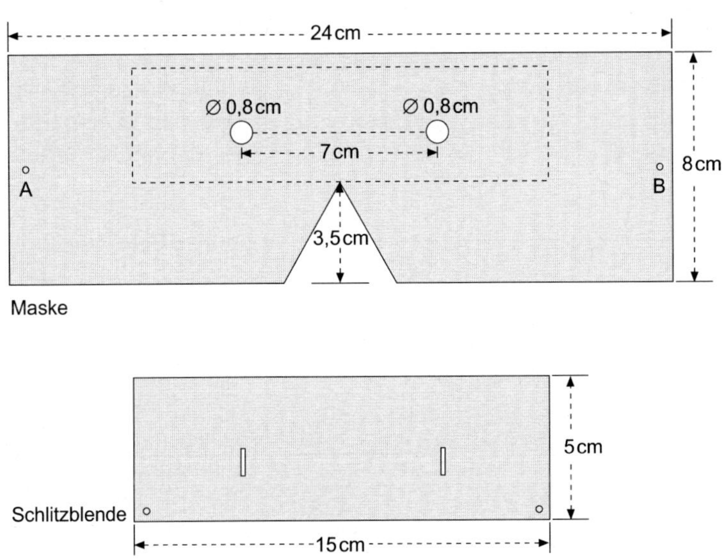

Maske aus Pappe ausschneiden und Gummiband durch die Löcher A und B ziehen. Die Schlitzblende aus schwarzem Tonpapier herstellen und mit Klebefilm so über den Augenlöchern anbringen, dass sie leicht heruntergeklappt werden kann (siehe punktiertes Feld).

Versuch

Raum verdunkeln und mit der Maske versuchen, einen sehr schwach erleuchteten Text zu lesen; dann Blende herunterklappen und Versuch wiederholen.

Lernzirkel: Jäger auf leisen Sohlen

Station 1 – Die Jagd

1. Schneide das Gedicht aus, klebe es auf ein Blatt und beantworte nachstehende Fragen. Suche Bilder beider Jäger und gestalte damit deine Seite.

– Welche Jäger werden in dem Gedicht angesprochen?
– Welche Jagdeinrichtungen besitzen beide?
– Wann und was jagen beide?

2. Schneide die Bild- und Textkärtchen „Beutefang" aus. Ordne die Bildkärtchen in der richtigen Reihenfolge. Ordne jedem Bildkärtchen darunter ein Textkärtchen zu. Die Kennbuchstaben der Bild- und anschließend der Textkärtchen ergeben eine „Lösungsaussage". Mit ihr kann sogar eine Aussage von Aufgabe 1 überprüft werden.

3. Beschreibe das unterschiedliche Jagdverhalten von Katze und Hund und gib auch eine Begründung an, weshalb das so ist.

Scharfe Krallen, scharfe Ohren,
beide sind zur Jagd geboren.
Mit Sammet-Pfötchen, Seidenschwingen
lautlos sie die Nacht durchdringen.
Wenn andere Tiere schlafen gehen,
die beiden ihre Runden drehen.
Von Abendrot bis Morgengrauen
geduldig sie ins Dunkle schauen.
Jede Regung, jeden Tritt
bekommen ihre Augen mit.
Achtung, Mäuschen aufgepasst,
dass kein Jäger euch erfasst.
Denn im Falle eines Falles
finden sie tatsächlich alles.

[O] 	[N] Die Katze tötet ihre Beute durch einen gezielten Biss mit ihren dolchartigen Eckzähnen.	[N] 	[N] Die Hauptbeute sind Mäuse. Als Einzelgänger jagt sie nur Tiere, die kleiner sind als sie selbst.
[H] Die Katze springt auf ihre Beute. Dabei werden die spitzen Krallen ausgestreckt.	[R] 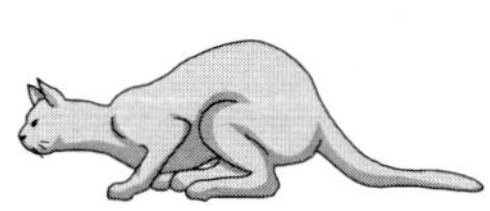	[E] Die Katze duckt sich, krümmt ihren Rücken und spannt die Hinterbeine wie eine Feder.	[E] 
[U] 	[E] Mit ihren scharfen Krallen packt die Katze die Maus und hält sie fest.	[E] 	[D] Die Katze schleicht lautlos und langsam an die Maus heran.
[S] Die Katze schleicht in geduckter Haltung langsam weiter, damit sie nicht gesehen wird.	[H] 		

Lösungsaussage:

_ _ _ _ _ _   _ _ _   _ _ _ _ _

Station 2 – Die Sinnesorgane

Versuch 1 – Augen

Leuchte mit einer Taschenlampe einem Mitschüler aus etwa 15 cm Entfernung in ein Auge und betrachte dabei die Pupille – das ist das schwarze „Loch“ in der Augenmitte.

Beobachte die Pupille ganz genau, wenn die Lampe ein- bzw. ausgeschaltet ist. Beschreibe!

Welche Bedeutung die Pupillenveränderung hat, kannst du mit dem Modell „Katzenauge“ herausfinden. Beachte die unterschiedliche Pupillenform bei Katze und Mensch.

Versuch 2 – Ohren

Halte die Hände muschelartig hinter beide Ohren und höre auf die Flüstersprache eines Mitschülers (Zahlworte). Drehe deine Hände auch in verschiedene Richtungen. Danach drückst du beide Ohrmuscheln mit den Zeigefingern gegen den Hinterkopf und versuchst nochmals die Flüstersprache zu verstehen. Du kannst es zusätzlich mit einem aus Zeichenpapier gefertigten Hörrohr versuchen.

Damit du das Gesagte nicht vom Mund deines Mitschülers abliest, schließt du bei dem Versuch die Augen und sprichst die Zahlworte nach.

Versuch 3 – Tasthaare

Die Arbeitsweise der Tasthaare kannst du erfühlen. Dazu drückst du eine Stricknadel etwa 1 cm außerhalb der Mitte leicht gegen die Oberlippe. Schließe deine Augen. Ein Mitschüler soll die Stricknadel mit einem Draht, mit einem Wollestück, mit einem Nähgarn nacheinander berühren. Was stellst du fest?

Eine Katze in der Dämmerung

– Zeichne in die beiden Katzengesichter die richtige Pupillenform bei Helligkeit und bei Dämmerung ein. Welchem Zweck dient die Pupillenveränderung? Notiere jeweils einen Satz in der Tabelle!
– Zeichne auch die anderen noch fehlenden Sinnesorgane ein und beschrifte links und rechts im Textfeld.

Textfeld

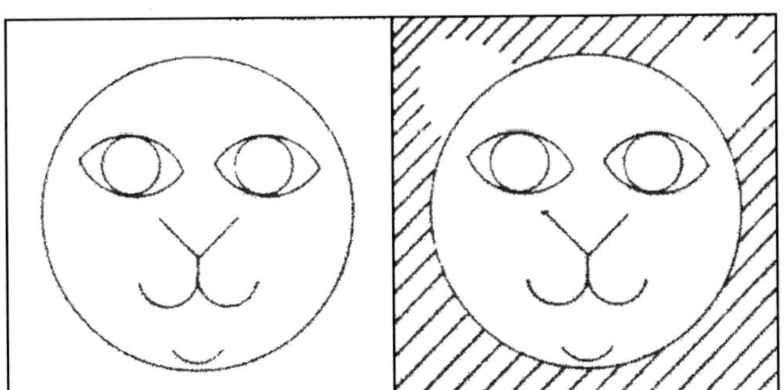

Textfeld

– Die Augen der Katze haben noch eine Besonderheit. Du kannst diese in dem Bild „Eine Katze in der Dämmerung“ sehen. Beschreibe diese Besonderheit. Informiere dich, welche Bedeutung sie für die Katze hat!

Lernzirkel: Jäger auf leisen Sohlen

Station 3 – Pfoten und Krallen

1.

Betrachte die Zehen am Beinskelett eines Hundes und einer Katze. Vergleiche um herauszufinden, wie es Katzen möglich ist sich so zu bewegen, wie es in dem Gedicht beschrieben wird.

Erinnere dich - in dem Gedicht heißt es:

Scharfe Krallen, ..., Sammet-Pfötchen ...
Lautlos sie die Nacht durchdringen.

Vielleicht hast du die Möglichkeit eine gehende Katze und einen gehenden Hund in einem langen Hausflur mit einem Kassettenrecorder aufzunehmen.
Der Vergleich lohnt sich!

Färbe die Krallen an der Hunde- bzw. den Katzenpfoten mit roter Farbe. Beschreibe die jeweilige Krallenform und unterschiedliche Krallenstellung!

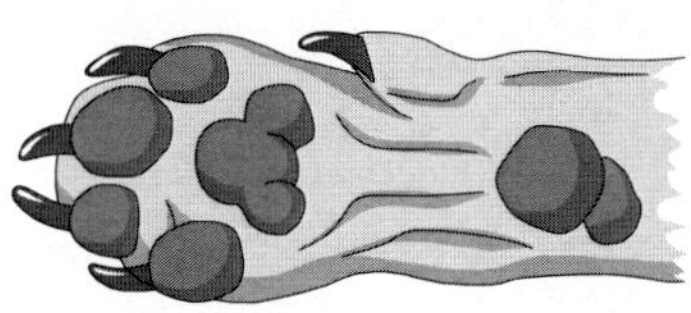

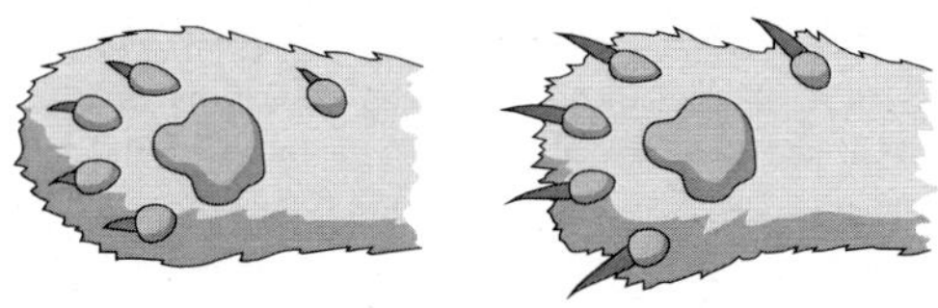

2.

- Zeichne die fehlenden Krallen rot ein!
- Färbe mit blauer Farbe das „elastische Krallenband".
- Zeichne mit grüner Farbe diejenige Sehne ein, die für die Krallenstellung in Bild 1 bzw. in Bild 2 zuständig ist. Ermittle die Zuständigkeit mit Hilfe des Modells „Katzenkralle".
- Beschrifte „Kralle", „elastisches Krallenband", „obere Sehne" und „untere Sehne".
- Schreibe für jedes Bauteil auf, welche Aufgabe es hat.

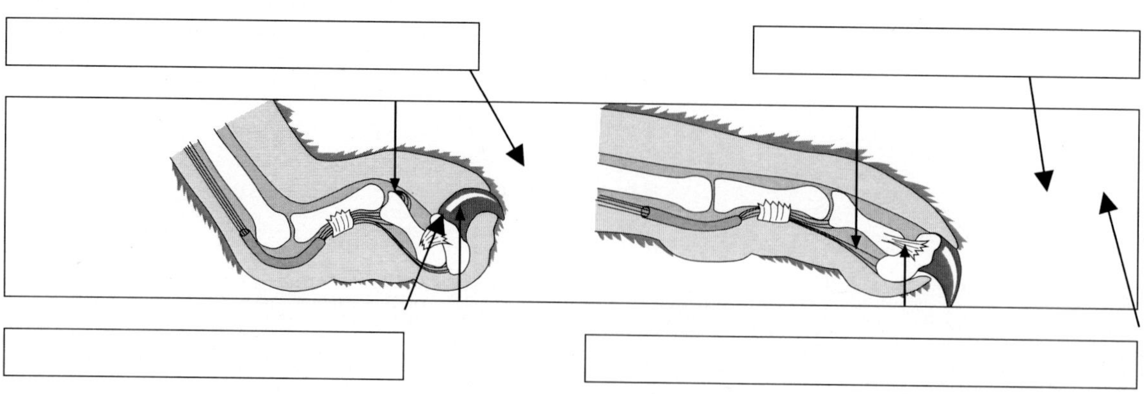

3.

- Suche Gründe, weshalb die Katze ihre Krallen normalerweise zwischen Hautfalten verborgen hält.

Station 4 – Das Gebiss

1. An der Station findest du einen Katzen- und einen Hundeschädel.

- Betrachte das Katzengebiss genau und versuche herauszufinden, mit welchen Zähnen die Katze ihre Beute tötet. Benutze den Hundeschädel zum Vergleich.
- Färbe diese Zähne in der Zeichnung orange.
- Trage den Namen dieser Zähne und die Beschreibung der Form in die nebenstehenden Kästchen ein.

Name der Zähne, mit denen die Katze ihre Beute tötet:

So sind diese Zähne geformt:

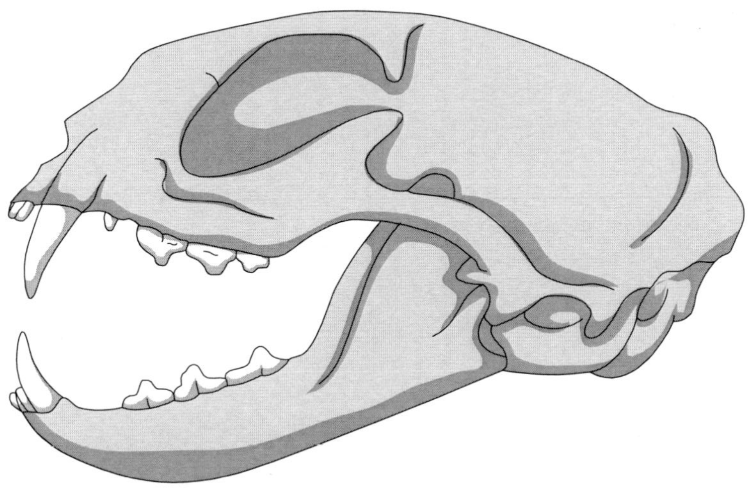

Reißzähne

2.

- Auch die Katze hat wie der Hund Reißzähne. Suche sie am Hunde- und am Katzengebiss. Färbe die Reißzähne in der Zeichnung mit lila Farbe.
- Wie verhalten sich die Reißzähne beim Öffnen und Schließen des Mundes? Teste mit einem Stückchen Brot. Notiere die Aufgabe der Reißzähne.

So verhalten sich die Reißzähne beim Öffnen und Schließen des Mundes	
Das ist die Aufgabe der Reißzähne:	

3.

- Hund und Katze haben ein Fleischfressergebiss. Vergleiche beide Gebisse miteinander. Welche Gemeinsamkeiten, aber auch welche Unterschiede fallen dir auf?

Arbeitsblatt Seite 67

Obgleich hier die Säugetiere im Vordergrund stehen, werden erfahrungsgemäß unter der Rubrik „Weitere Tiere" auch Fische, Wellensittiche, Kanarienvögel oder Schildkröten auftauchen. Da sie ebenso wie die hier vorgestellten Kleintiere spezielle Anforderungen an Haltung und Pflege stellen, lässt sich dies durchaus mit dem Thema „Säugetiere" verbinden. Informationen dazu können sich die Schüler aus den entsprechenden Kapiteln der Wirbeltiere oder den zahlreichen Heimtierbüchern der Bibliotheken besorgen.

Tiere im Unterricht

Werden Heimtiere mitgebracht, können meist typische Verhaltensweisen, Körpermerkmale, Art der Nahrung und des Käfigs, Sozialverhalten, Lernverhalten oder angeborenes Verhalten gut beobachtet werden - sofern die Tiere nicht beunruhigt oder verängstigt sind. An einem Projekttag lässt sich damit auch ein „Lernen an Stationen" oder ein „Lernzirkel" aufbauen. Wesentlich ist dazu aber eine von allen akzeptierte ruhige Umgebung. Es sollte vorher auch geklärt werden, ob Kinder unter schweren Tierhaarallergien leiden und welche landesspezifischen Erlasse zu beachten sind.

Es gibt zahlreiche Schulbiologiezentren, die Schulen in ihrer Umgebung Kleintiere, wie z. B. mongolische Rennmäuse, zur Beobachtung oder auch zur Zucht überlassen.

Die Mongolische Rennmaus

Die Ägyptische und die Mongolische Rennmaus sind Neulinge unter den Heimtieren. Die Wildtiere leben in den Wüsten und trockenen Sandsteppen und legen dort unterirdische Gangsysteme an. Sie bevorzugen pflanzliche Nahrung, die sie in ihrer Heimat dann suchen, wenn es etwas abkühlt. Der Flüssigkeitsbedarf ist gering; meist genügt der Wassergehalt der Nahrung. In den USA wurden sie erstmals 1954 zur medizinischen Forschung importiert. Bald stellten sie sich als ideale Heimtiere heraus, da sie sich aufgrund ihrer Neugierde leicht dressieren lassen und schnell zahm werden. Durch den trockenen Kot und die geringe Harnausscheidung entsteht kaum Käfiggeruch. Kurze Schlafperioden legen sie, wie alle Mäuse, sowohl am Tag wie auch in der Nacht immer mal wieder ein. Sie sind gesellige Tiere, sollten in Pärchen oder Gruppen gehalten werden und im Käfig ein spezielles Laufrad und viel Material zum Graben haben.

Medienhinweise

FWU 10 02680 Haustiere
FWU 42 01735 Meerschweinchen

Literaturhinweise

ALTMANN, D.: Zwergkaninchen; Ulmer, Stuttgart 1995
BEYNON, P. H., u. a.: Kompendium der Heimtiere; Schlüter, Hannover 1997
FRISCH, O. v.: Hamster; Gräfe und Unzer, München 1997
GASSNER, G.: Hamster; Ulmer, Stuttgart 1995
KITTEL, R.: Der Goldhamster; Neue Brehm-Bücherei Bd. 88; Westarp Wissenschaften, Hohenwarsleben 1996
ROHRBACH, C.: Unsere Rennmäuse; Franckh-Kosmos, Stuttgart 1987
ROHRBACH, C.: Unsere Mäuse; Franckh-Kosmos, Stuttgart 1997
RUDOLPH, W.: Wild- und Hauskaninchen; Neue Brehm-Bücherei Bd. 555; Westarp Wissenschaften, Hohenwarsleben 1997
SCHMITZ, S.: Kleintiere; BLV, München 1992
SIELMANN, H.: Heimtiere; Neuer Tessloff Verlag, Hamburg 1972
STEINBACH, G.: Unsere Haustiere; Delphin, Köln 1990
Klett 722830: bio spielend lernen (Seite 50/51)

Weitere Hinweise

Umfangreiches Material kann gegen Gebühr über folgende Adresse bezogen werden:
Deutscher Tierschutzbund, Baumschulallee 15, 53115 Bonn

Haustierhaltung in Deutschland

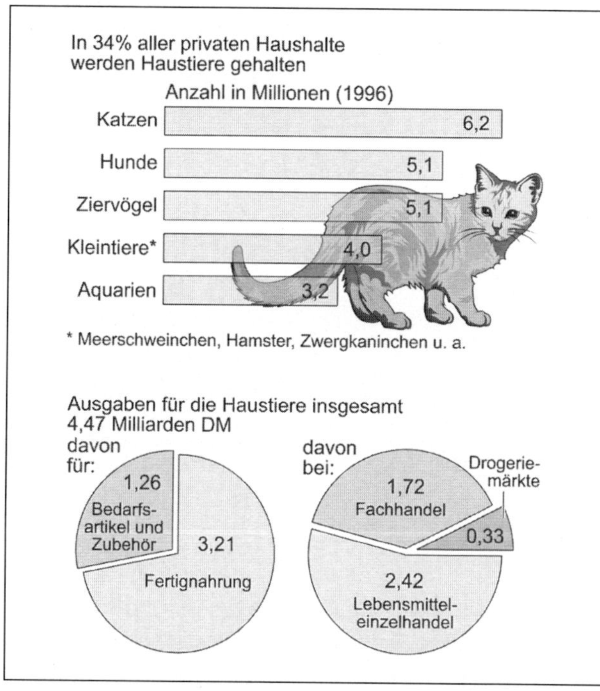

Die große Heimtierschau

Meerschweinchen

Die Experten sind:

____

Kaninchen

Die Experten sind:

____

Mongolische Rennmaus

Die Experten sind:

____

Sonderthema

Was muss man bei der Anschaffung, Haltung und Pflege von Heimtieren allgemein beachten?

Die Experten sind:

____

Die große Heimtierschau

Schwerpunkte der Veranstaltung

- Woher kommt das Tier?
- Wie leben die Wildtiere?
- Wie muss der Käfig eingerichtet sein?
- Welche besonderen Verhalten zeigt das Tier?
- Wie alt wird das Tier?

Veranstalter:

Klasse: ______________________

Datum: ______________________

Sonderthema

Warum werden Tiere in der Wohnung als Heimtiere gehalten?

Die Experten sind:

____

Goldhamster

Die Experten sind:

____

Weitere Tiere

Die Experten sind:

____

Aufgabe

Wähle ein Tier oder eines der Sonderthemen. Du bist dann der Experte oder die Expertin am Tag der großen Heimtierschau. Bereite dazu ein kurzes Referat vor. Beachte die Schwerpunkte der Veranstaltung! Falls möglich, bringe dein Tier mit und beschreibe charakteristische Verhaltensweisen.

Das Rind – ein Wiederkäuer

A Arbeitsblatt Seite 69

1. a) Speiseröhre, b) Pansen, c) Netzmagen, d) Schlundrinne, e) Blättermagen, f) Labmagen. Zum Weg der Nahrung siehe Zusatzinformation.
2. Der Mensch presst überwiegend die Kauflächen der Zähne aufeinander und zerquetscht die Nahrung, das Rind zerreibt die Nahrung zwischen den breitkronigen Zähnen wie zwischen Mühlsteinen.
3. a) Gras fressen, schlucken, im Pansen einweichen; b) kleine Nahrungsballen zurück zum Mund, erstmalig richtiges Kauen (daher bessere Bezeichnung „Späterkäuer" statt „Wiederkäuer"); c) erneutes Schlucken, Wasserentzug im Blättermagen, Verdauen auch der Mikroorganismen im Labmagen durch Magensaft, Endverdauung im Dünndarm.

Z Verdauung beim Rind

Das Rind als Milchproduzent

Die jährliche Milchleistung der Hochzuchtrassen („Turbokuh") beträgt 3 000 bis 6 000 (max. 11 000) Liter Milch. Dazu benötigt eine Kuh pro Tag etwa 50 bis 100 kg Gras und produziert täglich etwa 150 Liter Speichel! Jeder Bissen wird 40- bis 50-mal gekaut. Der Pansen allein hat ein Fassungsvermögen von 200 Liter.

Junge und ältere Rinder

Zum Weg der Nahrung nach dem Wiederkäuen gibt es keine einheitlichen Ansichten (Penzlin, 1996). Bei Kälbern schließt die Schlundrinne komplett; getrunkene Milch gelangt direkt in den Blättermagen. Bei erwachsenen Rindern kommt getrunkenes Wasser zum Teil in den Blättermagen, aber auch in den Pansen, da die Rinne durch das Wachstum der Mägen nicht mehr komplett schließt. Je flüssiger der Pansen-Netzmagen-Inhalt ist und je voller diese Magenteile sind, desto schneller gelangt der Brei in den Blättermagen. Die Öffnung zwischen Pansen und Blättermagen schließt sich aber reflektorisch, wenn grobe Partikel sie berühren (Pflumm, 1989). Daher können einzelne Nahrungsteile wohl auch mehrfach wiedergekäut werden, bevor sie in den Blättermagen gelangen.

Hilfreiche Einzeller

Die symbiontischen Bakterien und Einzeller besitzen Enzyme zur Verdauung von Zellulose, wozu die Säugetiere selbst nicht in der Lage sind. Die Mikroorganismen bauen Zellulose zu Glukose ab und erzeugen hieraus eine Vielzahl essenzieller Nährstoffe. Als Nebenprodukt ihres Stoffwechsels sondern sie z. B. Fettsäuren ab. Die bakterienreichen Nahrungsklumpen, die beim zweiten Schlucken in den Blättermagen gelangen, werden im Labmagen von der Kuh dann mit eigenen Enzymen verdaut. Durch die Tätigkeit der Mikroorganismen ist die endgültig verwertete Nahrung wesentlich nährstoffreicher als das ursprünglich abgeweidete Gras. Der Gras fressende Wiederkäuer erhält damit einen großen Teil seiner Nährstoffe aus den verdauten Mikroorganismen. Die Endosymbionten vermehren sich im Pansen schnell genug, um eine stabile Konzentration zu halten.

Erst schlucken, dann kauen

1. Beschrifte die Teile des Rindermagens. Zeichne den Weg der Nahrung vor dem Wiederkäuen (links) und nach dem Wiederkäuen (rechts) mit unterschiedlichen Farben ein.

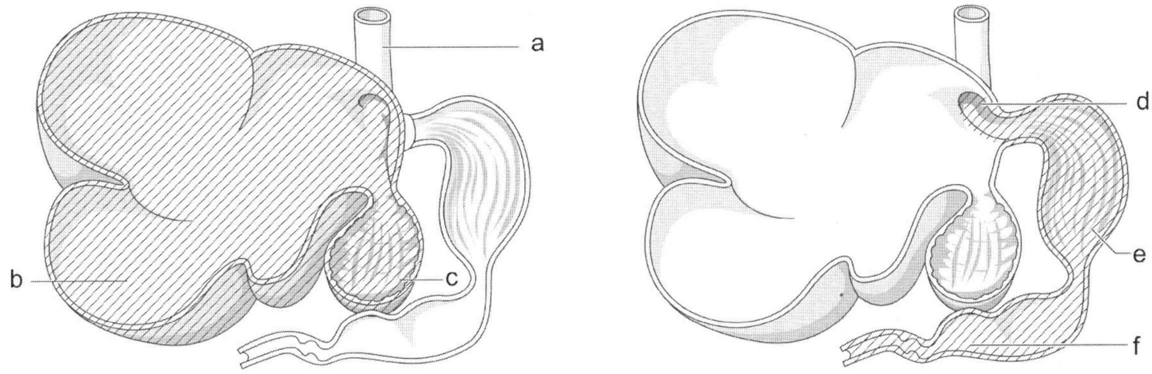

a) ______________________ d) ______________________

b) ______________________ e) ______________________

c) ______________________ f) ______________________

2. Wodurch unterscheiden sich die Kaubewegungen beim Menschen (a) und beim Rind (b)?

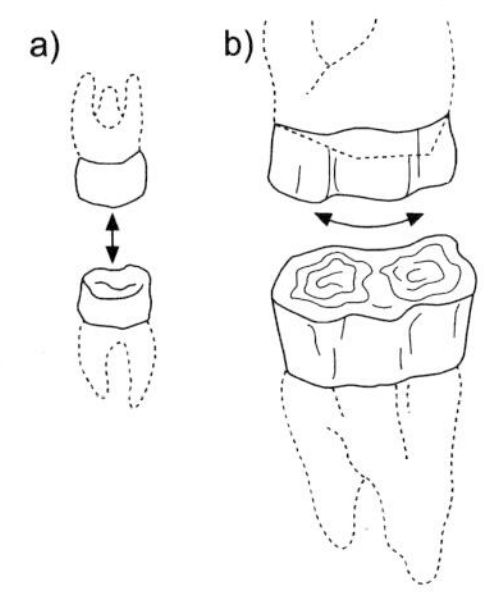

____

____

____

____

3. Nenne zu den einzelnen Phasen der Nahrungsaufnahme und Verdauung Stichworte und zeichne den Weg der Nahrung mit Pfeilen ein.

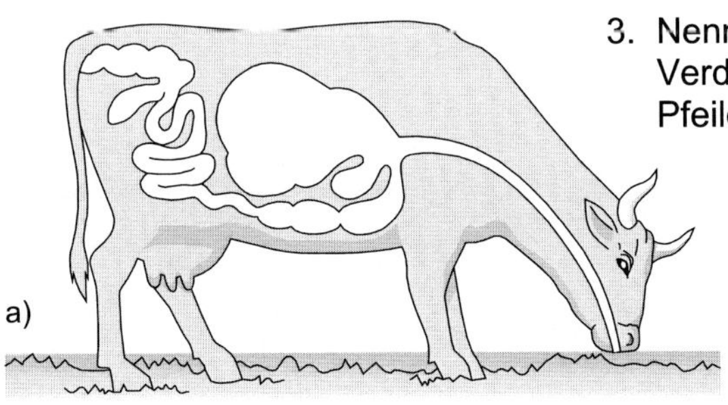

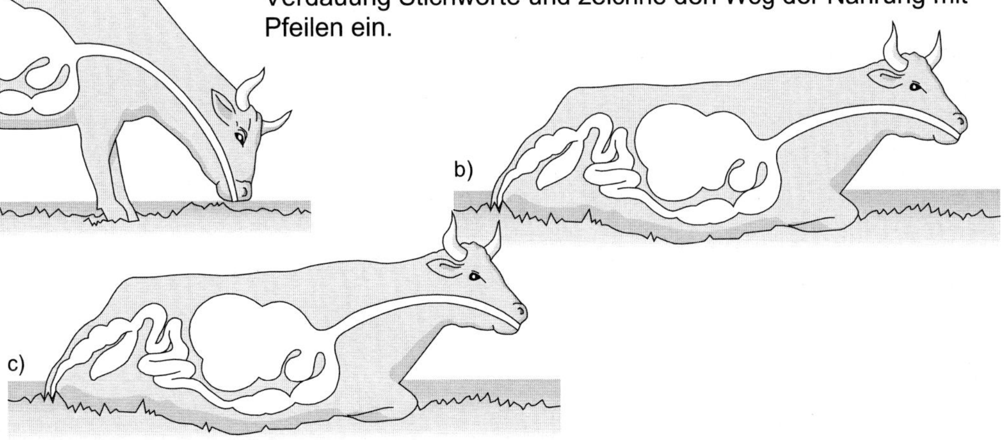

a) ______________________

b) ______________________

c) ______________________

____

A Arbeitsblatt Seite 71

1. Die einzelnen Begriffe sind unter 2. aufgeführt. Die Lage wird in der folgenden Abbildung deutlich.

D	U	N	P	A	A	R	H	U	F	E	R	F	Z	Q
R	E	S	S	E	R	F	N	E	Z	N	A	L	F	P
E	H	W	A	R	M	B	L	U	T	D	G	U	M	A
F	E	E	T	J	K	Z	U	S	R	R	H	C	E	L
P	M	T	R	X	G	V	Z	E	U	E	R	H	G	W
I	T	C	U	D	I	G	F	B	N	D	F	T	T	V
E	B	U	N	T	E	P	E	G	M	K	M	T	U	O
Z	G	X	K	F	S	N	S	K	T	C	K	I	L	L
I	F	O	D	U	P	T	T	A	F	D	E	E	B	L
L	A	H	K	O	Z	S	Z	I	Q	H	Y	R	T	B
O	F	R	N	Y	N	O	P	E	E	E	P	E	L	L
P	I	Y	D	L	H	E	B	A	L	R	W	K	A	U
Z	D	R	E	F	P	T	S	A	L	X	E	G	K	T

2.

a. Körperbau des Pferdes
Kaltblut
Warmblut
Vollblut
Pony
Unpaarhufer

b. Pferdeverhalten
Herdentiere
Fluchttiere

c. Einsatzmöglichkeiten für Pferde
Polizeipferd
Zirkuspferd
Lastpferd
Grubenpony

d. Pferdeernährung
Pflanzenfresser

Hengst, Stute

3.
Stärke, Ausdauer, Wildheit

4.
Galopp
Schritt
Trab

Z Zusatzinformationen

Pferderassen

Mit der Wandlung vom Zugtier zum Reittier und auch zum Kampfgefährten stieg das Pferd im Ansehen und wurde ein Symbol für Reichtum und Macht. Aufgrund der vielfältigen Körpersprache und dem facettenreichen Verhalten wird den Pferden auch zugute gehalten, sie seien klug, edel, schön, elegant, gelehrig und belastbar. Altägyptische Wandgemälde belegen, dass ein Pferd kostbarer als 15 Ochsen war. Entsprechend den vielfältigen Verwendungsmöglichkeiten wurden unterschiedliche Pferderassen gezüchtet, die sich grob in vier Kategorien einordnen lassen:

Kaltblüter als schwere Arbeitspferde (die Bezeichnung kennzeichnet das behäbige Temperament; Pferde sind gleichwarme Tiere!).

Warmblüter als Reit- und Springpferde (entstanden durch Einkreuzen von Vollblütern).

Vollblüter sind reinrassige Pferde aus arabischer oder englischer Zucht, deren extreme Schnelligkeit aus einer überdurchschnittlich guten Sauerstoffversorgung der Muskeln resultiert.

Ponys: Kleinere Tiere, die mit rauem Klima und schwierigem Gelände gut fertig werden; heute werden sie in Reitschulen besonders gern von Kindern und jugendlichen Anfängern geritten.

Das **Przewalski-Pferd** ist das einzige, heute noch lebende Urwildpferd. In den 40er-Jahren wurde die letzte, in der Mongolei lebende Population ausgerottet. Heute gibt es, dank der erfolgreichen Bemühungen verschiedener Zoos, wieder über 600 Tiere, von denen einige bereits ausgewildert wurden.

M Medienhinweise

FWU 42 10261 Das Pferd
FWU 10 03172 Das Pferd
FWU 42 01616 Pferderassen
FWU 42 01873 Ein Gestüt
Klett 02762 Folienordner Säugetiere

Literaturhinweise

KRONENBERG, S.: Freizeitpferde; Franckh-Kosmos, Stuttgart 1994
ZEEB, K.: Die Natur des Pferdes; Franckh-Kosmos, Stuttgart 1999

Rätsel und Fragen rund um's Pferd

D	U	N	P	A	A	R	H	U	F	E	R	F	Z	Q
R	E	S	S	E	R	F	N	E	Z	N	A	L	F	P
E	H	W	A	R	M	B	L	U	T	D	G	U	M	A
F	E	E	T	J	K	Z	U	S	R	R	H	C	E	L
P	M	T	R	X	G	V	Z	E	U	E	R	H	G	W
I	T	C	U	D	I	G	F	B	N	D	F	T	T	V
E	B	U	N	T	E	P	E	G	M	K	M	T	U	O
Z	G	X	K	F	S	N	S	K	T	C	K	I	L	L
I	F	O	D	U	P	T	T	A	F	D	E	E	B	L
L	A	H	K	O	Z	S	Z	I	Q	H	Y	R	T	B
O	F	R	N	Y	N	O	P	E	E	E	P	E	L	L
P	I	Y	D	L	H	E	B	A	L	R	W	K	A	U
Z	D	R	E	F	P	T	S	A	L	X	E	G	K	T

In diesem Buchstabenfeld sind insgesamt 14 Begriffe rund um's Pferd versteckt. Sie können waagrecht, senkrecht und diagonal sowie vorwärts und rückwärts gelesen werden.

Aufgaben

1. Finde die 14 Begriffe, notiere sie und markiere sie im Buchstabenfeld.

2. Ordne die gefundenen Begriffe folgenden Überschriften zu:
   a. Körperbau des Pferdes
   b. Pferdeverhalten
   c. Einsatzmöglichkeiten für Pferde
   d. Pferdeernährung

Zwei der Begriffe lassen sich hier nur schwer einordnen. Welche?

3. Das Pferd hat in Form vieler Redewendungen Spuren in unserer Alltagssprache hinterlassen. Versuche zunächst die folgende Redewendungen zu erklären und finde heraus, auf welche Eigenschaften von Pferden sie sich beziehen:
   „Da bringen mich keine zehn Pferde hinein!"
   „Die arbeitet wie ein Pferd!"
   „Er kann sich nicht im Zaum halten"

4. Die folgenden drei Bilder zeigen Pferde, die sich nach verschiedenen Gangarten bewegen. Finde mit Hilfe von Büchern, Internet, Freunden oder Eltern heraus, wie die Fachbegriffe dafür lauten.

A Arbeitsblatt Seite 73

1. Boden: zum Wühlen und Suhlen geeignet; Nahrung vielfältig, kein „Kraftbrei", der die Zähne nicht fordert; soziale Verhaltensweisen: normales Fortpflanzungsverhalten und Herstellen einer Rangordnung muss möglich sein; Nachkommen: Ferkel müssen Locklaute der Sau hören können; Gehegegröße: keine Haltung in Boxen, die zu Bewegungsmangel und Kreislaufstörungen führt.
2. Futtersuche: Erkunden, Nahrung mit der Nase aufspüren, Wühlen im Boden. Ausscheidung: Kotstelle ist nicht von Liegefläche getrennt (daher häufig Infektionen durch Kotfressen); Fortbewegung: kein Gehen und Traben möglich; Körperpflege: kein Scheuern, Kratzen und Suhlen möglich; Spiele / Rangkämpfe: nicht möglich, da kein Holz oder Pflanzen als „Spielzeug" vorhanden sind; Paarung: häufig künstliche Besamung, keine natürliche Fortpflanzung.

A Zusatzaufgaben und Lösungen

Insgesamt betrug der Fleischverbrauch pro Kopf und Jahr um 1800 etwa 13 kg. Weitere Zahlen sind: 1935: 53 kg, 1965: 66 kg, 1974: 81 kg, 1984: 84 kg, 1988: 103 kg, 1991: 94 kg, 1993: 96,2 kg, 1995: 92,0 kg, 1997: 89,5 kg.

a) Übertrage diese Zahlen in ein Säulendiagramm.
b) Wenn man von den Werten jeweils die Knochenanteile und die Anteile für Tierfutter abzieht, verbleiben etwa 40 kg Schweinefleisch pro Jahr für jeden der 80 Millionen Einwohner der BRD. Was bedeutet das für die Schweinehaltung?

Das Säulendiagramm zeigt den enorm gestiegenen Verbrauch, aber auch einen Rückgang seit 1994 durch die Verunsicherung des Verbrauchers infolge der Schweinepest. Trotzdem müssen immer noch pro Jahr 3,2 Milliarden kg Schweinefleisch erzeugt werden.

Z Schweine – Abstammung und Entwicklung

Vielfach häufen sich Klagen über **Wildschweine** als ungebetene Gäste in Gärten, Weinbergen und auf Friedhöfen. Die steigende Zahl der „Schwarzkittel" ist letztlich aber auf das Verhalten des Menschen zurückzuführen. Er bietet dem lernfähigen Kulturfolger viele neue Nahrungsquellen. Außerdem sind die Tiere sehr wanderungsfreudig (5 –10 km pro Nacht) und ziehen nur in stockfinsterer Nacht. Jäger haben nur gute Abschusschancen, wenn Schnee fällt oder mit Hunden gejagt wird. Pro Saison werden zwischen 27 000 und 45 000 Tiere allein in Hessen erlegt. (Frankfurter Rundschau 22.9.1998)

Schon vor rund 7 000 Jahren begannen unsere Vorfahren mit der **Hausschweinzüchtung**. Während heute nur noch das Fleisch von Bedeutung ist, wurde früher auch der Wühltrieb zum Auflockern des Bodens und die gute Nase zum Auffinden der Jagdbeute oder der Trüffelpilze benutzt. In den letzten 100 Jahren starben durch die einseitige Nutzung viele der alten, robusten Hausschweinerassen aus.Gefragt sind heute Tiere mit viel magerem Fleisch, möglichst ohne Fett und Schwarte und mit wenig Bewegungsdrang. Um der qualvollen Massentierhaltung entgegenzuwirken, setzen aber wieder viele Bauern auf Freilandhaltung. Dazu werden z. B. Mangalitza-Wollschweine verwendet, die ganzjährig im Freien gehalten werden können.

M Medienhinweise

FWU 32 02540 Das Hausschwein
FWU 32 02520 Das Wildschwein
FWU 32 03518 Fleisch und Wurst – Woher kommen sie?
FWU 42 00439 Blass, weich, wässrig – Was ist los mit unserem Schweinefleisch?

Rund um das Schwein

Hausschweine stammen von Wildschweinen ab. Obwohl sich die Hausschweine durch die mehrere tausend Jahre dauernde Züchtung äußerlich sehr von den Wildschweinen unterscheiden, haben sie doch noch sehr ähnliche Verhaltensweisen.

1. Nenne verschiedene Bedingungen, wie man Hausschweine halten müsste, damit sie das natürliche Verhalten der Wildschweine zeigen können. Berücksichtige dabei:

   Boden: ______________________________

   ____

   Nahrung: ______________________________

   ____

   Soziale Verhaltensweisen: ______________________________

   ____

   ____

   Nachkommen: ______________________________

   ____

   Gehegegröße: ______________________________

   ____

   ____

2. Welche arttypischen Verhaltensweisen kann das Schwein in den modernen Mastboxen nicht zeigen? Beachte dabei:

   Futtersuche: ______________________________

   ____

   Ausscheidung: ______________________________

   ____

   Fortbewegung: ______________________________

   ____

   Körperpflege: ______________________________

   ____

   Spiele/Rangkämpfe: ______________________________

   ____

   Paarung: ______________________________

   ____

A Arbeitsblatt Seite 75

- *Lebensraum und Lebensweise:* Bevorzugt auf Bäumen, in Wäldern, Gärten und Parks. Das Tier ist tagaktiv (nachts oder bei schlechtem Wetter im Kobel).
- *Körperbau:* Anpassungen an das Klettern sind Sohlen mit Haftballen, Zehen mit spitzen Krallen und kräftige Hinterbeine, gute Augen und lange Tasthaare.
- *Gebiss und Ernährung:* Die Nahrung ist vielseitig und jahreszeitlich unterschiedlich. Meißelartige Nagezähne ermöglichen sogar das Öffnen von Nüssen. Das Tier nimmt eine typische Fresshaltung ein.
- *Fortpflanzung:* Eine große Zahl von Nachkommen sichert den Bestand. Nur die Weibchen kümmern sich um die Jungtiere; diese sind Nesthocker und werden bei Gefahr in ein Ausweichnest transportiert.
- *Überwinterung:* Das Tier hält Winterruhe im Kobel; versteckte Vorräte dienen der Ernährung.
- *Besondere Verhaltensweisen*: Wenn es von Baum zu Baum „fliegt“, wirken Beine, Fell und Schwanz wie ein Fallschirm. Das Tier klettert in Spiralen am Baum hoch. Geschickte Fortbewegung in den Bäumen wird erlernt, wie auch die gute Ausnutzung der Nahrung und richtiges Vergraben der Vorräte.

Z Anpassungen bei Eichhörnchen

Gebiss und Sprengtechnik

Das Eichhörnchen kann durch eine besondere Anordnung der Zähne und Muskeln die unteren Nagezähne spreizen (siehe Abbildung) und dadurch eine bereits angenagte Nussschale entlang einer Rille aufsprengen. Hat es schon ein Loch in die Schale genagt, werden die unteren Nagezähne wie eine Pinzette benutzt, um Teile des Kerns herauszuholen.

Die Zahnformel für das Eichhörnchen lautet:

Rechts		Oberkiefer			
4	0	1	1	0	4
4	0	1	1	0	4
		Unterkiefer			

Feinde

Ein Feind der Eichhörnchen ist der Baummarder, der ebenfalls an das Leben auf den Bäumen gut angepasst ist. Er ist etwa katzengroß, dämmerungs- und nachtaktiv, kann gut springen und klettern und ruht tagsüber in Baumhöhlen und verlassenen Vogelnestern.

M Medienhinweise

Klett 02762 Folienordner Säugetiere (Nr. 20: Eichhörnchen)
FWU 42 01745 Das Eichhörnchen
FWU 32 00653 Was Tiere können und was sie lernen müssen.

Literaturhinweise

BAUER, H.: Eichhörnchen, Streifenhörnchen; A. Philler Verlag, Minden 1971
COLDREY, J.: Eichhörnchen im Wald; Quelle Meyer, Heidelberg 1988
EIBL-EIBESFELDT, I.: Ausdrucksformen der Säugetiere; in: KÜKENTHAL: Handbuch der Zoologie, 8(6), 1957, S. 1–26
GEWALT, W.: Das Eichhörnchen; Neue Brehm-Bücherei, ZIEMSEN, Wittenberg, Lutherstadt 1956

Weitere Hinweise

Für einen Projekttag im Wald eignet sich das Spiel „Aktion Eichhörnchen“ aus KUHN / PROBST / SCHILKE, Biologie im Freien; J. B. Metzler, Stuttgart 1986

Nussprengtechnik des Eichhörnchens

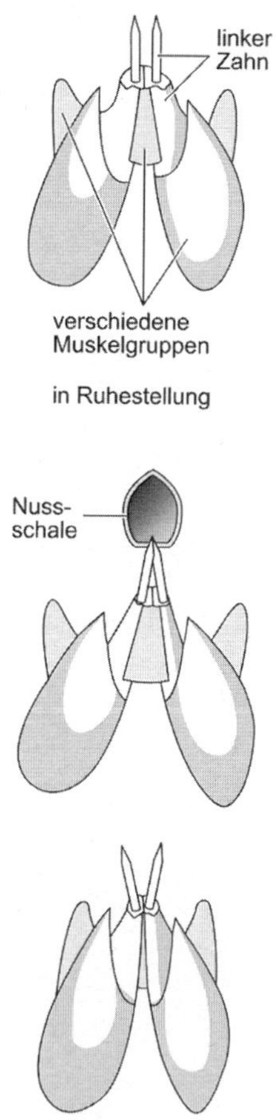

in Ruhestellung

Spreizen der Nagezähne

Eichhörnchen – Anpassungen an das Leben auf Bäumen

Lebensraum und Lebensweise

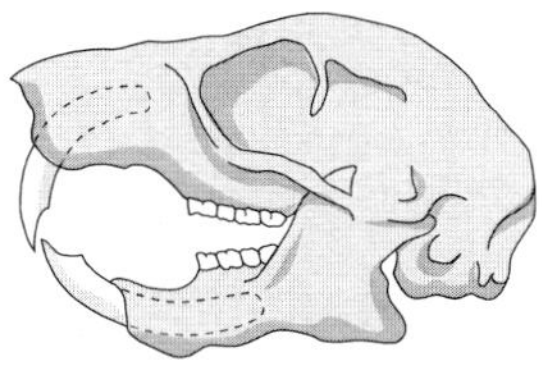

Gebiss und Ernährung:

Das meist rostbraune Tier mit dem weißen Bauch hält sich vorwiegend in den Kronen der Bäume von Wäldern, Gärten und Parks auf. Es ist relativ häufig. Mit seinen spitzen Krallen kann es sich auch an glatten Stämmen gut festhalten. Klettersohlen mit Haftballen verhindern das Abrutschen. Am Boden bewegt es sich in kleinen Sprüngen mithilfe seiner kräftigen Hinterbeine. „Fliegt" das Tier von Baum zu Baum, spreizt es die Beine seitwärts ab und benutzt den Schwanz als Steuer. Durch feine Sinneshaare am Kopf und Körper bemerkt es Zweige und Äste in einer bestimmten Entfernung. Die gut entwickelten Augen können Bewegungen, Farben und verschiedene Helligkeiten wahrnehmen.

Eichhörnchen sind tagaktiv und nur nachts oder bei ungünstiger Witterung in ihrem Kobel. Dieses Nest wird aus Reisig gebaut und dient auch als Kinderstube und zur Überwinterung. Bei strenger Kälte legt das Eichhörnchen dann Ruheperioden ein, ohne die Körpertemperatur oder den Herzschlag abzusenken. In Aktivitätsphasen sucht es dazwischen seine Verstecke auf und gräbt seine Vorräte aus.

Nur in der Fortpflanzungszeit dringen die Männchen in die Reviere der Weibchen ein. In unseren Breiten können die Weibchen bis zu drei Würfe pro Jahr mit jeweils 3 bis 7 Jungen haben. Die Jungen kommen nackt und blind zur Welt und werden etwa acht Wochen lang gesäugt. Bei Gefahr packt die Mutter ihr Junges mit dem Maul an einer Hautfalte und transportiert es zu einem Ausweichnest. Das Jungtier nimmt dabei eine Tragestarre ein. In Kampf-, Flucht- und Bewegungsspielen üben die Jungtiere später die geschickte Fortbewegung in den Bäumen. Mit zunehmendem Alter erlernen sie das schnelle und effektive Aufnagen der Nüsse und das Ausnutzen der jahreszeitlich unterschiedlichen Nahrungsquellen. Sie fressen Eicheln, Nüsse, Bucheckern, Fichten-, Tannen- und Kiefernsamen, Beeren, Pilze, Knospen, junge Triebe, Baumrinde, Vogeleier, Jungvögel und Insekten. In der typischen Fresshaltung „sitzt" das Hörnchen und dreht die Nuss mit den Vorderpfoten.

Fortpflanzung:

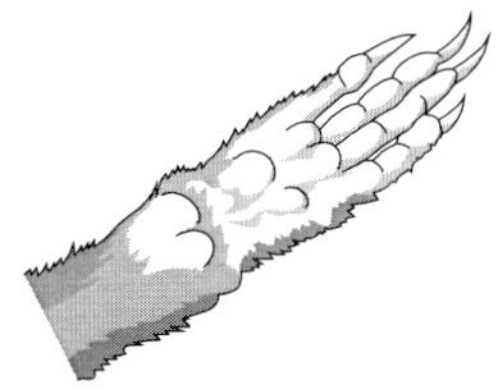

Körperbau:

Überwinterung:

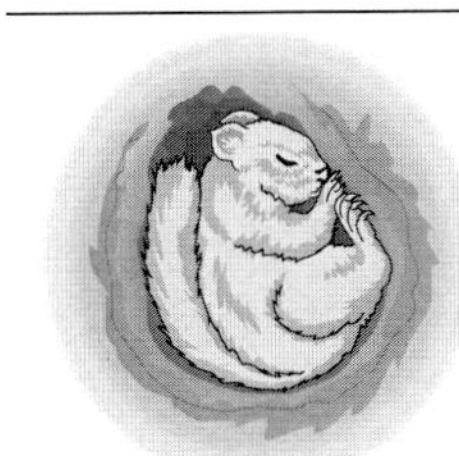

Besondere Verhaltensweisen:

Aufgabe

Lies den Text aufmerksam durch und gib dann kurze Zusammenfassungen zu den genannten Themen.

Der Winter – nicht nur für Eichhörnchen ein Problem

Arbeitsblatt Seite 77

1. Das Eichhörnchen ändert seine Körpertemperatur und seine Herzfrequenz kaum. (Hinweis: Auch zur Zeit des Winterschlafs sinken beide Faktoren nur geringfügig). Die Fledermaus senkt im Herbst (September bis November) den Stoffwechsel weit ab. Im Frühjahr (März bis Mai) wird dann wieder ein Anstieg auf etwa 700 Herzschläge pro Minute und mehr als 34 °C Körpertemperatur beobachtet.
2. Beim Reh bleiben beide Faktoren im Jahresverlauf konstant.

Winterruhe und Winterschlaf

Winterruhe und Winterschlaf kommen fast nur bei Säugetieren vor. Wechselwarme Tiere hingegen verfallen in Kälte- oder Winterstarre. Manche Vögel können kurzzeitig einen Zustand annehmen, der dem Winterschlaf ähnelt (Bezeichnung: Torpor) und ihnen hilft, unter ungünstigen Umweltbedingungen Energie zu sparen.

Winterschläfer findet man unter den Insektenfressern (z. B. Igel), den Fledertieren (z. B. Hufeisennasen) und den Nagetieren (z. B. Siebenschläfer oder Murmeltier). Die genannten Beispiele sind *Langschläfer*, Hamster und Goldhamster werden demgegenüber als *Kurzschläfer* bezeichnet. Sie erwachen alle paar Tage aus dem trotz der Kürze charakteristischen Winterschlaf und ernähren sich dann von Vorräten. Kennzeichen des Winterschlafs sind ein drastisches Absenken der Körpertemperatur auf 0,2 bis 5 °C; verbunden damit sinkt auch der Gesamtenergieumsatz. Dies ist bei Arten mit geringer Körpermasse (Mausohr, Siebenschläfer) relativ stärker als bei Arten mit größerer Masse (Murmeltier). Der auf Sparflamme gestellte Stoffwechsel benötigt kaum Sauerstoff, wodurch auch die Atmung auf wenige Züge pro Minute reduziert werden kann. In Tabellen angegebene Werte sind immer Mittelwerte, da beispielsweise beim Igel beobachtet wurde, dass er 56 Minuten lang überhaupt nicht atmete (!) und dann für 4 Minuten eine Atemperiode einschob, um danach wieder für einige Zeit nicht mehr zu atmen (Raths, 1975). Die Anzahl der Herzschläge pro Minute wird ebenfalls drastisch reduziert. Eine typische Winterschlafstellung gibt es nicht, die Körperhaltung entspricht der des normalen Schlafs. Obwohl diese Charakteristika des Winterschlafs lange bekannt sind, besteht noch weitgehend Unklarheit über die endgültigen Auslöser, die zudem je nach Tierart unterschiedlich zu sein scheinen. Bisher wurde experimentell der Zusammenhang zwischen Kurztagsbedingungen und der Synthese von Körperfett gefunden, die innere Jahresuhr vieler Tiere ist analysiert und zum Teil wird die verringerte Aktivität der Schilddrüse im Herbst für den Übergang zum Winterschlaf verantwortlich gemacht. Nahrungsmangel oder das Absinken der Umgebungstemperatur allein kann nicht zu jeder beliebigen Jahreszeit den Winterschlaf auslösen. Die physiologische Notbremse bei extremer Kälte, die den Winterschläfer weckt und vor dem Erfrieren rettet, wird offensichtlich durch die am Hypothalamus festgestellte Bluttemperatur gezogen. Demgegenüber scheint das reguläre Erwachen aus dem Winterschlaf durch eine Anhäufung von Stoffwechselendprodukten hervorgerufen zu werden. Die Wärmeproduktion durch eine plötzlich ansteigende Aktivität des Sympathicus erfolgt zunächst im braunen Fettgewebe, erfasst als erstes den Vorderkörper und greift erst später auf den ganzen Körper und sichtbares Muskelzittern über.

Die *Winterruhe* kommt bei einigen Nagetieren (z. B. Feldmaus, Eichhörnchen) und den Raubtieren (z. B. Dachs, Bär) vor. Sie ist dadurch gekennzeichnet, dass hier keine Reduktion der Körpertemperatur stattfindet und kein braunes Fettgewebe zu finden ist. Eichhörnchen ernähren sich von Vorräten außerhalb des Körpers, Bären haben ihren Energiespeicher in Form von Fettschichten am Körper, die zudem noch Wärmeschutz sind. Beim Bär kann die Herzschlagfrequenz etwas erniedrigt sein, weshalb er früher zu den Winterschläfern gezählt wurde. Bären bringen aber in der Mitte des Winters ihre Jungen zur Welt, können sich jederzeit sofort verteidigen und wechseln ihre Schlafstellung fast täglich.

Medienhinweise

Klett-Video 75053 Energieumsatz – ökologische Aspekte
FWU 42 00245 Tiere im Winter

Literaturhinweise

HELLER, H. C. et. al.: Die Regulation der Körpertemperatur; Spektrum der Wissenschaft, Heft 11, 1978, S. 68 – 76
KULZER, E.: Winterschlaf; Staatliches Museum für Naturkunde, Stuttgart 1981
RATHS, P.: Tiere im Winterschlaf; Urania, Leipzig 1975

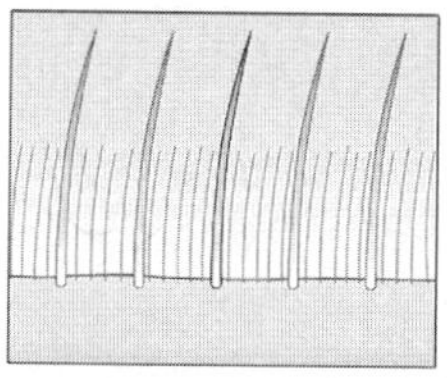
Sommerfell

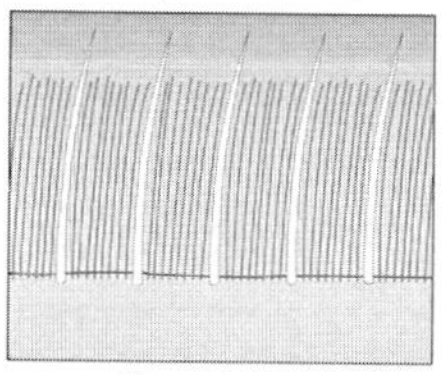
Winterfell

Anpassung an den Winter

In den folgenden Grafiken sind die Körpertemperatur und die Zahl der Herzschläge als Mittelwerte für Eichhörnchen und Fledermaus dargestellt.

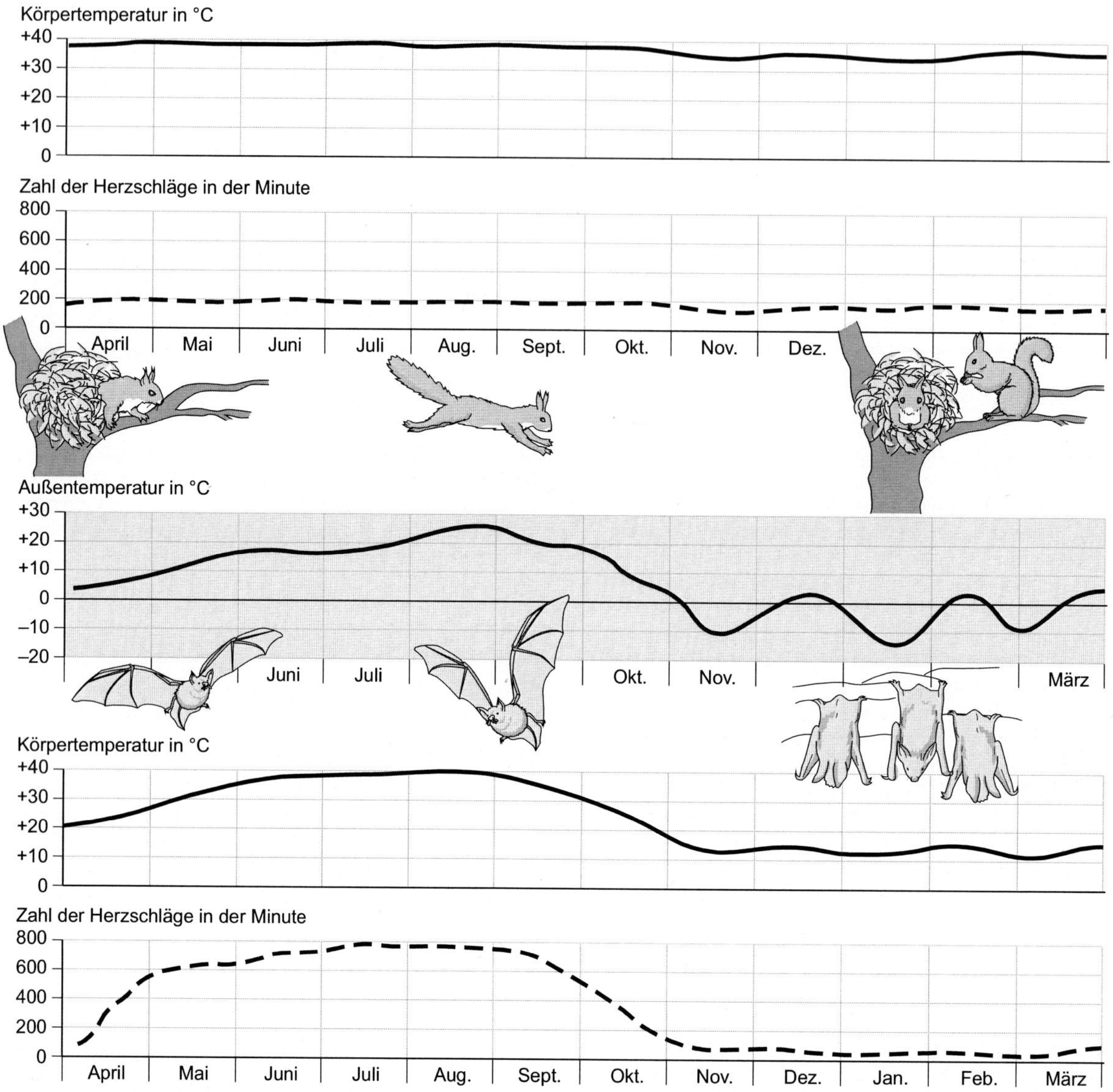

Aufgaben

1. Vergleiche und erkläre die Unterschiede. Beachte auch die Außentemperatur.

2. Welchen Verlauf hätte die entsprechende Kurve für das Reh?

Die Fledermaus

A Arbeitsblatt Seite 79

Skelett
1. Oberarmknochen, 2. Unterarmknochen, 3. Daumen, 4. Mittelhandknochen, 5. Fingerknochen.
Im Vergleich zur Länge von Oberarm- und Unterarmknochen sind bei der Fledermaus die Mittelhand- und Fingerknochen mit Ausnahme des Daumens stark verlängert.

Lebensweise
Winterquartiere: frostsichere Plätze (Höhlen, Dachstühle, Türme, z.T. auch Bäume)
Sommerquartiere: (hohle) Bäume, Höhlen, Dachstühle
Jagdgebiete: über Wiesen, Wegen, Gärten und Gewässern, z.T. über den Baumkronen.

Z Zusatzinformationen

Verhaltensweisen bei Fledermäusen
Die Fledermäuse anderer Kontinente haben sich auf verschiedene Nahrungsquellen spezialisiert. Manche jagen kleine Säugetiere und ernähren sich raubtierähnlich, andere können wie der Seeadler fischen. Manche Fledermäuse gehen nachts auf Froschjagd und können anhand der Paarungsgesänge feststellen, welche Frösche giftig und welche genießbar sind. Viele Fledermäuse leben rein vegetarisch von Pollen, Nektar oder Früchten und fungieren dabei in einigen Fällen sogar als Bestäuber. Andere können mit den scharfen Zähnen Hautwunden schneiden und das austretende Blut auflecken. Diese Vampire haben die Autoren zahlreicher Bücher und Filme inspiriert.
Tagsüber und im Winterschlaf hängen die Fledermäuse nahezu regungslos in einer typischen Ruhelage mit dem Kopf nach unten. Mit den Hinterfüßen krallen sie sich an Felsvorsprüngen in Höhlen, Dachbalken oder im angebotenen Nistkasten fest. Dabei sorgt eine mechanische Sperre dafür, dass die Kralle fest verankert bleibt, ohne dass die Muskeln angespannt werden müssen.

Echoortung der Fledermäuse
Der Italiener Lazzaro Spallanzani erkannte bereits im 18. Jahrhundert, dass Fledermäuse in der Dunkelheit ohne Augenlicht fliegen konnten. Er fand dies mit einer bemerkenswerten Versuchsanordnung heraus: in einem verdunkelten Raum spannte er Schnüre mit Glöckchen. Dort ließ er Fledermäuse fliegen, denen er entweder die Augen verdeckte, die Ohren verstopfte oder das Maul zuband. In den letzten beiden Fällen verloren die Tiere die Orientierung. Spallanzani erfuhr nie warum.
Die Erfindung eines Ultraschallmikrofons in den dreißiger Jahren des 20. Jh., welches Ultraschall in den hörbaren Bereich transformiert, machte erstmals die Rufe der Fledermäuse hörbar.
Heute weiß man über den Fledermaus-Ultraschall besser Bescheid. Fledermäuse senden Schall im Frequenzbereich zwischen 15 000 Hz und 150 000 Hz aus. (Vergleich: der menschlicher Hörbereich reicht von 16 Hz bis 20 000 Hz). Allerdings dient der Ultraschall nicht dazu Fledermäuse für andere Lebewesen unhörbar zu machen. Durch die hohen Frequenzen erreichen die Fledermäuse, dass auch noch kleinere Objekte erfasst werden können.

M Medienhinweise

FWU 32 02612 Einheimische Fledermäuse
FWU 42 00466 Flug in der Natur
Klett 02762: Folienordner Säugetiere (Nr. 18)
Klett-Video 994722: Anpassung und Fortbewegung bei Tieren

Literaturhinweise

RICHARZ, K. LIMBRUNNER, A.: Fledermäuse – Fliegende Kobolde der Nacht; Franckh-Kosmos, Stuttgart 1999
SCHOBER, W. & GRIMMBERGER, E.: Die Fledermäuse Europas; Franckh-Kosmos, Stuttgart 1998
STROOT, I.: Fledermäuse sind bedroht, Projektanregung Sek. I., UB 188, 1993, S. 21

Weitere Hinweise
Über Naturschutz- oder Umweltbehörden erhält man oft Adressen verschiedener Ansprechpartner aus den Arbeitsgemeinschaften zum Fledermausschutz. Eine abendliche Führung mit dem Fledermausdetektor gehört sicherlich zu den „highlights" des Schuljahres für Schüler der Klassen 5 und 6.

Eine Fülle von Unterrichtsanregungen und Informationen zu Fledermäusen, Fledermausdetektoren und Initiativen sind im Internet zu finden.

Abb. 1 Das Große Hasenmaul entdeckt mit Hilfe der Echoortung von Fischen verursachte Wellen und fängt sie mir scharfen Krallen an den Zehen.
Graphik nach: Das Visuelle Lexikon der Pflanzen und Tiere, Gerstenberg Verlag, Hildesheim 1999

Die Fledermaus – ein fliegendes Säugetier

Skelett

a) Beschrifte mit Hilfe deines Buches das Armskelett der Fledermaus.

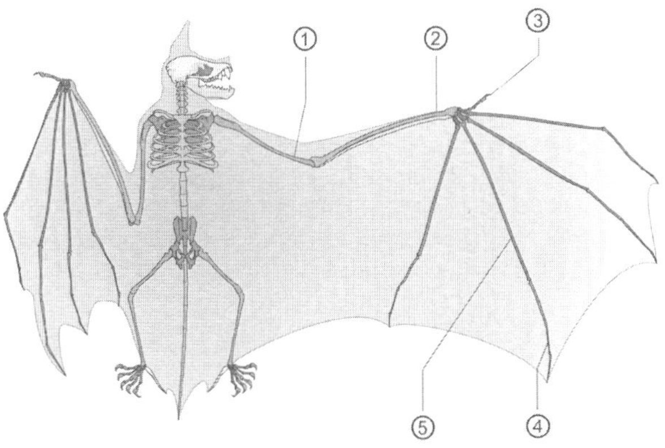

1. ______________________

2. ______________________

3. ______________________

4. ______________________

5. ______________________

b) Suche in deinem Buch das Armskelett des Menschen. Welche Unterschiede kannst du erkennen? Notiere!

____

____

____

Lebensweise

Die Abbildung zeigt dir eine Landschaft, in der sich Fledermäuse sicherlich wohl fühlen würden. Kennzeichne mit Hilfe deines Buches mögliche Winterquartiere (W), Sommerquartiere (S) und Jagdgebiete (J) von Fledermäusen mit den angegebenen Buchstaben.

Feldmaus und Maulwurf

A Arbeitsblatt Seite 81

1. Maulwürfe stehen unter Naturschutz, dürfen nicht gefangen werden und fressen keine Pflanzenteile und keine Rinde an Bäumen. Die Gangsysteme haben keine Löcher. Langes Fell, große Augen und riesige Ohren sind nicht vorhanden. Fallen mit Körnern sind sinnlos.
2. *Feldmaus:* Kopf stumpfer, Augen besser entwickelt; Nagetiergebiss; keine ausgeprägten Grabbeine; Fell mit Strich; Gangsysteme ähnlich dem Maulwurf; kommt auf offenen, trockenen Feldern und Wiesen vor; Nahrung: Wurzeln, Halme, Getreidekörner; umfangreiche pflanzliche Vorräte; Feldmäuse leben gemeinschaftlich in Kolonien; Fortpflanzung: mehrere Generationen pro Jahr, bei günstigem Futterangebot tritt z. T. Massenvermehrung auf; kein Winterschlaf; Laufgänge unter dem Schnee.
   Maulwurf: Kopf spitz und kräftig, Rüsselnase durch Knorpel geschützt; guter Vibrations-, Geruchs- und Tastsinn, verschließbare Ohren, Augen tief im Fell verborgen; Insektenfressergebiss; Schaufelhände mit Krallen und zusätzlichem Sichelbein; Fell ohne Strich; Gangsystem auch mit Rund-, Jagd- und Aushubgängen aber ohne Erdlöcher; kommt bevorzugt auf lockeren Feld- und Waldböden vor; Nahrung: Spinnen, Käfer, Tausendfüßer, Regenwürmer, Insekten; lebende Nahrungskonserven; lebt außerhalb der Fortpflanzungszeit einzeln; ein Wurf pro Jahr, Jungen sind Nesthocker; nicht sehr fruchtbar; kein Winterschlaf, weicht in tiefere Bodenschichten aus.

A Zusätzliche Aufgaben

1. Rechne aus, wie viele Junge ein einziges Feldmausweibchen während seines Lebens theoretisch bekommen kann.

– *Bei einer durchschnittlichen Lebensdauer von 140 Tagen, einer Zeit von 20 Tagen zwischen den Würfen und 6 Tieren pro Wurf ergeben sich: (140 : 20) x 6 = 42 Nachkommen.*

2. Informiere dich darüber, welche Arten von Mäusen bei uns vorkommen. Wodurch unterscheiden sie sich?

– *Neben den echten Mäusen werden hier sicherlich die Spitzmäuse (Ordnung Insektenfresser; Gebiss mit vielen spitzen Zähnen) und vielleicht auch die Haselmaus genannt. Diese gehört zwar auch zur Ordnung der Nagetiere, hier jedoch zur Familie der Bilche (Schlafmäuse), die einen buschigen Schwanz besitzen. Die Familie der Echten Mäuse wird unterteilt in*
   - *Langschwanzmäuse (Kopf spitz, Ohren groß, Schwanz etwa so lang oder länger als Kopf und Rumpf): z. B. Hausmaus, Waldmaus, Brandmaus, Hausratte, Wanderratte.*
   - Kurzschwanzmäuse oder Wühler (Schnauze stumpf, Ohren sehr klein, Schwanz deutlich kürzer als Kopf und Rumpf): z. B. Feldmaus, Schermaus (Wasserratte).

Hausmaus (Langschwanzmaus)

Feldmaus (Kurzschwanzmaus)

Haselmaus (Bilch)

3. Der Maulwurf hält keinen Winterschlaf. Weshalb kann er ohne Winterschlaf auskommen?

– *Der Frost dringt nur in die oberen Bodenschichten ein. Der Maulwurf weicht dann in die Tiefe aus und findet dort noch Insektenlarven und Puppen. Außerdem legt er sich Vorräte an: Durch einen Biss gelähmte Würmer oder Engerlinge bilden lebende Konserven.*

4. Neben dem Ärger über die Maulwurfshügel befürchten viele Gartenbesitzer, Maulwürfe schadeten den Wurzeln ihrer sorgsam gepflegten Gartenpflanzen. Erläutere, ob diese Befürchtungen gerechtfertigt sind.

– *Maulwürfe sind keine Pflanzenfresser. Die Wurzeln werden durch Wühlmäuse oder Insektenlarven geschädigt. Da der Maulwurf Insektenlarven vertilgt, ist er sogar nützlich. Aufgeworfene Erdhaufen stören meist nur den Ordnungssinn des Gartenbesitzers und richten nur bei frisch gesetzten Pflanzen Schaden an.*

5. In seinem Wohn- und Jagdrevier ist der Maulwurf vor Feinden geschützt. Außerhalb seiner Gänge lauern jedoch viele Gefahren auf ihn. Versuche diese Gefahren genauer zu bestimmen.

– *Bussard und Turmfalke, Eule und Krähe stellen ihm außerhalb seines Baues nach, können ihn aber auch durch die aufgewühlte Erde hindurch ergreifen, wenn sie die Erdbewegungen beim Aufschütten der Hügel sehen. Fuchs, Marder, Hund und Katze töten ihn, wenn er sich außerhalb seiner Gänge aufhält; nur das schlanke Mauswiesel kann ihm unter die Erde folgen. Maulwürfe können gut laufen und schwimmen und flüchten bei Gefahr immer in die Tiefe, wobei sie sich in lockerem Erdreich sehr schnell vergraben können. Außerhalb der Gänge stellt auch der Straßenverkehr eine Gefahr dar.*

Die Bezeichnung „Maulwurf“ leitet sich vom althochdeutschen „molte“ (= Erde) ab. „Mull“ (norddt.) ist weicher, lockerer Humusboden (vergl. Torfmull), Mulch eine Bodenbedeckung aus Stroh, Gras und Laub zur Bodenverbesserung.

M Medienhinweise

Klett Video 998922 Ökologie (Feldmaus)
Klett Video 994722 Anpassung und Fortbewegung bei Tieren
FWU 42 01794 Der Maulwurf

Literaturhinweise

FORTMANN, M.: Wühlmäuse und Maulwürfe; Falken, Niedernhausen/Ts 1996

KIEFFER, Eva: Das Maulwurfsspiel; Spielvorschlag Unterricht Biologie, 133, 1988, 27

NOTTBOHM, G.: Wir untersuchen ein Kleinsäugervorkommen; Projektvorschlag Sek. I; Unterricht Biologie 114, 1986, S. 36

WITTE, G. R.: Der Maulwurf; Die Neue Brehm-Bücherei Bd. 637; Westarp Wissenschaften, Hohenwarsleben 1997

Leben unter der Erde?

1. In zwei nebeneinander liegenden Gärten sind die Pflanzen auf zahlreichen Beeten durch flache Erdhaufen und große Löcher im Boden geschädigt. Die Gartenbesitzer schimpfen lautstark auf den Maulwurf: „Die Maulwürfe muss man unbedingt fangen, weil sie schädlich sind. Sie fressen meine Erdbeeren und nagen die Wurzeln meiner Salatpflanzen und der frisch gepflanzten Obstbäume ab." – „Außerdem graben sie mit ihren langen Vorderpfoten riesige Löcher in meinen Garten. Sogar den Fuß hab ich mir schon einmal deswegen verstaucht!" – „Und im Winter nagen sie die Rinde von den Bäumen ab." – „In ihrem langen Fell haben sie so ekliges Ungeziefer, das sie im Garten verteilen." – „Aber leicht fangen lassen sie sich auch nicht. Mit ihren großen Augen sehen sie alles und mit den riesigen Ohren hören sie das kleinste Geräusch."

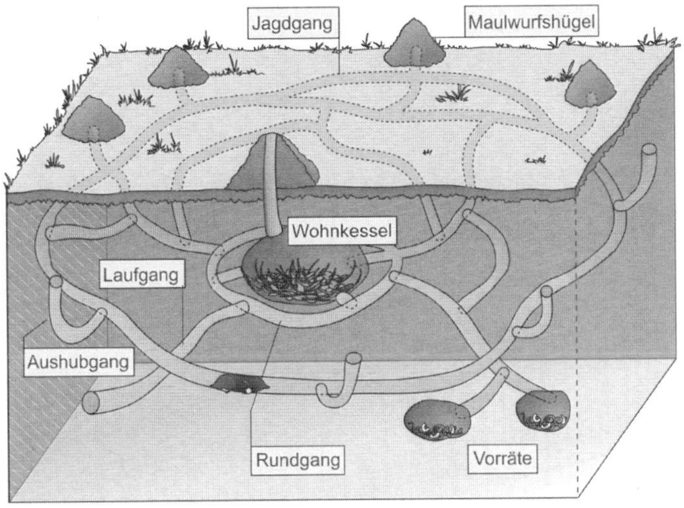

Maulwurf oder Wühlmaus?

Die Haufen der Wühlmäuse sind flacher als die des Maulwurfs und meist mit hochgedrückten Pflanzenteilen durchsetzt. Sie sind unterschiedlich groß und unregelmäßig in der Form und Verteilung. Auf dem Boden sind 6–8 cm große Löcher ohne Verbindung zu den Haufen zu sehen. Die Haufen des Maulwurfs sind etwa gleich groß und in regelmäßigen Abständen entlang des Gangsystems angeordnet.

Die Aussagen im Text oben enthalten viele Fehler. Markiere und berichtige sie. Schreibe die richtige Geschichte in dein Heft. Hinweise findest du in der Textbox und in der Abbildung.

2. Vergleiche mithilfe deines Schulbuches Körperbau, Lebensraum und Lebensweise von Feldmaus und Maulwurf. Erstelle dazu in deinem Heft eine Tabelle nach folgendem Muster.

		Feldmaus	Maulwurf
Körperbau	Kopfform		
	Sinnesorgane		
	Gebiss		
	Gliedmaßen		
	Fell		
Lebensraum	Gangsystem		
	Vorkommen		
Lebensweise	Nahrung		
	Vorratshaltung		
	Lebt einzeln oder gemeinschaftlich		
	Fortpflanzung		
	Vermehrungsfähigkeit		
	Überwinterung		

A Spielblätter Seiten 83-85

Hinweise zum Spiel

Das Spiel erfordert *keine spezifischen Vorkenntnisse*. Über die eigenen Entscheidungen und Hinweise auf den Karten lernen die Schüler im Spielverlauf unterschiedliche Aspekte aus dem Igelleben kennen. Zur *Vorbereitung* die Texte auf Karteikarten (DIN A 7) kleben. Auf die Rückseite jeder Karte schreibt man gut sichtbar die zugehörige Nummer. Die Karten werden mit der Rückseite nach oben ausgelegt. Alle Mitspieler lesen die Spielregeln (S.85) genau durch.

Verlauf: Das Spiel kann einzeln oder in Kleingruppen gespielt werden. Wird die Klasse in Gruppen aufgeteilt, müssen die Mitspieler vor jeder Entscheidung ihre Strategie diskutieren und zu einer gemeinsamen Entscheidung kommen. Es gewinnt die Kleingruppe oder der Spieler / die Spielerin mit der höchsten Punktzahl. Die *Spieldauer* ist abhängig von der verfügbaren Zeit, sollte jedoch 15 Minuten (einzeln) oder 30 Minuten (Gruppen) nicht überschreiten. Hat ein Spieler mit sehr wenigen Entscheidungsschritten das Ende erreicht, kann man ihn auffordern, seine Punktzahl in einem weiteren Durchlauf zu verbessern.

Z Aus dem Igelleben

Igel stehen unter **Naturschutz**; sie dürfen weder gefangen noch getötet werden. Tiere, die ausnahmsweise über den Winter gepflegt wurden, müssen im Frühjahr wieder ausgesetzt werden.
Da Igel, die in Menschenobhut überwintern, häufig das nächste Jahr nicht überleben, ist es ratsam, auf dem Schulgelände Reisig-, Kompost- oder Laubhaufen anzulegen. In entsprechend bestückten Gärten sollten keine Gifte eingesetzt werden.

Steckbrief: Igel können bis zu 14 Jahre alt werden, haben etwa 8 000 Stachel und wiegen gut genährt etwa 1200 g. Die Tragzeit beträgt 5 bis 6 Wochen. Dem ersten Wurf im Mai / Juni kann ein zweiter im September folgen, dessen Junge bei einem frühzeitigen Kälteeinbruch aber nicht genügend Reserven aufbauen können. Pro Wurf kommen 5 bis 7 nackte und blinde Junge zur Welt, deren Stacheln bereits bei der Geburt ausgebildet sind. In der aufgequollenen Haut sind sie aber so eingebettet, dass sich die Mutter bei der Geburt nicht verletzt.

Eine **Beobachtung** ist nur nachts möglich! In der Dämmerung oder bei hellem Mondlicht kann man Igel meist weniger sehen als hören! Sie schnaufen, schnüffeln und schmatzen laut, wenn sie Regenwürmer oder Schnecken verspeisen. Igel besitzen meist zahlreiche Parasiten (Zecken, Milben, Flöhe, Würmer). Einige Krankheiten sind auf den Menschen übertragbar! Kranke Tiere müssen auf jeden Fall mit Handschuhen angefasst werden. Vor einer Pflege sollte man sich daher in einer Igelstation über die Reinigung des Tieres, eine mögliche Wurmkur und entsprechende Medikamente informieren. Füttern ist ebenfalls nur in Ausnahmefällen ratsam. Auch hier muss man sich vorher über eine altersgemäße Ernährung des Tieres informieren!

Modell: Stachelkappe

Ein kleiner Stoffbeutel mit durchgezogener Schnur, wie er zum Beispiel für Duftkissen im Wäscheschrank Verwendung findet, wird von innen her mit zahlreichen Glaskopfstecknadel bestückt. Die Nadeln nur einfach durchstechen und nicht verhaken. Einen passenden Ball (z. B. Tennisball) dann locker in den Beutel schieben. Solange der Beutel nicht verschlossen wird, liegen die „Stacheln“; ist die Schnur zugezogen und der Stoff straff, wird das Modell zur Stachelkugel und gleicht einem Seeigel.

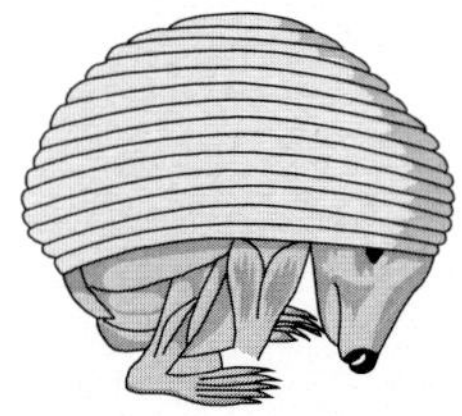

Stacheligel besitzen unter der Rückenhaut einen dicken Ringmuskel. Zusammen mit weiteren Muskeln bildet er eine gewölbte Kappe, unter der sich der Igel zur bekannten Stachelkugel einrollen kann.

M Medienhinweise

FWU 42 00241 Der Igel
FWU 10 02322 Der Igel
Klett 02762 Folienordner Säugetiere (Folie 19)

Literaturhinweise

HOFFMANN, H.: Der Igel – Unser geliebtes Stacheltier; Gräfe und Unzer, München 1992
NEUMEIER, M.: Igel in unserem Garten; Franckh-Kosmos, Stuttgart 1996

Weitere Hinweise

Die Adressen der zahlreichen Igelschutzvereine und der Igelstationen erfährt man über: Bund für Umwelt und Naturschutz Deutschland e. V. (BUND), Weißenburgstraße 65, 50670 Köln.

Igelspiel

1

Es ist Mai. Du kommst in einem Nest aus Laub und Gras zur Welt. Deine Stacheln sind noch in der Haut verborgen. Du wiegst etwa 20 g. Neben dir liegen noch 7 andere blinde und taube, fast nackte Junge.

Du trinkst viel Milch und entwickelst dich schnell. → 10

Du schläfst viel. → 18

Du kriechst im Nest herum. → 2

2 *Notiere: + 4 Punkte*

Du hast beim Herumkriechen versehentlich das Nest verlassen.

Die Igelin zieht dich ins Nest zurück. → 11

Das Herumkriechen ist dir zu mühsam. Du schläfst lieber und saugst viel Milch. → 19 → 7

3 *Notiere: – 3 Punkte*

Die Parasiten vermehren sich schnell. Dein Körper kann sich nicht ausreichend wehren.

→ Gehe zurück zu 1 und beginne von vorn. Nimm alle bisher gesammelten Überlebenspunkte mit in die neue Runde.

Hinweis: Igel haben meist zahlreiche Zecken, Milben und Flöhe zwischen den Stacheln. Häufig sind sie auch mit Lungen- und Bandwürmern infiziert. Geschwächte Igel, die wenig Nahrung finden, sterben bei starkem Parasitenbefall.

4 *Notiere: + 5 Punkte*

Du schläfst bis zum nächsten Abend.

→ Gehe weiter zu 15

Hinweis: Igel können bei der Nahrungssuche beträchtliche Entfernungen zurücklegen. Sie erforschen ihr Gebiet, begegnen dabei Artgenossen und finden ihre Geschlechtspartner. Halbwüchsige Igel leben im ersten Jahr noch ohne festes Nest und pflanzen sich erst im folgenden Jahr fort.

5 *Notiere: 0 Punkte*

Du hättest es fast geschafft. Der Fuchs hat aber den ganzen Wurf gefressen.

→ Gehe zurück zu 1 und beginne von vorn.

Hinweis: Anfangs verliert die Haut der Neugeborenen viel Wasser und bildet Falten. Die winzigen Stachelspitzen können Feinde kaum abschrecken. Diese Stacheln fallen später aus und werden durch härtere ersetzt.

6 *Notiere: + 6 Punkte*

Eine Katze nähert sich dem Mäusenest. Sie kann dir zwar nicht gefährlich werden, aber du verschw ndest trotzdem.

→ Gehe zu 10

Hinweis: Die Stacheln sind ein wirksamer Schutz. Unter der Rückenhaut liegt ein dicker Ringmuskel, der beim Zusammenziehen mit anderen Muskeln eine gewölbte Kappe bildet. Dadurch kann sich der Igel zur bekannten Stachelkugel einrollen.

7 *Notiere: + 5 Punkte*

Du machst gemeinsam mit deiner Mutter und deinen Geschwistern Streifzüge in die Umgebung.

Ein Hund greift euch an und du rollst dich blitzschnell ein. → 8

Du verlierst den Anschluss an die „Igelkarawane“. → 14

Nach einem weiten Ausflug kommt ihr wieder ins Nest zurück.

→ 4

8 *Notiere: + 2 Punkte*

Das Nahrungsangebot ist jetzt vielfältig.

In einem Garten findest du zahlreiche Schnecken, Würmer und Insekten. → 20

Du siehst ein Nest mit jungen Mäusen. → 6

Du naschst ausgiebig an dem herumliegenden Obst. → 12

9 — *Notiere: + 6 Punkte*

In der neuen Umgebung ist es sehr unruhig. Es gibt kein geeignetes Versteck.

Du läufst schnell zum angrenzenden Acker, den der Bauer heute gepflügt hat. → 22

Du suchst dir ein neues Revier im nahen Laubwald. → 17

10 — *Notiere: + 5 Punkte*

Du bist rundum satt und ruhst dich aus.

Du bespuckst dich selbst und versuchst etwas Körperpflege zu betreiben. → 16

Ein Traktor rollt über das Feld. Krach und Erschütterungen signalisieren Gefahr. Du kugelst dich ein.

→ 21

11 — *Notiere: – 4 Punkte*

Eine Eule sieht dich.

→ Gehe zurück zu 1 und beginne von vorn. Nimm alle bisher gesammelten Überlebenspunkte mit in die neue Runde.

Hinweis: Die festen Stacheln der erwachsenen Tiere sind ein guter Schutz gegen Greifvögel. Junge Igel haben diesen endgültigen Schutz aber erst ab der 3. Lebenswoche. Dann öffnen sich auch Augen und Ohren.

12 — *Notiere: + 6 Punkte*

Du verbringst eine ungestörte Zeit auf der Obstwiese.

→ Bleibe noch etwas dort und gehe dann weiter zu 10

Hinweis: Das Gebiss des Igels hat zahlreiche spitze und scharfhöckrige Zähne, mit denen er hervorragend den Chitinpanzer von Insekten knacken kann. Die Zähne eignen sich aber auch gut zum Verzehren von Obst.

13 — *Notiere: + 6 Punkte*

Im angrenzenden Park gibt es einen See und reichlich Nahrung.

→ Friss dich satt und gehe zu 9

Hinweis: Igel können zwar gut schwimmen, machen dies aber nicht sehr häufig.

14 — *Notiere: – 6 Punkte*

Du kannst nicht selbstständig nach Nahrung suchen und verhungerst.

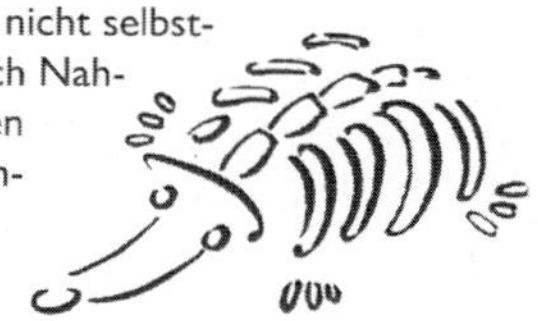

→ Gehe zurück zu 1 und beginne von vorn. Nimm alle bisher gesammelten Überlebenspunkte mit in die neue Runde.

Hinweis: Junge Igel werden erst nach etwa 6 bis 8 Wochen vollständig entwöhnt und haben bis dahin die optimale Nahrungssuche erlernt.

15 — *Notiere: + 5 Punkte*

Es ist Herbst geworden. Die Blätter fallen von den Bäumen. Du hast dir schon einen dicken Fettvorrat angefressen.

Jetzt baust du ein stabiles Nest für den Winterschlaf. → 23

Trotzdem begibst du dich immer wieder auf Nahrungssuche. → 8

Du begegnest einem anderen Igel und vertreibst ihn. → 13

16 — *Notiere: – 2 Punkte*

Du kannst die Schmarotzer an deinem Körper nicht entfernen. → 3

Ein Streifzug in der nächsten Zeit führt dich zu einem Bach. Du schwimmst hindurch. → 13

Der Igel im angrenzenden Gebiet wird von einem Auto überfahren. Du hast jetzt ausreichend Nahrung. → 15

Igelspiel

17 *Notiere: + 5 Punkte*

Am Waldrand findest du einen Bach.

Viele Insekten, Larven und Würmer ernähren dich in der nächsten Zeit. → 4

Es erscheint dir ziemlich kühl. → 13

Eine Überschwemmung vertreibt dich aus deinem neuen Revier. → 8

18 *Notiere: 0 Punkte*

Du bist jetzt fast drei Wochen alt. Ein Fuchs hat das Nest unter dem Laubhaufen gefunden.

Du versuchst dich zu verkriechen. → 5

Du richtest dich so auf, dass deine feinen Stacheln an die Fuchsnase kommen. → 15

19 *Notiere: + 3 Punkte*

Die Eule hat das Nest nicht gesehen.

→ Gehe weiter zu 18

Hinweis: Igel sind normalerweise Einzelgänger. Nur während der Jungenaufzucht duldet das Igelweibchen ihren Nachwuchs in der Nähe.

20 *Notiere: – 6 Punkte*

Der Gartenbesitzer hat Giftköder ausgelegt, um die Schnecken zu bekämpfen. Das Gift ist auch für dich tödlich.

→ Gehe zurück zu 1 und starte neu. Nimm alle bisher gesammelten Überlebenspunkte mit in die neue Runde.

Hinweis: Ist ein Igel im Garten, gibt es dort kaum Schnecken. Wollen Gartenbesitzer dem Igel helfen, sollten sie Laub- und Reisighaufen liegen lassen und kein Gift ausbringen.

21 *Notiere: + 12 Punkte*

Du hast großes Glück gehabt.
Der Traktor fuhr an dir vorbei.

→ Gehe weiter zu 17

Hinweis: Igel haben ein starres Instinktverhalten: Statt davonzulaufen, rollen sie sich beim Herankommen eines Autos mitten auf der Straße ein. Normalerweise rettet sie das beim Angriff durch Feinde. Sie können nur verletzt werden, wenn sie sich zu früh wieder aufrollen und die nicht bestachelte Bauchseite hervorkommt.

22 *Notiere: – 6 Punkte*

Das Auto war zu schnell.

→ Gehe zurück zu 1 und starte neu. Nimm alle bisher gesammelten Überlebenspunkte mit in die neue Runde.

Hinweis: Igel sind in ihrem Bestand gefährdet. Nicht nur der zunehmende Autoverkehr und ihr starres angeborenes Verhalten, sondern auch der Einsatz der zahlreichen Insektenvernichtungsmittel, Schneckengifte und anderer Chemikalien töten sie.

23 *Notiere: + 10 Punkte*

Die Tage werden kürzer und es wird immer kälter. Du hast dir eine ausreichende Speckschicht angelegt und baust unter einem Reisighaufen ein gut gepolstertes Nest. Beginne mit dem Winterschlaf.

Ende

Spielregeln

Alle Karten werden verdeckt ausgelegt. Starte bei 1 und folge den Zahlen bis zum Ende. Lege jede gelesene Karte verdeckt zurück. Wenn du eine Karte umdrehst, erhältst du Überlebenspunkte. Notiere diese und zähle sie am Schluss zusammen.

Du kannst eine einmal getroffene Entscheidung nicht mehr rückgängig machen. Notiere außer den Überlebenspunkten auch die Anzahl der Entscheidungsschritte bis zum Ende.

Haben zwei Spieler die gleiche Punktzahl, gewinnt derjenige, der die wenigsten Schritte dafür benötigt hat.

Wildkaninchen und Feldhase – Tiere unserer Kulturlandschaft

A Arbeitsblatt Seite 121

Zur Information der Schüler s. Steckbriefe.

Z Steckbriefe

Wildkaninchen:
- Erwachsene Tiere wiegen 1,5 bis 2 kg und sind etwa 40 cm lang (Kopf-Rumpf-Länge).
- Die Ohren sind kürzer als der Kopf. Die Ohrspitzen sind abgerundet und ohne dunklen Fleck.
- Das Fell ist meist grau.
- Heimat: Mittelmeerländer; heute weltweit verbreitet (siehe Australien)
- Sie leben gesellig in weitläufigen, selbst gegrabenen Erdbauten
- Kulturfolger (z. B. auf der Schulwiese!)
- Sie bevorzugen trockene Felder mit Gebüsch.
- Tiere fliehen vor ihren Feinden in den Bau.
- Bei Gefahr trommeln die Tiere mit den Hinterläufen auf den Boden.
- Jungtiere werden in der Wurfröhre geboren; bei günstigem Klima 5 x 7 Junge pro Jahr.
- Junge sind Nesthocker (verlassen erst nach etwa 3 Wochen das Nest).
- Die Nahrung ist rein pflanzlich und sehr vielseitig; bei Massenvermehrung wird durch das Schälen der Rinde an jungen Bäumen großer Schaden angerichtet.

Feldhase:
- Erwachsene Tiere wiegen 5 bis 6 kg und sind etwa 60 cm lang (Kopf-Rumpf-Länge).
- Die Ohren laufen spitzen zu, sind länger als der Kopf und die Ohrspitzen haben einen dunklen Fleck.
- Die Sinnesorgane sind gut entwickelt.
- Das Fell ist graubraun bis rostfarben.
- Ursprünglich Buschsteppenbewohner in Asien.
  Sie leben einzeln; nur in der Fortpflanzungszeit bilden sie größere Gesellschaften (Gruppenbalz, Treiben der Häsinnen).
- Hasen meiden die unmittelbare Nähe des Menschen.
- Ihr Lebensraum sind offene Felder, Wiesen und Äcker.
- Bei Gefahr drücken sich die Tiere in eine Bodenmulde.
- Auf der Flucht erreichen Hasen bis zu 70 km/h, schlagen Haken und schlagen auch mit den Hinterläufen gegen Angreifer.
- Jungtiere werden in der Sasse geboren; durchschnittlich 4 x 5 Junge pro Jahr.
- Junge sind Nestflüchter.
- Bevorzugte Nahrung sind Gras, Kohl, Wildkräuter, Raps und Rüben.
- Die langen angelegten „Ohrlöffel“ des Feldhasen wirken wie Schalltrichter (Hasen sind Ohrentiere); sie sichern das Hörfeld, das nach hinten und zur Seite gerichtet ist. Die Nase kontrolliert ein nach vorn zeigendes Witterungsfeld. Die seitlich stehenden Augen überschneiden sich in ihrem Sehfeld vorn und hinten, sodass die Tiere auch nach hinten sehen können, ohne den Kopf zu drehen. (Der Hase hat auch ein nach oben offenes Gesichtsfeld, sodass er Greifvögel wahrnehmen kann.) Dies ist wichtig für den Schutz vor Feinden (Fluchttier). Insgesamt überschneiden sich die einzelnen Sinnesfelder und gewährleisten einen Rundumschutz.

Z Wissenswertes

Doppelte Verdauung: Hasen und Kaninchen besitzen zum Verdauen der pflanzlichen Nahrung einen stark entwickelten Blinddarm. Dort bildet sich ein vitaminreicher Nahrungsbrei, den die Hasentiere sofort nach der Abgabe nochmals aufnehmen. Diese auf den ersten Blick befremdliche Gewohnheit *(Coecotrophie; Koprophagie)* zahlt sich dann aus, wenn die Nahrung viel Zellulose enthält. Die Bakterienflora des Blinddarms produziert daraus einerseits Fettsäuren für das Wirbeltier, andererseits vermehren sich die Bakterien aber auch stark. Der eiweiß-, fett- und kohlenhydratreiche Bakterienüberschuss kann dann beim Recycling verwertet werden. Die wieder verwendbaren Kotkügelchen sind weicher als die bekannten „Hasenknödel“.

Draize-Test: Kaninchen sind beliebte Versuchstiere. Beim Draize-Test am Auge lebender Kaninchen wird untersucht, inwieweit bestimmte Substanzen die Schleimhäute reizen. Dieser Test ist internationaler Standard und soll schon seit 20 Jahren durch andere Verfahren ersetzt werden.

V Beobachten im Unterricht

Als Heimtiere gehaltene Zwergkaninchen werden von Schülern gerne mitgebracht und können z. B. zur Beobachtung der Nahrungsaufnahme, der Fortbewegung oder der Fellpflege gut eingesetzt werden. Mit den Resten eines Hasenbratens lassen sich nach Präparation der Knochen noch gut Skelettuntersuchungen machen.

M Medienhinweise

Klett 02762 Folienordner Säugetiere (Folie 21): Vergleich Hase – Kaninchen
FWU 32 02459 Das Wildkaninchen
FWU 42 00449 Der Feldhase

Literaturhinweise

BRAUNER, K.: Hat Meister Lampe noch eine Chance? Unterricht Biologie, Juni 1996, S. 24–26
Feldhase und Wildkaninchen: Biologie, Lebensraum, Hege und Jagd; Parey, Singhofen 1997
SCHILKE, K.: Lauf kleiner Hase; Spiel / Beihefter; Unterricht Biologie, Juni 1996, S. 27–30

Hase und Igel – Die Geschichte ganz anders

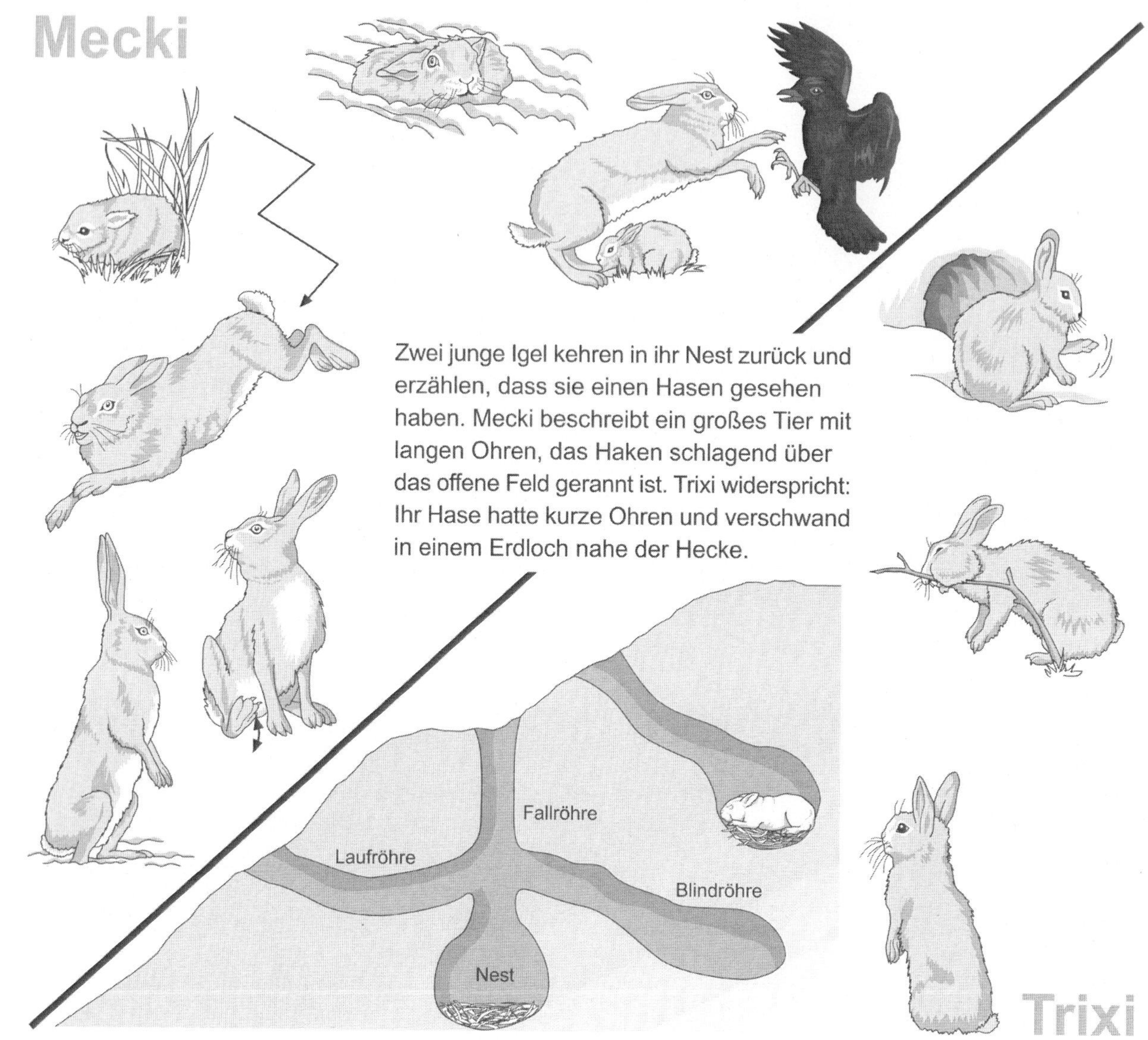

Zwei junge Igel kehren in ihr Nest zurück und erzählen, dass sie einen Hasen gesehen haben. Mecki beschreibt ein großes Tier mit langen Ohren, das Haken schlagend über das offene Feld gerannt ist. Trixi widerspricht: Ihr Hase hatte kurze Ohren und verschwand in einem Erdloch nahe der Hecke.

Aufgaben

1. Erkläre die unterschiedlichen Beobachtungen in dieser Geschichte.

2. Schreibe weiter, was die beiden Igel über ihren „Hasen“ erzählen könnten. Benutze dazu nicht nur die Abbildung, sondern auch die Angaben in deinem Buch.

A Arbeitsblatt Seite 89

Das Kreuzworträtsel ist als zusammenfassende Hausaufgabe am Ende der Einheit Wildtiere einzusetzen oder als Zusatzaufgabe im Rahmen von Stationenlernen oder Lernzirkel.

Lösungen

Waagrecht:
6. Wiederkaeuer
9. Ricke
10. Kitz
14. Eichhoernchen
16. Sasse
17. Kobel
18. Fledermaus
19. Nesthocker

Senkrecht:
1. Maulwurf
2. Schwanz
3. Igel
4. Loeffel
5. Winterschlaf
7. Rothirsch
8. Kulturfolger
11. Haken
12. Kaninchen
13. Geweih
15. Vampire

Z Hörner und Geweihe näher betrachtet

Horn und Geweih haben gemeinsam, dass beide von Tieren am Kopf getragen werden und eine gewisse Ähnlichkeit besitzen. Schaut man sich beide Kopfanhänge jedoch genauer an, werden grundlegende Unterschiede sichtbar:
Mit „Horn“ im allgemeinen Sprachgebrauch ist eigentlich die Hornscheide gemeint. Diese umgibt einen Knochenfortsatz des Schädels und eine ihm aufliegende Hautschicht (s. Abb. 1). Diese Hautschicht bildet jedes Jahr neue Hornschichten. Dadurch wird die tütenförmige Hornscheide immer höher über den Stirnzapfen geschoben. Die Hornscheide besteht zu einem großen Teil aus dem Eiweiß Keratin. Hornträger besitzen ihr Gehörn ihr ganzes Leben mit Ausnahme der Gabelantilopen. Im Übrigen sind alle Hornträger Pflanzenfresser und Wiederkäuer. Einige Zuchtrassen von Schafen besitzen vier oder sogar sechs Hörner.

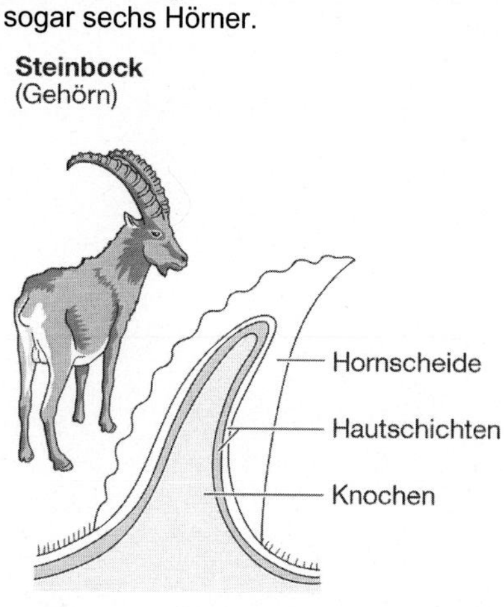

Abb. 1

Das Geweih besteht im endgültigen Zustand nur aus Knochensubstanz. Es bildet sich von einem knöchernen Sockel aus, dem so genannten Rosenstock, der von der Stirnhaut bedeckt ist. Während das Geweih heranwächst, wird es außerdem noch von Haut bedeckt, die mit kurzen, samtigen Haaren besetzt ist und die Versorgung des Knochengewebes gewährleistet (Abb. 2).

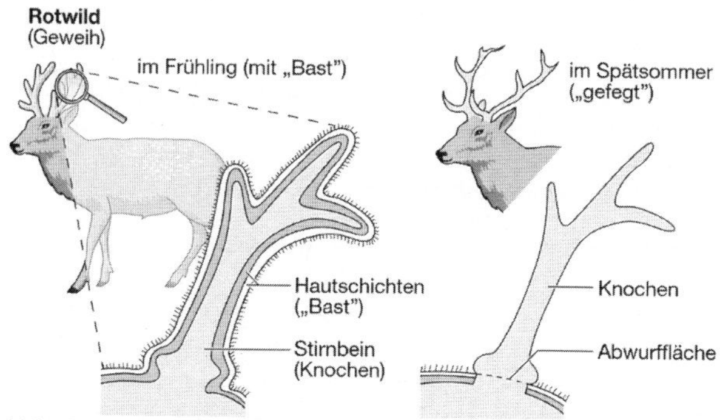

Abb. 2

Ist das Wachstum beendet, wird die Blutzufuhr in der Haut durch Kontraktion der Gefäße in der Nähe des Rosenstocks unterbrochen. Dies bewirkt, dass die Haut abstirbt, schrumpft, eintrocknet und dann abfällt. Durch Reiben an Bäumen und Sträuchern („Fegen“) wird letzteres beschleunigt. Geweihe werden über einen bestimmten, von der jeweiligen Art abhängigen Zeitraum getragen. Dann wird Knochengewebe am Rosenstock aufgelöst, bis die Verbindung so schwach wird, dass das Geweih abfällt. Die Haut des Rosenstocks wächst über den freien Stumpf. Unmittelbar danach beginnt das Wachstum eines neuen Geweihes. Abwurf und Wuchs eines Geweihes wiederholen sich fast immer im Jahresrhythmus. Mit den Jahren nimmt die Verzweigung der Geweihe zu, bis die artspezifische Höchstzahl an Verzweigungen erreicht ist. Hirsche sind die einzigen Tiere, die ein Geweih tragen. Zu den fast 40 Hirscharten gehören Rothirsch, Damhirsch, Reh, Wapiti, Elch und Ren. Geweihe tragen nur die männlichen Hirsche mit Ausnahme der weiblichen Rentiere. Große Wapitihirsche und Elche müssen jährlich in den wenigen Monaten des Geweihwachstums bis zu 25 kg Kalziumsalze aus ihrer Nahrung entnehmen.

M Medienhinweise

FWU 42 00238 Der Fuchs
FWU 42 02724 Der Rothirsch
FWU 42 02109 Das Reh und seine Umwelt
FWU 42 02110 Das Reh – Paarung, Entwicklung der Kitze
FWU 42 10419 Wie Tiere im Winter leben

Literaturhinweise

KURT, F.: Das Reh in der Kulturlandschaft; Parey, Berlin 1991
WAGENKNECHT, E.: Der Rothirsch; Die Neue Brehm-Bücherei, Bd. 129, Westarp Wissenschaften, Hohenwarsleben 1996
BURTON, J. A.: Wildtiere Europas, Eichborn, Frankfurt 1994

Einheimische Wildtiere – Ein Kreuzworträtsel

Suche die Begriffe, die unten beschrieben sind, und trage sie in das Rätselraster ein. Wenn du nicht selbst auf den Begriff kommst, so schlage in Biologiebüchern nach, recherchiere im Internet oder frage bei Bekannten oder Eltern nach. Beachte: A = ae; ö = oe; ü = ue; ß = ss.

Waagerecht

6. Sie kauen mehrmals das Gleiche.
9. So heißt Frau Reh bei Jägern und Biologen.
10. Im Zeichentrickfilm heißt es „Bambi“.
14. Ein Baumbewohner mit Appetit auf Nüsse.
16. So nennt der Jäger das Lager des Feldhasen.
17. Eichhörnchens Nest.
18. Ultraschall leitet sie durch die Nacht (Einzahl).
19. Die Kaninchenjungen gehören zu dieser Gruppe.

Senkrecht

1. Hat keinen Strich, aber zwei Grabhände.
2. Damit hält das Eichhörnchen das Gleichgewicht.
3. Ein stacheliger Insektenfresser unter Naturschutz.
4. Davon hat der Feldhase zwei.
5. Der Schlaf, der Herzen langsam schlagen lässt.
7. In ausgedehnten Wäldern hört man sein Röhren.
8. Tiere, die die Nähe zu Siedlungen und Äckern suchen.
11. So was schlägt ein Feldhase.
12. Höhlenbewohner mit großer Familie.
13. Das wirft das Reh im Frühjahr weg.
15. Die gruseligen Verwandten unserer Fledermäuse (Mehrzahl).

Säugetiere im Meer

A **Arbeitsblatt Seite 91**

1. Beschriftung zu Abb. C:
   1) Schädelknochen, 2) Gaumen, 3) Barten,
   4) Unterkieferknochen, 5) Zunge
2. Fehler: statt „Kiemen“ heißt es „Lungen“.

Z **Tauchen**

Taucht der **Mensch** ohne Schnorchel und Atemgerät, so kommt er mit Atemanhalten (bis zu 3 min möglich) bis zu einer Tiefe von 10 m (Druck bereits verdoppelt!). Limitierender Faktor ist die Sauerstoffversorgung unseres Gehirns. Jenseits von 30 m wird es durch den erhöhten Druck für die Lunge kritisch. Mit Pressluft normaler Zusammensetzung erreicht man 40 bis 50 m, größere Tiefen werden nur durch Zusatz von Helium ausgehalten. Besonders vorsichtig muss das Wiederauftauchen erfolgen, da Gasblasen wie beim Öffnen einer Sektflasche im Blut und Gewebe entstehen und Schäden erzeugen.

Grönlandwal und **Pottwal** können bis zu 1000 m tief tauchen und mehr als eine Stunde unter Wasser bleiben. Die **Weddellrobben** tauchen mehr als 40 Minuten von Atemlöchern aus unter dem Packeis und fangen Dorsche und andere große Fische in Tiefen bis zu 600 m. Sie speichern große Sauerstoffmengen im Blut und in den Muskeln – pro Kilogramm Körpergewicht etwa doppelt so viel wie der Mensch. Beim Menschen befinden sich etwa 36 % des gesamten Sauerstoffs in der Lunge und 51 % im Blut, bei der Robbe hingegen 5 % in der Lunge und 70 % im Blut. Zusätzlich helfen ein höheres Blutvolumen pro Kilogramm Körpergewicht, ein höherer Hämoglobingehalt und eine riesige Milz, die etwa 24 Liter Blut speichern kann und während des Tauchens sauerstoffbeladene Blutzellen abgibt. Außerdem gibt es eine höhere Konzentration des Muskelproteins Myoglobin. In Notsituationen steht den Tieren ein Tauchreflex zur Verfügung, der den Puls verlangsamt und von Zellatmung auf Milchsäuregärung in der Muskulatur umschaltet.

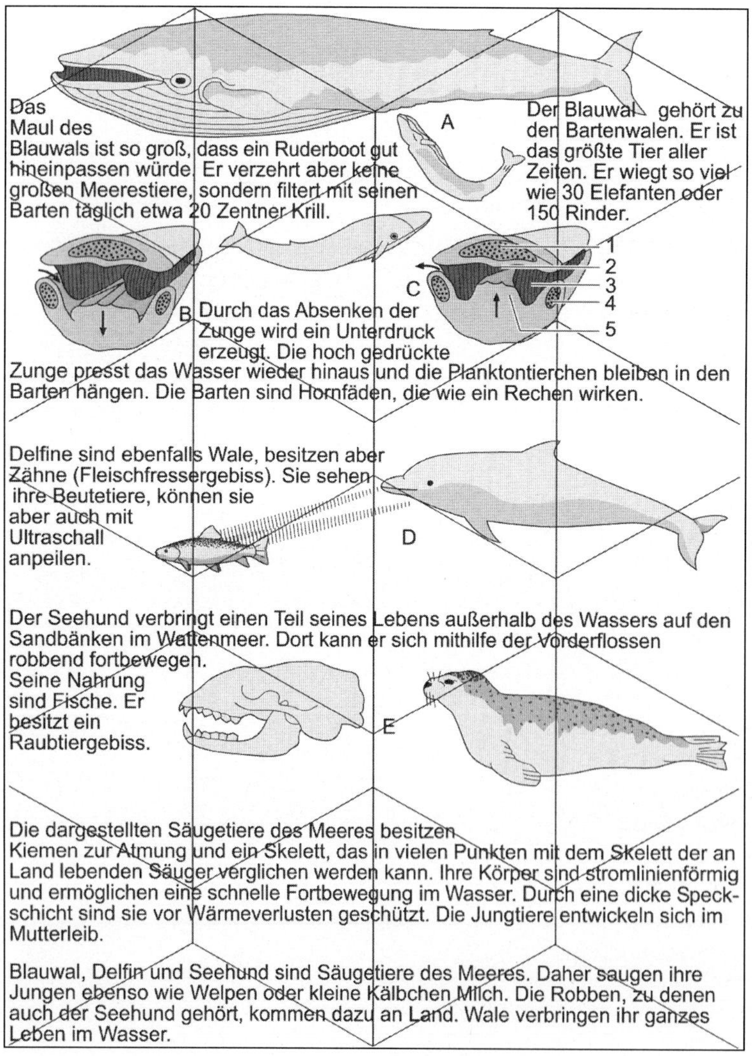

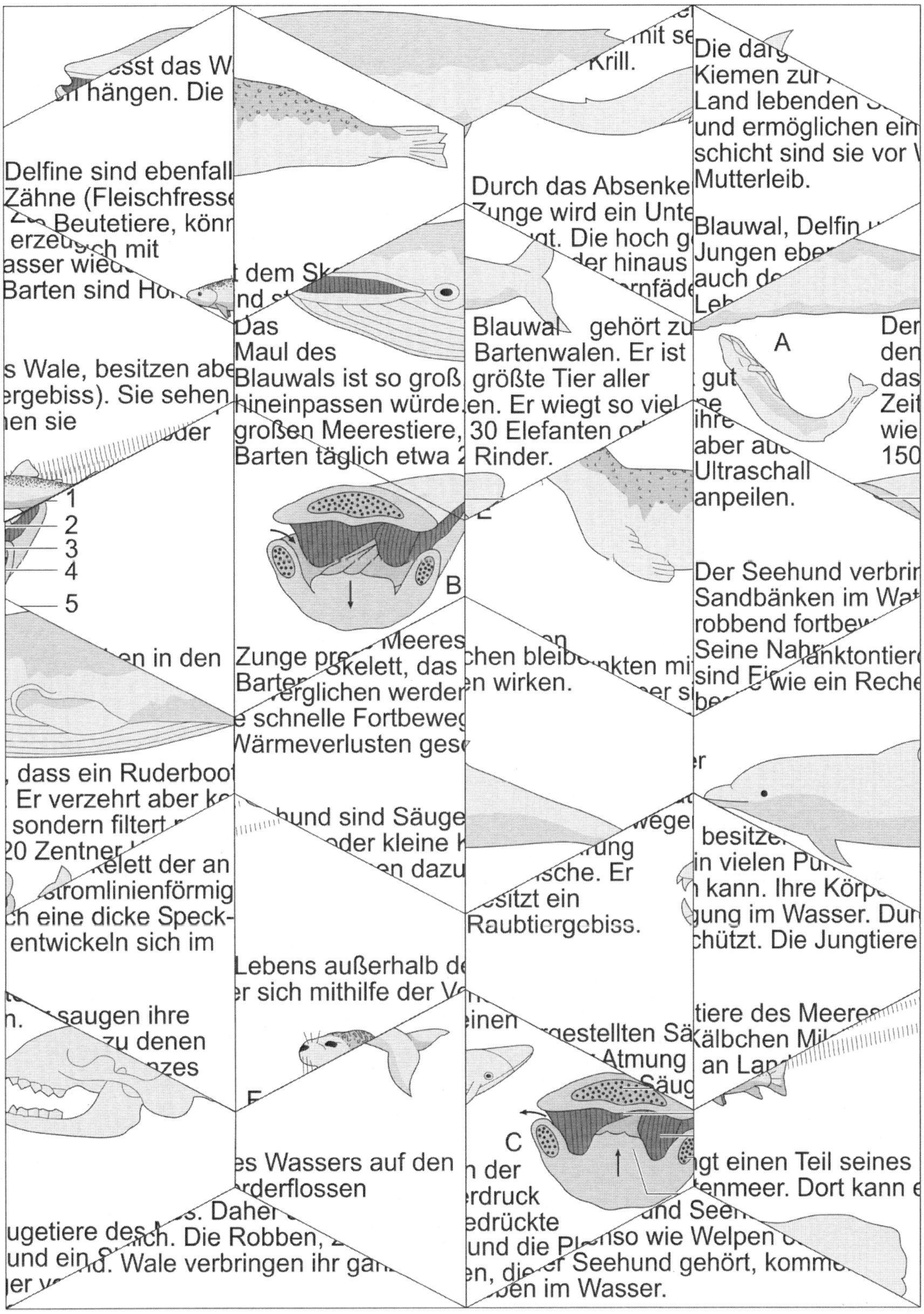

Aufgaben

1. Löse das Puzzle und beschrifte Abbildung C.
2. Im Text ist ein Fehler enthalten. Suche ihn und beschreibe den Sachverhalt richtig.

Anpassungen des Vogelkörpers an den Flug

Arbeitsblatt Seite 93

1. Die obere Darstellung (A) ist richtig.
2. Die Fehler betreffen den Schnabel, das Gabelbein und das Rabenschnabelbein, den Oberarmknochen, die Hand mit den Fingern, das Schulterblatt, die Rippen, das Brustbein, die Schwanzwirbel und die Zehen (siehe Abb.).
3. Das Handskelett ist auf wenige Knochen reduziert, die den Handschwingen Festigkeit verleihen. Im Rumpfskelett fällt das vergrößerte Brustbein, das Gabel- und Rabenschnabelbein und der starr ansetzende Beckengürtel auf. Die insgesamt feste Konstruktion dient als Ansatzstelle und Widerlager für die Flugmuskulatur und ist Behältnis für die inneren Organe.

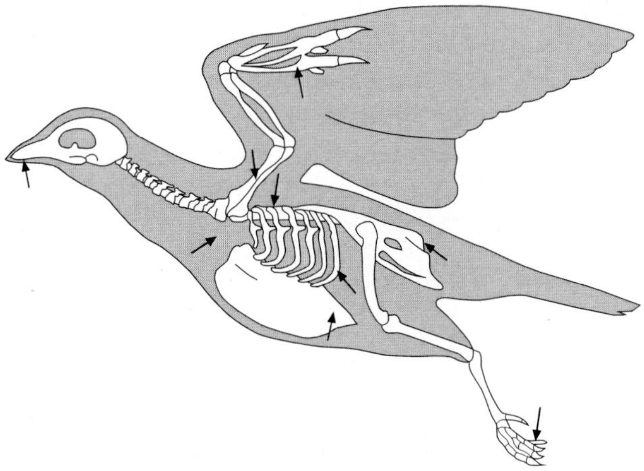

Lösung zum Arbeitsblatt, Aufgabe 2

Antibabypillen für Tauben

Die Taubenplagen in Großstädten sollen jetzt mit einer langfristig wirksamen „Antibabypille" bekämpft werden. Nachdem vor einigen Jahren eine zytostatikahaltige Pille wegen ihrer Nebenwirkungen vom Markt genommen wurde, ist nun ein Material entwickelt worden, das den Mahlkräften im steinehaltigen Taubenmagen widersteht und für einige Wochen oder Monate die Nachwuchsrate drastisch senkt.

Während das Gabelbein aus verwachsenen Schlüsselbeinen entsteht, ist das Rabenschnabelbein eine vogeltypische Neukonstruktion. Es ist der kräftigste Knochen im Schultergürtel und bildet eine Strebe, die verhindert, dass die Brusthöhle durch die Kontraktion der Flugmuskulatur zusammengedrückt wird.

Medienhinweise

FWU 42 00466 Flug in der Natur
FWU 42 02107 Technik des Vogelflugs
FWU 42 01774 Flugkünstler und Bruchpiloten
Klett 027661 Folienbuch Vögel (Folien 1, 2)

Literaturhinweise

BEZZEL, E. U., PRINZINGER, R.: Ornithologie; UTB, Stuttgart 1990
BEZZEL, E.: Vögel (Handbuch); BLV, München 1996
CLAUS, R. HAALA, G.: Arbeitsblätter Vögel; Klett, Stuttgart 1987

Vogelskelett (Fehlersuchbild)

A

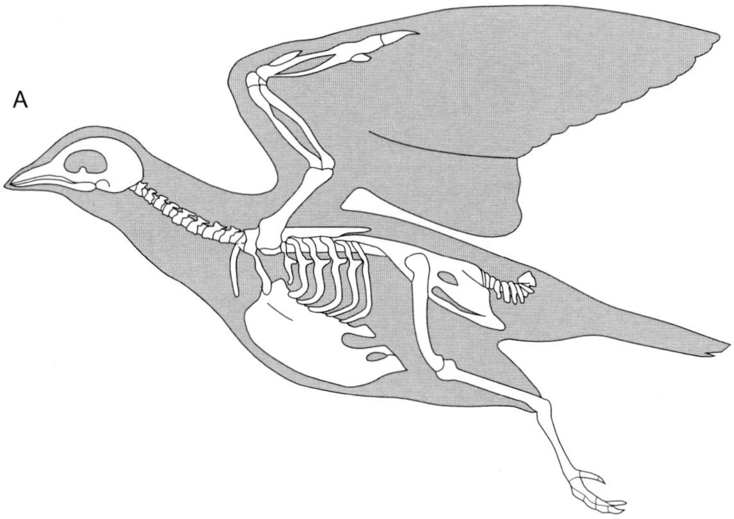

B

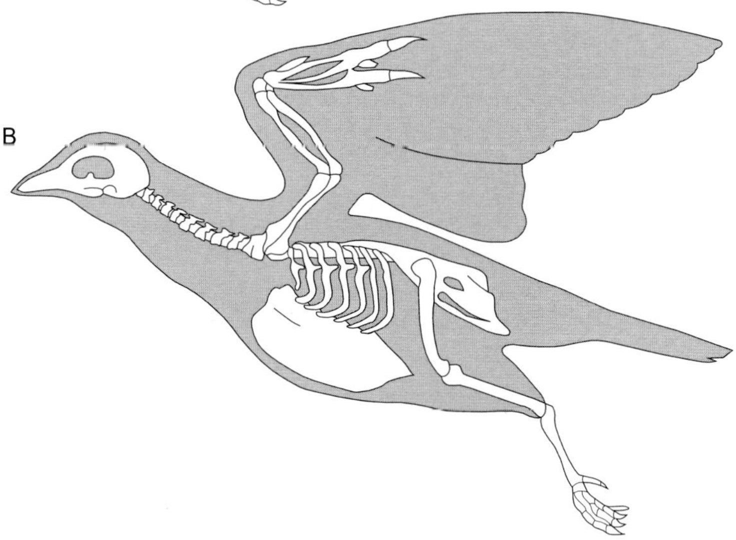

Aufgaben

1. Vergleiche die Abbildungen mit der Darstellung im Buch. Welche Darstellung ist richtig? ____________

2. Schaue die Abbildungen genau an und kreise in der falschen Darstellung die 9 Fehler ein. Beschrifte die fehlerhaften Skelettteile.

3. Vergleiche das Skelett des Vogels mit dem des Hundes. Notiere die Unterschiede und suche nach Gründen für die Besonderheiten beim Vogelskelett.

A Arbeitsblätter Seiten 95-99

Arbeitsblatt: Vögel beschreiben und erkennen (Seite 95)

Anmerkung: Für diese Station bietet sich die Verwendung von Stopfpräparaten an. Sollten keine Stopfpräparate vorhanden sein, so lohnt sich eine Anfrage bei einer Jägervereinigung bzw. bei Naturkundemuseen nach Leihgaben. Natürlich kann man auch mit entsprechenden Abbildungen bzw. Ausdrucken arbeiten (s. Medienhinweise).

Arbeitsblatt: Versuche zum Fliegen (Seite 96)

1a) Das gewölbte Blatt bewegt sich nach oben, es erfährt einen Auftrieb.
1b) Das flache Blatt bleibt liegen oder flattert ein bischen, es erfährt keinen Auftrieb.
1c) Bewegt sich Luft über eine waagerechte vorne gewölbte Fläche, so wird diese nach oben gehoben.
2) Die Feder steigt im Glasrohr nach oben.
Anmerkung: Der Abstand zwischen Glasrohr und Kerze sollte vom Lehrer mit dem Experimentiermaterial der Schule erprobt werden. Je nach Klasse bietet es sich auch an, den Versuchaufbau bereits fertig zur Verfügung zu stellen.

Arbeitsblatt: Die Vogelfeder (Seite 98)

a) Zieht man die geöffnete Feder mit leichtem Druck zwischen Daumen und Zeigefinger vom Schaft nach außen, schließt sich der Spalt.
Vögel erledigen dies bei der Gefiederpflege mit ihrem Schnabel.
c) Unter dem Mikroskop sind an dem einen Rand der Öffnung kleine Häkchen zu erkennen. Diese können sich am gegenüber liegenden Rand der Öffnung einhaken.
d) Klettverschluss

Arbeitsblatt Eigenschaften der Feder (Seite 99)

Versuch 1: Die Feder ist leichter als das ausgeschnittene Papier. Anmerkung: Bei diesem Versuch ist darauf zu achten, dass den Schülern zumindest normales Schreibpapier (80 g/m^2) oder dickeres zum Ausschneiden zur Verfügung steht. Je nach Ausstattung der Schule könnte es schwierig sein, eine Waage mit dem entsprechenden Wägebereich zur Verfügung zu stellen. Sollte der Versuch trotz großer Musterfeder an der zur Verfügung stehenden Waage scheitern, so kann man mit einer Balkenwaage (ohne Gewichtssteine), wie sie in vielen naturwissenschaftlichen Sammlungen vorhanden ist, zumindest eine relative Gewichtsermittlung durchführen. Es soll einfach klar werden, dass eine Vogelfeder leichter ist als ein Stück Papier gleicher Größe.

Versuch 2: Haare und Fingernägel entfalten bei Verbrennung einen ähnlichen Geruch wie Federn, Baumwolle nicht. Sowohl Haare und Fingernägel als auch Federn bestehen biochemisch gesehen hauptsächlich aus Eiweiß, speziell aus Keratinen. Evtl. taucht in diesem Zusammenhang auch der Begriff Horn auf. Auch Hörner und Geweihe bestehen großteils aus Keratinen.

Versuch 4: Dieser Versuch ist bei der erstmaligen Vorbereitung sicherlich aufwändig. Allerdings zeigt sich hier sehr gut die Isolationswirkung der Daunenfedern. Dieser Versuch dauert relativ lange. Im Stationenbetrieb teilen sich die Gruppen die Fortschreibung der Messergebnisse.

Hinweise zu den Versuchen:
Folgende Versuche vermitteln Federeigenschaften, die für das Fliegen von Bedeutung sind:
Versuch 1: Geringe Masse der Feder verringert die Gesamtmasse des Vogels,
Versuch 3: Trotz ihrer geringen Masse bildet die Feder eine relativ dichte Tragfläche. Dadurch kommt es zu keinen Verwirbelungen und die Luftströmungen ober- und unterhalb der Feder bleiben getrennt.
Versuch 4: Vor allem durch die Daunen haben Vögel eine gute Isolierschicht um den Körper. Eine bei anderen Tieren zur Isolation angelegte Fettschicht würde den Vogelflug durch die zusätzliche Masse viel zu stark belasten.

Z Zusatzinformationen

Anpassung am Beispiel Schnabelformen und Nahrung
Bei der Station „Vögel beschreiben und erkennen" kann man das Thema Anpassungen sehr schön anhand der Stopfpräparate bzw. der Abbildungen aufgreifen.
Dieses Thema begleitet den biologischen Anfangsunterricht sehr oft. Wie die Erfahrung zeigt, besteht dabei die Gefahr, dass bei Schülern der falsche Eindruck entsteht, ein Individuum könnte selbst die Entscheidung treffen, sich an einen bestimmten Sachverhalt anzupassen. Ein Hinweis auf kleinschrittige Veränderungen körperlicher Merkmale über viele Generationen hinweg ist unerlässlich.
Neben den verschiedenen Fußtypen eignen sich die Schnabelformen sehr gut, um Anpassungen, in diesem Fall an unterschiedliche Nahrung, zu demonstrieren. Anhand von mitgebrachten oder abgebildeten Nahrungsbeispielen (Nüsse, Samen, Würmer, Käfer etc.) kann man Schüler selbst herausfinden lassen, welche Nahrung mit welchem Schnabel erbeutet werden kann. Hier einige Beispiele:

	**Buchfink** Mit seinem kurzen, kegelförmigen Schnabel pickt er Samen wie Bucheckern oder Getreidekörner vom Boden und knackt sie dabei.
	**Waldbaumläufer** Dieser dünne und gebogene Schnabel, der an eine Pinzette erinnert, eignet sich hervorragend dazu, Insekten und Spinnen von der Baumrinde zu picken.
	**Star** Der lange, spitze Starenschnabel, der im Vergleich zum Waldbaumläufer kräftiger erscheint, wird auf der Suche nach Würmern und Maden im Boden zum Stochern eingesetzt.

M Medienhinweise

SINGER, D., ROCHE, J.C., ROCKER, F.: Welcher Vogel ist das? de luxe, Bestimmungsbuch und CD-ROM zu den Vögeln Europas, Franckh-Kosmos, Stuttgart 2002
Mit umfangreichem digitalem Bildmaterial

Lernzirkel: Vögel – Vögel beschreiben und erkennen

An dieser Station geht es darum Vögel genau zu beobachten und zu beschreiben. Wie alle Spezialisten haben auch die Vogelkundler ganz spezielle Bezeichnungen, um bestimmte Regionen des Vogelkörpers zu beschreiben. Die Abbildung zeigt dir eine „Landkarte" eines Vogels, aus der du die jeweiligen Fachbegriffe entnehmen kannst.

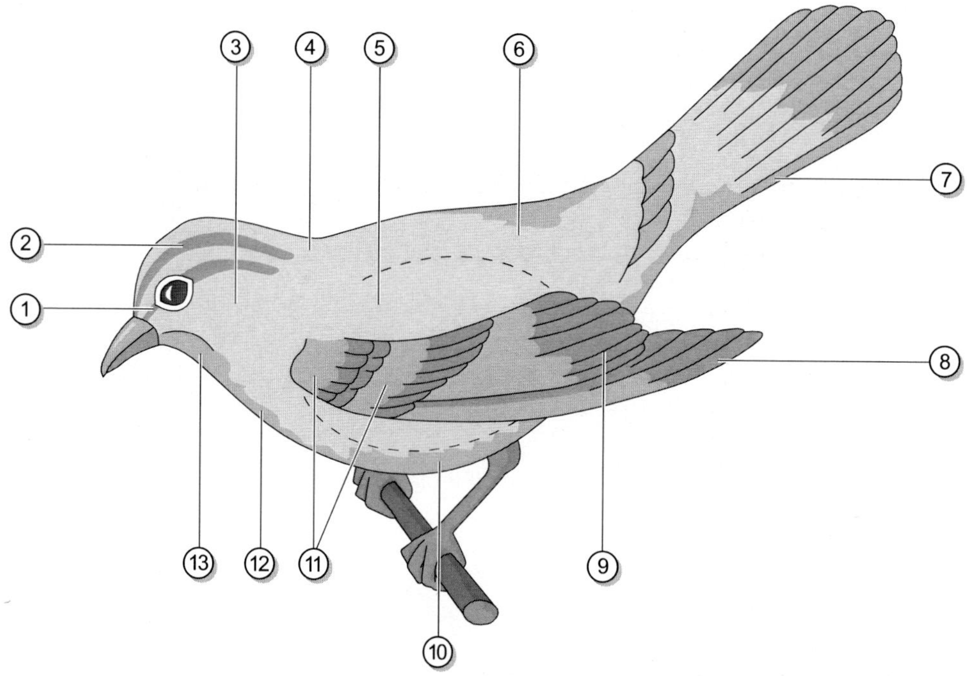

1. Augenstreif
2. Kopfstreif
3. Wange
4. Nacken
5. Schulter
6. Bürzel
7. äußere Schwanzfedern
8. Handschwingen
9. Armschwingen
10. Bauch
11. Flügelbinden
12. Brust
13. Kehle

Aufgabe

Wähle dir einen Vogel aus den ausgelegten Abbildungen aus bzw. Stopfpräparaten und versuche ihn mit Hilfe der genannten Fachbegriffe so zu beschreiben, dass ihn deine Klassenkameradinnen und –kameraden wiedererkennen können. Vergiss dabei nicht, ganz grundlegende Merkmale wie beispielsweise die Höhe, Länge, Farbe und Schnabelform anzugeben.

Lernzirkel: Vögel – Versuche zum Fliegen

Das Fliegen gehört zu den faszinierendsten Fähigkeiten der Vögel, um die sie seit jeher von den Menschen beneidet werden. Wie schafft es ein Lebewesen, sich scheinbar mühelos in der Luft zu halten? Dazu untersuchen wir den Flügel eines Vogels. Die nebenstehende Abbildung zeigt dir den Querschnitt eines Vogelflügels. Die Form des Querschnitts ist gewölbt. Steckt hinter dieser Wölbung das Geheimnis des Fliegens?

Versuch 1:

Klemme in dein Biologiebuch ein Blatt Papier so ein, dass es nach vorne überhängt wie es die Abbildung zeigt.

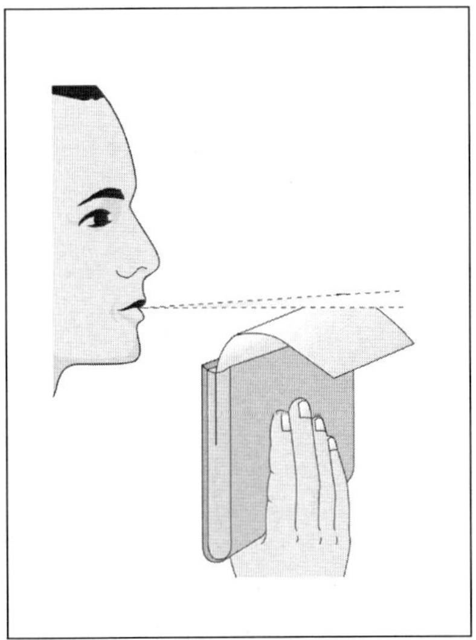

a) Blase jetzt kräftig über das gewölbte Papier hinweg und formuliere deine Beobachtung.

____

____

b) Lege nun das Papier flach auf den Tisch und blase ebenfalls kräftig darüber hinweg. Was ist jetzt zu beobachten?

____

____

c) Fasse die Bedeutung der Wölbung mit deinen Worten zusammen.

____

____

Versuch 2:

Spanne ein Glasrohr senkrecht an einem Stativ ein wie es die Abbildung zeigt. Stelle unter das Glasrohr eine brennende Kerze. Bringe mit einer Pinzette eine kleine Daunenfeder oberhalb der Flamme in das Rohr. Achte darauf, dass die Feder der Kerzenflamme nicht zu nahe kommt.
Was kannst du beobachten?

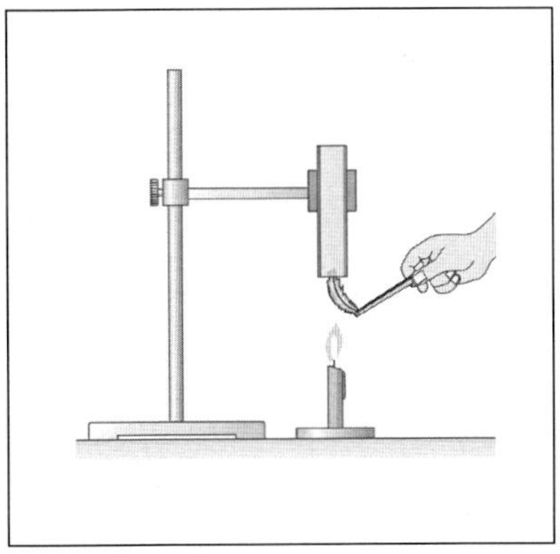

____

____

Lies in deinem Buch das Kapitel über Flugarten durch.

Lernzirkel: Vögel – Ruderflug

Für viele Vögel ist der Ruderflug die am meisten angewandte Flugart. Die folgenden Bildchen gehören zu zwei Daumenkinos, die einen Vogel zeigen, der sich im Ruderflug fortbewegt. (Seiten- und Rückansicht) Schneide die einzelnen Bilder aus und bringe sie in die richtige Reihenfolge. Ziel ist es, dass du in beiden Daumenkinos eine fortlaufende Bewegung erkennen kannst.

Tipp: Mit Hilfe einer Büroklammer kannst du die einzelnen Bildchen leicht zum Daumenkino zusammenheften. Beschreibe anschließend die Flügelbewegung im Ruderflug.

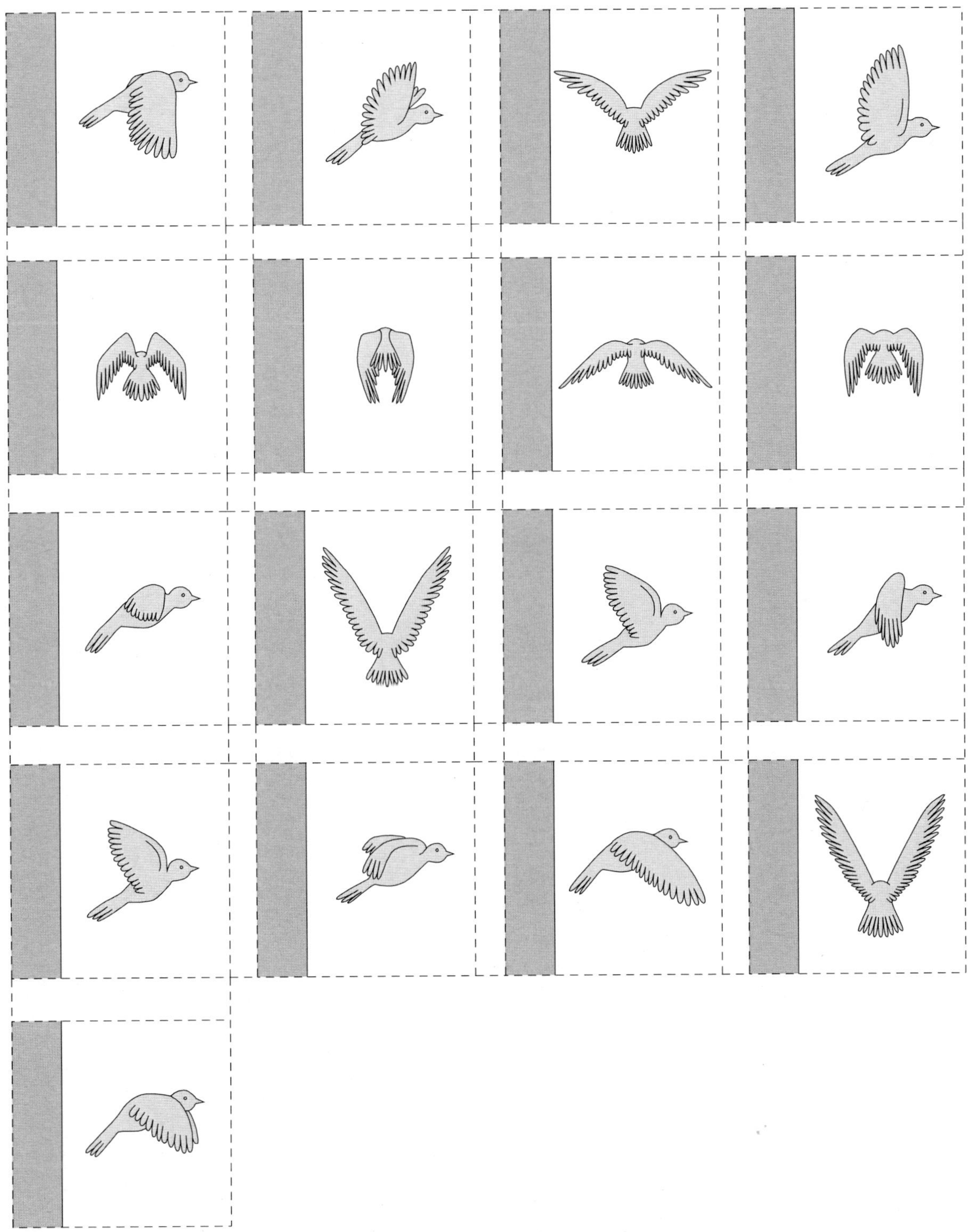

Lernzirkel Vögel – Die Vogelfeder

Der Besitz von Federn ist wohl das offensichtlichste Merkmal aller Vögel. Sie sind von großer Wichtigkeit für Vögel, weshalb sie auch sehr viel Zeit für die Gefiederpflege aufwenden. Jede einzelne Feder wird von Schmarotzern und Schmutz befreit und mit Körperflüssigkeiten eingeölt. Bei dieser Pflege kann der Vogel auch Öffnungen in einer Feder schließen. Wie funktioniert das?

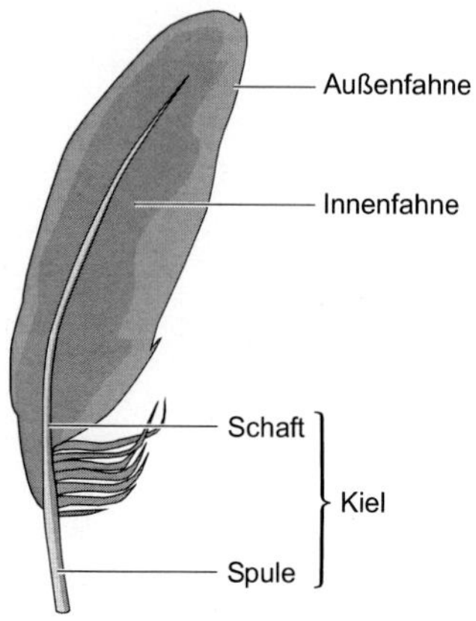

Abbildung 1

Aufgaben

a) Ziehe eine Vogelfeder an einer Stelle der Fahne auseinander (s. Abb. 1). Beschreibe, wie du den Spalt wieder schließen kannst. Wie schließt ein Vogel solche Öffnungen?

Wir versuchen diesen Mechanismus zu entschlüsseln. Dazu müssen wir eine Vogelfeder näher betrachten. Befestige eine kleinere Feder mit einem Klebeband auf einem Objektträger (s. Abb. 2) und öffne die Fahne an einer Stelle.

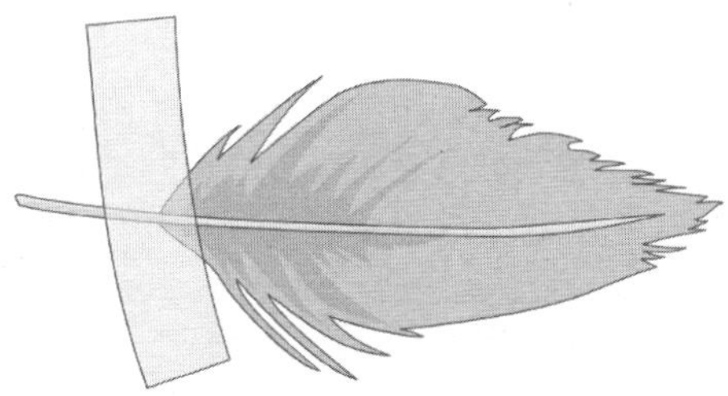

Abbildung 2

b) Betrachte nun die Feder bei geschlossener Fahne und die Ränder der Öffnung bei verschiedenen Vergrößerungsstufen und fertige eine Skizze an.

c) Versuche kurz zu beschreiben, wie eine Öffnung an einer Vogelfeder verschlossen werden kann. Beziehe dabei deine Beobachtungen mit ein.

d) Abb. 3 zeigt dir einen Reißverschluss und einen Klettverschluss. Beides dient uns Menschen zum schnellen Verschließen einer Öffnung. Welchem der beiden Mechanismen ähnelt die Vogelfeder nach deiner Untersuchung mehr?

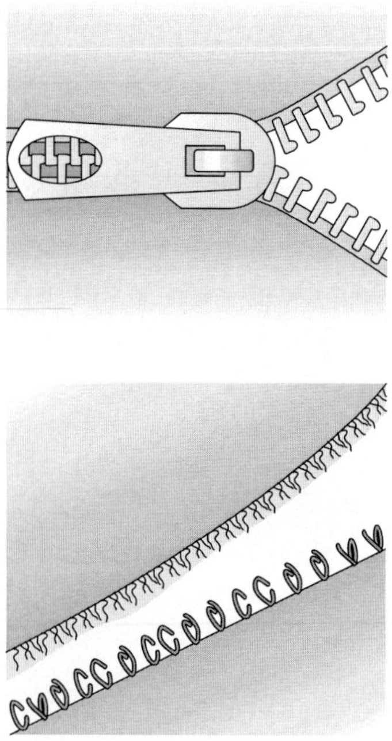

Abbildung 3

Lernzirkel: Vögel – Eigenschaften der Feder

Führe die folgenden Versuche nacheinander aus, um die Eigenschaften von Federn besser kennen zu lernen.

Versuch 1:
Lege eine Feder auf ein Blatt Papier und zeichne den Umriss der Feder nach. Schneide ihn aus und wiege sowohl die Feder als auch das ausgeschnittene Stück Papier. Notiere die Gewichte und fasse das Ergebnis mit eigenen Worten zusammen.

Versuch 2:
In diesem Versuch sollst du feststellen, welchem der ausgelegten Materialien das Federmaterial am ähnlichsten ist. Dazu machen wir eine Art von Geruchstest. Manche Stoffe entfalten beim Verbrennen einen eigenen Geruch. Erhält man diesen eigenen Geruch auch bei einem anderen Stoff, so kann man auf eine Ähnlichkeit schließen. Halte mit einer Pinzette kurz ein Stück Feder in eine Flamme und rieche danach an der angebrannten Stelle. Führe diesen Versuch auch mit Haaren, einem abgeschnittenen Fingernagel und mit Baumwolle durch. Welche Gerüche ähneln sich?

Finde als Hausaufgabe heraus, aus welchem Stoff Federn und die ähnlich riechenden Stoffe bestehen.

Versuch 3:
Versuche eine Kerze mit einem schwachen Luftstrom auszublasen. Entzünde die Kerze erneut und blase sie mit der gleichen Stärke durch eine große Feder hindurch aus. Steigere gegebenenfalls den Luftstrom. Fasse das Ergebnis mit eigenen Worten zusammen.

Versuch 4:

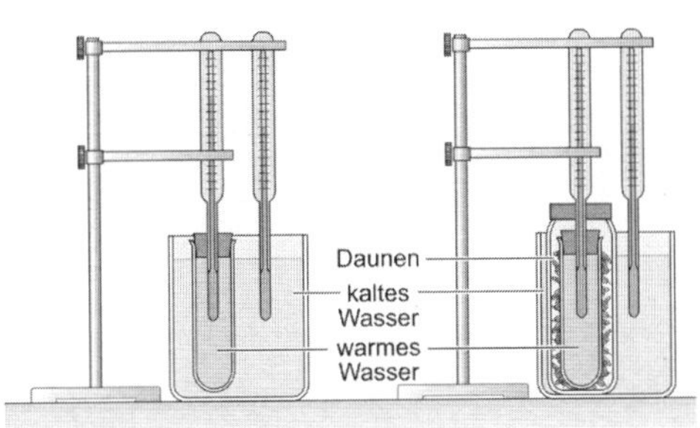

Fülle die beiden großen Gefäße mit kaltem, das kleinere Gefäß mit warmem Wasser.
Installiere die Thermometer, wie es auf der Zeichnung zu sehen ist.
Stelle das eine Warmwassergefäß in ein weiteres Gefäß mit Daunenfedern.
Notiere die Temperaturen des warmen Wassers in beiden Versuchen.
Lies alle 30 Sekunden erneut diese Temperaturen ab und notiere sie.
Fasse die Ergebnisse mit eigenen Worten zusammen.

Weitere Fragen:

Welche der gewonnenen Versuchsergebnisse haben für das Fliegen eine Bedeutung?
Warum ist die in Versuch 4 festgestellte Eigenschaft von Federn für Vögel sehr wichtig?

Das Haushuhn – Fortpflanzung und Entwicklung bei Vögeln

A **Arbeitsblatt Seite 101**

1. Der richtige Text lautet (korrigierte Begriffe sind kursiv): Die verschiedenen Teile des Hühnereis werden auf dem Weg durch den *Eileiter* gebildet. Im befruchteten Ei bildet sich eine *Keimscheibe*, aus der sich der Hühnerembryo entwickelt. Eiklar, *Hagelschnüre* und zwei *Schalenhäute* kommen hinzu. Die Kalkschale *besitzt* viele Poren. *24* Stunden nach der Befruchtung wird das Ei aus *der Kloake* herausgepresst. Zur Entwicklung des Embryos brütet die Glucke *das Ei* aus. Nach drei Tagen erkennt man bereits *Adern*, die den Keim mit Nährstoffen versorgen. Nach *6* Tagen sind erstmals Kopf, Augen und die spätere Wirbelsäule sichtbar. Nach 21 Bruttagen befreit sich das Küken aus *der Eischale*. Ist sein *Daunenkleid* getrocknet, verlässt es für immer das Nest. Im Gegensatz zu Hühnerküken sind junge Tauben *Nesthocker*, weil sie bis zum Ausfliegen auf die Altvögel angewiesen sind.
2. A: unbefruchtetes Ei; B: am 6. Tag; C: am 12. Tag; D: am 20. Tag; E: nach dem Schlüpfen (ca. 21. Tag).
3. Kalkschale, Hagelschnur, Dotter mit Keimscheibe, Eiklar und Luftkammer.

Z **Windeier**

Sind größere Geflügelfarmen oder Bauernhöfe in der Nähe, kann man häufig sogenannte „Windeier" zur Untersuchung bekommen, die keine Kalkschale besitzen und im Gegensatz zu den entkalkten Eiern nicht prall und daher leichter zu bearbeiten sind.

M **Medienhinweise**

FWU 42 01668 Vom Ei zur Henne
Klett 027661 Folienbuch Vögel (Folie 4)

	Gefieder	**Augen**	**Fortbewegung**	**Ernährung**	**Gesamter Entwicklungsstand**
Nesthocker	Nesthocker sind vollkommen nackt und müssen regelmäßig gewärmt werden.	In den ersten Lebenstagen sind die Augen geschlossen, die Jungen sind blind.	Die Jungvögel können weder laufen noch fliegen. Sie hocken ruhig im Nest.	Die Altvögel füttern die Jungen und entfernen den Kot.	Nesthocker sind völlig von ihren Eltern abhängig, die sie versorgen.
Nestflüchter	Nestflüchter besitzen ein Daunenkleid, das sie warm hält.	Die Jungen können sofort nach dem Schlüpfen sehen.	Die Jungvögel können das Nest sofort verlassen.	Die Küken suchen sofort mit ihrer Mutter nach Nahrung.	Nestflüchter brauchen den Schutz ihrer Mutter, versorgen sich aber selbstständig.

Fortpflanzung bei Vögeln

1. Der folgende Text enthält verschiedene Fehler. Unterstreiche sie und schreibe die Berichtigung daneben.

Die verschiedenen Teile des Hühnereis	______________
werden auf dem Weg durch den Eierstock	______________
gebildet. Im befruchteten Ei bildet sich eine	______________
Dotterscheibe, aus der sich der Hühner-	______________
embryo entwickelt. Eiklar, Hagelkörner und	______________
zwei Drüsenhäute kommen hinzu. Die	______________
Kalkschale umgibt viele Poren. 48 Stunden	______________
nach der Befruchtung wird das Ei aus dem	______________
Eileiter herausgepresst. Zur Entwicklung	______________
des Embryos brütet die Glucke 250 Eier im	______________
Jahr aus. Nach drei Tagen erkennt man	______________
bereits Arterien, die den Keim mit Nähr-	______________
stoffen versorgen. Nach 8 Tagen sind	______________
erstmals Kopf, Augen und die spätere	______________
Wirbelsäule sichtbar. Nach 21 Bruttagen	______________
befreit sich das Küken aus dem Dotter. Ist	______________
sein Fell getrocknet, verlässt es für immer	______________
das Nest. Im Gegensatz zu Hühnerküken	______________
sind junge Tauben Nestflüchter, weil sie bis	______________
zum Ausfliegen auf die Altvögel angewiesen	______________
sind.	______________

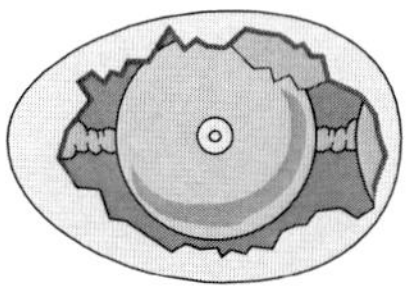

A: ______________

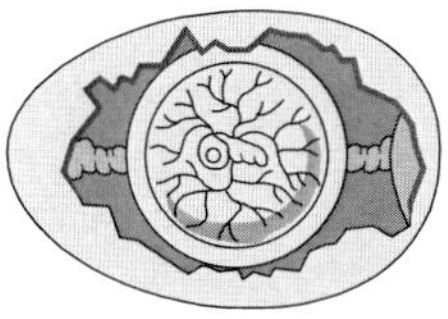

B: ______________

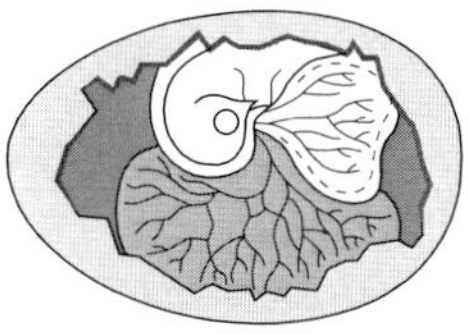

C: ______________

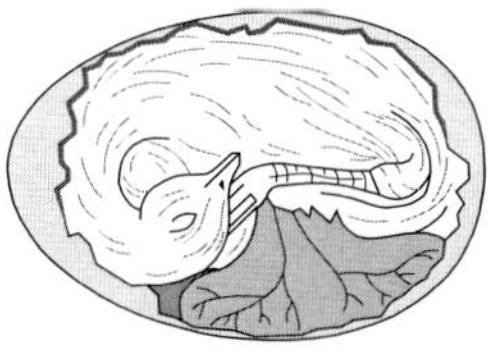

D: ______________

E: ______________

2. Trage unter den Abbildungen ein, welche Zeitpunkte in der Eientwicklung dargestellt sind.

3. Nenne die in Abbildung A erkennbaren Teile des Hühnereis.

____

____

A Arbeitsblatt Seite 103

Bodenhaltung und Käfighaltung entsprechen nicht den naturnahen und artgerechten Haltungsbedingungen. Hühnern werden bei jeder Art der Massentierhaltung die Schnabelspitzen entfernt, um Verletzungen vorzubeugen. Die zweifellos von jedem befürwortete Freilandhaltung kann aber weder den enormen Bedarf decken, noch ist der dazu notwendige Landschaftsverbrauch mit dem Naturschutz zu vereinbaren. Da das Thema stark emotional besetzt ist, sollte nur eine gut geprüfte Auswahl des audiovisuellen Materials und der Zeitschriftenartikel die „Talk-Show" begleiten. Zusätzliche Motivation für eine ernsthafte Diskussion wird durch eine Videoaufzeichnung der Talk-Show erreicht.

Z Kommunikation in der Hühnerschar

Verschiedene Kreuzungen aus den Züchtungen von Haushühnern haben gezeigt, dass zur Kommunikation in der Hühnerschar nicht nur Lautäußerungen von großer Bedeutung sind, sondern auch die Merkmale der äußeren Erscheinung. So präsentiert der Hahn bei der Balz in der Regel sein Gefieder mit tänzelnden Bewegungen. Wird einem Hahn der Rasse „Braunes Leghorn" zum Beispiel eine künstliche Halskrause mit weißen Federn aufgesetzt, reagieren die Hennen kaum noch. Normalerweise nehmen sie in dieser Phase der Balz eine typisch geduckte Aufforderungshaltung ein, woraufhin der Hahn aufsteigt.

Tierschutz

In einer Normenkontrollklage des Landes Nordrhein-Westfalen gegen die Bundesregierung soll geklärt werden, ob die Batteriehaltung gegen das Tierschutzgesetz verstößt. In der Schweiz und in Schweden ist sie verboten. Ab 2012 ist sie auch in der EU verboten (Neueinrichtung ab 2003).

Käfighaltung

Die drangvolle Enge im Hühnerkäfig kann auf dem Projektor simuliert werden: Dazu wird der Umriss des Huhns vergrößert (A4 → A3). Vier dieser „Hühner" aus farbiger Folie ausschneiden und in einem „Käfig" von 23 x 20 cm verteilen. Maßstabsgerecht entspricht dies etwa dem gängigen Käfig für vier Tiere von 45 x 40 cm (1800 cm^2 = 0,18 m^2); der Angabe auf dem Arbeitsblatt (1/2 m^2) liegt ein „Komfortkäfig" von ca. 70 x 70 cm zugrunde, der im vorliegenden Maßstab 35 x 35 cm groß wäre.

M Medienhinweise

FWU 42 01673 Woher die Eier kommen
Klett 027661 Folienbuch Vögel (Folie 5)
Klett-Video 75184 Das Huhn – Verhalten und Züchtung

Hahn, Henne, Küken

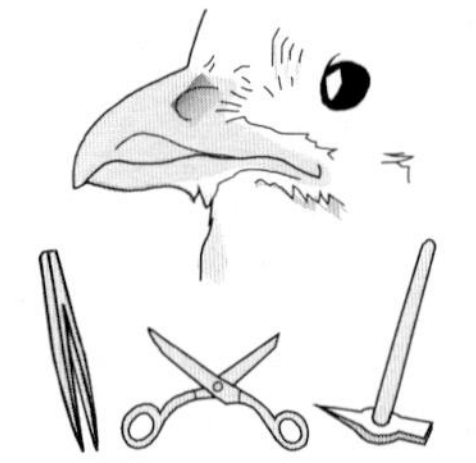

Der Hühnerschnabel arbeitet wie eine Pinzette beim Auflesen der Körner, wie eine Spitzhacke beim Zerhacken von Kartoffeln und Rüben und wie eine Schere beim Zerkleinern von Pflanzenteilen.

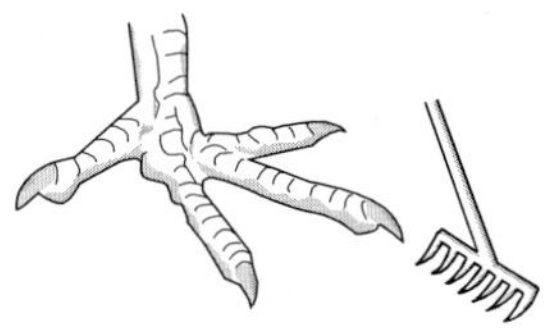

Mit den Füßen können die Hühner gut scharren

vergrößern wie DIN A5 → DIN A4 bzw.
DIN A4 → DIN A3

Talkshow: Hühnerhaltung

Häufig wird die Massentierhaltung in den Medien einseitig betrachtet. Die Notizzettel auf dieser Seite zeigen verschiedene Aspekte zur Hühnerhaltung. Sammelt dazu noch weiteres Material. Beachtet auch das natürliche Verhalten der Hühner. Gestaltet dann mit den genannten Punkten zu dem Thema in eurer Klasse eine „Talkshow“.
Ihr braucht dazu:
- einen Diskussionsleiter,
- zu den einzelnen Punkten fachkundige Experten, die ihre Meinung gut vertreten können.

Tragt zuerst in kleineren Gruppen für euren Experten jeweils gute Argumente zusammen. Setzt euch zu Beginn der Diskussion ein Zeitlimit.

Eierverbrauch

Der Bedarf an Eiern zur industriellen Herstellung zahlreicher Fertigprodukte übersteigt bei weitem die Menge, die durch Freilandhaltung erzeugt werden kann. In privaten Haushalten werden zusätzlich zu den Fertigprodukten weitere Eier verbraucht.

Eierpreise

Eier aus Legebatterien (Standardware = Gewichtsklasse M) kosten etwa 10 Cent, solche aus Bodenhaltung ca. 17 Cent. Eier gleicher Größe aus Freilandhaltung sind etwas teurer (18-20 Cent).

Inhaltsstoffe der Hühnereier

Hühnereier sind für den Menschen ein wesentlicher Nahrungsbestandteil, da sie biologisch hochwertiges Eiweiß und Vitamine der B-Gruppe enthalten.

Mehr als 30 Millionen der ca. 42,4 Millionen Legehennen wurden Ende 1996 in Käfigen gehalten.

Haltung im Käfig

Vier Hennen werden auf ½ m^2 gehalten, können einander kaum ausweichen, kennen sich aber sehr genau. Gefiederpflege ist kaum, Scharren und Baden im Sand nicht möglich. Die Eiablage erfolgt auf dem Käfigboden. Es besteht geringe Infektionsgefahr, da die Tiere mit ihrem eigenen Kot nicht in Berührung kommen. Das Anbringen von Sitzstangen ist nicht möglich; die Hennen können durch den Drahtboden verkrüppelte Zehen bekommen. In kurzer Zeit werden durch optimale Beleuchtung, besonderes Klima, automatische Fütterung und Abtransport der Eier auf Fließbändern große Mengen Eier produziert.

Bodenhaltung

In vollklimatisierten Ställen leben mehrere hundert Tiere so zusammen, dass für 6 Hennen ein Quadratmeter zur Verfügung steht. Verirrt sich ein Tier in der Masse, wird es gehackt und verletzt, zum Teil sogar getötet. Gefiederpflege, Scharren und das Anbringen von Sitzstangen ist möglich. Die Eiablage erfolgt in Nestern. Durch den Kontakt mit dem eigenen Kot ist die Infektionsgefahr größer als bei der Käfighaltung.

Freilandhaltung

In einem Hühnerhaus mit Außengelände werden wenige Tiere gehalten. Auf dem Boden im Haus ist Stroh, jeder Henne stehen mehrere Quadratmeter zur Verfügung. Gefiederpflege, Scharren und Sandbaden ist möglich. Die Tiere können einander ausweichen. Ein Betrieb dieser Art kann aber mit der Hühnerhaltung allein nicht überleben.

Vögel in Gärten und Parkanlagen

A Arbeitsblatt Seite 105

A) Gartenbaumläufer, B) Kohlmeise, C) Blaumeise, D) Kleiber, E) Zaunkönig, F) Haubenmeise,
G) Haussperling, H) Buchfink, J) Distelfink (Stieglitz),
K) Heckenbraunelle, L) Goldammer, M) Grünfink (Grünling).

Das Arbeitsblatt kann auch zum Anlegen eines eigenen Bestimmungsbuches verwendet werden. Als Ergänzungen dienen dann vergleichbare Zeichnungen anderer Arbeitsblätter oder von den Schülern angefertigte eigene Skizzen. Die Zusatzaufgaben sind dazu geeignet, den Begriff der ökologischen Nische vorzubereiten.

A Zusatzaufgaben und Lösungen

1. Welche Nahrung bevorzugen die dargestellten Vögel?
– *Insekten und deren Larven, Spinnentiere und andere kleine Wirbellose: A, B, C, D, E, F, K (im Sommer) und kleine Sämereien im Winter: A, B, C, D, F, K; (größere) Insekten während der Brutzeit sowie Früchte, Knospen, Pflanzenteile und überwiegend fettreiche Samen: G, H, J, L, M.*
2. Gibt es einen Zusammenhang zwischen der bevorzugten Nahrung und der Schnabelform?
– *Die Schnäbel der Vögel, die überwiegend Insekten fressen, sind spitz und pinzettenartig; Körnerfresser haben dagegen eher einen kegelförmigen und kräftigen Schnabel.*
3. Verlassen die Vögel das Brutgebiet?
– *Nur Standvogel: G*
Stand- und Strichvogel: A, B, C, D, F, M
Teilzieher: E, H (bes. Weibchen), J, K, L.
4. Suche in geeigneten Büchern nach Angaben, welche Nester die dargestellten Vögel bauen und welche Brutplätze sie bevorzugen.
– *Nest hinter lockerer Rinde, aber auch in Mauerspalten: A*
Höhlenbrüter: B, C, F, D (verengt Höhleneingang)
Dickwandige Kugel in Höhlen oder Nischen: E
Meist nicht sehr sorgfältiges Nest in Löchern aller Art, bevorzugt in und an Gebäuden: G
Napfförmiges Nest im Dickicht, oft dicht über dem Boden: K, M, L (überwiegend im Feld und an Waldrändern), dergl. hoch im Baum: H, J.

M Medienhinweise

FWU 10 02879 Vögel zwischen Stein und Stahl

Literaturhinweise

BEAMAN, M.; MADGE, S.: Handbuch der Vogelbestimmung; Ulmer, Stuttgart 1999
BEZZEL, E.: Vögel beobachten – Praktische Tipps, Vogelschutz, Nisthilfen, Fotografie; BLV, München 1989
KELLE, A.; STURM, H.: Tiere leicht bestimmt; Dümmler, Bonn 1984

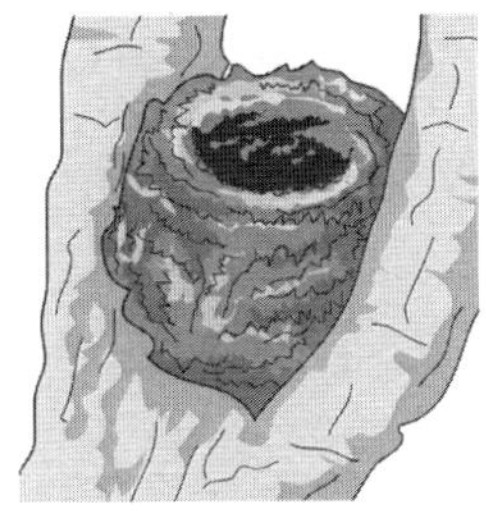
Buchfinkennest

Amselnest

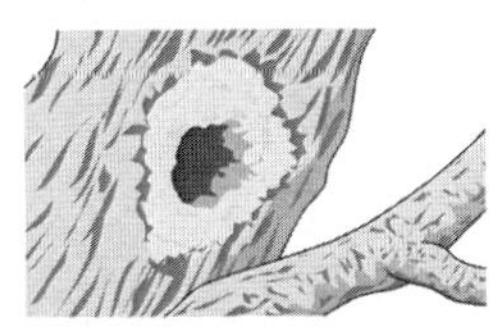
Kleiberhöhle

Brutplätze von Vögeln in Parks und Friedhöfen

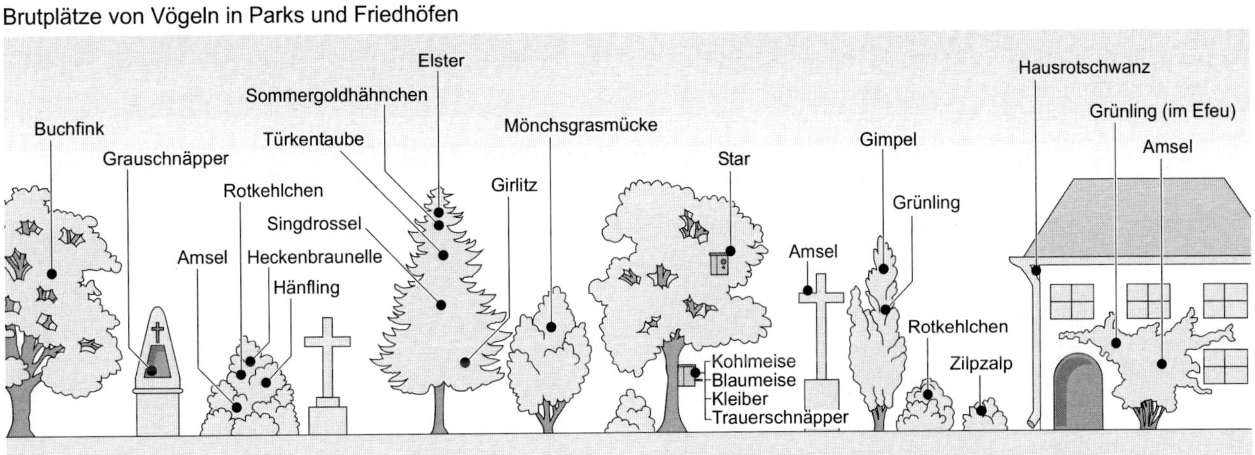

Vögel in Gärten und Parkanlagen

Aufgabe

Schreibe zu den Abbildungen A bis M jeweils, um welche Vögel es sich handelt. Benutze dazu auch ein Bestimmungsbuch und male dann die Zeichnungen farbig aus.

Der Kuckuck ist ein Brutschmarotzer

A Arbeitsblatt Seite 107

1. Der vollständige Text lautet (eingesetzte Begriffe sind *kursiv*):
   Der europäische Kuckuck überwintert in *Afrika*. Kehren die Vögel im *Frühjahr* in ihre Brutgebiete zurück, beginnt das Männchen mit seinen bekannten Rufen. Es kennzeichnet dadurch sein *Revier* und lockt ein Weibchen an (A). Der Kuckuck baut kein eigenes Nest, sondern legt sein Ei in das Nest eines *Wirtsvogels*. Dies können Rohrsänger, Bachstelzen, Hausrot*schwänzchen* oder Neun*töter* sein. In einem unbewachten Augenblick holt das Kuckucksweibchen ein Ei aus dem Gelege, *verschluckt* es und legt dafür ein eigenes Ei in das Nest (B). Das Kuckucksei hat ungefähr die gleiche *Färbung* und *Fleckung*. Kurz vor den Küken der Wirtsvögel *schlüpft* der junge Kuckuck und beginnt sofort, die anderen Eier aus dem Nest *zu werfen* (C). Die Pflegeeltern füttern den jungen Kuckuck häufig (D), da sein orangeroter *Sperrrachen* ein wirksamer Schlüsselreiz für die Elterntiere ist. Er wächst schnell und verlässt etwa 20 Tage nach dem Schlüpfen das Nest. Trotzdem wird er noch weitere drei *Wochen* von den Wirtsvögeln gefüttert (E).
2. Nur bei Spezialisierung auf eine Wirtsvogelart passen Form und Farbe seiner Eier gut zu denen der Wirtsvögel. Die Gefahr der Entdeckung des Fremdeies ist geringer.

Z Brutparasit Kuckuck

Schlüsselreize

Die Altvögel der Wirte achten nur auf den aufgesperrten Rachen in der Nestmulde; ein Junges, das auf dem Nestrand liegt, wird nicht beachtet (bei Schlüsselreizen kommt es zu einer eingeschränkten Wahrnehmung). Obwohl Kuckucke nicht zu den Sperlingsvögeln gehören, zeigen die Jungen die typische Verhaltensweise des Sperrens. Für die Singvögel ist die auffällige orangerote Rachenzeichnung der Schlüsselreiz für das Füttern. Die Kuckucksarten besitzen damit eine wichtige Präadaptation für den Brutparasitismus.

Wirtsbindung

Der europäische Kuckuck durchstreift nach seiner Rückkehr aus dem Winterquartier (Südafrika) ein größeres Gebiet, wo er die Wirtsvögel findet, auf die er geprägt ist. Die Weibchen der „Rohrsänger-Kuckucke"oder der „Bachstelzen-Kuckucke" haben sich nach den Untersuchungen von Davies & Brooke (1991) soweit auf ihre Wirtsarten spezialisiert, dass sich regelrechte weibliche Linien bilden. Mit Ausnahme der „Heckenbraunellen-Kuckucke" legen alle Weibchen Eier, die denen der Wirte täuschend ähnlich sehen. Wie dabei die „Linientreue" aufrecht erhalten wird, untersuchen jetzt die Genetiker anhand der Erbsubstanz in den Mitochondrien.

Eigröße

Das Kuckucksei wiegt zwischen 2,3 bis 4,5 g. Es ist winzig im Vergleich zu den Eiern anderer Vögel gleicher Größe. Evolutionsbiologisch wird dies als Reaktion auf die Tatsache gedeutet, dass die natürliche Selektion bei den Singvögeln Merkmale gefördert hat, die dem Verhalten des Kuckucks entgegenarbeiten. So scheint die Heckenbraunelle noch ein recht junger Kuckuckswirt zu sein. Obgleich die Kuckuckseier im Gelege der Wirtsvögel durch ihre abweichende Färbung auffallen, werden sie von den Heckenbraunellen ausgebrütet. Fortgeschrittene Wirte können sehr wohl zwischen fremd und eigen unterscheiden und geben dann unter Umständen das Nest auf.

Koevolution

Der evolutionäre Wettlauf zwischen dem Brutparasit und seinen Wirten betrifft nicht nur die Eigröße, Färbung und Fleckung der Eier oder das Verhalten des Jungkuckucks beim Hinauswerfen der Geschwister. Der überdimensionale Sperrrachen sichert dem untergeschobenen Vogel zwar die ungeteilte Aufmerksamkeit seiner Pflegeeltern, würde ihm aber nur eine einfache Futterration bringen. Wie neuere Untersuchungen jetzt gezeigt haben, ahmt der junge Kuckuck das vielstimmige Geschrei zahlreicher Nestlinge nach und erhält so eine Futterzuwendung, die normalerweise für vier oder fünf Teichrohrsänger zweier Bruten ausreicht.

M Medienhinweise

Klett-Video 75059 Verhaltenslehre: Vögel
(Der Kuckuck als Brutschmarotzer)

Der Kuckuck – ein Brutschmarotzer

A

B

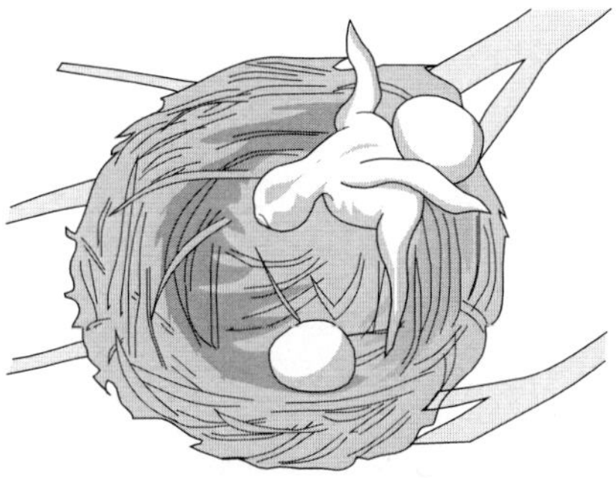

C

D

E

1. Vervollständige den Text mithilfe deines Buches.

Der europäische Kuckuck überwintert in ______. Kehren die Vögel im __________ in ihre Brutgebiete zurück, beginnt das Männchen mit seinen bekannten Rufen. Es kennzeichnet dadurch sein _________ und lockt ein Weibchen an (Bild __). Der Kuckuck baut kein eigenes _______, sondern legt sein Ei in das Nest eines ______ . Dies können Rohrsänger, Bach _____, Hausrot _________oder Neun ________sein. In einem unbewachten Augenblick holt das Kuckucksweibchen ein Ei aus dem Gelege, _____ ____ es und legt dafür ein eigenes Ei in das Nest (Bild __). Das Kuckucksei hat ungefähr die gleiche _________ und _____. Kurz vor den Küken der Wirtsvögel ____________ der junge Kuckuck und beginnt sofort, die anderen Eier aus dem Nest _________ (Bild __). Die Pflegeeltern füttern den jungen Kuckuck häufig (Bild ___), da sein orangeroter _____ ein wirksamer Schlüsselreiz für die Elterntiere ist. Er wächst schnell und verlässt etwa ______Tage nach dem Schlüpfen das Nest. Trotzdem wird er noch weitere drei _____ von den Wirtsvögeln gefüttert (Bild __).

2. Ein Kuckucksweibchen, das im Nest eines bestimmten Wirtsvogels aufgewachsen ist, legt seine Eier später in Nester der gleichen Art. Suche eine mögliche Erklärung.

____

____

Verhaltensbeobachtungen bei Amseln

A Arbeitsblatt Seite 109

1. 1) Drohverhalten (g), 2) Nahrungssuche (a), 3) Revierverhalten (f), 4) Brutpflege (d), 5) „Baden" (c).
2. 1) an den Reviergrenzen (B), 2) auf dem Boden (D), 3) Singwarte auf einem Baum oder Dach (A), 4) Nistplatz in Sträuchern, Bäumen, Hecken bis etwa zwei Meter Höhe (C), 5) auf dem Boden in einer Pfütze (E).

Z Zusatzinformationen

Unter Stadtamseln vermehren sich häufig auffällige „Weißlinge". Die Ganz- oder Teilalbinos werden normalerweise außerhalb der Stadt von Greifvögeln erbeutet. Es sind entgegen vieler Gerüchte keine Anzeichen für radioaktive Schädigungen.

M Medienhinweise

FWU 42 00243 Die Amsel
Klett-Video 999151 Ethologie der Amsel
Klett 027661 Folienbuch Vögel (Folie 6)
www.tierundnatur.de/vart-dro.htm

Literaturhinweise

STEPHAN, B.: Die Amsel; Neue Brehm-Bücherei Bd. 95; Westarp Wissenschaften, Hohenwarsleben 1997

Das Verhalten der Amsel im Jahreslauf

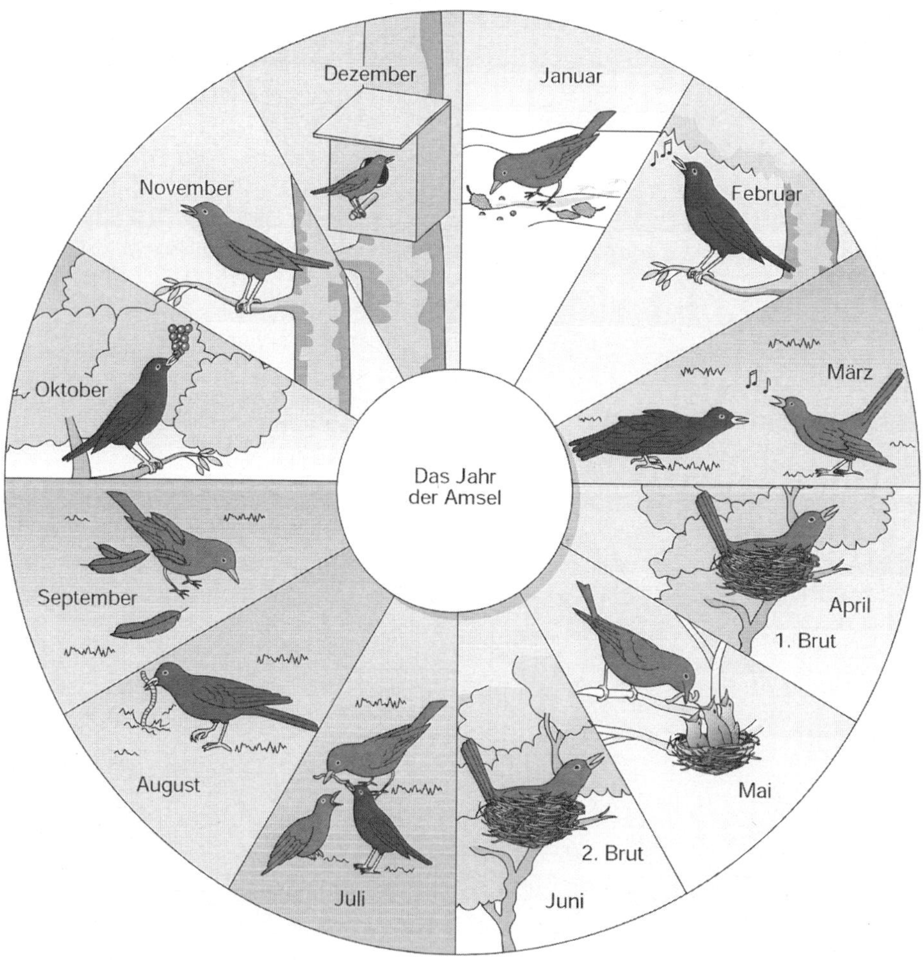

Amseln in ihrem Revier

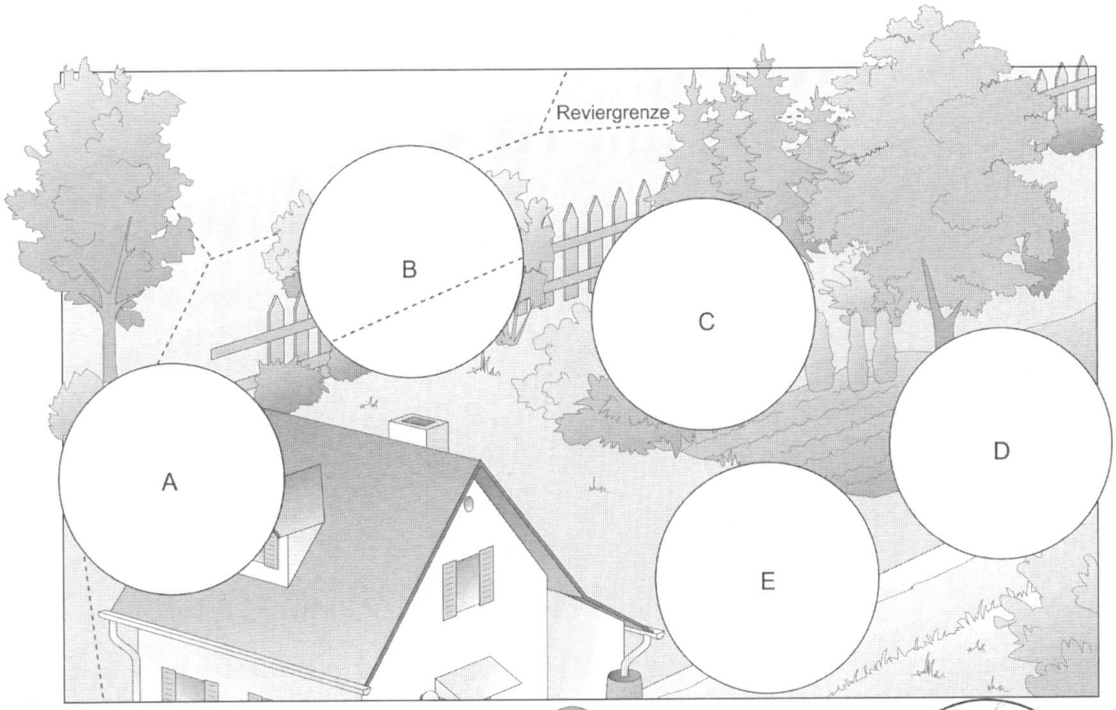

Aufgaben

1. Welche Beschreibung (a – k) passt zu den Abbildungen 1– 5? Trage die Zuordnung in die Kästchen ein. Finde jeweils ein Stichwort zu den dargestellten Verhaltensweisen.

a	Eine Amsel hat einen Regenwurm aus dem Boden gezogen.	f	Ein Amselmännchen singt. Es kennzeichnet dadurch sein Revier.
b	Eine Amsel sammelt Nistmaterial in ihrem Schnabel.	g	Zwei Männchen bedrohen sich an der Reviergrenze ohne zu kämpfen.
c	Eine Amsel badet in einer Pfütze oder in einer Vogeltränke.	h	Ein Männchen warnt andere Vögel durch heftige Rufe vor Feinden.
d	Das Weibchen füttert die Jungvögel.	i	Ein Männchen umwirbt sein Weibchen.
e	Eine Amsel putzt sich.	k	Eine Amsel baut ein Nest.

2. An welchen Stellen im Lebensraum der Amsel kann man die dargestellten Verhaltensweisen überwiegend beobachten? Ordne die Buchstaben A – E den Ziffern zu.

Das Storchenspiel, Seite 111

Der Spielplan auf S. 111 wird auf kräftiges Papier kopiert und dabei aufs Doppelte vergrößert.

Spielregeln

Ausgangssituation:

Zahl der Spieler: am besten 3 bis 5.
Ihr benötigt: einen Spielstein je Spieler, einen Würfel.

Spielverlauf:

Es wird festgelegt, wer mit dem Würfeln anfängt, z.B. der Jüngste. Nun hat jeder reihum einen Wurf. Bei einer „6“ wird der Spielstein auf „Start“ gesetzt. Der Storch ist geboren. In der nächsten Runde darf dieser Stein entsprechend den jeweils gewürfelten Punkten gezogen werden.
Es gewinnt, wer zuerst Ziel 1 oder 2 erreicht. Dabei muß das Ziel durch die gewürfelte Punktzahl genau (!) erreicht werden. Das gleiche gilt vorher für das Feld Nummer 6, den Sammelplatz

Ereignisfelder:

1. Der junge Storch wird beringt. Das Nest wird bewacht. 2 Felder vorrücken.
2. Das Nest liegt zu nahe an einem offenen Schornstein und an Leitungsdrähten. 5 Felder zurück.
3. Im Futter befinden sich Giftstoffe, der Jungstorch kommt um. Neubeginn mit einer gewürfelten 6.
4. Ein neu angelegtes Feuchtgebiet und Nisthilfen verbessern die Überlebenschancen. Noch 1x würfeln.
5. Durch Flussbegradigung gehen Feuchtwiesen verloren. Zu wenig Futter bringt einen Entwicklungsrückstand. 1x mit Würfeln aussetzen.
6. Dieses Feld muss genau (!) erreicht werden. Der nächste Wurf entscheidet über den weiteren Zugweg. Bei einer ungeraden Punktzahl (1, 3 oder 5) wirst du zum „Weststorch“ und musst zum „Ziel 1“. Bei 2, 4 oder 6 bist du ein „Oststorch“ und fliegst zum „Ziel 2“.
7. Günstige Aufwinde über Kleinasien beschleunigen den Flug. 3 Felder vorrücken.
8. An einem nahrungsreichen Rastplatz erholen sich die Störche gut. Noch 1x würfeln.
9. Der Storch wird von Jägern verletzt. Er kann als „Pfeilstorch“ nur noch sehr langsam fliegen. Du darfst nur weiterrücken, wenn du eine „1“ würfelst.
10. Der Storch verfehlt beim ersten Anflug die Meerenge von Gibraltar. 1x aussetzen.
11. Durch einen Sturm wird der Storch über die Sahara abgetrieben. 3 Felder zurück.

Start
1
2
3
4
5
Halt!
Sammelplatz
6
7
8
9
10
11
Ziel
1
Ziel
2

Spechte – die Zimmerleute des Waldes

Arbeitsblatt Seite 113

1. Sie läuft in zwei Schlingen um das Gehirn und kann weit aus dem Schnabel herausgestreckt werden. Sie dient als Tastwerkzeug in den Insektengängen und als Fangwerkzeug.
2. Er läuft vorne spitz zu und ist sehr kräftig wie das Werkzeug (s. Abb.).
3. Zapfen oder Eicheln werden in Astgabeln geklemmt und dann aufgehämmert.
4. Zehenanzahl und -aufbau sind gleich. Beim Specht stehen zwei Zehen nach vorne und zwei nach hinten (Singvögel 3 : 1). Nach unten gebogene, feste Krallen wirken wie Steigeisen.
5. Mit den Schwanzfedern stützt sich der Specht beim Klettern ab.

Zusatzaufgabe und Lösung

Als einheimische Spechtarten kommen beispielsweise vor: Buntspecht, Mittelspecht, Schwarzspecht, Grünspecht, Grauspecht und Kleinspecht. Suche in geeigneter Literatur nach Faktoren, in denen sich die Arten unterscheiden.

Sie können sich zum Beispiel in ihrem speziellen Lebensraum unterscheiden (Bevorzugung von Laub- oder Nadelwäldern, Parkanlagen oder offenen Landschaften) oder in der Art der Nahrung und in der Art, wie die Vögel sie finden (Ameisen, Regenwürmer, Schnecken, Insekten und deren Larven am Bau, auf dem Boden oder in morschem Holz oder auch Obst, Beeren und fettreiche Samen). Unterschiede können aber auch aus der Größe und Mächtigkeit des Schnabels resultieren, sodass sich die Vögel ihre Bruthöhlen bevorzugt in Stämme, Äste oder nur in morsches Holz hacken.

Medienhinweise

FWU 32 19391 Der Schwarzspecht

Literaturhinweise

BEZZEL, E.: Spechte, Eulen, Greifvögel, Tauben, Hühner; BLV, München 1984

BLUME, D.: Schwarzspecht, Grauspecht, Grünspecht; Die Neue Brehm-Bücherei, Bd. 300; Westarp Wiss., Hohenwarsleben 1996

Spechte – Baumeister und Problemvögel; Arbeitsblätter zum Naturschutz; Landesanstalt für Umweltschutz Baden-Württ., Karlsruhe 1997

Anpassungen beim Buntspecht

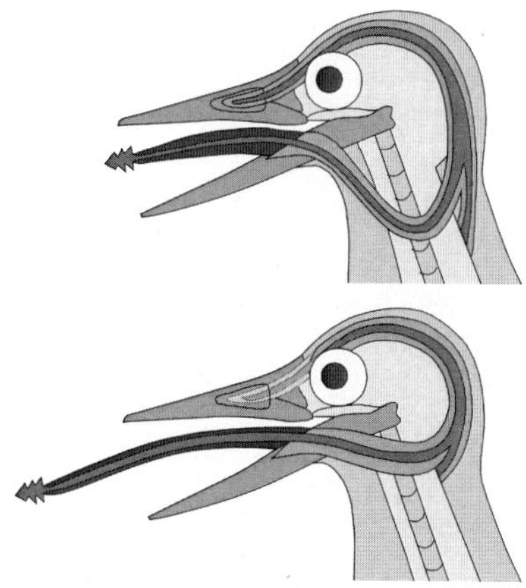

1. Welche Besonderheiten zeigt die Spechtzunge?

2. Warum wird der Schnabel der Spechte als Meißelschnabel bezeichnet?

3. Beschreibe, wie die Tiere eine „Spechtschmiede“ benutzen.

4. Vergleiche den Fuß der Spechte mit dem der Singvögel.

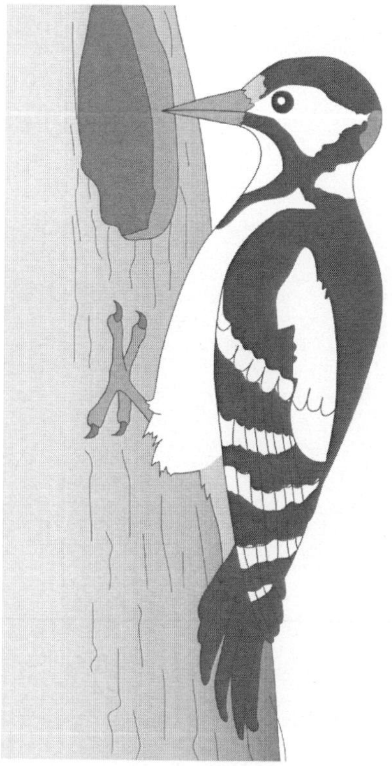

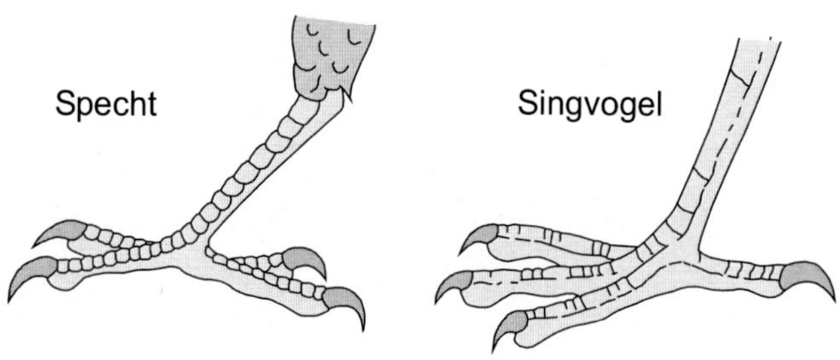

5. Wozu benutzen Spechte die festen Schwanzfedern?

Die Stockente – ein typischer Schwimmvogel

Arbeitsblatt Seite 115

1. 1) Tafelente, 2) Krickente, 3) Stockente,
   4) Teichralle, 5) Reiherente, 6) Graugans,
   7) Blaessralle, 8) Hoeckerschwaene,
   9) Kormoran;
   Lösungswort: Fischadler
2. Haubentaucher: zu Lebensweise und Angepasstheiten siehe Literatur und Folienvorlage

Zusatzaufgaben und Lösungen

1. Beobachte und schreibe auf, wie Enten und Schwäne auf dem Wasser landen und wie sie sich wieder in die Luft erheben.
– *Besonders die schweren Wasservögel benötigen für den Start eine freie Wasserfläche, um sich auf dem Wasser laufend in die Luft erheben zu können. Bei der Landung werden die Füße vorgestreckt, sodass ein Gleiten ermöglicht wird.*
2. Die Stockente taucht nur mit dem Hals und dem Kopf unter, wobei der Schwanz nach oben zeigt. Warum ist es für die Stockente schwierig, vollständig unterzutauchen, während die Reiherente dagegen gut tauchen kann?
– *Die Luftfüllung im Federkleid ist hinderlich beim Tauchen. Stockenten „gründeln", während eine Reiherente ohne weiteres 3 – 6 m tief tauchen kann. Allerdings presst die Reiherente vor dem Tauchen die Federn eng an den Körper und verliert dadurch viel Luft. Die Stockente kann die Federn nur in sehr unvollkommener Weise an den Körper pressen. Ihr Auftrieb ist daher größer.*

Federn untersuchen

Gesammelte Vogelfedern mit Spülmittel abwaschen; unbehandelte und behandelte Vogelfedern mit Wasser aus dem Zerstäuber einsprühen und Tropfenbildung beobachten. Falls keine Federn vorhanden sind, kann man mit einem Löschblatt folgenden Modellversuch zum Einfetten des Gefieders machen: Ein DIN A4-Löschblatt teilen; die eine Hälfte oberseits mit einer Speckschwarte einreiben; auf beide Teile eine geringe Menge Wasser mit einem Blumenzerstäuber aufsprühen; auf dem gefetteten Löschblatt lässt sich die Tropfenbildung beobachten, während das nicht gefettete einheitlich nass wird; legt man eine Glasplatte unter, kann man beim nicht gefetteten Teil außerdem beobachten, wie sie feucht wird.

Medienhinweise

FWU 42 01793 Die Stockente
FWU 10 00662 Vögel an offenen Gewässern
Klett 027661 Folienbuch Vögel; Folie 12: Lebensräume der Vögel: See und Teich

Literaturhinweise

MELDE, M.: Der Haubentaucher; Die Neue Brehm-Bücherei, Bd. 461; Westarp Wiss., Hohenwarsleben 1995
MILIKOVSKY, J. & BURIC, K.: Die Reiherente; Die Neue Brehm-Bücherei, Bd. 556; Westarp Wiss., Hohenwarsleben 1983

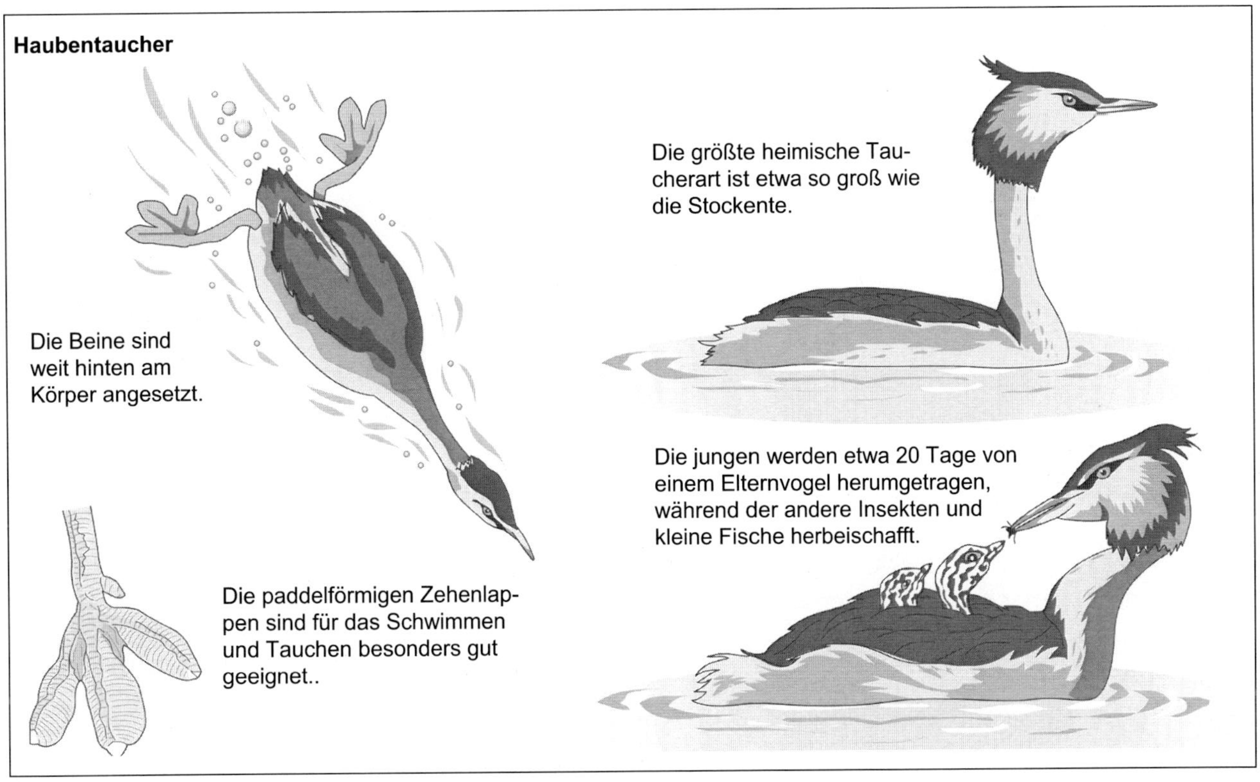

Wasservögel-Rätsel

An einem See sieht man viele Wasservögel verschiedener Arten. Sie nutzen das Nahrungsangebot unterschiedlich und machen sich auf diese Weise keine Konkurrenz. Einige Arten sind abgebildet und beschrieben. Leider sind die Buchstaben ihrer Namen etwas durcheinander geraten.
Beachte: ä = ae, ö = oe, ü = ue!

1. **NETTEALFE**
   Sie taucht hauptsächlich nach Blättern und Trieben von Wasserpflanzen.

2. **RECKENTIK**
   Sie gründelt meist in Ufernähe im flachen Wasser.

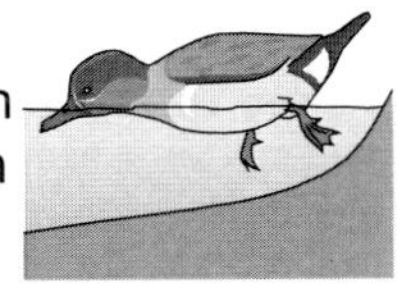

3. **SOCKENETT**
   Mit dem Seihschnabel kann dieser Schwimmvogel unterschiedliche pflanzliche und tierische Nahrung aufnehmen.

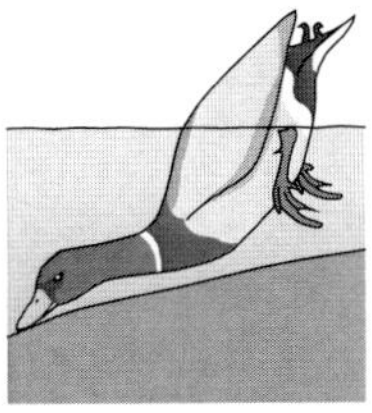

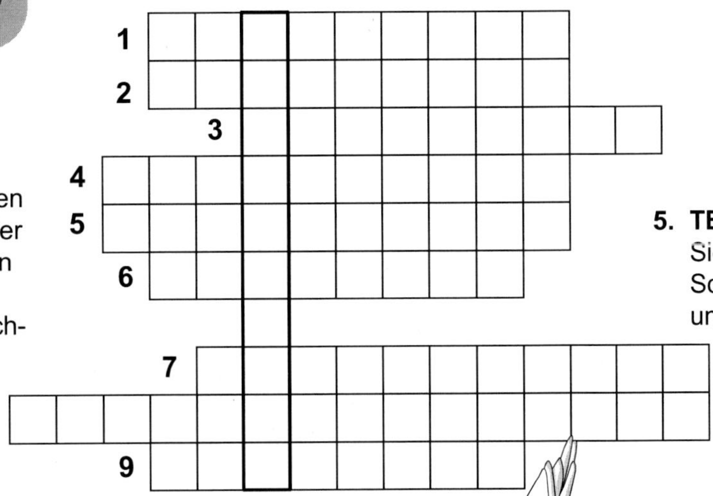

4. **ALLERIECHT**
   Sie läuft mit Stelzfüßen über die großen Blätter der Schwimmpflanzen und pickt Insekten, Schnecken und Froschlaich auf.

5. **TEERENHIER**
   Sie taucht nach Schnecken, Muscheln und Würmern.

6. **RAUSGANG**
   Sie grast überwiegend an Land und nutzt nur seltener die Wasserpflanzen.

7. **BALLERSALES**
   Mit ihren Lappenfüßen kann sie schnell schwimmen und springtauchen; ihre Nahrung vielseitig.

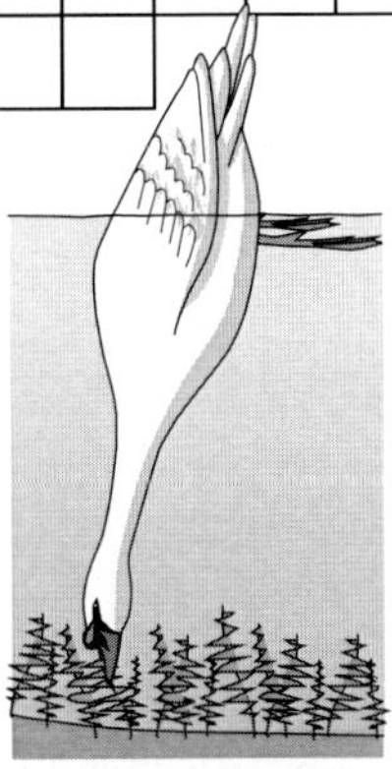

8. **RASCHE WECKENHOE**
   Sie erreichen mit ihren langen Hälsen noch die Pflanzen in 1,5 m Tiefe, weiden aber auch Ufer- und Landpflanzen ab.

9. **KRONMARO**
   Sein Gefieder ist nicht Wasser abweisend, er kann schnell bis zu 30 m tief nach Fischen tauchen.

Aufgaben

1. Trage die korrekten Bezeichnungen in das Kreuzworträtsel ein. Die richtige Anordnung ergibt auf den umrandeten Feldern einen sehr seltenen Vogel an fischreichen stehenden Gewässern.

2. Der RAUCHENTHAUBE kommt nicht im Rätsel vor. Gib den richtigen Namen an und informiere dich über seine Lebensweise und seine besonderen Angepasstheiten an das Wasserleben.

___

___

A Arbeitsblatt Seite 117

2. D (Fasan), F (Möwe)
3./4. Lösungen und Zusatzinformationen:

A: Turmfalke:
Flügel eher schmal – kein ausgesprochener Gleitflieger, der lange Stoß verleiht ihm Wendigkeit. Nach dem Text ist sowohl Freiland als auch Wald als Lebensraum möglich. Der Turmfalke bewohnt offene Landschaften. Er ist oft bei seiner charakteristischen Beutefangmethode zu sehen. Dabei steht er rüttelnd in der Luft und lässt sich dann im Sturzflug mit angelegten Flügeln zur Erde fallen, wo er seine Beute durch einen Biss tötet.
B: Sperber
Die kurzen Flügel und der lange Stoß weisen ihn als extrem wendigen Jäger aus. Er ist ein auf Kleinvögel spezialisierter Pirschfluggreifer. Seine Beute tötet er mit den Fängen.
C: Mäusebussard:
Relativ lange, breite Flügel, kurzer Stoß - Gleitflieger. Der Mäusebussard segelt und kreist im Spähflug über freiem Gelände. Das Innere großer Waldflächen meidet er. Von seinem Horst oder einem Ansitz beobachtet er die Umgebung. Die Beute wird im Gleitflug ergriffen und mit den Fängen getötet. Der Bestand an Mäusebussarden schwankt regional mit dem Bestand von Feldmäusen, ist jedoch in Deutschland recht stabil. Er ist der häufigste Greifvogel in Europa.
D: Fasan
Er kann kurz auffliegen und flüchten. Aber seine kurzen Flügel und das relativ großes Gewicht erlauben ihm keine ausgedehnten Flüge.
E: Milan:
Die charakteristische Schwanzgabel erlaubt sichere Bestimmung. Er ist ein guter Segler und bevorzugt offenes, buschiges Gelände. Aufgrund seines langen Stoßes ist er wendig. Dies ermöglicht ihm die Jagd nach Kaninchen und Kleinvögeln. Der Milan jagt auch anderen Greifvögeln die Beute ab.
F: Möwe:
Sturmsegler

Z Mäusebussarde an Straßen

Dem Autofahrer sind die am Rande von Schnellstraßen auf Wildschutzzäunen oder Pfählen sitzenden Greifvögel eine vertraute Erscheinung. Die Hauptbeutetiere von Bussard und Turmfalke – die Feldmäuse – halten sich in großer Zahl an den Rändern und Mittelgrünstreifen auf. Hier werden sie von keiner landwirtschaftlichen Tätigkeit gestört; das Gras wird kurz gehalten. Daher sind die Mäuse für die Greifvögel leicht zu entdecken. Ferner werden die Mittelstreifen und Seitenränder im Winter durch die Verwendung von Streusalz und die Wärmerückstrahlung rasch schneefrei. Kein Wunder also, dass für Mäusebussard und Turmfalke die Schnellstraßen besonders anziehend wirken, so dass sich bereits der Begriff „Verkehrsschmarotzer“ gebildet hat. Andererseits wird dadurch den Autofahrern der Eindruck vermittelt, es gäbe insgesamt sehr viele Greifvögel.

Z Greifvogelattrappen

Mit einfachen Greifvogelattrappen (aus Plastik, räumlich), die auf Zäune oder Ansitzstangen aufgesteckt werden, kann man im Freiland das „Hassen“ kleinerer Schwarmvögel beobachten. Dabei versuchen sie den vermeintlichen Greif anzugreifen und zu vertreiben. Dieses Verhalten hat man sich früher für die Vogeljagd zunutze gemacht. Dabei wurden die Vögel durch echte Greifvögel oder Eulen in Käfigen oder auch durch Attrappen angelockt.
Bricht sich das Sonnenlicht im Glas, werden Fensterscheiben für Vögel unsichtbar (Lichtloch). Daher: Greifvogel-Flugbilder aus dunklem Tonpapier ausschneiden, mit Folie überziehen und von außen auf die Fensterscheiben kleben.

Z Greifvögel als Projektthema

In Projekttage könnte das Thema Greifvögel auch mit einer Exkursion zu einer Falknerei eingebunden werden. Mittlerweile bieten viele solcher Einrichtungen Führungen und Vorführungen für Schulkinder an. In manchen Einrichtungen können Kinder sogar an Falknerei-Kursen teilnehmen und dabei Greifvögel und Eulen sehr intensiv kennen lernen. Höhepunkt ist sicherlich, wenn das Tier von ihrem Arm starten kann. Aktuelle Informationen dazu finden sie im Internet bei entsprechender Recherche.

Z Besonderheiten aus der Greifvogelwelt

Dass Greifvögel andere Vögel und Säugetiere fressen, ist bekannt. Der Wespenbussard allerdings trägt nicht umsonst seinen Namen: Er hat eine Vorliebe für Bienenwaben und die Larven von Wespen und Bienen. Für Bartgeier hingegen ist Knochenmark eine Leckerei. Da ihr kräftiger Schnabel die Knochen nicht knacken kann, lässt sie der Vogel aus der Höhe auf Felsen fallen, um an das Mark zu gelangen. Greifvögel besitzen unterschiedliche Jagdstrategien. Gewöhnlich nutzen die Greifvögel ihr im Vergleich zum Menschen achtmal schärfere Sehkraft dazu, die Beute zu erspähen und sie im Flug zu greifen. Wanderfalken haben sich auf Angriffe aus großer Höhe spezialisiert. Sie stürzen mit 200 km/h auf ihre Beute. Der afrikanische Sekretär jagt seine Beute jedoch zu Fuß. Neben Insekten und Kleinsäuger gehören auch Giftschlangen zu seiner Nahrung. Mit einem Tritt hinter den Kopf tötet er sie, wobei eine Zehenklaue der Schlange das Rückgrat zerschmettert.

Sekretär (*Sagittarius serpentarius*) beim Beutefang

M Medienhinweise

FWU 42 00239 Der Mäusebussard
FWU 4601071 Eulen und Greifvögel
Klett 027661 Folienbuch Vögel (Folie 23)

Flugbilder von Greifvögeln

Informationstext

Greifvögel sind sehr verschieden: Sie leben in unterschiedlichen Lebensräumen, jagen veschiedene Beutetiere und unterscheiden sich natürlich durch ihr Aussehen und ihre Größe.

Es gehört eher zu den selteneren Erlebnissen, einen Greifvogel über längere Zeit hinweg beobachten zu können, um seine Lebensgewohnheiten zu studieren. Sehr oft sieht man sie nur als Umrisse am Himmel. Aber selbst diese Schattenrisse, die man auch Flugbilder nennt, erzählen uns einiges über die Lebensgewohnheiten des jeweiligen Greifvogels. Dazu muss man Folgendes wissen:

- Hat ein Vogel im Vergleich zur Körperlänge sehr lange und breite Flügel, so kann er besonders gut in der Luft gleiten und aus dem Gleitflug heraus seine Beutetiere ergreifen. Diese Flugart kann nur im Freiland ausgeübt werden. In einem dichten Wald mit vielen Ästen könnte ein solcher Vogel seine großen Schwingen nicht ausbreiten.
- Zeigt das Flugbild kleine und schmale Flügel, so weist dies auf einen schnellen und wendigen Flieger hin. Ein solcher Vogel kann sowohl im Freiland als auch im Wald jagen.
- Mit kurzen, eher rundlichen Flügeln kann ein Vogel zwar sehr schnell auffliegen, um beispielsweise vor einem Feind zu fliehen, jedoch ist er nicht sehr ausdauernd, da solche Flügel wenig Auftrieb verschaffen. Da Greifvögel bei ihren Jagdflügen ausdauernd sein müssen, kommt diese Flügelform bei unseren Greifen nicht vor.
- Sehr lange und auffallend schmale Flügel sind ebenfalls bei Greifvögeln nicht zu finden. Sie deuten auf einen „Segelflieger" hin. Allerdings benötigt ein solcher Vogel sehr starke Winde und Stürme, wie sie an der Küste und über den Meeren herrschen.

Ein weiterer Hinweis auf die Lebensweise gibt uns der Schwanz, der auch als Stoß bezeichnet wird. Er hat eine große Bedeutung für die Lenkung im Flug. Ein langer Stoß ermöglicht schnelle Richtungswechsel. Ein solcher Vogel kann also auch schnelle Beutetiere erjagen, die auf der Flucht versuchen dem Greif durch schnelle Zick-Zack-Bewegungen zu entkommen (z. B. Marder, Kaninchen, kleinere Vögel usw.). Ein breiter, eher kurzer Stoß ist weniger zu schnellem Kurvenflug geeignet. Dafür unterstützt er den Vogel beim energiesparenden Gleitflug.

Im Falle des roten Milans ist der Stoss ein eindeutiges Bestimmungsmerkmal; er ist im Unterschied zu allen anderen Greifvögeln tief gegabelt.

Aufgaben

1. Lies den obigen Informationstext aufmerksam durch.
2. Welche der abgebildeten Flugbilder stammen nicht von Greifvögeln?
3. Notiere, was man aufgrund des Informationstextes und der abgebildeten Flugbilder über Lebensraum und Flugverhalten des einzelnen Vogels sagen kann.
4. Diese Aufgabe ist nicht ganz einfach: Versuche anhand der Flugbilder den Namen der Vögel zu finden. Nutze dazu Biologiebücher, Bestimmungsbücher zu Greifvögeln oder das Internet als Informationsquelle.

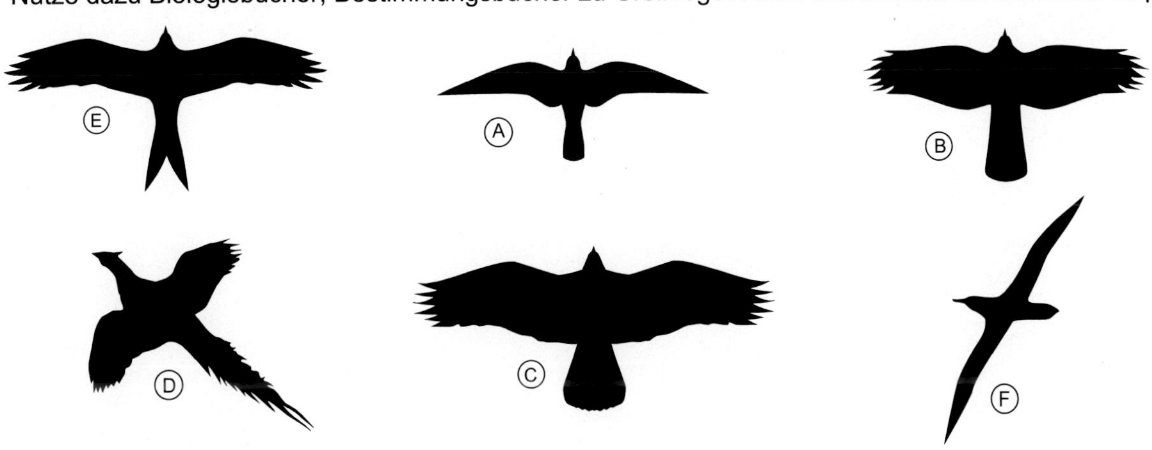

Die Schleiereule – lautloser Jäger in der Nacht

Arbeitsblatt Seite 119

1. a) Weiches Gefieder mit Fransen an den Rändern der Schwungfedern ermöglicht einen lautlosen Flug.
   b) Der herzförmige Federkranz im Gesicht wirkt als Schalltrichter. Ein ausgezeichnetes Gehör ist der Leitsinn bei der Jagd.
   c) Die Augen sind sehr lichtempfindlich und nach vorn gerichtet, sodass auch bei schwachem Licht die Beute sicher erkannt wird.
   d) Der Hakenschnabel dient zum Zerkleinern der Beute.
   e) Der Greiffuß besitzt spitze Krallen und eine Wendezehe zum Packen, Töten oder Festhalten der Beute.
2. Die Tabelle verdeutlicht den Zusammenhang zwischen dem Nahrungsangebot und dem Bruterfolg. Die Vermehrungsrate ist in guten Mäusejahren fast dreimal so hoch wie sonst.

Gewölle

Gewölle können über Greifvogelstationen oder ein nahe gelegenes Schulbiologiezentrum bezogen werden. Will man die Bestandteile für das Zusammensetzen von Skeletten benutzen, sollten die Knochen mit H_2O_2 gebleicht werden.

Die Schleiereule

Populationsschwankungen: Die Zahl der Schleiereulen in einem bestimmten Gebiet wird hauptsächlich durch das Nahrungsangebot und kaum durch Feinde bestimmt. Die Schleiereule jagt vor allem Feldmäuse und Spitzmäuse, wenig andere Kleinsäuger und selten Kleinvögel. Sie ist damit indirekt abhängig von der Strenge des Winters. Sind extrem wenig Feldmäuse vorhanden, brüten bis zu 60 % der Altvögel überhaupt nicht. In Mäusejahren hingegen führen über 60 % der Brutpaare zwei erfolgreiche Bruten durch.

Vorkommen: Schleiereulen bewohnen bevorzugt waldarmes Gelände am Rande von Siedlungen und brüten in dunklen, störungsfreien Nischen. Dies waren oft Kirchtürme, Dachböden oder Scheunen. Heute sind diese meist dicht verschlossen. Mit Nistkästen (Beobachtung und Kontrolle möglich) kann man den bedrohten Tieren eine Hilfe bieten.

Brutverhalten: Verschiedene Verhaltensweisen führen dazu, dass die Schleiereulen auch in ungünstigen Jahren zumindest Teilerfolge bei der Brut haben. Das Weibchen brütet allein und wird von dem Männchen mit Nahrung versorgt. Das Weibchen kann damit mehrere Eier legen und eventuell auch zum zweiten Mal brüten. Schlechte Nahrungsbedingungen führen zu einer Verkürzung der Brutzeit. Schleiereulen bebrüten ihr Gelege vom ersten Ei an. Es kommen also verschieden weit entwickelte Junge im Nest vor, sodass Schwankungen im Nahrungsangebot und Risiken verteilt werden. Unter Umständen verhungern sogar die kleinsten oder dienen ihren älteren Geschwistern als Nahrung.

Medienhinweise

FWU 10 00902 Eulen
FWU 42 01663 Die Schleiereule
FWU 42 01369 Bedrohte Tierwelt: Der Steinkauz

Literaturhinweise

BEZZEL, E.: Vögel; BLV, München 1996
BRANDT, Th.: Die Schleiereule; Aula-Verlag, Wiesbaden 1994
CLAUS, R.; HAALA, G.: Arbeitsblätter Vögel; Klett-Verlag, Stuttgart 1997
HINTERMEIER, H.: Artenschutz in Unterrichtsbeispielen; Auer-Verlag, Donauwörth 1996
KEMPTER, R.: Schallortung im Hörsystem der Schleiereule; DDD-Verlag, Darmstadt 1997

Schädel und Zähne im Gewölle

	Schädel	Unterkiefer	Backenzahn
echte Maus	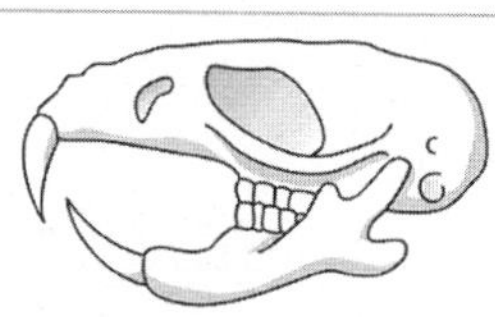	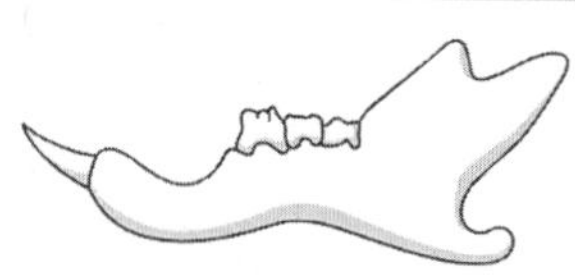	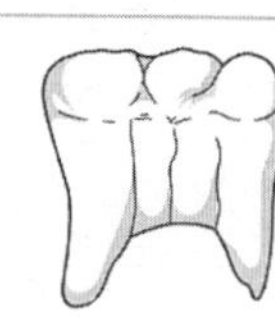
Wühlmaus	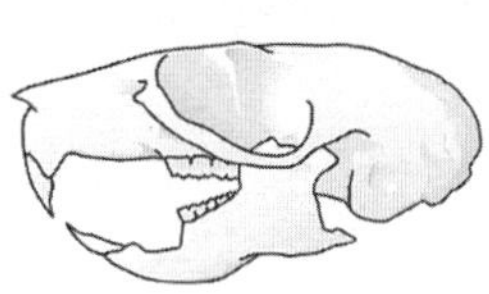	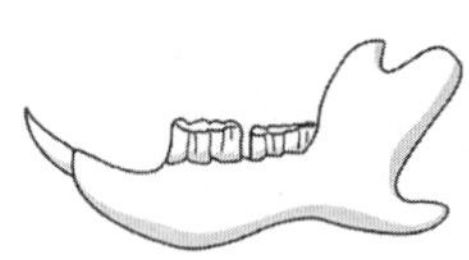	
Spitzmaus	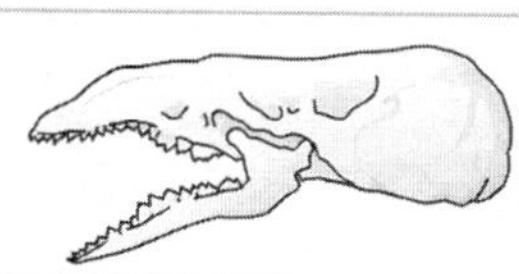	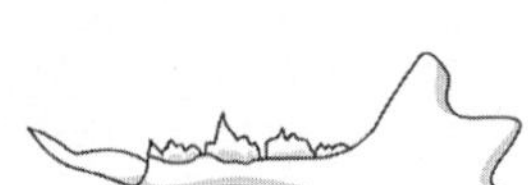	

Die Schleiereule

Aufgaben

1. Die Schleiereule zeigt verschiedene Anpassungen an ihre nächtliche Lebensweise. Beschreibe die gekennzeichneten Merkmale, die ihr die Jagd in der Nacht erleichtern und nenne ihre Aufgaben.

a) ______________________________

____

b) ______________________________

____

c) ______________________________

____

d) ______________________________

e) ______________________________

2. Die folgende Tabelle zeigt eine Besonderheit zur Vermehrungsrate der Schleiereule. In den so genannten „Mäusejahren" sind die Feldmäuse und andere Mäusearten besonders zahlreich. Erkläre die Zusammenhänge.

	Anzahl der Bruten	Zahl der Eier pro Brutpaar	Zahl der flügge werdenden Jungen pro Jahr und Paar
Mäusejahre	2 bis 3	11,0	7
sonstige Jahre	(0) oder 1	3,2	2,4

____

____

____

Beobachtungen an Aquarienfischen

Formen und Funktionen des Verhaltens

Mit den Beobachtungen an Aquarienfischen erlebt der Schüler die Biologie der Fische. Dabei kann es nicht vordergründig um Anatomie und Physiologie, sondern um Verhalten gehen. Dieses sollten die Schüler zunächst in ihrer Gesamtheit erfassen und auch emotional auf sich wirken lassen. Zur Vertiefung und Deutung der Beobachtungen ist es ratsam, mit Hilfe des Lehrers das individuelle Verhalten den folgenden Funktionskreisen zuzuordnen:

- allgemeine Bewegungsformen (Normalverhalten, Stereotypien),
- Orientierungsverhalten (Erkundung),
- stoffwechselbedingtes Verhalten (Nahrungserwerb, Nahrungsaufnahme, Ausscheidungen),
- territoriales Verhalten (Revierabgrenzung),
- Fortpflanzungsverhalten (Partnerwerbung, Eiablage, Brutpflege),
- Verhalten des Schutzes und der Verteidigung,
- soziales Verhalten (Schwarmbildung),
- Bautätigkeiten (Bodenmulden, Nest).

Ausgewählte Aquarienfische

Fisch	Unterrichtlicher Wert	Haltung
Guppy	starke Farb-, Größen- und Gestaltungsunterschiede zwischen den Geschlechtern, gut für Fortpflanzungsbeobachtungen, lebendgebärend	einfach, kleinere Becken, 18 bis 24°C, Allesfresser
Schwertträger	auffällige Geschlechterunterschiede, Paarungsverhalten und Gebären gut zu beobachten	einfach, 18 bis 24°C, Allesfresser
Goldfisch	zahlreiche Zuchtformen, u.a. Schleierschwänze, gut beobachtbar	großes Becken, Heizung kaum erforderlich
Kampffisch	Infolge bunter Färbung interessant zu beobachten, bauen Schaumnester, intensive Brutpflege	mittelgroßes Becken, 23 bis 28°C, gut bepflanzt
Zebrabarbe	interessant gestreift, lebhafter Fisch, Schwarmbildung	mittelgroßes Becken, 20 bis 23°C, gut geeignet für Gesellschaftsaquarium
Segelflosser	stark abgeflachter, scheibenförmiger Körper, ruhige Bewegungen	großes Becken, 23 bis 25°C

Der Lehrer sollte bedenken, dass das Praktikum im Klassenverband nur dann voll realisiert werden kann, wenn ein Aquarium in der Schule selbst vorhanden ist. Ein Gesellschaftsaquarium leistet dabei besonders gute Dienste.

Sinnesorgane

Das Verhalten der Aquarienfische ist im Wesentlichen von der Leistungsfähigkeit der Sinnesorgane abhängig. Über sie erhält das Tier Informationen von der Außenwelt. Sie werden im Zentralnervensystem verarbeitet und in Verhaltensweisen umgesetzt.
An Sinnesorganen sind bei Fischen neben den Augen die Gleichgewichts-, Strömungs-, Tast- und Geschmackssinnesorgane ausgebildet. Mit den Augen können Fische ihre nähere Umgebung scharf, die entfernten Gegenstände nur unscharf abgebildet wahrnehmen.
Fische haben ein Farbsehen. Im allgemeinen gilt, dass die Augen umso größer ausgebildet sind, je mehr sich ein Fisch mit ihrer Hilfe orientiert. Leistungsschwache Lichtsinnesorgane werden häufig durch einen ausgeprägten Tastsinn kompensiert.
Die Tastsinnesorgane liegen über den gesamten Körper in der Haut verstreut. Im Kopfbereich liegen sie besonders dicht. Tragen Fische Barteln, sind diese reich mit Tastsinnesorganen besetzt. Das sich am Fischkörper entlang ziehende einheitliche oder zweiteilige Seitenlinienorgan stellt das Strömungssinnesorgan dar. In ihm liegen zusätzlich auch Geschmackssinneszellen. Außer im Seitenlinienorgan befinden sich Sinnesknospen für den Störungssinn auch im Kopfbereich. Bei Fischen, deren Körper beschuppt ist, stehen die Sinnesknospen über feine Kanäle in Form von Perforation in den Schuppen mit dem umgebenden Wasser in Verbindung.

Fortpflanzung

Während der Fortpflanzung treten auch bei Aquarienfischen gut beobachtbare, charakteristische Verhaltensweisen auf. Die hormonelle Umstimmung des Körpers führt zur Entwicklung der Geschlechtsdrüsen und zur Fortpflanzungsbereitschaft.
Nicht selten ändern sich während dieser Zeit Körperform und Farbe der Tiere auffällig. Diese Auffälligkeiten sind Signale für den Partner. Während sich Schwarmfische völlig wahllos paaren, beobachtet man bei anderen Arten ein ritualisiertes Werben um den Paarungspartner und ein typisches Paarungsverhalten.
Die Nachkommenschaft wird in Form von befruchteten Eiern abgelegt oder als schwimmfähige Jungtiere (lebendgebärend) abgesetzt. Im Allgemeinen gilt, dass die Intensität der Brutpflege mit der Anzahl abgelegter Eier negativ korreliert. Die einfachste Art der Brutpflege besteht im Schutz der Eier bei der Ablage in Bodenmulden oder Steinspalten. Manchmal werden auch die geschlüpften Jungtiere betreut. Bei den Maulbrütern werden die Eier sogar über längere Zeit im Maul bebrütet.

Literaturhinweise

STERBA, G.: Aquarienfische. 2. Aufl. Edition Leipzig, Leipzig 1978, Aquarienkunde. Ulmer, Stuttgart 1989, Süßwasserfische aus aller Welt. 2. Auflage. Urania-Verlag, Leipzig-Jena-Berlin 1990

BAER, W., GRÖNKE O. (Hrsg.): Biologische Arbeitstechniken für Lehrer und Naturfreunde. Volk und Wissen Verlag, Berlin 1964,

Wir richten ein Aquarium ein

Einrichtung:

Becken: z. B. Metallrahmenbecken von genügender Größe; man rechnet pro Fisch 5l

Boden: jeweils ein Finger hoch gewaschener Kies, dann gut gewaschener Sand (Waschwasser darf sich zuletzt nicht mehr trüben); Gefälle in einer der vorderen Ecken herstellen, dort sammeln sich die Abfälle und können leicht entfernt werden

Steine: und halb eingegrabene Blumentöpfe sorgen für Versteckmöglichkeiten

Pflanzen: z. B. Tausendblatt, Wasserpest, Vallisneria; mit den Wurzeln gut in den Boden eingraben (manche Fische wühlen sie sonst aus), vor allem Hintergerund und Seiten bepflanzen

Wasser: vor dem Einfüllen einen Tag stehen lassen, nach der Bepflanzung sofort über einen Teller einfüllen (damit kein Sand aufgewirbelt wird), mindestens eine Woche bis zum Einsetzen der Fische stehen lassen

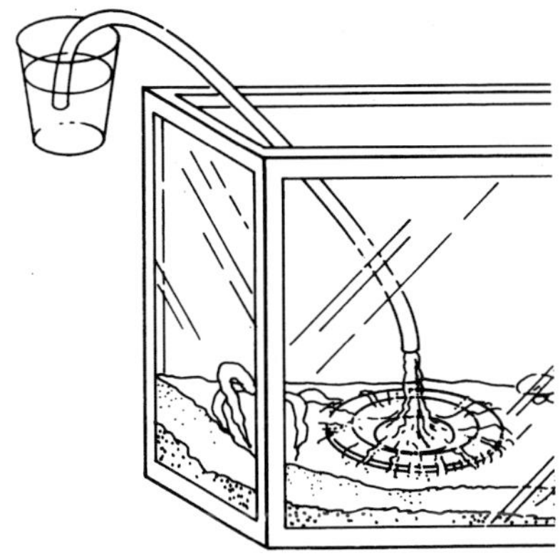

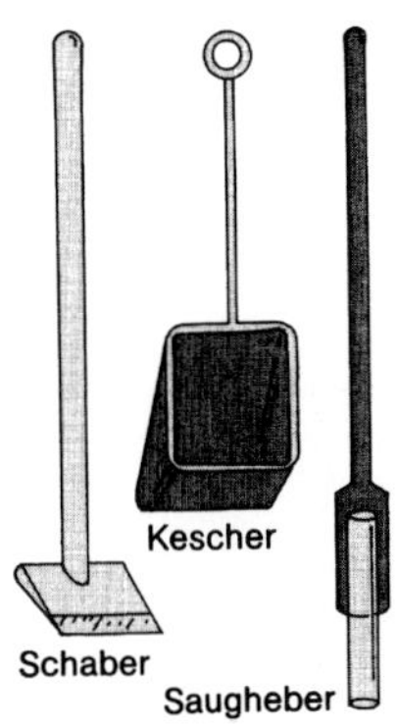

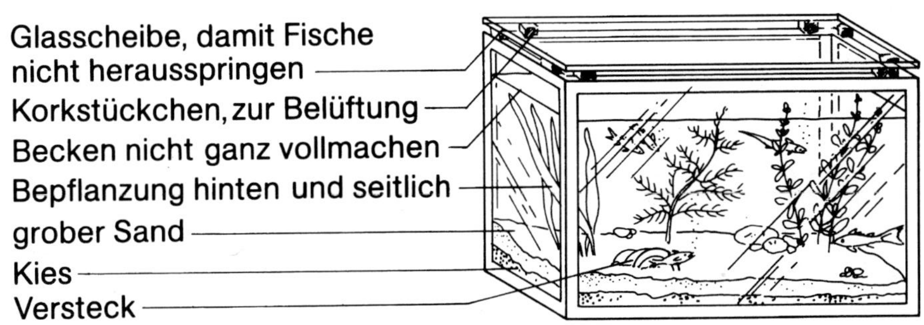

Pflege: Am wenigsten Aufwand braucht ein Kaltwasseraquarium

Besatz: z. B. Goldfische, Stichlinge, Elritzen

Standort: hell, aber ohne direkte Sonne (Ostfenster); steht das Aquarium nicht in Fensternähe, brauchst du einen Beleuchtungsaufsatz; ein grüner Belag auf Steinen, Pflanzen und Glasscheiben (Grünalgen) zeigt zu viel Licht an, ein brauner Belag (Braunalgen) bedeutet zu wenig Licht

Futter: einmal täglich so viel Flockenfutter, wie in 15 Min. gefressen wird, ab und zu Lebendfutter (z. B. Wasserflöhe)

Reinigung: Scheiben mit dem Schaber algenfrei halten, Sinkstoffe (Futterreste, Fischkot) mit dem Saugheber entfernen

Wasser: alle zwei Wochen ¼ des Wassers ablassen und durch frisches ersetzen

Für ein Warmwasseraquarium brauchst du mehr Geräte und Pflegeaufwand. Frage die Zoohandlung

Der Bauplan der Fische

A Arbeitsblatt Seite 123

Abb. 1: a) Nasengrube, b) Rückenflosse, c) Maul, d) Auge, e) Kiemendeckel, f) Brustflosse, g) Seitenlinie, h) Bauchflosse, i) Afterflosse, k) Schwanzflosse
Abb. 2: a) Schädel, b) Wirbelsäule, c) Dornfortsatz, d) Knochen Rückenflosse, e) Knochen Brustflosse, f) Rippe, g) Knochen Bauchflosse, h) Knochen Afterflosse
Abb. 3: a) Nieren, b) Schwimmblase, c) Kiemen, d) Herz, e) Darm, f) Leber, g) Rogen / Milch, h) Harnblase

Hinweis zum Arbeitsblatt

Bei der farbigen Gestaltung ist es sinnvoll, die Farben entsprechend des Schülerbandes zu verwenden.

Z Präparationshinweis

Prinzipiell bietet sich die Fischpräparation mit Schülern der Sekundarstufe I an. Das Ausnehmen eines Fisches ist jedem Schüler zuzumuten. Je nach Möglichkeit sollte man jedoch abwägen, ob jeder Schüler einen Fisch präpariert, ob in kleineren Gruppen gearbeitet wird oder die Präparation als Lehrerdemonstration erfolgt. Zunehmend schwieriger wird die Beschaffung von Fischen, die nicht ausgenommen sind. Aus Haltbarkeits- und hygienischen Gründen werden Seefische immer ausgenommen. Werden lebende, aber schon im Laden getötete Fische, wie Karpfen oder Forellen, gekauft, ist dies sehr kostenintensiv. Eine weitere Bezugsquelle sind Eltern, die angeln. Als günstig erweist sich dabei, dass nicht alle Fische der gleichen Art angehören und dadurch den Schülern vor der Präparation die Artenvielfalt der Fische vor Augen geführt werden kann. Fotoschalen aus Kunststoff als besonders geeignete Unterlage; sie können z. B. auch mit Wachs ausgegossen sein. Es ist dann möglich, den Fisch, vor allem, wenn es sich um kleinere Expemplare handelt, mit Stecknadeln anzuheften, damit die Präparation für die Schüler leichter wird. Auch ein Stapel Zeitungen kann als Unterlage verwendet werden. Die Wirbelsäule lässt sich besser an einem Skelett aus der Sammlung oder nach Kochen des Fisches demonstrieren.

Z Angelschein

Jeder, der in öffentlichen Gewässern angeln will, benötigt einen Fischereischein. In jedem Bundesland gibt es eine oberste Fischereibehörde, die laut Fischereigesetz des entsprechenden Bundeslandes die Fragen zur Fischerprüfung erstellt und zum jeweiligen Ordnungsamt der Gemeinde oder der Stadt weitergibt. Die Fischereiprüfung bedarf beim Ordnungsamt der schriftlichen Anmeldung und einer Prüfungsgebühr. In einigen Anglervereinen werden Vorbereitungslehrgänge angeboten. Diese Prüfung muss nur einmal abgelegt werden und besitzt bundesweite Gültigkeit. Ab dem 15. Lebensjahr findet die Prüfung in schriftlicher Form statt. Jugendliche von 8 bis 14 Jahren legen die Jugendfischerprüfung während eines Gespräches in einer kleinen Gruppe ab. Die Prüfung berechtigt jedoch nur zum Fang von Friedfischen. Für die Prüfung ist Wissen über Fische und entsprechende Gesetze gefragt.

Körperbau der Fische

Abb. 1

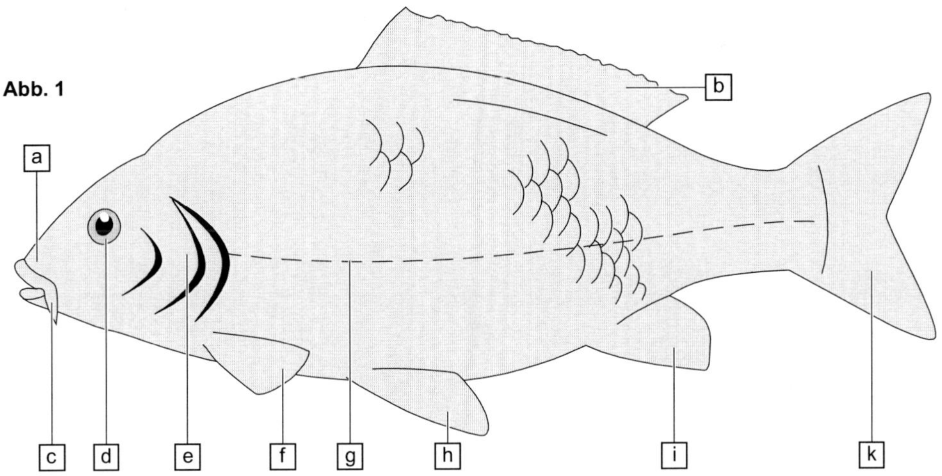

- ☐ Brustflosse
- ☐ Rückenflosse
- ☐ Schwanzflosse
- ☐ Afterflosse
- ☐ Auge
- ☐ Maul
- ☐ Seitenlinie
- ☐ Kiemendeckel
- ☐ Bauchflosse
- ☐ Nasengrube

Abb. 2

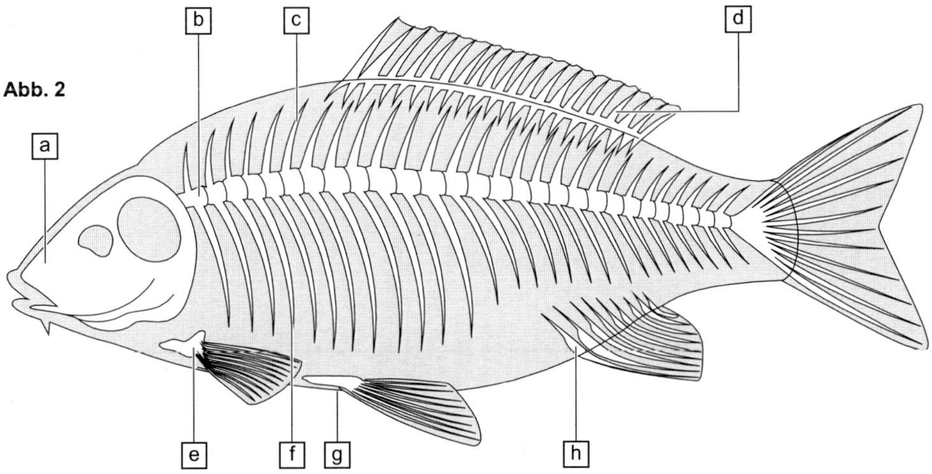

- ☐ Knochen der Rückenflossen
- ☐ Knochen der Afterflosse
- ☐ Knochen der Bauchflossen
- ☐ Knochen der Brustflossen
- ☐ Dornfortsatz
- ☐ Wirbelsäule
- ☐ Schädel
- ☐ Rippe

Abb. 3

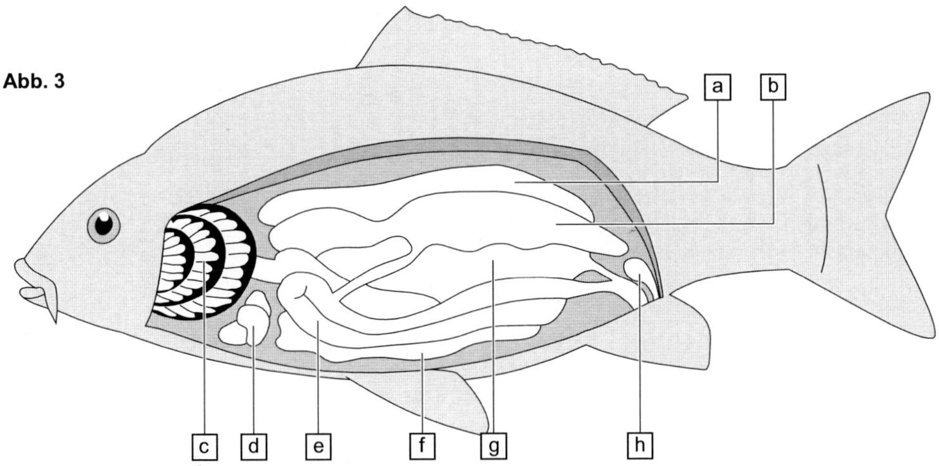

- ☐ Rogen/Milch
- ☐ Harnblase
- ☐ Schwimmblase
- ☐ Nieren
- ☐ Leber
- ☐ Herz
- ☐ Darm
- ☐ Kiemen

Aufgaben

1. Ordne den Buchstaben der Abbildungen 1 bis 3 die richtigen Bezeichnungen zu.
2. Male die inneren Organe in Abbildung 3 mit unterschiedlichen Farben aus.

Schwimmen – Schweben – Sinken

Arbeitsblatt Seite 125

1. Stromlinienförmiger Körper, starke Muskulatur, „glatte“ Oberfläche, kräftige Schwanzflosse.
2. Schnelles Schwimmen erleichtert den Beutefang. Durch die Einsparung von Energie ist weniger Nahrung nötig.
3. Ein Einsatz ist denkbar bei schnellen Autos, Flugkörpern aller Art, Schiffsrümpfen, aber auch als Innenauskleidung für Rohre.

Literaturhinweise

NACHTIGALL, W.: Bionik, Veröffentlichung der Universität des Saarlandes und Gesellschaft für Technische Biologie und Bionik (1998), Saarbrücken.

Körperform und Geschwindigkeit

Maximale Geschwindigkeiten von Fischen im Vergleich

Mensch (100 m Freistil)	7 km / h
Forelle	30 km / h
Hai	36 km / h
Lachs	39 km / h
Thunfisch	75 km / h
Schwertfisch	90 km / h

(teilweise nur auf kurzen Strecken)

Medienhinweise

Klett Video 994722 Anpassung und Fortbewegung bei Tieren

Das Seitenlinienorgan

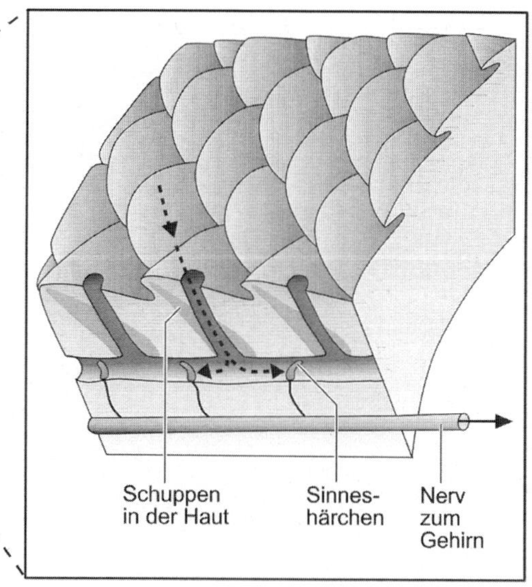

Beim Schweben und Schwimmen stoßen Fische nie ungewollt an Hindernisse. Selbst in trübem Wasser können sie bei vorhandenen Gegenständen zwischen Feind und Fressbarem unterscheiden. Mit dem Seitenlinienorgan registrieren sie die Strömung, die sich verändert, wenn der Fisch z. B. ganz nahe an einem Hindernis vorbei schwimmt. Das Wasser, das sich zwischen Fisch und Gegenstand befindet, drückt sich durch die Öffnungen in die Kanälchen des Seitenlinienorgans und biegt dort feine Sinneshärchen um. Diese Information wird an das Gehirn weitergeleitet.

Was hat der Hai mit dem Airbus zu tun?

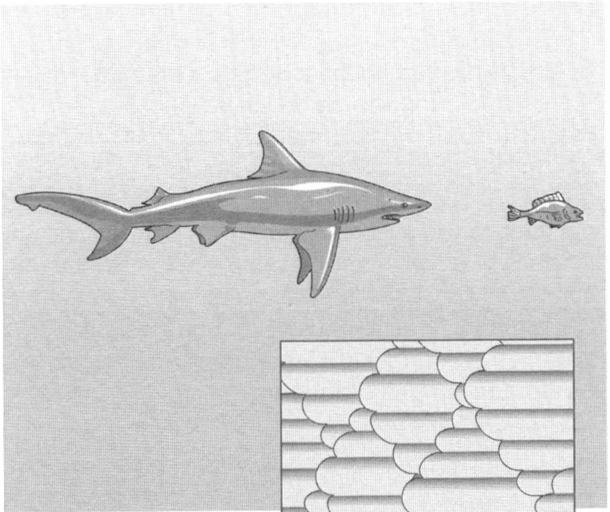

Haie sind uns als schnelle Jäger der Meere bekannt. Ihr Körper ist auf vielfältige Art an ihre Lebensweise angepasst.

Aufgaben

1. Stelle Merkmale des Hais zusammen, die für die schnelle Fortbewegung unter Wasser vorteilhaft sind.

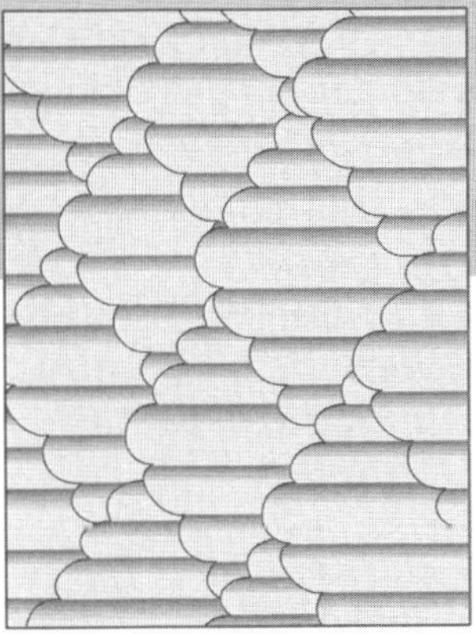

Abb. 1 Schuppenoberfläche des Hais (stark vergrößert)

Eine Reihe von Wissenschaftlern versucht, von der Natur zu lernen, um nach ihrem Vorbild technische Anwendungen zu entwickeln. Dieser Forschungszweig heißt *Bionik* – die Verbindung von *Bio*logie mit Tech*nik*.

Bei der mikroskopischen Untersuchung der Haut von Fischen stellten sie Erstaunliches fest: Entgegen der allgemeinen Annahme, dass die Haut der Haie besonders glatt ist, fanden sie eine Schuppenoberfläche.

D. W. BECHERT und seine Mitarbeiter entwickelten in Anlehnung an die Haihaut eine Folie, die sich durch eine hohe Gleitfähigkeit auszeichnet. Diese Folie wurde auf einen Airbus A 340 aufgetragen, der so im Liniendienst der Cathay Pacific Airways eingesetzt wurde.

Bei optimaler Beschichtung kann so viel Treibstoff eingespart werden, dass statt des entsprechenden Kerosins 15 Passagiere zusätzlich mitgenommen werden können.

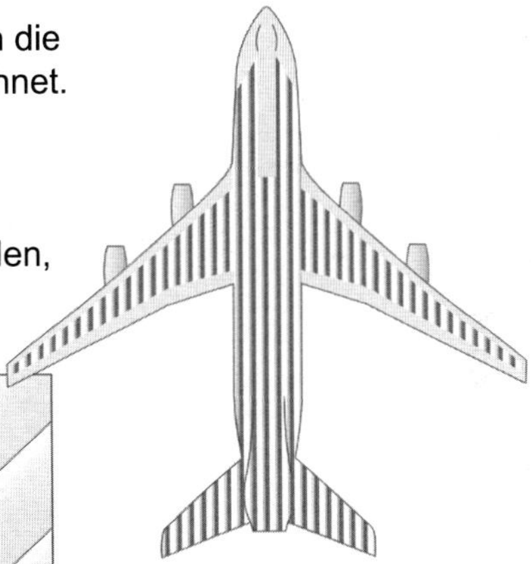

Abb. 3 Beklebungsmuster

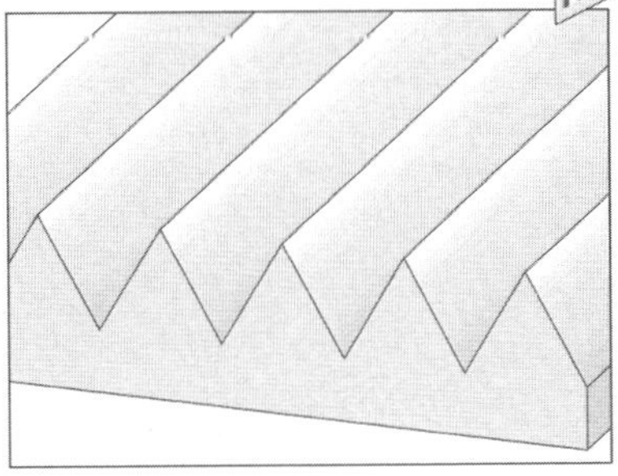

Abb. 2 Folienstruktur (stark vergrößert)

2. Der von den Technikern gefundene Vorteil für den Flugzeugbau lässt den Schluss zu, dass die beim Hai gefundene Form der Oberfläche auch für ihn von Vorteil ist. Notiere mögliche Vorteile für den Hai.

3. Für welche technischen Anwendungen könnte diese Folie noch von Nutzen sein?

Fischdomino

Spielanleitung

Schneide die vorgegebenen Kärtchen so aus, dass auf einem Kärtchen jeweils links die Fischabbildung und rechts ein Fischname steht (einmalige Aufgabe). Ein Spielleiter teilt die vorhandenen 22 Kärtchen gleichmäßig unter den Spielern auf. Die letzte Karte wird in die Tischmitte gelegt und stellt somit den Spielbeginn dar. In Uhrzeigerrichtung hat jeder der Spieler die Möglichkeit, an eines der beiden Enden anzulegen (jeweils neben dem Namen die richtige Abbildung). Der Spielleiter, der selbst keine Karten besitzt, entscheidet über die Richtigkeit. Wurde eine Karte falsch gelegt, muss diese zurückgenommen werden. Der betreffende Spieler setzt dann in der nächsten Runde aus. Kann ein Spieler keine Karten anlegen, wird er übersprungen. Gewinner ist, wer zuerst alle Kärtchen richtig angelegt hat.
Das Spiel ist für einen Spielleiter und zwei bis vier Spieler am geeignetsten.

Lösungen für den Spielleiter

1) Hecht,
2) Lachs,
3) Flussbarbe,
4) Dreistachliger Stichling,
5) Wels,
6) Schmetterlingsfisch,
7) Thunfisch,
8) Hai,
9) Flussbarsch,
10) Rotfeder,
11) Walhai,
12) Bachforelle,
13) Anglerfisch,
14) Karpfen,
15) Aal,
16) Hering,
17) Schlammspringer,
18) Schwertfisch,
19) Schützenfisch,
20) Stör,
21) Makrele,
22) Fliegender Fisch

Hinweis: Diese Auflistung ist für den Spielleiter Entscheidungsgrundlage für die Richtigkeit des Anlegens.

Nr.	Abbildung	Name
1	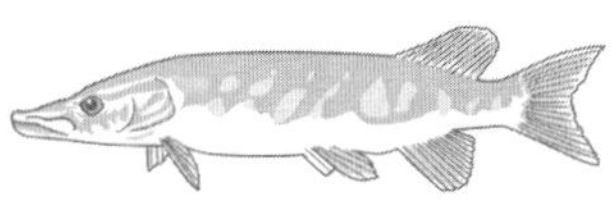	Flussbarbe
2	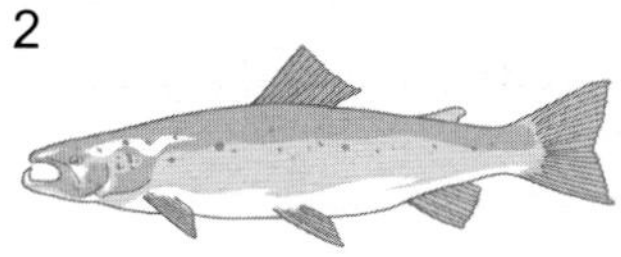	Thunfisch
3	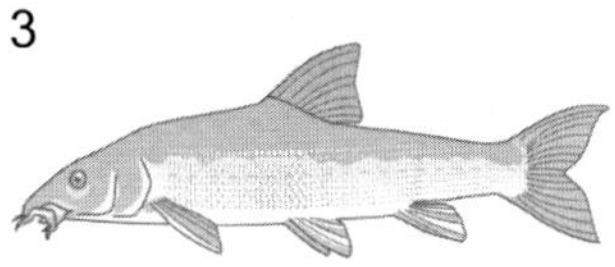	Dreistachliger Stichling
4	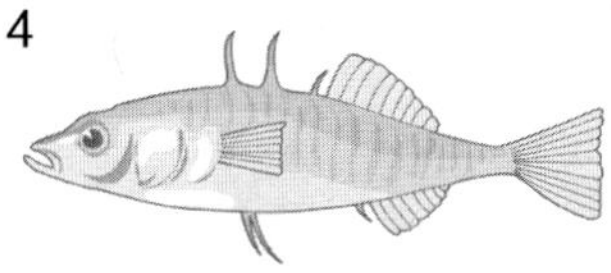	Wels
5	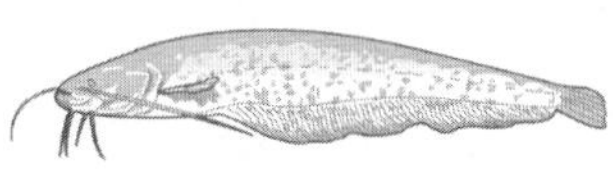	Schlammspringer
6		Hai
7	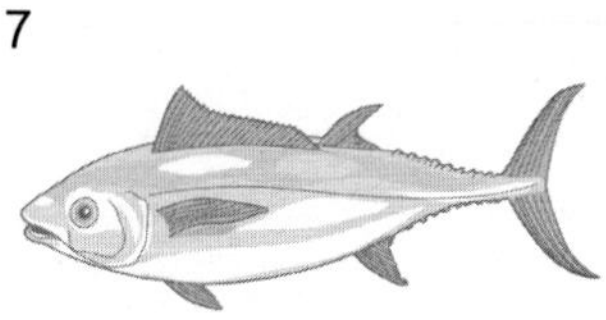	Fliegender Fisch
8		Flussbarsch

Fischdomino

9	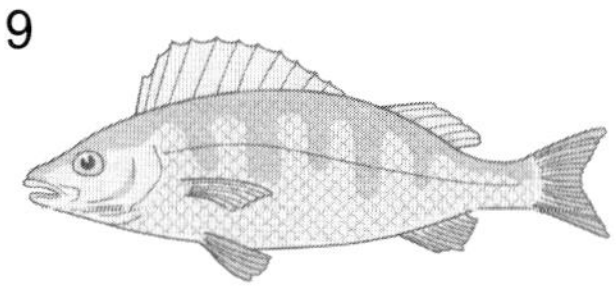	Rotfeder
10	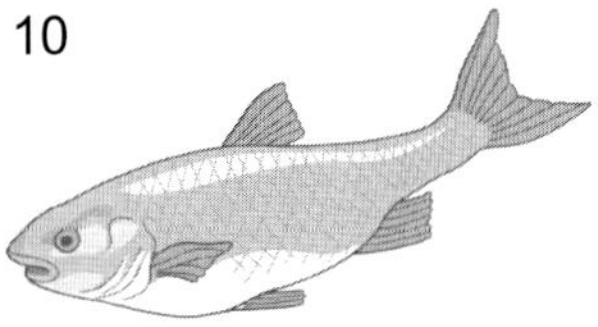	Walhai
11	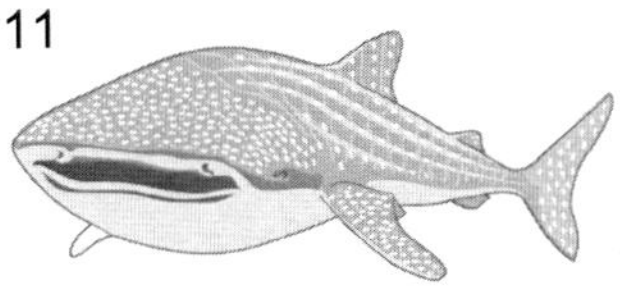	Bachforelle
12	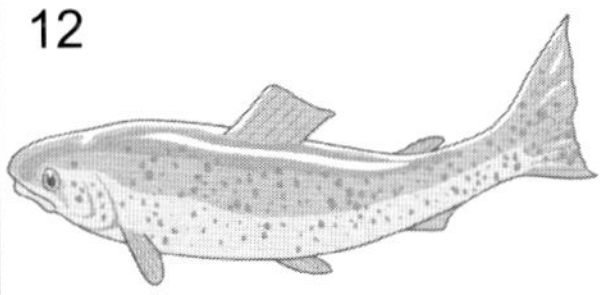	Hering
13	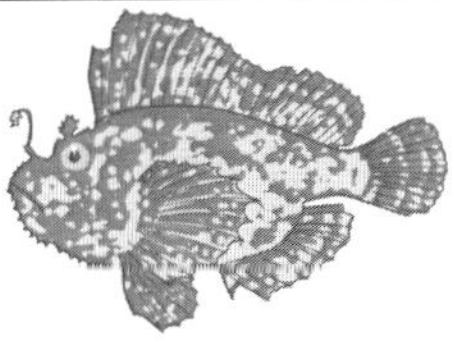	Karpfen
14	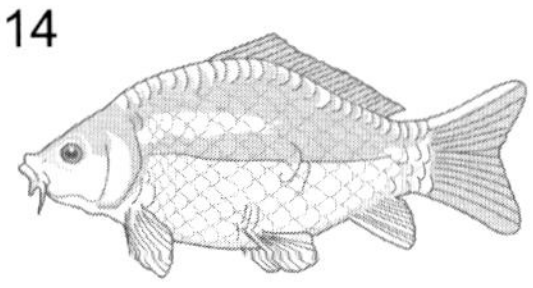	Aal
15	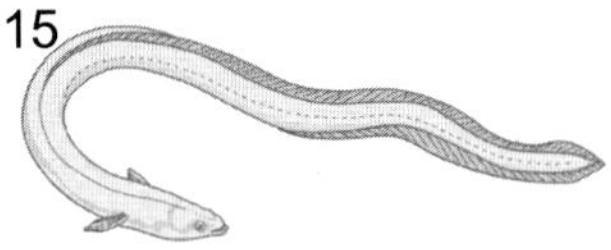	Stör
16	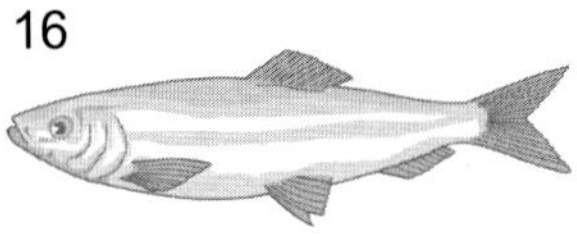	Schützenfisch
17	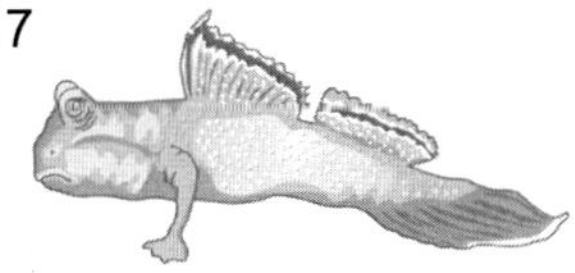	Lachs
18	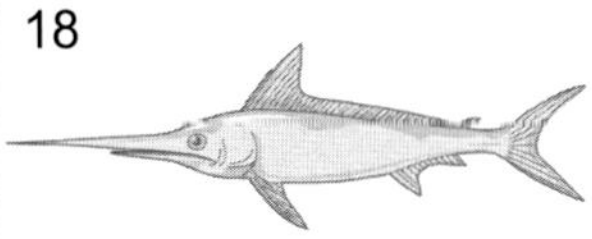	Hecht
19	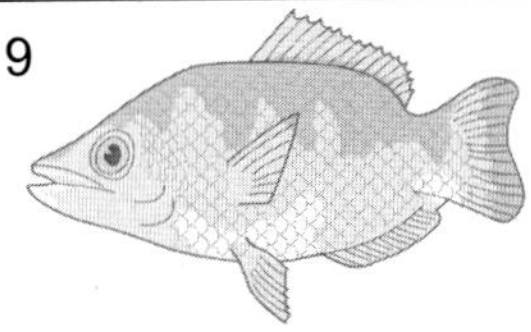	Anglerfisch
20	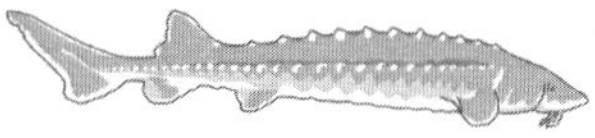	Makrele
21	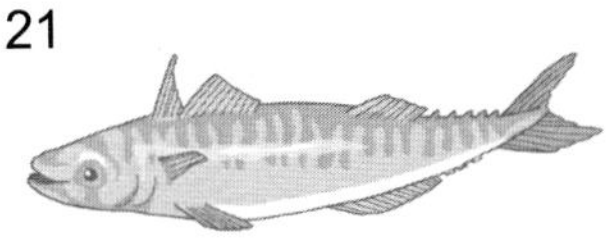	Schwertfisch
22	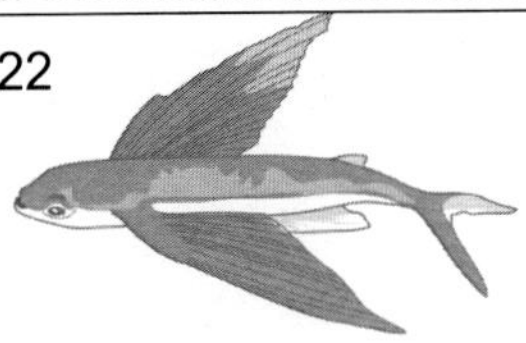	Schmetterlings- fisch

Lurche – ein Leben in zwei Welten

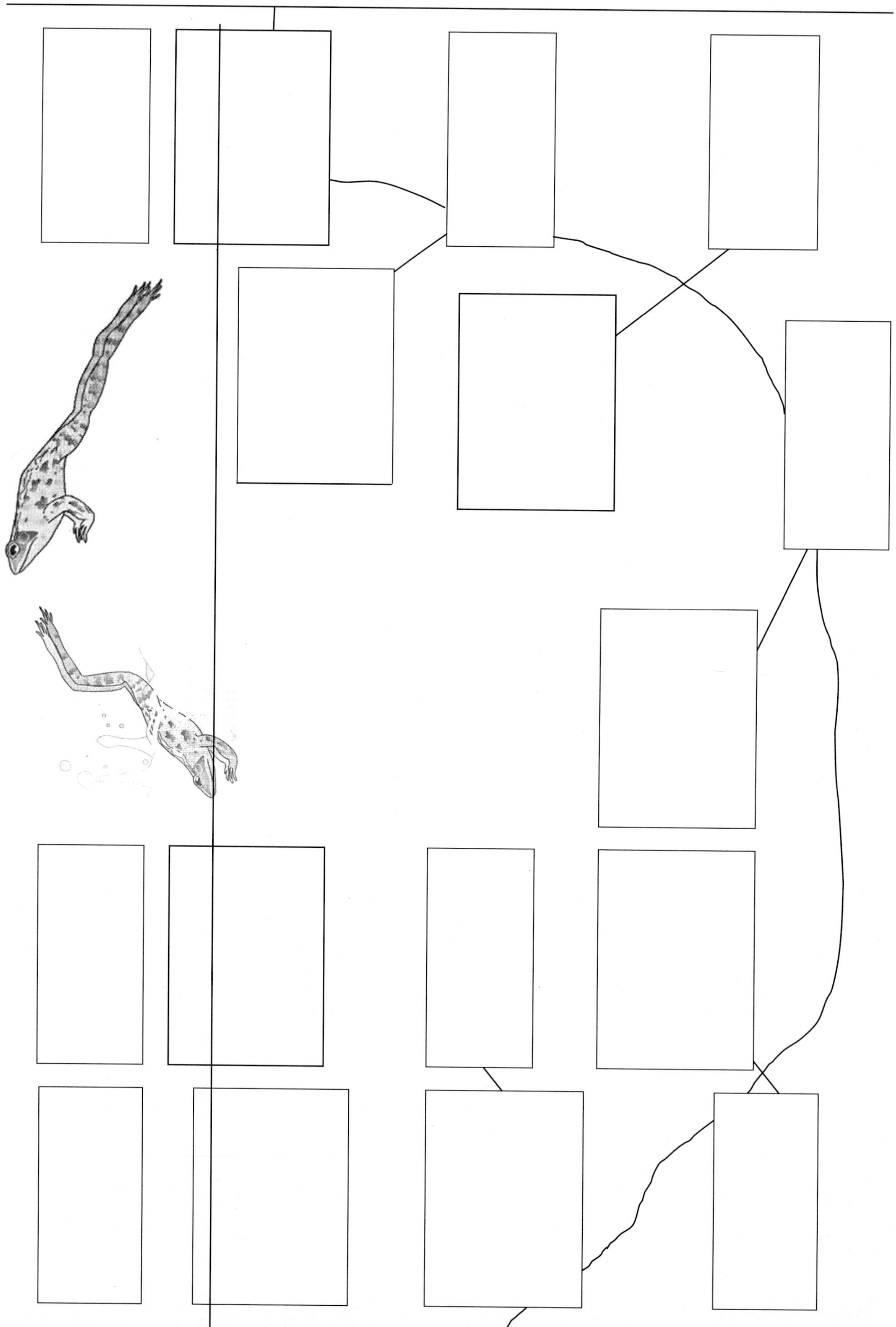

A **Arbeitsblatt Seite 129**

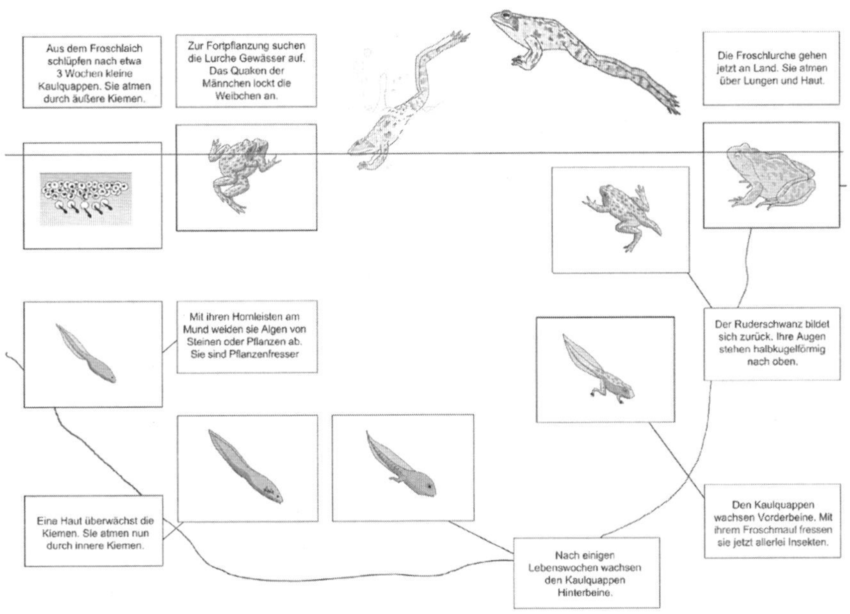

- - - ✂ -

Schneide die Bild- und Textkärtchen aus. Klebe sie geordnet in die Vorlage „Lurche – ein Leben in zwei Welten“ ein. So hast du eine vollständige Übersicht über die Entwicklung des Grasfrosches vom Ei (Laich) bis zum fertigen Lurch.

Aus dem Froschlaich schlüpfen nach etwa 3 Wochen kleine Kaulquappen. Sie atmen durch äußere Kiemen.	Den Kaulquappen wachsen Vorderbeine. Mit ihrem Froschmaul fressen sie jetzt allerlei Insekten.	Die Froschlurche gehen jetzt an Land. Sie atmen über Lungen und Haut.	Mit ihren Hornleisten am Mund weiden sie Algen von Steinen oder Pflanzen ab. Sie sind Pflanzenfresser
Nach einigen Lebenswochen wachsen den Kaulquappen Hinterbeine.	Eine Haut überwächst die Kiemen. Sie atmen nun durch innere Kiemen.	Zur Fortpflanzung suchen die Lurche Gewässer auf. Das Quaken der Männchen lockt die Weibchen an.	Der Ruderschwanz bildet sich zurück. Ihre Augen stehen halbkugelförmig nach oben.

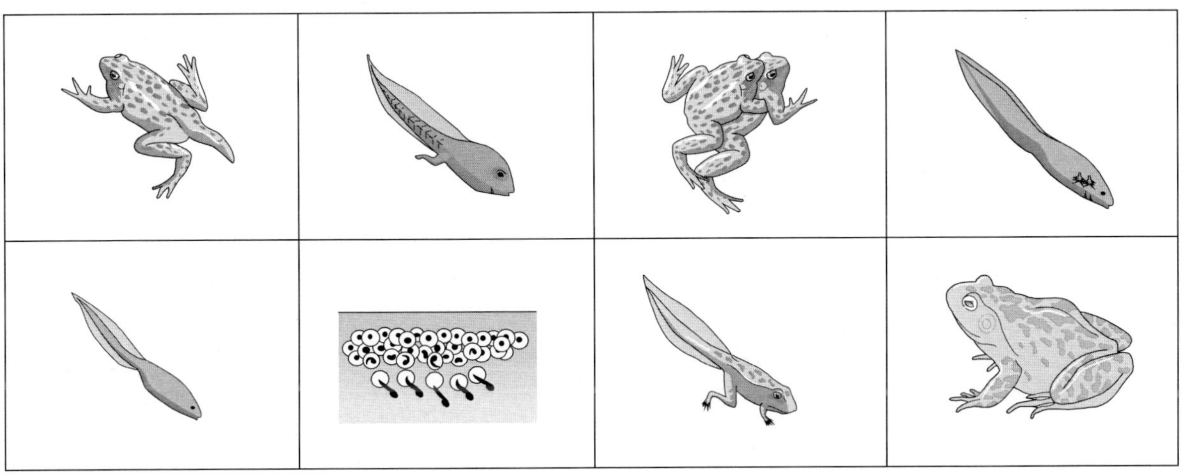

Der Bauplan der Froschlurche

A Arbeitsblatt Seite 131

1. a) Magen, b) Rückenmark, c) Gehirn, d) Herzvorkammer, e) Herzkammer, f) Lunge, g) Leber, h) Eierstock, i) Trichter des Eileiters, k) Niere, l) Kloake, m) Harnblase, n) Darm
2. a) Fingerknochen, b) Mittelhandknochen, c) Handwurzelknochen, d) Speiche, e) Elle, f) Oberarmknochen, g) Rippen, h) Beckengürtel, i) Schädel, k) Schultergürtel, l) Wirbelsäule, m) Oberschenkelknochen, n) Unterschenkelknochen, o) Zehenknochen, p) Mittelfußknochen, q) Fußwurzelknochen (verlängert)
3. Gemeinsamkeit: Vorhandensein sich entsprechender Knochen
   Unterschied: Knochen des Beinskeletts sind länger und stärker ausgebildet.

M Medienhinweise

FWU 42 01176 Entwicklung der Amphibien
FWU 42 01776 Grasfrosch
FWU 42 01638 Die Erdkröte – Laichwanderung und Schutz
FWU 42 01176 Entwicklung bei Amphibien

A Zusatzaufgaben

1. Stelle Unterschiede zwischen Kaulquappe und Frosch zusammen.
   Kaulquappe:
   - *ungegliederter Körper*
   - *Ruderschwanz, keine Beine*
   - *kleiner Mund mit Hornleisten*
   - *kleine Augen*
   - *Farbe: schwarz, später bräunlich mit kleinen, hellen Punkten*
   - *zuerst Kiemen-, später Lungenatmung*

   Frosch:
   - *Kopf und Hals abgegliedert vom Rumpf*
   - *kein Schwanz, zwei kurze Vorderbeine, zwei lange Hinterbeine*
   - *breites „Froschmaul“, Schleuderzunge*
   - *große, vorstehende „Froschaugen“*
   - *grün-braune Tarnfarbe*
   - *Lungenatmung beim Überwintern, Hautatmung*
2. Stelle in einer Tabelle Anpassungsmerkmale des Grasfrosches für das Land- und Wasserleben einander gegenüber.
   Landleben:
   - *lange Hinterbeine zum Springen*
   - *Trommelfell zum Hören, große Augen zur Rundumsicht*
   - *überwiegend Lungenatmung*
   - *Insekten und Schnecken als Beute*
   - *kann sich an Land nicht fortpflanzen*

   Wasserleben:
   - *Hinterbeine mit Schwimmhäuten*
   - *Augen und Nasenöffnungen ragen beim Schwimmen über das Wasser*
   - *überwiegend Hautatmung*
   - *nimmt aus dem Wasser keine Nahrung auf*
   - *äußere Befruchtung, Larve entwickelt sich im Wasser*

Z Unterschiede Lurche, Vögel und Säugetiere

	Lurche	Vögel	Säugetiere
Skelett	Kiefer mit kleinen Zähnen wenige Halswirbel kein Brustkorb Schwanzlurche mit Schwanz Froschlurche ohne Schwanz	Schädel mit Hornschnabel viele Halswirbel Brustkorb mit Brustbein Schwanz stets vorhanden	Kiefer mit großen Zähnen im Kiefer 7 Halswirbel Brustkorb mit flachem Brustbein Schwanz meist vorhanden
Innere Organe: Atmungsorgane Herz Öffnung der Ausscheidungsorgane	Larven: Außen- bzw. Innenkiemen erwachsene Tiere: meist einfache Lungen 3-kammrig Darm-, Harn- und Geschlechtswege münden in die Kloake	Sehr leistungsfähige Lunge mit Luftsäcken 4-kammrig Darm-, Harn- und Geschlechtswege münden in die Kloake	Leistungsfähige Lunge 4-kammrig Darm endet mit After, Harn- und Geschlechtswege getrennt
Körperbedeckung	Glatte, feuchte, wenig verhornte Haut mit vielen Drüsen Schleimhaut bei Larven	Verhornte Haut Federn als Hautausstülpungen nur eine Drüse (Bürzeldrüse)	Verhornte Haut Haare als Hautausstülpungen viele Drüsen

Der Bauplan der Froschlurche

Abb.1

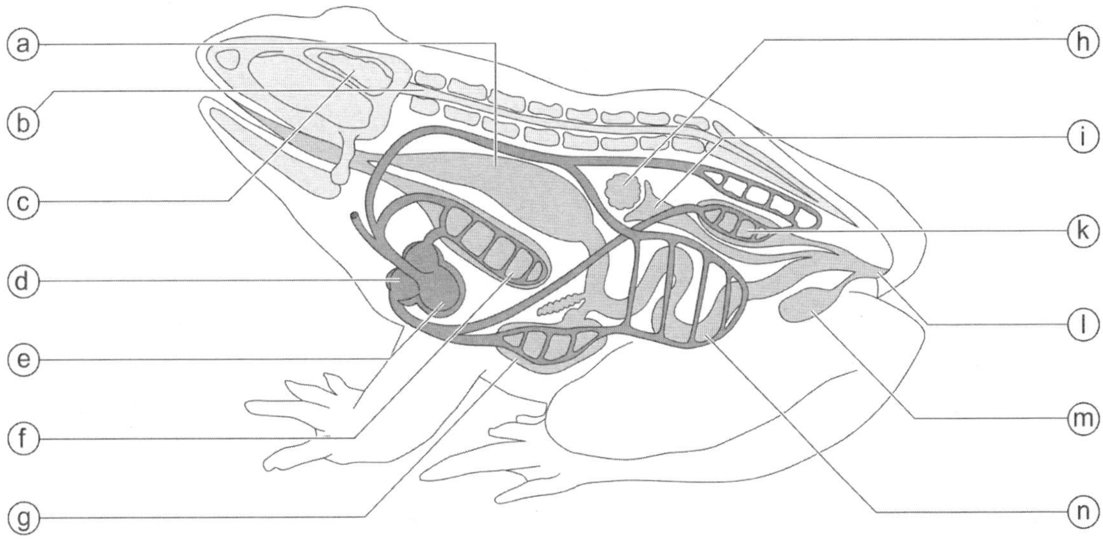

Abb.2

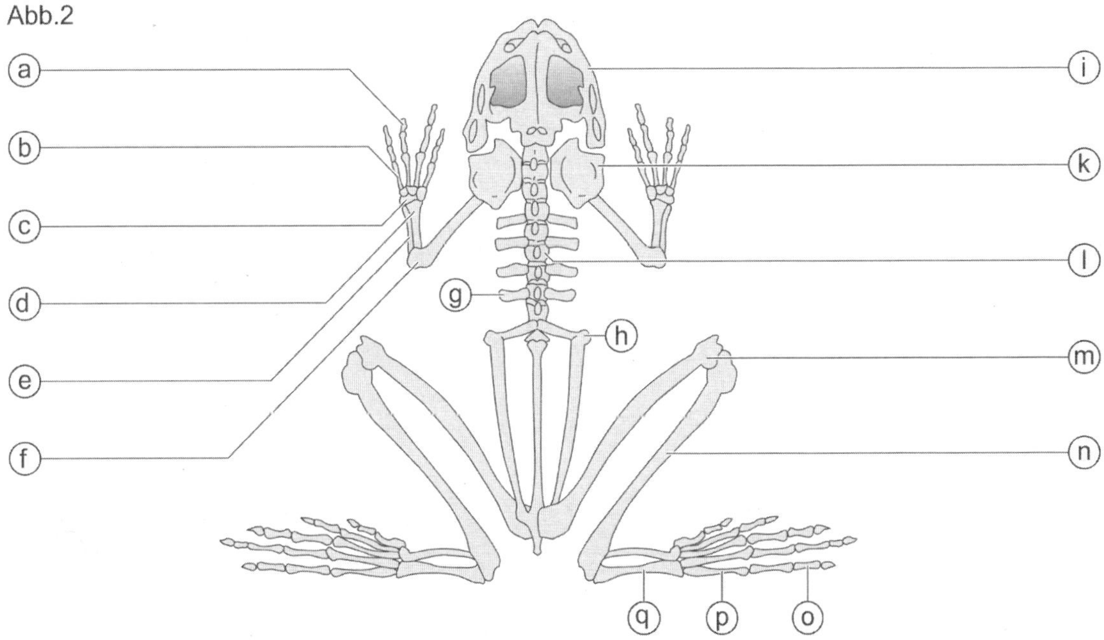

Aufgaben

1. Benenne in der Abbildung 1 die mit den Buchstaben a bis n gekennzeichneten inneren Organe.
2. Benenne die Skeletteile der Abbildung 2 und male die sich entsprechenden Knochen des Arm- und Beinskeletts mit gleichen Farben aus.
3. Vergleiche das Arm- und Beinskelett.

Grasfrosch und Erdkröte sind Froschlurche

Arbeitsblatt Seite 187

1. Frosch: Der Frosch hat in der „Normalhaltung“ die Hinterbeine angewinkelt. Beim Beutefang streckt er die Hinterbeine blitzschnell und drückt sich dabei vom Untergrund ab. Er springt der Beute entgegen. Gleichzeitig schnellt er seine klebrige Zunge, die im Maul sonst aufgerollt liegt, heraus.
   Kröte: Die Kröte stößt sich blitzschnell mit den Hinterbeinen ab, ohne jedoch den Boden zu verlassen. In dieser Vorwärtsbewegung streckt sich der Körper und mit dem aufgesperrten Mund schnappt die Kröte zu. Beide fixieren zunächst ihre Beute genau und fressen sie dann im Ganzen.
2. Kröten können ihre Beutetiere unterscheiden. Die Insekten schmecken wahrscheinlich unterschiedlich gut. Kröten sind lernfähig.
3. Die Kröte richtet sich auf und droht (keine Flucht).

Der afrikanische Krallenfrosch

Die Haut der Krallenfrösche ist seht glatt und mit vielen Schleimkanälen (Seitenlinienorgane) durchzogen. Sie leben ausschließlich im Wasser. Der Kopf ist sehr klein und abgeflacht. Auffallend sind die langen, schlanken Finger und die kräftigen Beine mir großen Füßen. Zwischen den Zehen der Füße befinden sich Schwimmhäute. Die inneren drei Zehen besitzen schwarze, scharfe Krallennägel.

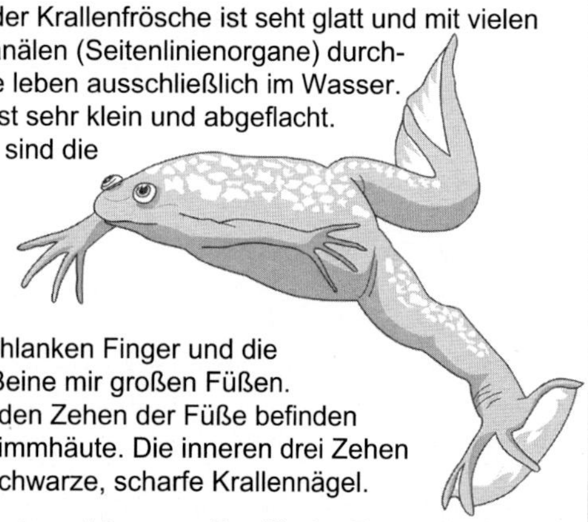

Krallenfrösche gehören zur Familie der Zungenlosen. Sie ergreifen ihre Nahrung mit den Händen oder mit den Händen und den Kiefern. Mit den Krallen der Hinterfüße zerreißen sie größere Beutetiere (z.B. Regenwürmer). In Gefangenschaft werden die sehr lebhaften Tiere schnell zahm. Die fresslustigen Frösche schnappen nach jedem Beutetier, das nicht zu groß ist.

Hinweise

Krallenfrösche können in Kleintierhandlungen oder direkt vom Züchter bezogen werden. Da diese Frösche ständig im Wasser leben, genügt ein ausreichend großes Aquarium zu ihrer Haltung (Landbereich nicht erforderlich).

Krallenfrösche kann man naturfarben und als Albinos bekommen. Sie eignen sich dadurch nicht nur sehr gut als Anschauungsobjekt für Schüler der 5. Klassen. In höheren Jahrgangsstufen kann man durch Kreuzung beider Varianten sehr gut die mendelschen Regeln ableiten. Laichen auslösend wirkt im Frühjahr das Absenken des Wasserspiegels im Aquarium und eine größere Temperaturveränderung.

Zuatzaufgaben und Lösungen

1. Erkläre, warum der Begriff „Amphibien“ sehr treffend für Lurche ist.
- *Das Leben der Lurche spielt sich im Wasser und auf dem Land ab.*
2. Die Amphibien im Erdzeitalter des Perm (vor ca. 270 Mio. Jahren) wurden bis zu zwei Meter lang und wogen teilweise mehrere Zentner. Welche klimatischen Bedingungen waren hierfür Voraussetzung?
- *Der Lebensraum muss feucht gewesen sein mit zahlreichen, sehr nährstoffreichen Gewässern, da sonst ein Überleben des Laiches und der Tiere selbst nicht möglich gewesen wäre.*
3. Beschreibe die Schwimmbewegung des Frosches und vergleiche sie mit dem Brustschwimmen des Menschen (s. Folienvorlage unten).
- *Der Frosch zieht zunächst seine Hinterbeine an und stößt sie dann kräftig gegen das Wasser ab. Dabei breitet er die Schwimmhäute aus. Durch die Vordergliedmaßen wird die Vorwärtsbewegung kaum unterstützt. Der Mensch führt diese Schwimmbewegung nicht nur mit den Beinen, sondern auch mit den Armen aus. Die Beinleistung ist vergleichsweise geringer, da keine Schwimmhäute vorhanden sind und die Beinmuskeln, relativ gesehen, schwächer sind.*

Medienhinweise

FWU 42 01695 Beutefangverhalten bei Wirbeltieren I
FWU 42 02089 Die Tiere mit der Zauberhaut
FWU 42 10249 Die Geburtshelferkröte

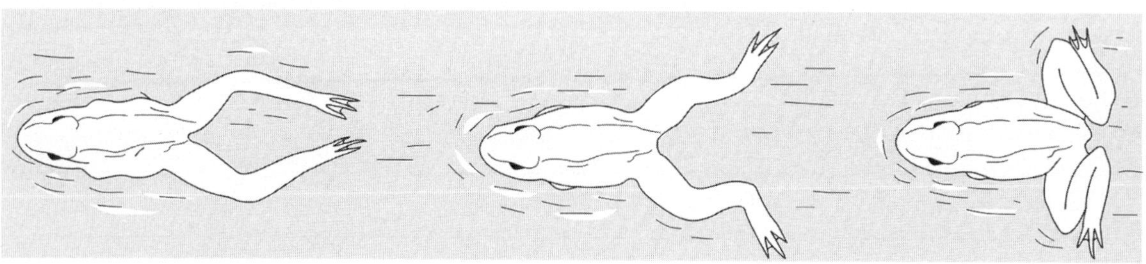

Froschlurche

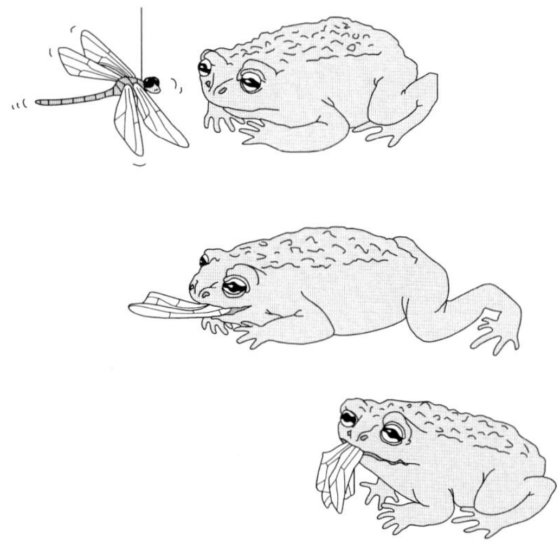

Aufgaben

1. Vergleiche den Beutefang bei Frosch und Kröte.

2. Beim Füttern von Kröten mit unterschiedlichen Insekten stellt man fest, dass einige Insektenarten bevorzugt gefressen werden. Bei weiteren Fütterungen wählen sie gezielt diese Tiere aus. Was schließt du aus dieser Tatsache?

3. Eine Kröte kann auch selbst Beute sein. Wie verhält sich eine Kröte, wenn sie einem Feind gegenübersteht? Antworte mithilfe der Abbildung.

Feuersalamander und Kammolch sind Schwanzlurche

Arbeitsblatt Seite 135

1. Einzutragen sind:
   A Lurche
   B Froschlurche C Schwanzlurche
   D Frösche E Kröten F Unken G Molche
   H Salamander I Olme
2. A: Geburtshelferkröte,
   B: Teichmolch
3. Der Grasfrosch hat die gleiche Färbung wie seine Umgebung, wodurch er von Feinden nicht gesehen wird (Tarnfärbung).
   Der Feuersalamander signalisiert mit seinen Leuchtfarben seine Giftigkeit.

Zusatzaufgaben

Nenne Unterschiede in Fortpflanzung und Entwicklung von Frosch- und Schwanzlurchen.

Froschlurche:
Partnerfindung: Männchen klammert sich an Weibchen, sobald dieses in seiner Nähe ist. (Schon an Land: wird oft ins Wasser getragen)
Befruchtung: Weibchen gibt Laich ab, der vom Männchen etappenweise außerhalb des Körpers befruchtet wird.
Larvenentwicklung: Hinterbeine entwickeln sich vor den Vorderbeinen.
Erwachsene Tiere: Schwanz nicht mehr vorhanden.

Schwanzlurch:
Partnerfindung; Männchen erkennt Weibchen am Duft und präsentiert ihm seine Duftstoffe; Weibchen folgt dem männlichen Duft.
Befruchtung: Weibchen veranlasst Männchen ein Spermienpaket abzugeben, das das Weibchen mit der Kloake aufnimmt (Befruchtung innen).
Larvenentwicklung: Vorderbeine entwickeln sich vor den Hinterbeinen.
Erwachsene Tiere: Schwanz zeitlebens vorhanden

Froschlurche und Schwanzlurche

Froschlurch

- Körperform: gedrungener Körper, kein Schwanz; 4 kräftige Beine, Hinterbeine deutlich länger als Vorderbeine
- Skelett: wenig Wirbelknochen; sehr lange Beckenknochen; sehr lange Mittelfuß- und Zehenknochen an den Hinterbeinen; Beinskelett der Hinterbeine länger als der Rumpf
- Fortbewegung: an Land: Frösche springen, Kröten krabbeln; im Wasser: Schwimmen mit Hinterbeinen (wie Brustschwimmer)
- Larven: Kaulquappen sind Larven mit ovalem Körper und großem Ruderschwanz; bei der Metamorphose entwickeln sich zuerst die Hinterbeine, dann die Vorderbeine

Schwanzlurche

- Körperform: länglicher Körper mit Schwanz; 4 kurze Beine
- Skelett: viele Wirbelknochen; kleine Becken; Skelette der Vorder- und Hinterbeine ohne besondere Größenunterschiede; Beinskelette wesentlich kürzer als der Rumpf
- Fortbewegung: an Land: schlängelndes Krabbeln mit seitlich abgespreizten Beinen; im Wasser: schlängelndes Schwimmen beim Molch
- Larve: von länglicher Gestalt, Körper verjüngt sich zum Schwanz hin; bei der Metamorphose entwickeln sich zuerst die Vorderbeine, dann die Hinterbeine.

Die größten heute lebenden Salamander sind die sehr seltenen Riesensalamander (1,5 m), die in chinesischen und japanischen Gewässern leben. Die größten landlebenden Salamander sind maximal 38 cm groß.

Einige Salamander gehen zum Laichen selbst nicht mehr ins Wasser, geben aber ihre Eier und Larven ins Wasser ab. Andere Arten sind zeitlebens im Wasser oder vollständig an Land, wo auch die Eiablage und Larvenentwicklung stattfindet.

Arten wie der Kleinasiatische Salamander oder der Alpensalamander sind lebendgebärend. Die Weibchen produzieren ca. 30 Eier, aus denen sich durch Eikannibalismus ein bis zwei Jungtiere im Körper der Weibchen entwickeln. Die Trächtigkeit kann dabei bis 30 Monate sein, denn diese Lurche machen mehrere Ruhepausen, bedingt durch die ungünstigen klimatischen Verhältnisse, durch.

Der Axolotl ist einer der Schwanzlurche, die aufgrund klimatischer und hydrochemischer Faktoren gezwungen sind, ständig im Wasser zu leben. Auch erwachsene Tiere haben Larvenmerkmale, wie Außenkiemen. Diese Erscheinung ist als Neotenie bekannt. Die Larven entwickeln sich nur dann zu vollständigen landlebenden Lurchen, wenn das Gewässer austrocknet, sich klimatische Faktoren oder die Wasserqualität verändern.

Salamander bewohnen fast ausnahmslos kühl-feuchte Biotope. In warmen Gegenden sind sie in größeren Höhlen, schattigen Tälern und tiefen Seen anzutreffen.
Der Name „Salamander" kommt aus dem Griechischen und bedeutet „Tier der Feuers". Vermutlich ist er entstanden, als gesammeltes Holz, in dem sich die Tiere versteckt hatten, angezündet wurde.

Weltweit gibt es 310 Arten Schwanzlurche, fast nur auf der Nordhalbkugel.

Lurche

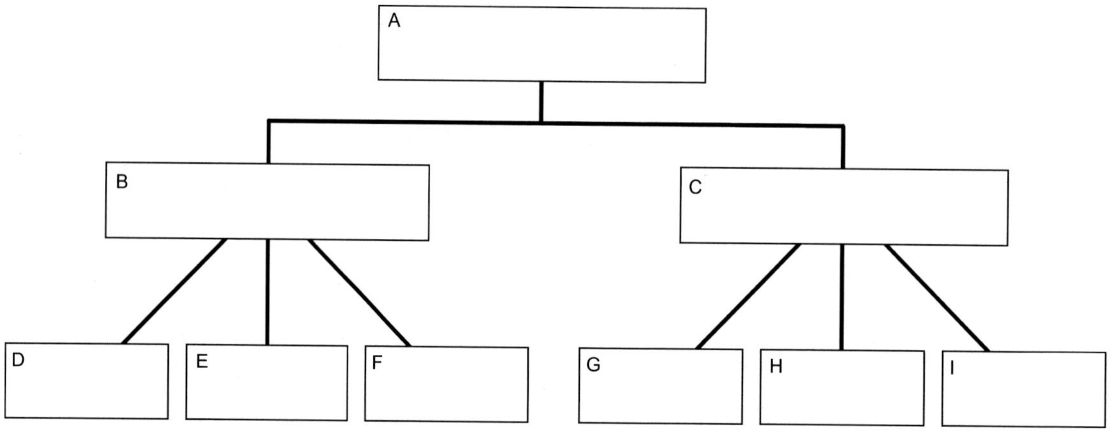

1. Ordne die folgenden Begriffe sinnvoll in die obere Übersicht ein:
   Kröten, Lurche, Olme, Frösche, Unken, Molche, Schwanzlurche, Froschlurche, Salamander.

Wer bin ich? **A**

Größe: 5,5 cm

Pupille: senkrecht

Farbe: asch- bis silbergrau

Aktivität: nachts

Fortpflanzung: Männchen trägt zwei Monate nach der Paarung die Laichschnüre um die Hinterbeine gewickelt.

Ruf: wie Glockengeläut

Wer bin ich? **B**

Größe: 9,5 bis 11 cm

Alter: bis 30 Jahre

Farbe: lehmfarben, olivgrün bis braunschwarz; Unterseite weißlich bis orange mit runden Flecken

Aktivität: bis Juli im Wasser, danach auf dem Land

Fortpflanzung: 100 bis 250 Eier werden im Wasser abgelegt.

2. Finde mithilfe deines Buches heraus, welche Lurche in den beiden Steckbriefen beschrieben sind.

   A: ______________________ B: ______________________

3. Erkläre am Beispiel von Grasfrosch und Feuersalamander die Begriffe „Tarnfärbung" und „Warnfärbung".

   ____

   ____

Wir bestimmen Lurche

A **Arbeitsblatt Seite 137**

Die abgebildeten Lurche können mithilfe von Materialien bestimmt werden, die die Schüler selbst beschafften. Ihnen kann aber auch der Schlüssel auf den Seiten 138/139 an die Hand gegeben werden.

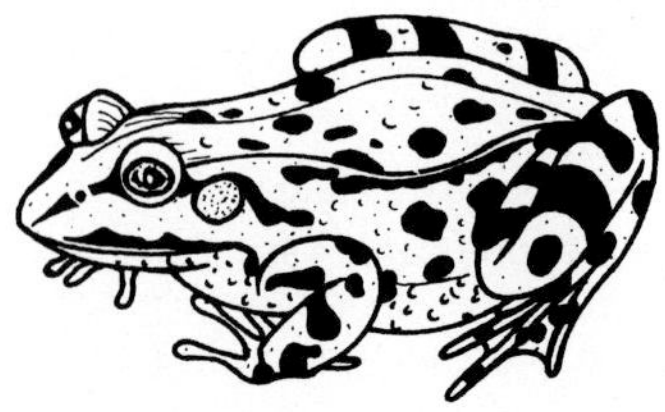

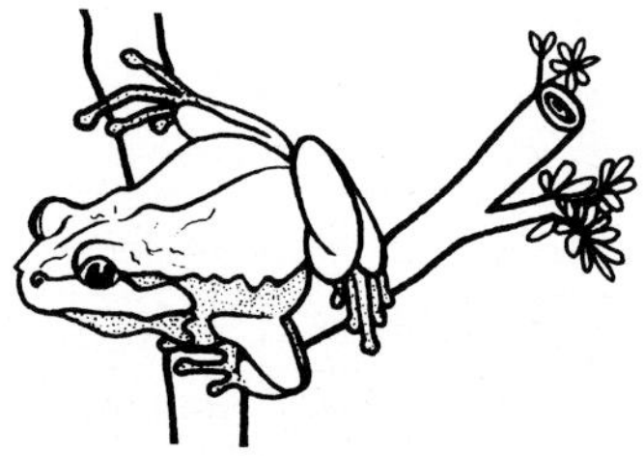

Wasserfrosch	Grasfrosch	Laubfrosch

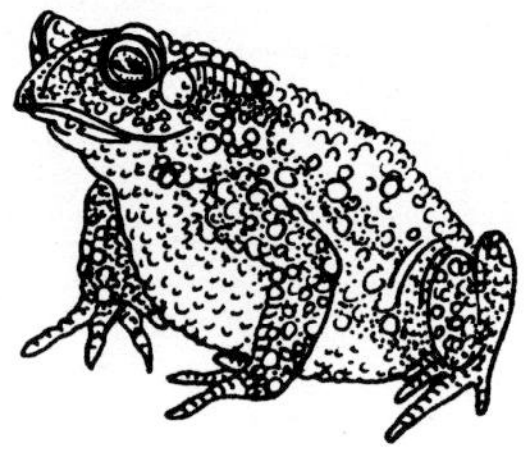

Erdkröte	Wechselkröte	Geburtshelferkröte

Unke (Gelbbauchunke)	Feuersalamander	Fadenmolch

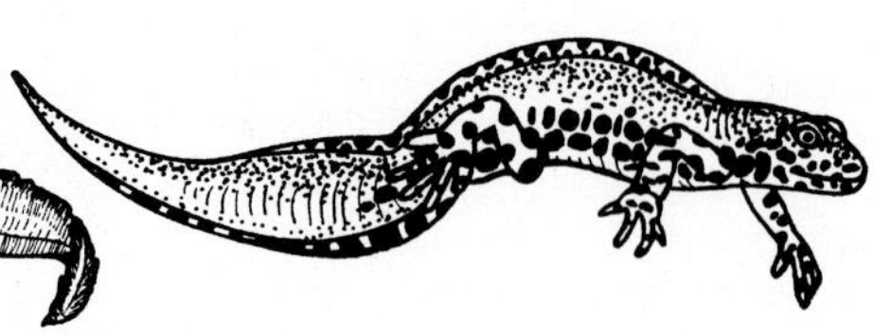

Kammmolch	Bergmolch	Teichmolch

Wir bestimmen Lurche

Versuche die abgebildeten Lurche zu bestimmen. Nimm einen Bestimmungsschlüssel oder eine Bestimmungstabelle zu Hilfe, evtl. auch ein Bestimmungsbuch. Setze die Namen ein.

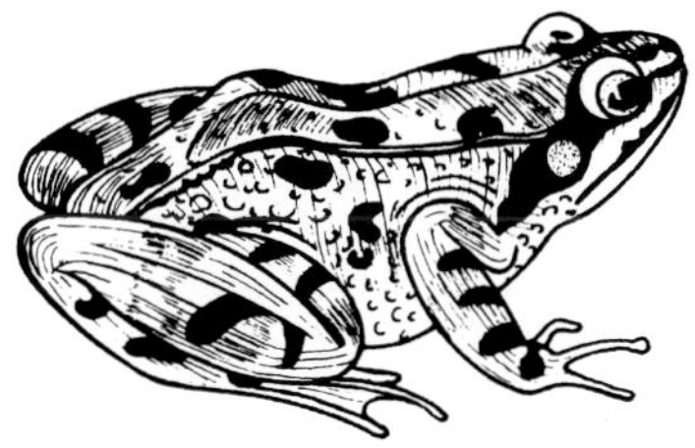

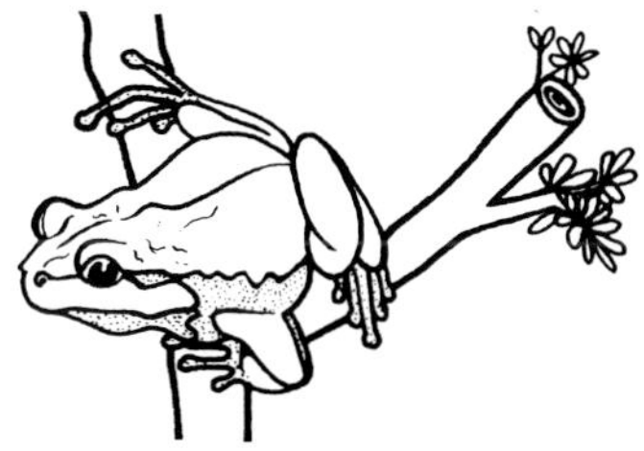

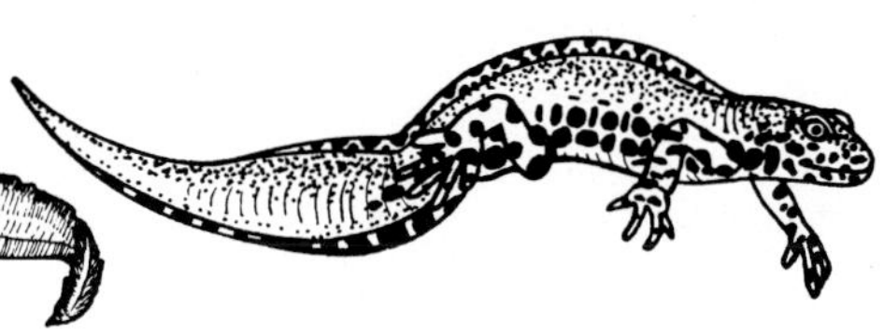

Bestimmungsschlüssel Lurche I

Siehst du einen Lurch und willst wissen, wie er heißt, kannst du diesen Bestimmungsschlüssel benutzen. Beginne links oben und folge den Pfeilen. An jeder Verzweigung musst du dein Tier anschauen und seine Kennzeichen mit den im Schlüssel genannten vergleichen. Dann findest du leicht heraus, welchen Weg du weitergehen musst. Schließlich gelangst du zum Namen der Art.

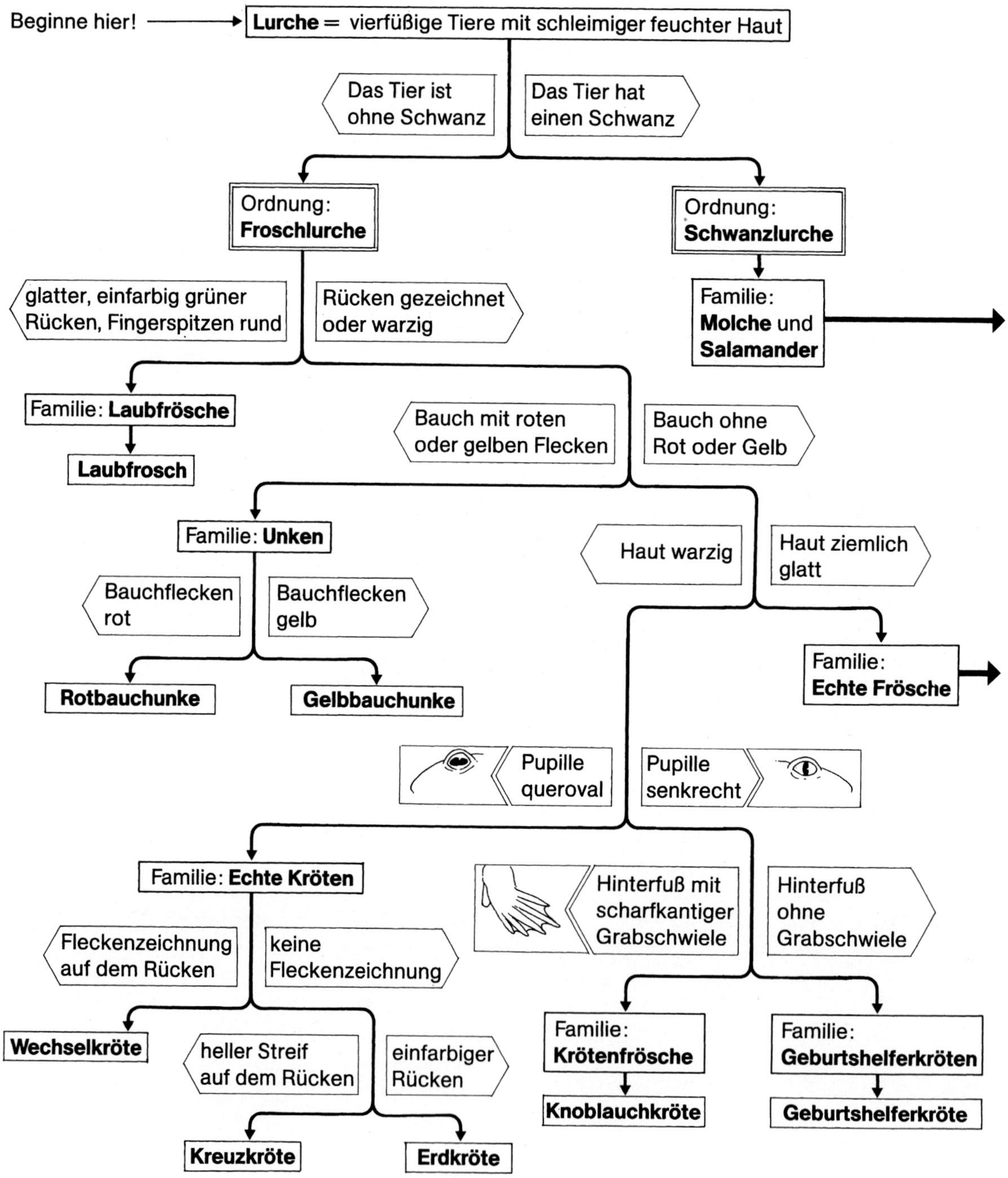

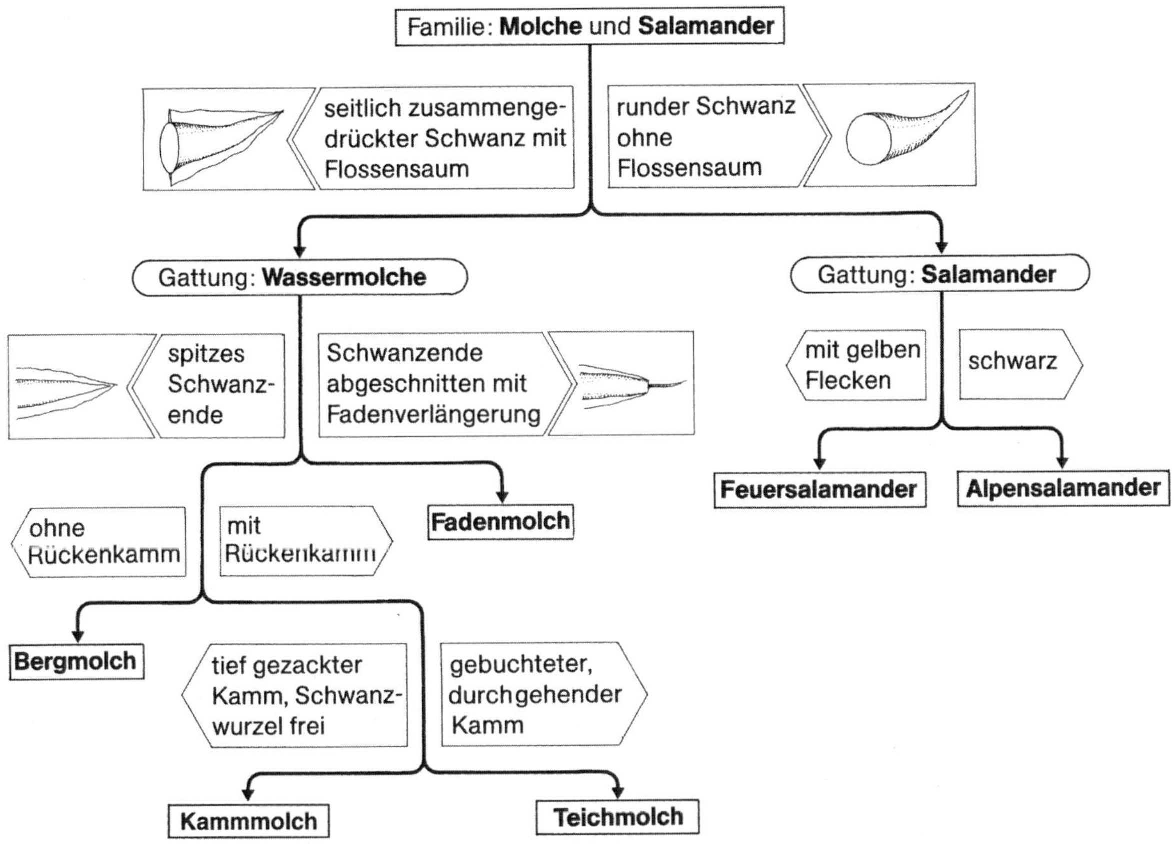
Familie: Molche und Salamander
seitlich zusammengedrückter Schwanz mit Flossensaum
runder Schwanz ohne Flossensaum
Gattung: Wassermolche
Gattung: Salamander
spitzes Schwanzende
Schwanzende abgeschnitten mit Fadenverlängerung
mit gelben Flecken
schwarz
Feuersalamander
Alpensalamander
ohne Rückenkamm
mit Rückenkamm
Fadenmolch
Bergmolch
tief gezackter Kamm, Schwanzwurzel frei
gebuchteter, durchgehender Kamm
Kammmolch
Teichmolch

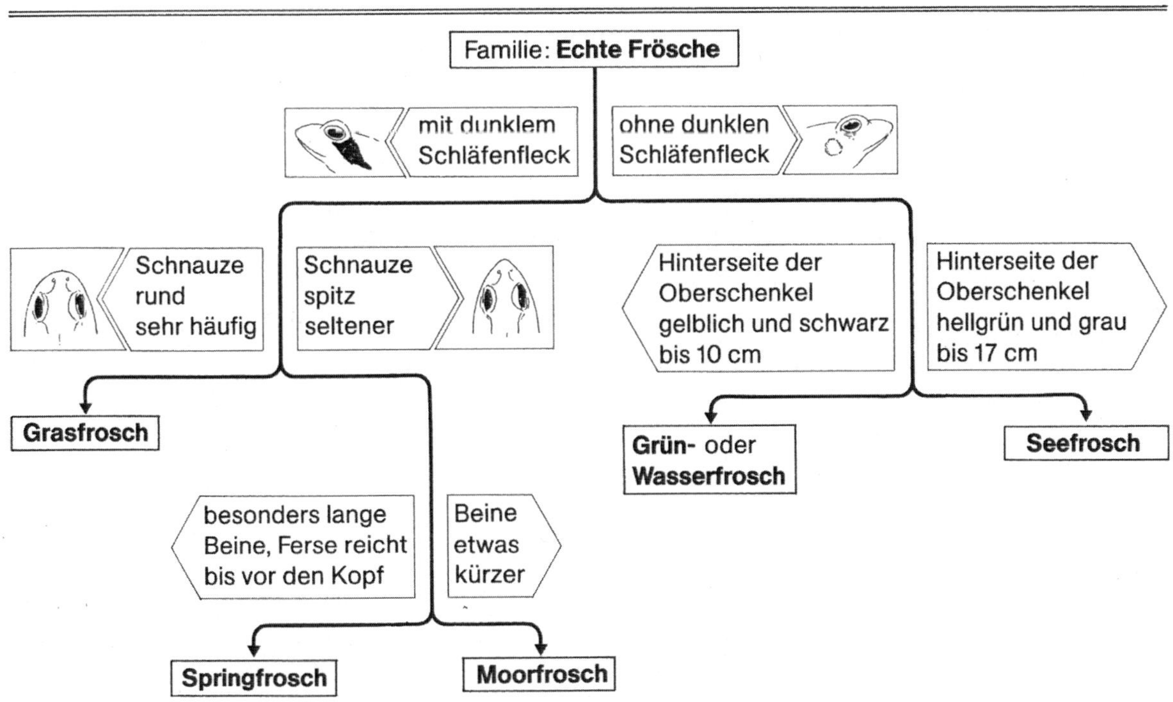
Familie: Echte Frösche
mit dunklem Schläfenfleck
ohne dunklen Schläfenfleck
Schnauze rund sehr häufig
Schnauze spitz seltener
Hinterseite der Oberschenkel gelblich und schwarz bis 10 cm
Hinterseite der Oberschenkel hellgrün und grau bis 17 cm
Grasfrosch
Grün- oder Wasserfrosch
Seefrosch
besonders lange Beine, Ferse reicht bis vor den Kopf
Beine etwas kürzer
Springfrosch
Moorfrosch

A Arbeitsblatt Seite 141

1. Die Kreuzotter bewegt sich nicht, beobachtet aber die Maus. Ist die Maus nahe genug, schnappt sie zu. die Giftzähne stechen dabei in die Beute. Die Schlange zieht sich gleich danach zurück. Nach kurzer Flucht bleibt die Maus vergiftet liegen und wird von der Schlange verzehrt.
2. Zwischen Schädelknochen und Giftzähnen bestehen Verbindungen über Gelenke. Beim Öffnen des Mauls schiebt sich der Giftzahn heraus, wenn der obere Teil des Schädels zurückgezogen wird.

A Arbeitsblätter Seite 142 und 143

Die beiden Arbeitsblätter können als Minigruppenpuzzle genutzt werden. Man bildet dazu Vierergruppen, die anschließend in zwei Zweiergruppen geteilt werden. Die Zweiergruppen erhalten unterschiedliche Arbeitsblätter – Kreuzotter und Ringelnatter – und bearbeiten die Aufgaben bis zur vorletzten Aufgabe. Die letzte Aufgabe wird wieder in der Vierergruppe bearbeitet, wobei jede Zweiergruppe die andere über ihre Schlange informiert.
Die Texte sind recht einfach gehalten, damit eine Bearbeitung in Gruppenarbeit während einer Unterrichtsstunde möglich ist. Für die Bearbeitung der Frage 3 ist eine Farbabbildung der jeweiligen Schlange in Form einer Wandtafel oder einer Folie sinnvoll. Lässt man die letzte Aufgabe weg, so ist jedes Arbeitsblatt für sich zu verwenden.

Arbeitsblatt Seite 142: Die Ringelnatter

1. Feuchtgebiete aller Art: Feuchtwiesen, naturnahe Tümpel, Weiher, Wassergräben, Seeufer sowie langsam fließende Flüsse. Damit sich die Ringelnatter wohlfühlt, benötigt sie eine starke Ufervegetation aus Röhricht, Schilf und Gräser.
2. Igel, Marder, Greifvögel, Reiher und Störche.
   Zusätzlich sind Laufkäfer, Ratten, Dachs und Wiesel insbesondere für Jungtiere und Alttiere im Winterschlaf gefährlich. Zur Abwehr von Feinden kann die Ringelnatter laut zischen. Kommt ein Feind zu nahe, stellt sie sich tot. Wird sie ergriffen, so verspritzt sie eine überriechende Flüssigkeit.
3. Die Ringelnatter besitzt eine starke Schwarzfärbung etwas hinter den Augen gelegen, dazwischen ein hellgelber Fleck in Form eines Halbmondes, der bis in den Nacken reicht. Die Pupillen des Tieres sind rund.
4. Die Ringelnatter versucht die Beute zu greifen und festzuhalten. Sie schluckt das Beutetier ganz und noch lebend.

Zusatzinfo: Der Rückgang der Feuchtgebiete bewirkte, dass die Ringelnatter auf der roten Liste der gefährdeten Tiere steht. In manchen Bundesländern hat sie inzwischen den Status „stark gefährdet“. Sie ist durch das Bundesnaturschutzgesetzt geschützt und darf nicht verfolgt werden.

Arbeitsblatt Seite 143: Die Kreuzotter

1. Man findet die Kreuzotter am Waldrand, auf Heideflächen oder Geröllhalden, wo sich genügend Versteckmöglichkeiten bieten.
2. Fressfeinde: Igel, Raben, Greifvögel, Störche und Wildschweine, aber auch Iltis, Steinmarder und Fuchs
3. Auf dem Kopf befindet sich eine kreuzähnliche Zeichnung (Name), die Augenumgebung ist dunkel gefärbt und die Pupillen sind zu Schlitzen verformt.
4. Die Kreuzotter lauert auf ihre Beute oder streift langsam umher. Ist sie der Beute sehr nahe, wirft sie ihren Vorderkörper dem Beutetier entgegen und injiziert ihm mit den Giftzähnen ihr Gift. Das Beutetier flüchtet. Nach einer gewissen Zeit bekommt es Atemschwierigkeiten und verendet. Dies kann bei Mäusen zwischen 5 Sekunden und 14 Minuten dauern. Die Kreuzotter nimmt züngelnd die Spur der Beute auf und verschluckt sie ganz. Dieser Vorgang dauert bei Mäusen 4-10 Minuten.
5. Zusätzliches Unterscheidungsmerkmal: Die Kreuzotter hat eine kurze und abgerundete Schnauze, während die Ringelnatter eine lange und spitze Schnauze besitzt.

Zusatzinfo: Die Kreuzotter steht unter Naturschutz. Sie gilt in Deutschland als „sehr gefährdet“, in manchen Bundesländern gilt sie als „vom Aussterben bedroht“. Auch hier führte vor allem die Beseitigung der typischen Lebensräume (strukturierte, ruhige Gebiete mit Möglichkeiten zum Sonnenbad) zum Rückgang der Art. Für Kreuzottern wurden in früheren Jahren Fangprämien ausgesetzt. Auch heute noch werden diese Giftschlangen von Wanderern erschlagen.

Z Mythos Schlange

In der ägyptischen Mythologie mussten sich Verstorbene den Angriffen des Schlangengottes Apophis erwehren, der die Seelen in der Unterwelt behelligte.

Eine germanische Sage berichtet von der Midgardschlange, die die Verkörperung des erdumschlingenden Weltmeeres ist. Als Feind der Götter liegt sie im Meer und greift von dort alle Schiffe an, in denen sich Abtrünnige befinden. Germanische Geschichten erzählen auch von Hausgeistern in Schlangengestalt. Nach böhmischem Glauben wird z. B. die Hausfrau sterben, wenn die weibliche „Hausschlange“ stirbt. Dies soll entsprechend auch für alle anderen Familienmitglieder gelten.

Viele preußische Haushalte hielten sich früher Schlangen, die einmal im Jahr mit Nahrung aus ihrem Versteck gelockt wurden. Blieben die Schlangen, die sich ansonsten von Mäusen, Opfergaben u. ä. ernährten, aus oder ließen sie die Speisen unberührt, bedeutete dies Unglück für das kommende Jahr.

Die Azteken in Mexiko huldigten einem Schlangengott, der an jedem Körperende einen Kopf besaß. Noch heute tanzen die Hopi-Indianer den Schlangentanz, um die Regengötter zu besänftigen, damit die Ernte gut ausfällt. Dabei tanzen die Priester mit Klapperschlangen, was durch deren vielfältige Aktivitäten nicht immer ganz ungefährlich aussieht. Zu einem Giftbiss kann es jedoch nicht kommen, da den Schlangen vor dem Tanz die Gift- und Reservezähne ausgebrochen werden.

M Medienhinweise

FWU 42 10365 Die Kreuzotter
FWU 42 00236 Die Ringelnatter
FWU 42 02236 Der kurze Sommer der Äskulapnatter

Zum Beutefang der Kreuzotter

Einige große Schlangen töten ihre Beute, indem sie die Tiere mit ihrer starken Muskulatur immer enger umschlingen. Die Kreuzotter, die eine Giftschlange ist, hat eine andere Taktik: sie ist ein Lauerjäger. Nach dem Biss verfolgt sie die Beute.

Aufgaben

1. Ergänze die Beschreibung der Jagdmethode.

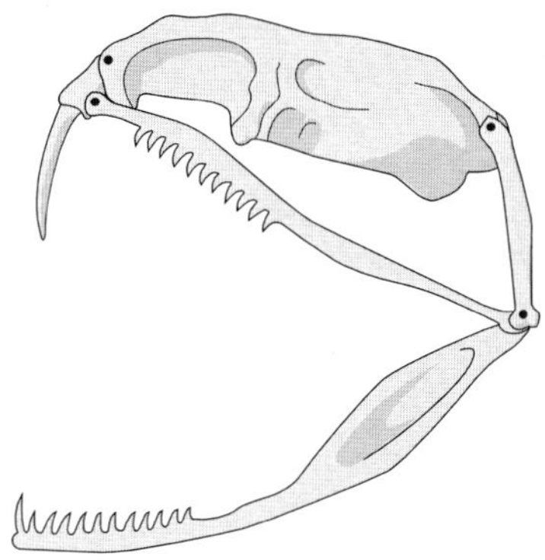

2. Erkläre mithilfe der Abbildung das Herausklappen der Zähne.

3. Baue ein Funktionsmodell des Kopfskeletts der Kreuzotter, um deine Lösung zu Aufgabe zwei zu überprüfen. Nutze dazu die Abbildung oben als „Bauzeichnung". Schneide alle Einzelteile unten sorgfältig aus. An den markierten Punkten müssen die Einzelteile beweglich miteinander verbunden werden (z. B. mit Musterklammern oder Druckknöpfen). Um die Klammern anbringen zu können, muss die Vorlage auf mindestens das Doppelte vergrößert werden. Es empfiehlt sich Pappe zur Verstärkung unter die Teile zu kleben.

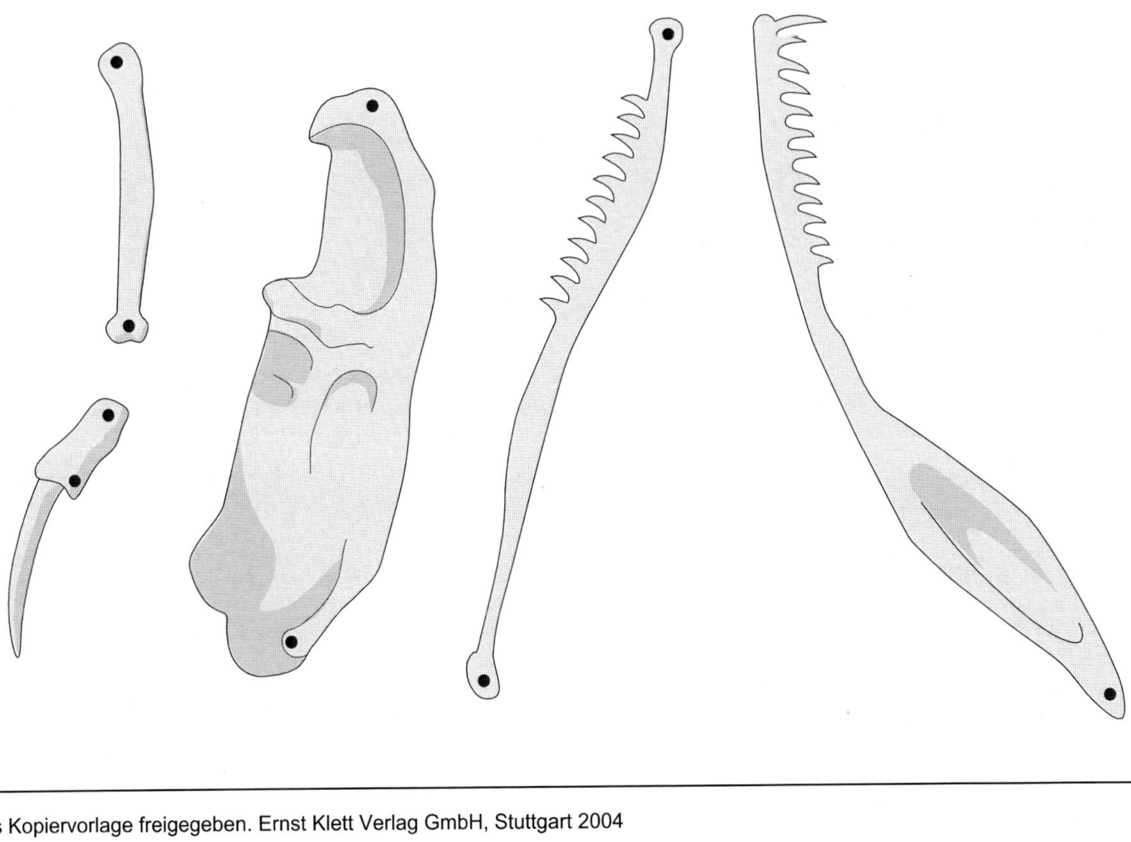

Einheimische Schlangen: Die Ringelnatter

Ich bin eine Ringelnatter. Wenn du mit mir ein bisschen in meinem Lebensraum herumstreifen möchtest, solltest du dir Gummistiefel anziehen, denn ich fühl mich in der Nähe eines Gewässers am wohlsten. Im umliegenden Schilf oder Gras gehe ich auf Jagd. Meine Lieblingsbeute sind Frösche. Komme ich in ihre Nähe, so springen sie im hohen Bogen ins Wasser. Schnell gleite ich die Uferböschung hinunter und verfolge sie, denn ich bin eine ausgezeichnete Schwimmerin. Manchmal schnappe ich diese flinken Tiere, in dem ich an sie herantauche. Und sollte ich einmal keinen Frosch erbeuten, so jage ich andere Tiere meines Lebensraumes: Kröten, Molche oder manchmal auch kleinere Fische. Einmal gepackt, gibt es für meine Beute kein Entkommen. Ich schleppe sie an Land und verschlinge das Tier ohne es zu zerkauen.
Dies ist nur deshalb möglich, weil mein Maul und Magen äußerst dehnbar sind und meine Rippen extrem weit auseinander gebogen werden können.
Wenn ich nicht ständig aufpasse, so ist es auch um mich geschehen: Igel und Marder lauern mir an Land auf. Aber vor allem für Greifvögel, Reiher und Störche bin ich eine beliebte Mahlzeit.

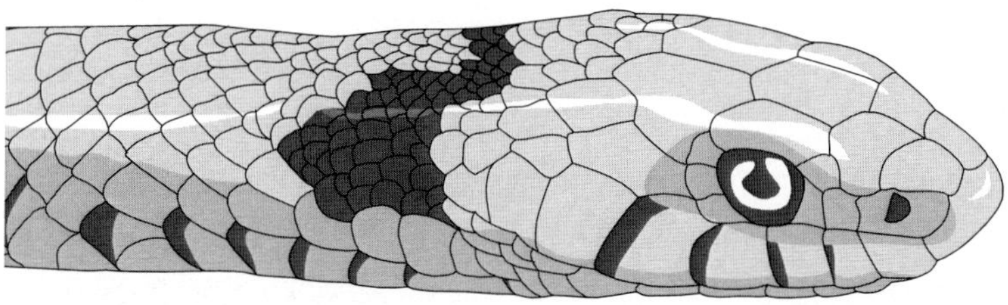

Wenn wir uns in Natur begegnen würden, so würden wir beide uns wohl erschrecken. Aber keine Angst, ich bin nicht giftig, wie immer wieder einige Menschen meinen. Am besten, wir lassen uns gegenseitig in Ruhe.

Aufgaben

Lies den Text aufmerksam durch und bearbeite danach die folgenden Arbeitsaufträge.

1. Beschreibe kurz den Lebensraum der Ringelnatter.
2. Welche Feinde hat diese Schlange?
3. Beschreibe den Kopf der Schlange und achte dabei auf folgende Merkmale: Muster am Kopf und Pupillenform. (Falls du die Möglichkeit hast, schaue in einem Bestimmungsbuch nach, ob die Ringelnatter am Kopf gefärbt ist)
4. Beschreibe die Art und Weise, wie die Ringelnatter Jagd macht.
5. Teile deine Ergebnisse deinem/n Teamkollegen mit und erstellt eine Vergleichstabelle für Ringelnatter und Kreuzotter nach folgenden Unterscheidungsmerkmalen: Lebensraum, Feinde, Muster am Kopf, Jagdmethode. Versucht durch Vergleich der beiden Abbildungen noch weitere Unterscheidungsmerkmale beim Kopfmuster herauszufinden

Einheimische Schlangen: Die Kreuzotter

Ich bin eine Kreuzotter. Die meisten von euch hätten ganz schön Angst, wenn wir uns am Waldrand, auf der Heide oder auf einem Geröllhang begegnen würden. Und das nicht ohne Grund, denn ich gehöre zu einer der wenigen Giftschlangenarten in Deutschland. Aber wenn ihr mich nicht in die Enge treibt oder ärgert, ziehe ich mich sofort ins Gestrüpp oder unter Steine zurück. Der frühe Morgen ist überhaupt nicht meine Zeit, da werden mich einige von euch sehr gut verstehen. Aber das liegt nicht an der Müdigkeit, sondern an der Nachtkälte. Langsam und träge krieche ich morgens auf einen Stein, der bereits von der Sonne beschienen wird und „tanke“ Sonnenstrahlen. Nach diesem Sonnenbad fühle ich mich fit für das anschließende „Frühstück“. Auf meinem Streifzug bemerke ich in der Nähe eine Maus. Ich bleibe regungslos liegen. Kommt sie nahe genug an mich heran, so schnelle ich blitzschnell hervor und verabreiche ihr mein Gift mit den Giftzähnen. Sie versucht zwar noch davon zu rennen, doch das Gift wirkt schnell. Mit meinem guten Geruchssinn finde ich sie überall. Wir Kreuzottern kauen unsere Beute nicht, sondern schlucken sie ganz hinunter. Den Rest erledigen unsere wirkungsvollen Verdauungssäfte. Und sollte ich einmal keine Maus erwischen, so sind auch Frösche oder Eidechsen auf meiner Speisekarte willkommen. Andere Tiere sind mir hingegen überhaupt nicht willkommen: Igel, Raben, Greifvögel, ja sogar Störche und Wildschweine sind eine ständige Bedrohung für mich.

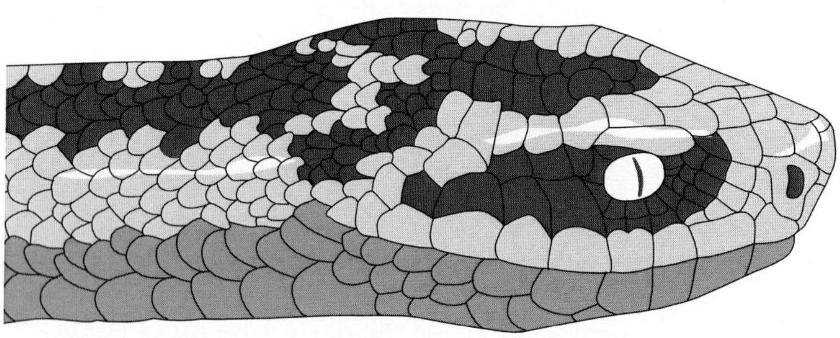

Aufgaben

Lies den Text aufmerksam durch und bearbeite danach die folgenden Arbeitsaufträge.

1. Beschreibe kurz den Lebensraum der Kreuzotter.

2. Welche Feinde hat diese Schlange?

3. Beschreibe den Kopf der Schlange und achte dabei auf folgende Merkmale: Muster am Kopf und Pupillenform.

4. Beschreibe die Art und Weise, wie die Kreuzotter Jagd macht.

5. Teile deine Ergebnisse deinem/n Teamkollegen mit und erstellt eine Vergleichstabelle für Ringelnatter und Kreuzotter nach folgenden Unterscheidungsmerkmalen: Lebensraum, Feinde, Muster am Kopf, Jagdmethode. Versucht durch Vergleich der beiden Abbildungen noch weitere Unterscheidungsmerkmale beim Kopfmuster herauszufinden.

Von Echsen und Lurchen

Arbeitsblatt Seite 145

1. Bestimmungsschlüssel einheimischer Eidechsen, z. B.:

1	Länge unter 30 cm	**2**
1*	Länge über 30 cm	**4**
2	Halsband mit glattem Hinterrand	**Mauereidechse**
2*	Halsband mit gesägtem Hinterrand	**3**
3	10 Längsreihen schmaler Schuppen	**Zauneidechse**
3*	höchstens 2 Längsreihen schmaler Schuppen	**Wald- oder Bergeidechse**
4	2 Paar Gliedmaßen	**Smaragdeidechse**
4*	ohne Gliedmaßen	**Blindschleiche**

2. 1) Blindschleiche, 2) Wald- oder Bergeidechse, 3) Zauneidechse, 4) Smaragdeidechse, 5) Mauereidechse

Farbwechsel bei Reptilien

Einige Reptilien können mehr oder weniger schnell ihre Farbe verändern. Dieser Farbwechsel erfolgt durch Lageverschiebung der Chromatophoren bzw. durch Pigmentverteilung in den Zellen der Pigmentschicht (s. Abb. rechts). Er kann durch äußere Faktoren, wie Licht, Trockenheit oder Wärme, verursacht werden. Meist ist diese Reaktion jedoch auf physiologische Vorgänge zurückzuführen. Hierbei spielen Hormone (vorwiegend der Hypophyse) oder Nerven oder auch beide Informationssysteme eine entscheidende Rolle. Unabhängig vom plötzlichen Farbwechsel wird die Körperfarbe im Laufe des Alterns dunkler. Man unterscheidet deshalb Jugend- und Alterskleid eines Reptils.

Zusatzaufgaben

Eidechsen leben zwischen Steinhaufen, an Böschungen, Hecken und Zäunen. Welche Vorteile bietet dieser Lebensraum der Eidechse?
Es sind sonnenbeschienene, warme Plätze mit Verstecken und vielen Beutetieren (Schnecken, Würmer, Spinnen, Insekten und ihre Larven)
Vergleiche Eidechse und Molch in Körperbau und Lebensweise. Welche Unterschiede kannst du nennen?
Molch:
- *schleimig-feuchte Haut; sie fühlt sich beim aktiven Tier kalt an*
- *meidet die Sonne, nachtaktiv*
- *lebt in Feuchtbiotopen oder im Wasser*
- *sehr einfache Lunge*
- *legt Eier ins Wasser ab, aus denen Larven schlüpfen*

Eidechse:
- *trocken Haut mit Hornhaut; sie fühlt sich beim aktiven Tier warm an*
- *sucht Sonnenplätze, tagaktiv*
- *bevorzugt warmes, trockenes Gelände*
- *gekammerte Lungen*
- *legt Eier in Erdhöhlen, wo sie von der Sonne ausgebrütet werden; es schlüpfen junge Eidechsen*

Die äußere Gestalt ist bei beiden ähnlich.

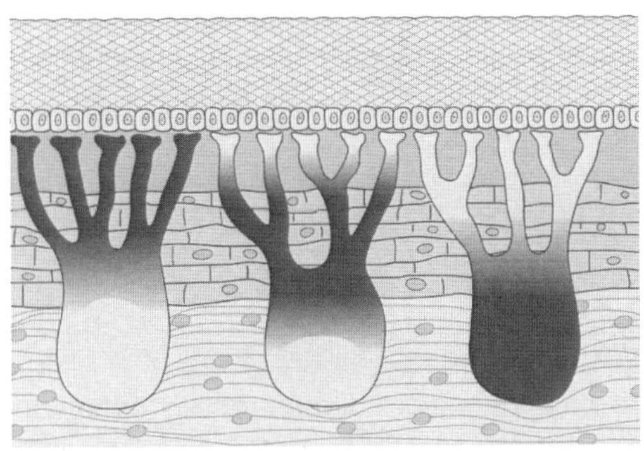

Vergleich eines Schwanzlurch- und Eidechsenskeletts

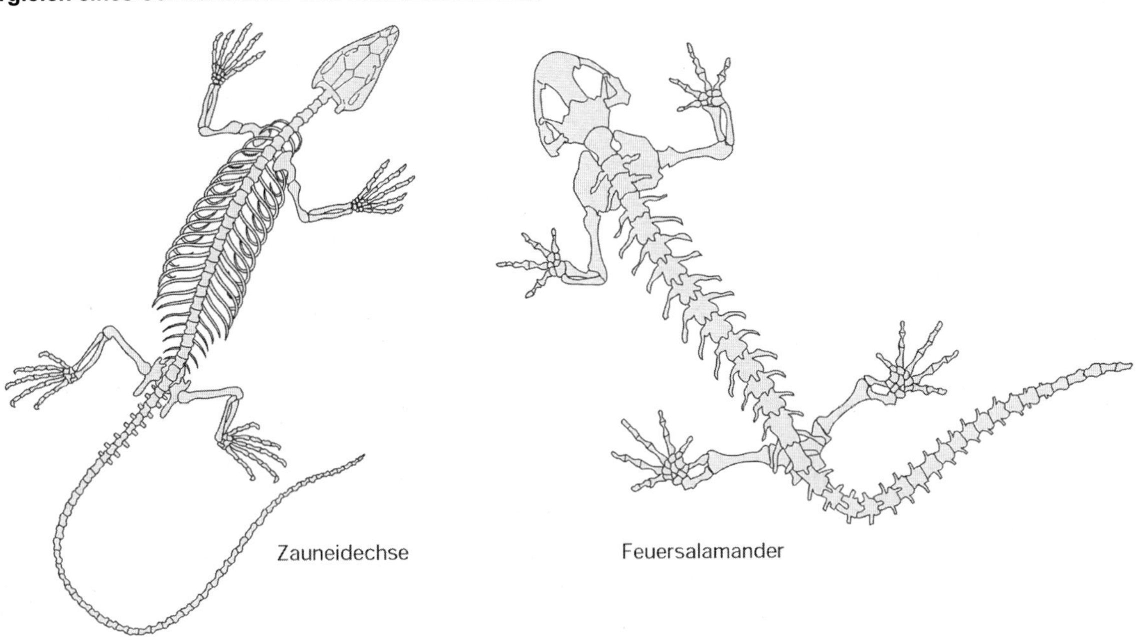

Einheimische Eidechsen

Merkmale allgemein

besitzen alle Merkmale der Wirbeltiere

Atmung: Lungenatmung

Körpertemperatur: wechselwarm

Körperbedeckung: hornige Schuppen und Schilde

Augenlider: können geschlossen werden

Smaragdeidechse ❑

Lebensraum: Feldwege, Sandgruben, Weinberge

Länge: 35 cm (Mitteleuropa), bis 50 cm (Südeuropa)

Aussehen: Rücken leuchtend grün mit höchstens 2 Reihen schmaler Schuppen; Halsband mit gesägtem Hinterrand; 2 Paar Gliedmaßen

Nahrung: Insekten, Weichtiere, kleine Eidechsen, Ringelnattern

Zauneidechse ❑

Lebensraum: Lichtungen, Waldränder, Felsen

Länge: ca. 20 cm

Aussehen: Halsband mit gesägtem Hinterrand; Rücken mit 10 längs verlaufenden Reihen schmaler Schuppen; 2 Paar Gliedmaßen

Nahrung: Insekten, Spinnen, kleine Eidechsen

Mauereidechse ❑

Lebensraum: Kalksteinfelsen, Weinberge, Mauern

Länge: 19 bis 25 cm

Aussehen: Oberseite graubraun mit dunklen, netzartigen Flecken; Halsband mit glattem Hinterrand; 2 Paar Gliedmaßen

Nahrung: Insekten, Spinnen, Würmer

Wald- oder Bergeidechse ❑

Lebensraum: Wälder, Heide, Moor, Gebirgsflur

Länge: ca. 18 cm

Aussehen: bräunlich mit dunklen Längsbändern; Halsband mit gesägtem Hinterrand; Rücken mit höchstens 2 Reihen schmaler Schuppen; 2 Paar Gliedmaßen

Nahrung: Insekten, Spinnen

Blindschleiche ❑

Lebensraum: Lichtungen, halbschattige Feuchtwiesen, Parklandschaften

Länge: 35 bis 50 cm

Aussehen: Rücken bleigrau bis gelbrot; seitlich rotbraun, Bauch grau bis schwarz; Gliedmaßen fehlen

Nahrung: Regenwürmer, Nacktschnecken, Insekten

Aufgaben

1. Erstelle mithilfe der Steckbriefe selbst einen Bestimmungsschlüssel.
2. Ordne den Beschreibungen die richtigen Abbildungen zu.

Hinweise

Als Terrarium für die Einrichtungsbeispiele reicht ein ausgedientes Aquarium, dazu braucht es nicht einmal wasserdicht zu sein. Man muss sich nur eine passende Abdeckung besorgen.

Die aufgeführten Tiere sind leicht zu halten („Anfängerpfleglinge"). Aber auch sie brauchen mehr Pflege als z.B. Aquarienfische und der Terrarianer sollte sich möglichst bald in weiterführende Literatur vertiefen.

Literaturhinweise

In I.M. ALEVEN – „Alles über das Terrarium", Alfred Kerner Verlag, Stuttgart 1970, bekommt mann Anleitungen zum Eigenbau, genauere Einrichtungshinweise, auch für acht weitere Terrarientypen (Felsenterrarium, Wüstenterrarium, Heideterrarium, Waldterrarium, tropisches Regenwaldterrarium, tropisches Sumpfterrarium und tropisches Uferterrarium), Hinweise zur Futtertierzucht und Pflegebeschreibungen der verschiedenen Tiere.

Besonders umfangreiche und geordnete Angaben, vor allem für den fortgeschrittenen Terrarianer, finden sich in P.H. SETTLER – „Handbuch der Terrarienkunde", Kosmos/Franckh´sche Verlagshandlung, Stuttgart 1978.

Medienhinweise

Zahlreiche Internet-Seiten veröffentlichen aktuelle Informationen aus der Welt der Terrarianer, neue Literatur (z.T. mit Rezessionen), Bezugsquellen für Tiere und Terrarienzubehör, Terrarienvereine. Als Einstieg eignet sich zum Beispiel die Homepage der Deutschen Gesellschaft für Herpetologie und Terrarienkunde: www.dght.de

Wir richten ein Terrarium ein

Zu Hause kannst du Reptilien halten, die nachweislich aus Nachzuchten stammen. Beachte:
- Reptilien brauchen einen Platz zum Sonnen, entweder direkt am Fenster oder unter einer Heizlampe.
- Damit es zu keinem Wärmestau kommt, muss am Terrarium eine ausreichende Lüftung vorhanden sein.
- Die Tiere müssen sich vertragen (Rotwangenschildkröten sind bissig, Eidechsenmännchen neigen zu Rivalenkämpfen).
- Bewohner und Terrarientyp müssen zueinander passen (Beispiel unten).

Sumpfterrarium (feucht – kühl) – oben

Boden: Flusssand oder Moorerde, Steine, Kies, Rindenstück, knorriger Ast

Pflanzen: Wasser- und Sumpfpflanzen wie Pfeilkraut, Sumpfdotterblume, Quellmoos

Tierbesatz: Strumpfbandnatter (Kanada)

Futter: Regenwürmer, Nacktschnecken, Fische

Pflege: Wasserwechsel, Reinigung

Sandterrarium (trocken – warm) – unten

Boden: Sand (Dünensand), Steine, Wurzel, Ast

Pflanzen: Sansevieria, Farn, Heidekraut, Efeu in Blumentöpfen, Mauerpfeffer

Tierbesatz: Ruineneidechse (Italien)

Futter: Mehlwürmer, Fliegenmaden, Kellerasseln, Insekten (abwechslungsreich!)

Lacerta galotti (Kanarische Inseln)

Futter: Früchte (Beeren), Samen, getrocknete Kräuter, Pudding, Quark, Katzenmenü, Schnecken

Pflege: täglich frisches Wasser, Pflanzen gießen, Reinigung, gelegentlich frischer Sand

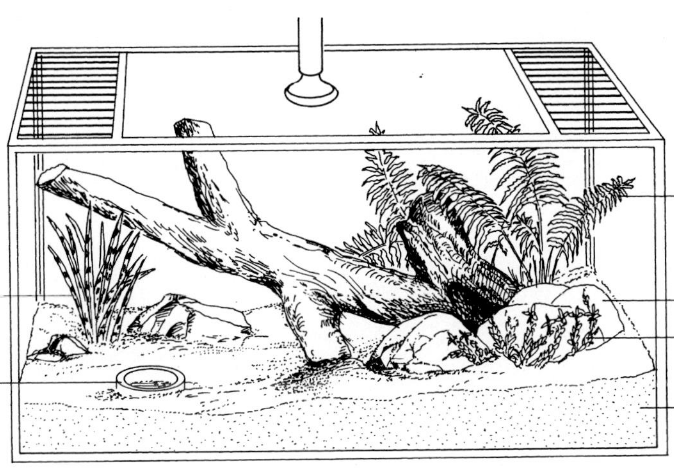

Wir vergleichen Wirbeltiere

Arbeitsblatt Seite 149

1. Fliege und Regenwurm
2. Knochenskelett mit Wirbelsäule, Schädel, geschlossenes Blutkreislaufsystem, durchgehender Verdauungstrakt, Nieren als Ausscheidungsorgane, Geschlechtsorgane
3. Fische: Flossen, schleimüberzogene Schuppen
   Lurche: nackte, feuchte und drüsenreiche Haut
   Kriechtiere: trockene Hornschuppen, pergamentartige Eier
   Vögel: Flügel mit Federn, Hornschnabel
   Säugetiere: Haare, Milchdrüsen bei Weibchen
4. Symbol 1 = Lurch, Symbol 2 = Vogel, Säugetier, Symbol 3 = Kriechtier, Symbol 4 = Fisch

Arbeitsblatt Seite 150

1. Die Wirbelsäule mit dem Schädel

Arbeitsblatt Seite 151

1. Fische: vordere Rumpfhälfte und Schwanzflosse
   Kriechtiere: Kopf
   Vögel: Flügel und Vorderbeine
   Säugetiere: hintere Rumpfhälfte und Hinterbeine
2. Lurche: s. o.

Größte und kleinste Säugetiere

Das größte Säugetier ist der Blauwal. Seine Körpermasse entspricht der von bis zu 23 ausgewachsenen Elefanten. Das kleinste Säugetier ist die Etruskerspitzmaus. Drei Millionen dieser Winzlinge entsprechen mit ihrer Masse der Körpermasse eines Elefanten.

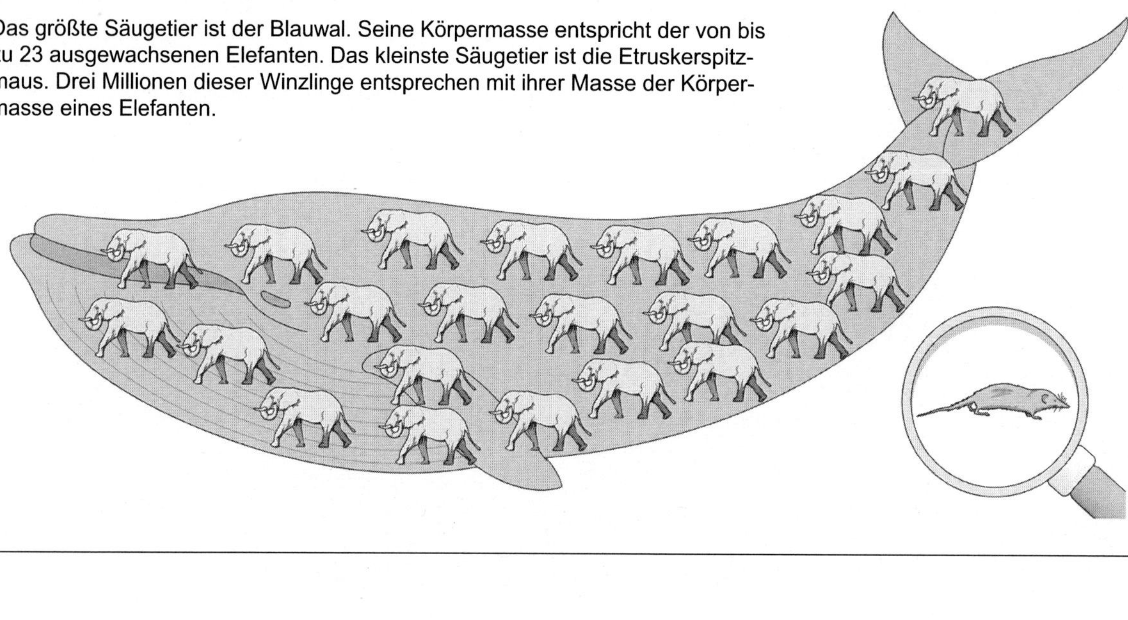

Merkmale der Wirbeltiere

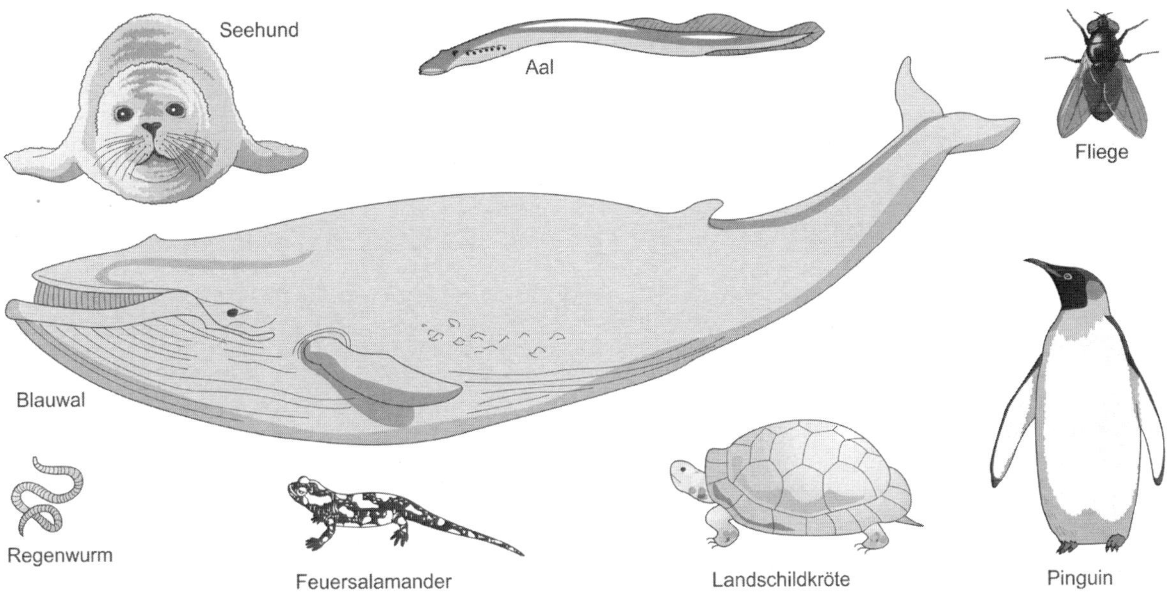

Aufgaben

1. Welche der oben abgebildeten Lebewesen sind keine Wirbeltiere? Begründe.

____

2. Welche Merkmale besitzen alle Wirbeltiere? Begründe kurz.

____

____

3. Nenne zwei wesentliche Merkmale, an denen die jeweilige Wirbeltierklasse leicht zu erkennen ist.

Fische: ____

Lurche: ____

Kriechtiere: ____

Vögel: ____

Säugetiere: ____

4. Ein Lehrer möchte seinen Schülern mit folgenden Symbolen die Stellung der Hintergliedmaßen zum Rumpf bei den unterschiedlichen Klassen der Wirbeltiere verdeutlichen. Bei zwei Klassen verwendet er das gleiche Symbol. Ordne den Symbolen die Bezeichnungen der Wirbeltierklassen zu.

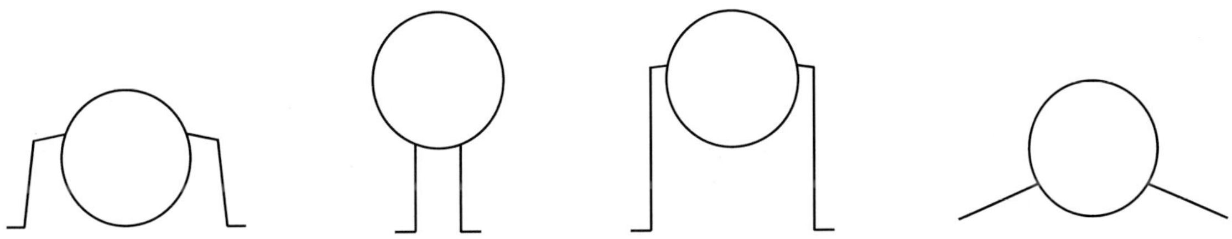

1 ____________ 2 ____________ 3 ____________ 4 ____________

Verwandtschaft bei Wirbeltieren

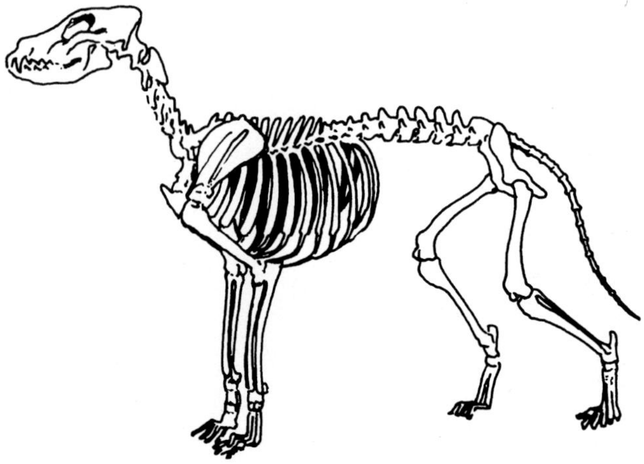

(Hund)

(Huhn)

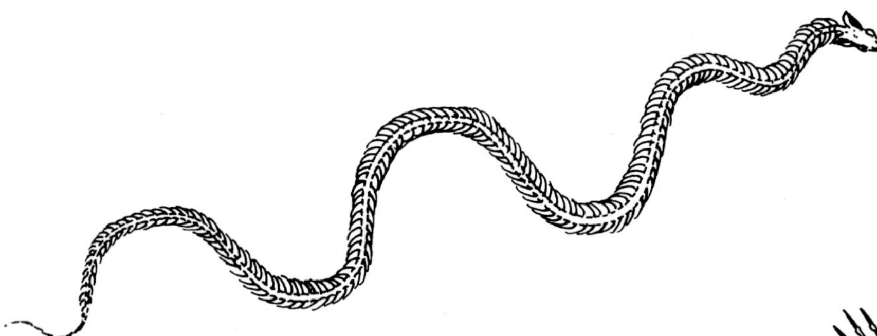

(Kreuzotter)

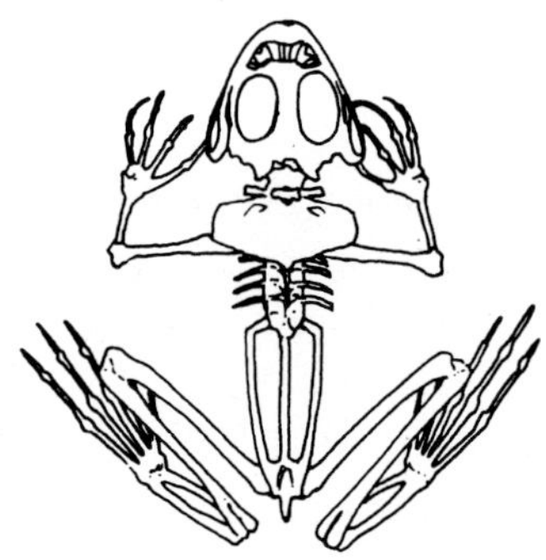

(Frosch)

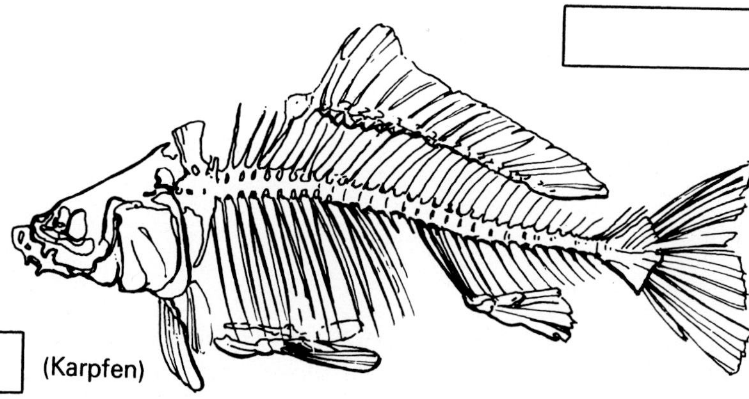

(Karpfen)

Aufgaben

1. Betrachte die oben stehenden Abbildungen. Was haben alle Tierskelette gemeinsam?

2. Trage in die Kästchen den Namen der jeweiligen Tierklasse ein.

3. Zeichne die Wirbelsäulen rot ein.

Das Filukrievösäus

Das Filukrievösäus ist sicher ein befremdliches Tier, aber dennoch kommt einem so manches bekannt vor.

Aufgaben

1. Kennzeichne in der Zeichnung des Fabeltiers die Merkmale der genannten Tierklasse mit folgenden Farben:
   Fischmerkmale blau,
   Kriechtiermerkmale grün,
   Vogelmerkmale gelb und
   Säugetiermerkmale rot.

2. Von einer Wirbelklasse fehlen erkennbare Merkmale. Gib den Namen und typische Merkmale dieser Tierklasse an.

Übereinstimmungen im Körperbau der Wirbeltiere

A **Arbeitsblatt Seite 153**

Es empfiehlt sich, Tabelle und Ausschneidebogen beim Kopieren aufs Doppelte zu vergrößern.

Lebensraum	Fische	Kriechtiere (rezent)	Vögel	Säugetiere	Saurier (fossil)
Luft			 Schwalbe	 Fledermaus	 Flugsaurier
Savanne				 Giraffe  Nashorn	 Elefantenfuß-Dinosaurier  Horn-Dinosaurier
Süßwasser		 Krokodil			 Krokodilsaurier
Meere, Salzwasser	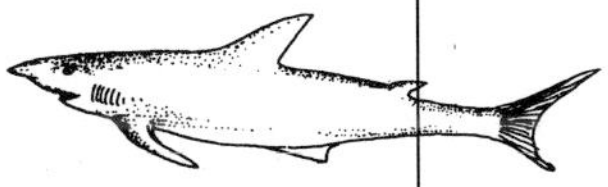 Hai		 Pinguin	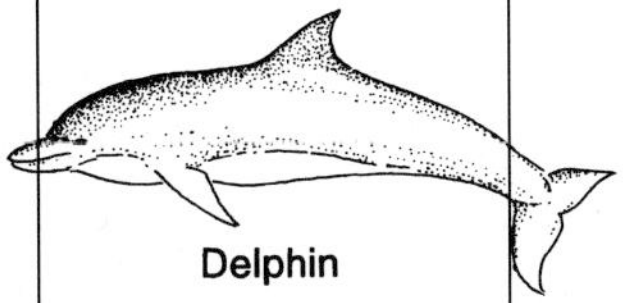 Delphin	 Fischsaurier

Übereinstimmung im Körperbau der Wirbeltiere

Schneide die abgebildeten Tiere aus und klebe sie nach Tierklassen und Lebensräumen geordnet in die Tabelle ein.

Giraffe

Schwalbe

Krokodilsaurier

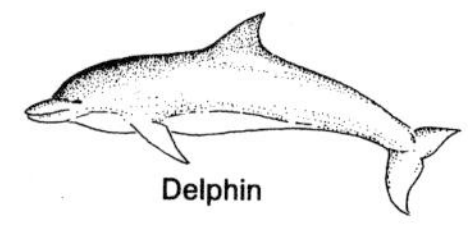
Delphin

Horn-Dinosaurier

Fledermaus

Krokodil

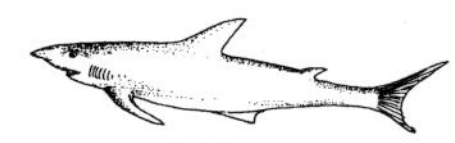
Hai

Lebensraum	Fische	Kriechtiere (rezent)	Vögel	Säugetiere	Saurier (fossil)
Luft					
Savanne					
Süßwasser					
Meere, Salzwasser					

Elefantenfuß-Dinosaurier

Pinguin

Fischsaurier

Nashorn

Flugsaurier

Typische Kreuzblüter: Ackersenf und Wiesenschaumkraut

A Arbeitsblatt Seite 155

1. a) Knospe, b) Blüte, c) Frucht, d) Laubblatt, e) Sprossachse, f) Wurzel, g) Blütenblatt, h) Stempel mit Narbe, i) langes Staubblatt, k) Griffel, l) kurzes Staubblatt, m) Fruchtknoten mit Samenanlagen, n) Kelchblatt
3. Das Wiesenschaumkraut ist
   - Eiablageplatz,
   - Nahrungsgrundlage für die Raupen und
   - Überwinterungsort für die Puppe des Aurorafalters.

Z Kreuzblütler oder Tulpe

Schülerinnen und Schüler begegnen bei ihren ersten Schritten in der Pflanzenkunde in der Regel den ihnen vertrauteren Zweikeimblättrigen. Warum nicht auch an einem solchen in den Bau der Pflanze einführen? Deswegen sollte hierfür dem Raps oder dem Ackersenf der Vorzug zu Lasten der Tulpe gegeben werden, die ja eine ganze Reihe von Merkmalen hat, die für die Einkeimblättrigen typisch sind. Ebenfalls geeignet ist das in Stadt und Land vorkommende Wiesenschaumkraut.

Diese Pflanzen zeigen die Grundorgane in typischer Form. Gleichzeitig sind, vor allem bei Ackersenf und Raps, die Blütenorgane nicht zu klein zum Untersuchen. Erforschung von Blütenbau und Frucht muss als Einheit verstanden werden, auch wenn sie zeitlich auseinander liegen, da erst Reife und Fruchtbildung abgewartet werden müssen.

Raps:
- Aussaat: Winterraps (häufigste Form) im Herbst
- Blütezeit: Ende April bis Anfang Juni
- Verwendung: meistens als Ölsaat (42,8% im trockenen Samen; Speiseöl, Margarine, Schmieröl, Ersatz für Diesel) und Silofutter
- Anbau: im Wesentlichen in der nördlichen Hälfte Mitteleuropas, fehlend in Südeuropa
- wichtige Bienenpflanze

Ackersenf:
- Ackerwildkraut, auch auf Brachen, Wegen und Schuttplätzen
- Lehmzeiger, bis 1 m tief wurzelnd
- Blütezeit: Juli bis August
- Bienenpflanze

Z Modell einer Ackersenfblüte

Die Staubblätter werden durch 4 ganze und 2 gekürzte Streichhölzer dargestellt. 4 Kelchblätter und 4 Blütenblätter schneidet man nach den abgebildeten Mustern aus biegsamem Karton aus (z. B. gelbes und grünes Tonpapier). Aus grüner Knetmasse wird der Blütenstiel (ca. 10 cm lang), aus roter Masse der Stempel geformt. Die Streichhölzer werden in den Blütenstiel eingesteckt, die „Kartonblätter“ mit Reißnägeln festgeheftet.

M Medienhinweise

FWU 10 02805 Kreuzblütler – Wildpflanzen
FWU 10 02806 Kreuzblütler – Kulturpflanzen
FWU 10 03072 Der Raps
FWU 10 00786 Herkunft der pflanzlichen Eiweißfuttermittel
FWU 10 00475 Tagfalter im Frühjahr
V-Dia: Morphologie und Biologie der Blüte I
V-Dia: Morphologie und Biologie der Blüte II
V-Dia: Morphologie und Biologie der Blüte III
Klett 99803: Aufbau und Funktion einer Blüte (Kreuzblütler) (Aufbautransparent, 5 Folien)

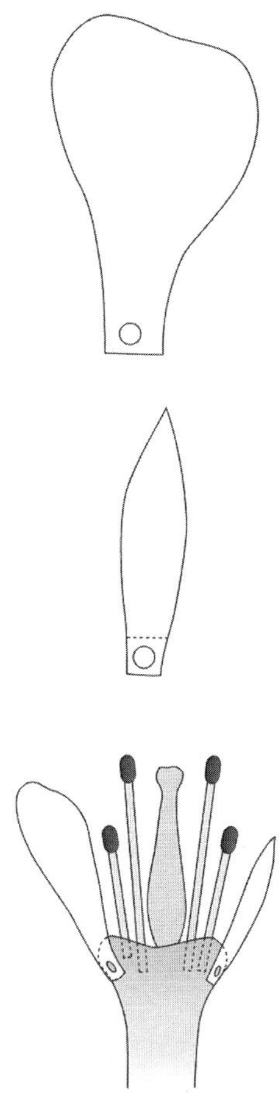

Modell Ackersenfblüte

Das Wiesenschaumkraut

Das Wiesenschaumkraut ist ein typischer Kreuzblütler.

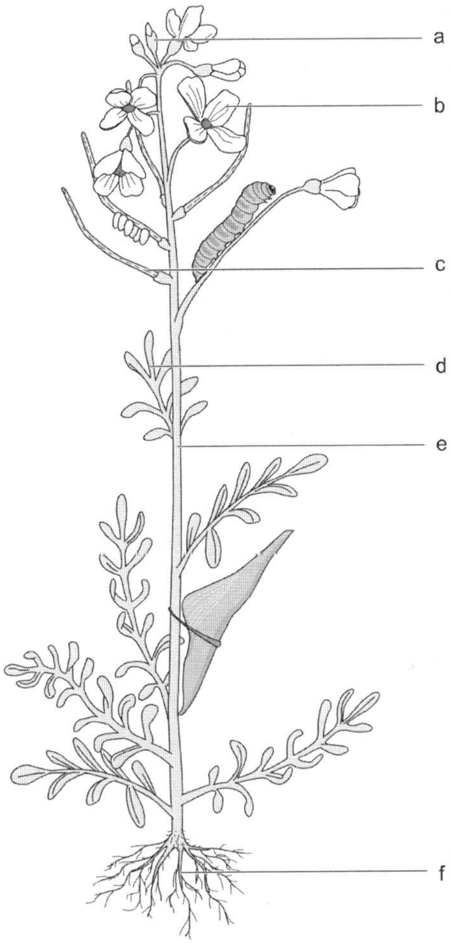

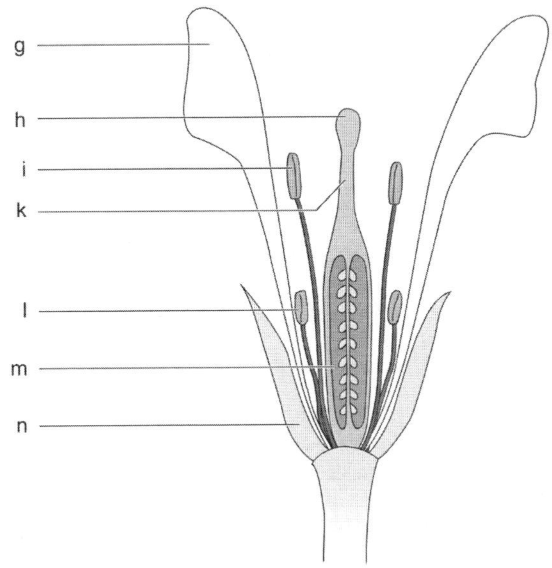

Der Aurorafalter und das Wiesenschaumkraut

Ende April oder Anfang Mai können wir beobachten, wie auf einer Wiese das Wiesenschaumkraut von Schmetterlingen umflattert wird. Mit etwas Glück stellt sich dabei auch der Aurorafalter ein. Manchmal lässt sich das Weibchen am Wiesenschaumkraut nieder und klebt seine Eier an die Blütenstiele. Bald schlüpft eine winzige Raupe, die auf anderen Pflanzen verhungern müsste. Nach ca. 4 Wochen verwandelt sie sich in eine Puppe, die bewegungslos an der verblühten und vertrocknenden Pflanze bis zum nächsten Frühjahr hängen bleibt. Dann schlüpft aus ihr ein neuer Falter. Man hat beobachtet, dass auf wenig gemähten Wiesen mehr Aurorafalter schlüpfen.

Aufgaben

1. Beschrifte Pflanze und Blüte.
2. Lies den Text und zeichne um die Eier, die Raupe und die Puppe des Aurorafalters jeweils einen roten Kreis.
3. Beschreibe, welche Bedeutung das Wiesenschaumkraut für den Aurorafalter hat.

____

____

____

Rund um die Gartentulpe

A Arbeitsblatt Seite 157

A = Blüte, B = Sprossachse, C = Wurzel, D = Blätter
a = Blütenblatt, b = Narbe, c = Staubbeutel,
d = Fruchtknoten mit Samenanlagen,
e = Laubblatt, f = Stängel, g = Zwiebel,
h = Wurzelscheibe

Z Steckbrief der Tulpe

- Wurzel: Viele unverzweigte, runde Wurzeln an der Unterseite der Zwiebel.
  Zwiebel: am unteren Ende des Stängels; von dünnen, braunen Hüllen umgeben.
  Stängel: Er ist unverzweigt, krautig und drehrund. Er trägt mehrere Laubblätter und die Blüte.
  Blatt: Ungestielt; wechselständig; ganzrandig; Blattadern parallel; von einer Wachsschicht überzogen.
  Blüte: 6 farbige Blütenblätter, 6 Staubblätter, 1 dreikantiger Stempel ohne Griffel.
- Im Unterschied zum Ackersenf fehlen der Tulpe in der Blüte die grünen Kelchblätter, die Blüte ist dreizählig und aus ihr entsteht eine Kapsel als Frucht. Die sichtbare „Sprossachse“ besteht nur aus einem Stängel mit wechselständigen Laubblättern, die ohne Stiel stängelumfassend ansitzen. Die Wurzeln sind nicht in Haupt- und Nebenwurzeln gegliedert.
- Die Blätter sind von einer schützenden Wachsschicht überzogen, von der das Wasser abperlt. Zum Vergleich Wasser auf eine Wachskerze und auf ein mit Holzschutz gestrichenes Stück Holz tropfen lassen.
- Die Wachsschicht lässt sich mit den Fingern leicht abreiben; das Wasser bildet dann keine Perlen mehr.

Z Die Tulpe als Unterrichtsobjekt

Die Gartentulpe ist ursprünglich keine einheimische Pflanze. Sie stammt aus Vorderasien. Zuchtformen wurden im 16. Jahrhundert erstmals in Europa gepflanzt. Die Tulpe weist im Vergleich zum Ackersenf viele Besonderheiten auf. Sie bietet aber durch ihre große Blüte, die Zwiebel und die andersartigen Blätter die Möglichkeit, den unterschiedlichen Bau der einzelnen Pflanzenorgane deutlich zu machen und die Begriffe dadurch zu festigen. Außerdem ist sie in der Regel allen Schülerinnen und Schülern als Gartenpflanze bekannt und leicht zu beschaffen.

V Modell zur Zwiebel

Die Zwiebel ist ein stark verkürzter Spross. Sie besteht also aus Laubblättern, Stängel und Blütenanlage. Die Blätter in der Zwiebel sind fleischig, verdickt und farblos.
Der Aufbau der Zwiebel lässt sich leicht mit einem teleskopartigen Zeige- oder Wanderstock demonstrieren, wenn man an den einzelnen Abschnitten Papierblätter anbringt und den Stock anschließend zusammenschiebt.

M Medienhinweise

Modell Tulpenblüte (Schlüter)
Klett 027617 Folienbuch Blütenpflanzen

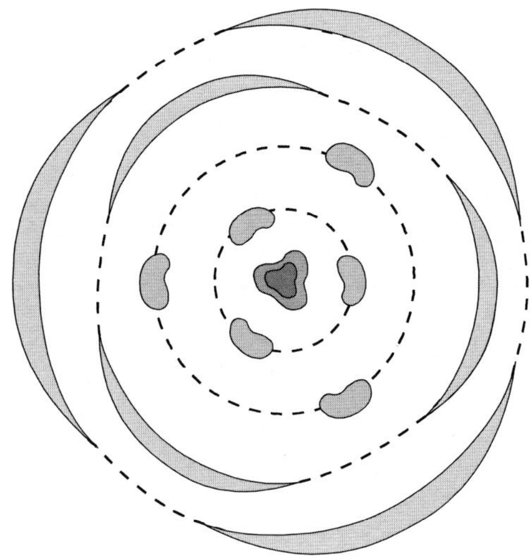

Blütengrundriss der Tulpe

Die Gartentulpe

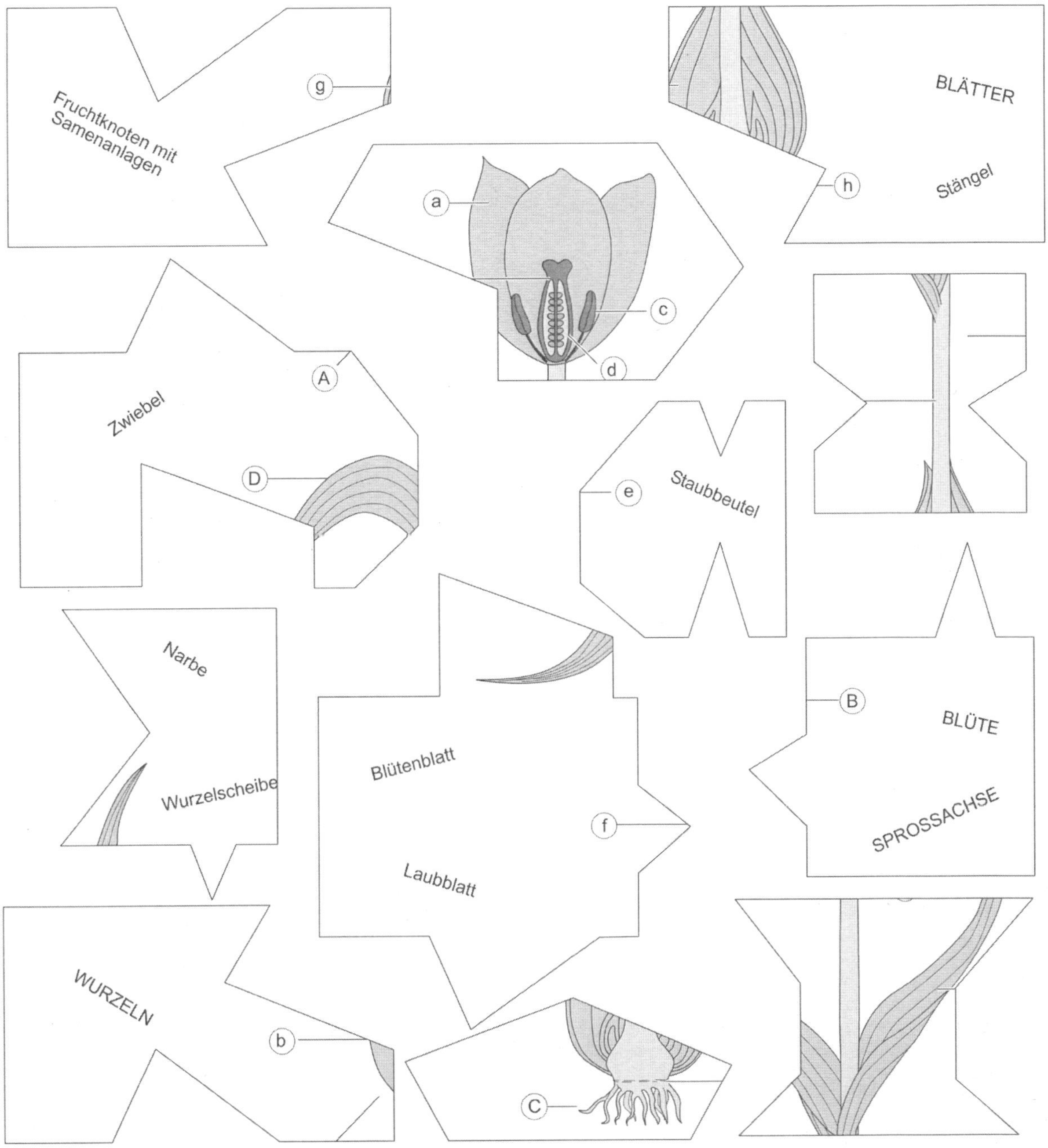

Aufgaben

1. Schneide die Teile des Puzzles aus und füge sie zusammen.
2. Notiere, welche der angegebenen Bezeichnungen zu den markierten Grundorganen (A–D) oder Pflanzenteilen (a–h) gehören.

____

____

____

____

Entwicklung der Kirsche

A Arbeitsblatt Seite 159

1. a) Narbe, b) Griffel, c) Staubbeutel, d) Staubfaden, e) Fruchtknoten, f) Kelchblatt, g) Blütenblatt, h) Pollenkorn, i) Pollenschlauch, k) Kern der Spermazelle, l) Eizelle.
2. Eine Biene fliegt von Blüte zu Blüte. Dabei kommt sie an die Staubbeutel, die die Pollenkörner enthalten. Manche bleiben an ihr hängen. Wenn sie jetzt die nächste Blüte besucht, bleiben einige davon auf der klebrigen Narbe. Jetzt hat die Bestäubung stattgefunden.
3. Auf der Abbildung hat die Bestäubung bereits stattgefunden. Wir erkennen das daran, dass bereits *Pollenkörner* auf der *Narbe* liegen. Aus zwei Pollenkörnern ist ein *Pollenschlauch* gewachsen. Er wächst durch den *Griffel* auf die *Eizelle* zu, die sich in der *Samenanlage* im *Fruchtknoten* befindet. An der Spitze des Pollenschlauchs befindet sich der Kern der *Spermazelle*, der mit der *Eizelle verschmilzt*. Diesen Vorgang der Verschmelzung von *Spermazelle* und *Eizelle* nennen wir *Befruchtung*.

Z Rätsel zum Einstieg

1. Erst weiß wie Schnee,
   dann grün wie Klee,
   dann rot wie Blut
   schmeckt allen Kindern gut.

2. Hoch auf dem Baum ein Fräulein sitzt,
   das rund und rot durchs Grüne blitzt.
   Nur schade, dass ihr Herz von Stein!
   Was mag das für ein Fräulein sein?

M Medienhinweise

FWU 32 03532/42 01670 Von der Blüte zur Frucht: Kirsche
FWU 36 00232 Bienen sammeln Nektar
FWU 10 02566 Von der Blüte zum Obst
FWU 10 02761 Von der Blüte zur Frucht. Sauerkirsche
FWU 10 02984 Der Apfelbaum: Blüte, Frucht, Keimling
Klett 02761 Folienbuch Blütenpflanzen
Klett Video 994812 Bestäubung und Befruchtung der Blüte
Westermann: Die Süßkirsche

V Demonstration des Pollenwachstums

Pollenschläuche lassen sich leicht mikroskopisch beobachten. Ein Tropfen Zuckerlösung (ca. 10 %) auf einem Objektträger reicht in den meisten Fällen. Frischer Pollen aus einer Blüte mit reifen Staubbeuteln wird darüber gegeben. Bereits nach 15 Minuten kann man eine Auswölbung an den Pollenkörnern erkennen. Nach 30 bis 60 Minuten hat die Länge des Pollenschlauchs ein Mehrfaches des Durchmessers des Pollenkorns erreicht. Wenn ein Fernsehmikroskop vorhanden ist, empfiehlt es sich, die Pollenschlauchbildung auf Video aufzunehmen und später im Zeitraffer vorzuführen. Mit Filzschreiber kann die Länge des Pollenschlauchs nach verschiedenen Zeiten auf dem Bildschirm markiert werden. Notfalls lässt sich auch tiefgefrorener Pollen verwenden. Tabakpollen beispielsweise behält seine Keimfähigkeit unter diesen Bedingungen etwa ein Jahr.

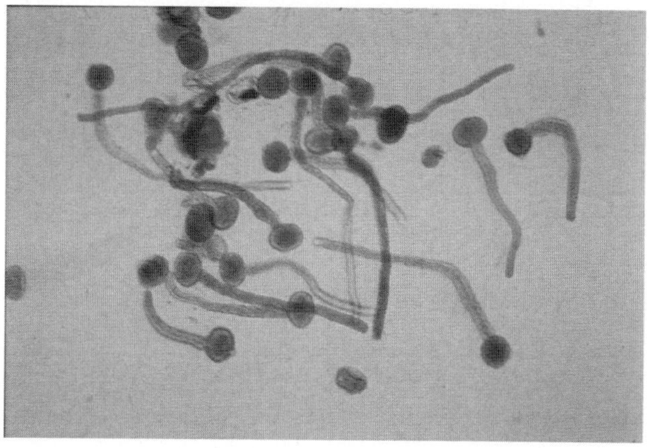

Die Entwicklung der Kirsche

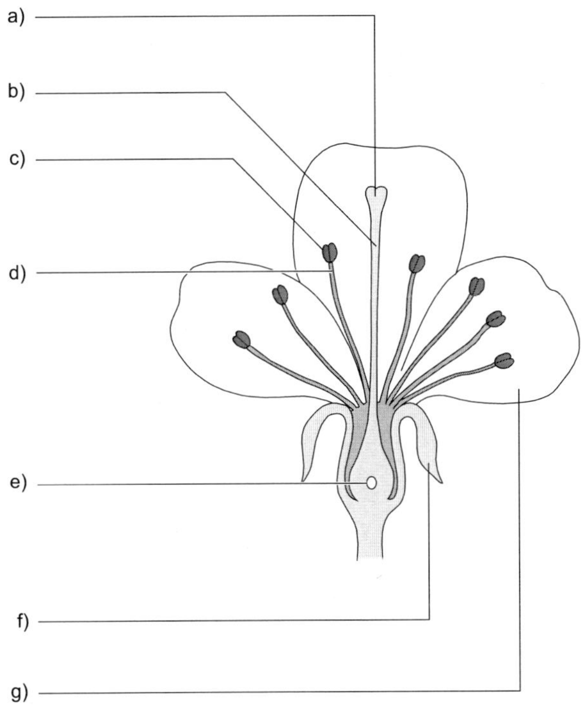

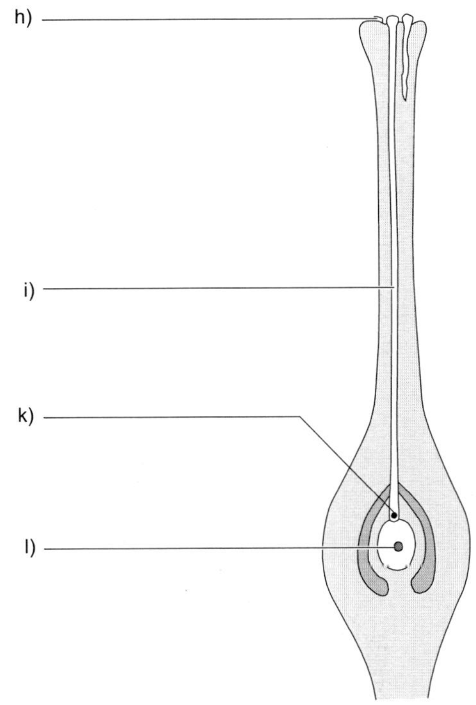

Aufgaben

1. Benenne die Teile der Kirschblüte.

2. Eine Biene fliegt zu einer Blüte und sucht in ihrer Tiefe nach Nektar. Sie saugt ihn auf und besucht die nächste Blüte, wo sich der Vorgang wiederholt. Für die Blüte hat sich dabei etwas Wichtiges abgespielt. Beschreibe diese Vorgänge und benutze dabei folgende Begriffe: *Pollenkörner, Narbe, klebrig, Biene, Bestäubung, Staubbeutel.*

____

____

____

3. Ergänze den folgenden Lückentext:

Auf der Abbildung hat die Bestäubung bereits stattgefunden. Wir erkennen das daran, dass bereits _____ ________________ auf der ________ liegen. Aus zwei Pollenkörnern ist ein ________________ _____gewachsen. Er wächst durch den __________ auf die ____________ zu, die sich in der _____ ________________ im ______________ befindet. An der Spitze des Pollenschlauchs befindet sich der Kern der ______________ , der mit der ____________ ______________. Diesen Vorgang der Verschmelzung von ____________ und ____________ nennen wir ________________.

(Narbe, Fruchtknoten, Samenanlage, Befruchtung, Pollenschlauch, verschmilzt, Pollenkörner, Spermazelle, Spermazelle, Griffel, Eizelle, Eizelle, Eizelle.)

Formen der Bestäubung – Das Bestäubungsspiel

Blütentypen

Blüten bilden häuftig am Blütenboden zuckerhaltigen Nektar, der Insekten als Nahrung dient. Röhrenförmige Blüten (z.B. Karthäusernelken) werden durch langrüsselige Insekten (z.B. Tagfalter) bestäubt. Hummelblüten besitzen kürzere Röhren und zeichnen sich meist durch einen guten „Landeplatz“ für diese relativ schweren Insekten aus. In Bienenblüten liegt der Nektar meist in einer nur wenig versenkten, grubenförmigen Vertiefung des Blütenbodens, erreichbar für den relativ kurzen Saugrüssel der Bienen. Fliegenblüten bieten den Nektar leicht zugänglich auf einem flachen Blütenboden an.

- Falterblüten: Karthäusernelken, Rote Lichtnelken, Frühlingsenzian
- Hummelblüten: Taubnessel, Wiesensalbei, Klee
- Bienenblüten: Kirsche Glockenblume, Augentrost, Schlehendorn, Salweide
- Fliegenblüten: Labkraut, Ehrenpreis, Bärenklau

Medienhinweise

FWU 10 02059 Blütenbestäubung durch Insekten
FWU 10 03171 Allergien
FWU 42 01172 Blütenbestäubung durch Insekten
FWU 42 02091 Blütenbestäubung
FWU 42 01670 Von der Blüte zur Frucht

Klett Video 994812 Bestäubung und Befruchtung der Blüte
V-Dia Der Haselstrauch – ein getrenntgeschlechtig-einhäusiger Windblütler

Pollenkörner (Durchmesser zwischen 0,0025 bis 0,25 mm)

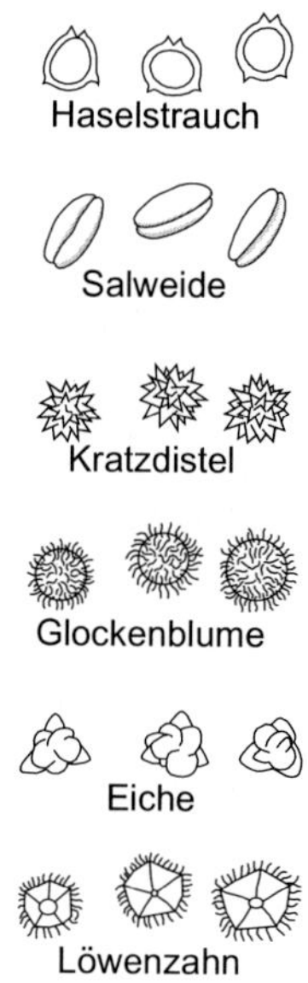

Ereigniskarten

Hummelkarte
Ich besitze einen Rüssel.

Behalte diese Karte, wenn du eine Hummel bist, andernfalls mische sie wieder in den Stapel.

Hummelkarte
Ich besitze eine pelzige Oberfläche.

Behalte diese Karte, wenn du eine Hummel bist, andernfalls mische sie wieder in den Stapel

Hummelkarte
Ich besitze einen Kamm an den Beinen.

Behalte diese Karte, wenn du eine Hummel bist, andernfalls mische sie wieder in den Stapel.

Windkarte
Ich blase ziemlich schwach.

Behalte diese Karte, wenn du Wind bist, andernfalls mische sie wieder in den Stapel.

Windkarte
Ich trage die Pollenkörner 2 km weit.

Behalte diese Karte, wenn du Wind bist, andernfalls mische sie wieder in den Stapel.

Windkarte
Große Pollenkörner kann ich kaum tragen.

Behalte diese Karte, wenn du Wind bist, andernfalls mische sie wieder in den Stapel.

Haselkarte
Ich produziere glatten Pollen.

Behalte diese Karte, wenn du eine Hasel bist, andernfalls mische sie wieder in den Stapel.

Haselkarte
Ich produziere lockeren Pollen.

Behalte diese Karte, wenn du eine Hasel bist, andernfalls mische sie wieder in den Stapel.

Haselkarte
Ich produziere zahlreiche Pollenkörner.

Behalte diese Karte, wenn du eine Hasel bist, andernfalls mische sie wieder in den Stapel.

Salbeikarte
Ich produziere Pollenkörner mit einer rauen Oberfläche.

Behalte diese Karte, wenn du ein Salbei bist, andernfalls mische sie wieder in den Stapel.

Salbeikarte
Ich produziere klebrigen Pollen.

Behalte diese Karte, wenn du ein Salbei bist, andernfalls mische sie wieder in den Stapel.

Salbeikarte
Ich produziere Nektar.

Behalte diese Karte, wenn du ein Salbei bist, andernfalls mische sie wieder in den Stapel.

Das Bestäubungsspiel

Man benötigt: 4 Mitspieler, ausgeschnittene Ereigniskarten, mindestens einen Würfel.

Vorbereitung: Die Ereigniskarten werden sortiert und als getrennte Stapel ausgelegt. Vier Personen spielen mit Würfeln aus, wer Hummel, Wind, Salbei oder Hasel ist. Wind und Hummel stellen ihren Stein oben auf Start, Salbei und Hasel unten.

Das Spiel: Es wird reihum gewürfelt. Jeder setzt so viele Felder weiter, wie Punkte gewürfelt wurden. Kommt man auf ein Feld mit Achtungsymbol, so zieht man eine Ereigniskarte und liest die Eigenschaft vor. Trifft man auf das Symbol „Durchfahrt verboten", so fängt man wieder am Start an, behält aber alle Ereigniskarten. In der Mitte läuft man so lange im Kreis herum (Hasel und Salbei im Uhrzeigersinn, Wind und Hummel gegen den Uhrzeigersinn), bis sich Hasel und Wind bzw. Hummel und Salbei auf dem selben Feld treffen. Wenn beide jeweils ihre drei Ereigniskarten gezogen haben, so kann die Bestäubung stattfinden. Das Paar hat gewonnen. Treffen die nicht zusammengehörenden Partner aufeinander, so muss jeder eine Karte abgeben. Erst auf dem nächsten Feld mit Achtungzeichen besteht eine neue Gelegenheit, wieder eine Karte zu bekommen. Nur wenn die Partner jeweils alle drei Karten besitzen, kann die Bestäubung stattfinden.

Variation: Treffen sich zwei Spieler auf einem Feld, so kann die Pflanze eine ihrer Polleneigenschaften nennen. Der Partner muss dann die Bedeutung dieser Eigenschaft klären. Kann er das nicht, kann keine Bestäubung stattfinden.

Verbreitung von Früchten und Samen

A **Früchtememory**

Die Karten können für ein Memory-Spiel genutzt werden, bei dem statt zweier gleicher Bilder jeweils das Bild, das die Pflanze und ihre Frucht zeigt, und das des Verbreitungsmechanismus zusammen gehören. Das Memory-Spiel kann erschwert werden durch die Verpflichtung, Frucht und Verbreitungstyp nach dem Aufdecken richtig zu benennen. Die Karten können auch zum Sortieren und Illustrieren der Verbreitungsformen im Heft oder zur Lernzielkontrolle genutzt werden. Größere Kopien der Bilder eignen sich mit dahinter geklebten Magnetfolien zur Erarbeitung und Präsentation an der Blechtafel.

Richtige Paarungen (die Angaben in Klammern nach den Informationen sollen bei einer Systematisierung der Verbreitungstypen helfen):

A-6 (Reiherschnabel – Bohrmaschine):

Bei der Fruchtreife springen die Teilfrüchte aus dem Fruchtstand einige Meter weit hinaus. Sie besitzen eine Granne, die sich durch den bei Feuchtigkeit erhöhten Turgor entspiralisiert. Wenn diese Granne an einem Hindernis Widerstand findet, bohrt sich so der Same in die Erde. Streng genommen handelt es sich beim „Bohrantrieb“ des Reiherschnabels also nicht um einen Verbreitungsmechanismus, sondern um ein Mittel, die Frucht in die oberste Bodenlage hineinzubohren und so die Quellung und Keimung sicherzustellen.
(Selbstverbreitung / Bohrfrucht)

B-3 (Mohn – Salzstreuer):

Bei der Reife fallen die Blütenblätter ab, sodass die Fruchtkapsel freiliegt. Dabei trocknet sie auch ein und an der oberen Kante reißen kleine Öffnungen ein. Beim Hin- und Herbewegen durch den Wind werden die winzigen Samen ausgestreut. Wir sprechen von *Streufrüchten*. Einen ähnlichen Mechanismus finden wir beispielsweise auch bei Glockenblumen, Narzissen oder Nelken.
(Selbstverbreitung / Schleuderfrucht)

C-7 (Wiesenbocksbart – Fallschirm):

Als Fallschirmfrucht ist sicherlich der Löwenzahn bekannter. Der Wiesenbocksbart hat im Gegensatz zu diesem größere Fallschirme, deren Härchen verzweigt sind. Zum Öffnen der Fallschirme ist trockene Witterung vonnöten. Weitere Fallschirmflieger sind die Früchte von Pappel, Huflattich, Rohrkolben oder Distel.
(Fremdverbreitung (Wind) / Fallschirmfrucht)

D-12 (Ulme – Gleitflieger):

Die breite Tragfläche, in deren Mitte der Same liegt, erinnert an einen Gleit- oder Drachenflieger. Der Wind kann diese Frucht über weite Strecken verbreiten. Ähnlich werden auch die Früchte von Erle oder Birke verbreitet. Eine der größten Gleitfrüchte stammt von der tropischen Zanonia, die 15 cm Breite erreichen können.
(Fremdverbreitung (Wind) / Scheibenflieger)

E-11 (Ahorn – Propeller):

Die Früchte der Ahornarten sitzen paarweise gegenüber, fallen aber meist einzeln ab. Der Samen sitzt am Ende des Flügels, also unsymmetrisch im Vergleich zur Frucht der Ulme. Beim Fallen dreht er sich deshalb propellerartig. Dadurch wird die Fallzeit erhöht und der Wind hat mehr Gelegenheit, die Samen weiter fortzutragen. Die Früchte von Linden, Eschen, Hainbuchen und Nadelbäumen sind ähnlich gebaut.
(Fremdverbreitung (Wind) / Propellerflieger)

F-1 (Ginster – Schleuder):

Nach der Reife findet man an den Sträuchern des Besenginsters noch die schraubig aufgedrehte Hülse. Beim plötzlichen Aufdrehen werden die Samen meterweit fortgeschleudert. Ähnliches ist bei Wicken oder Lupinen zu beobachten.
(Selbstverbreitung / Schleuderfrucht)

G-9 (Eiche – Eichelhäher) und H-4 (Hasel – Eichhörnchen):

Eichhörnchen und Eichelhäher sammeln Nahrungsvorräte und verstecken Eicheln, Haselnüsse oder Bucheckern und tragen so zur Verbreitung bei.
(Fremdverbreitung (Tiere) / Trockenfrüchte)

I-2 (Eberesche – Amsel) und M-5 (Kirsche – Star):
Kräftig gefärbte Früchte dienen häufig Vögeln als Nahrung. Manche Samen benötigen sogar die Darmpassage, um keimfähig zu werden (z. B. Mistel).
(Fremdverbreitung (Tiere) / Lockfrüchte)

K-8 (Große Klette – Klettverschluss):

Moderne Klettverschlüsse sind angewandte Bionik. Bei der Klette wird die Frucht von einem Hüllkelch, der aus zahlreichen Blättern gebildet wird, umschlossen, deren Spitzen in umgebogene Häkchen auslaufen und die leicht im Fell vorbeistreifender Tiere hängen bleiben. Ähnliches findet sich beim Klebrigen Labkraut, dem Odermennig oder dem Waldmeister.
(Fremdverbreitung (Tiere) / Klettfrüchte)

L-10 (Veilchen – Ameise):

Die Samen von Veilchen, Taubnessel oder Lerchensporn besitzen einen nahrhaften Anhang, der Ameisen als Nahrung dient, die die Samen zu ihren Bauten tragen.
(Fremdverbreitung (Tiere) / Ameisenfrüchte)

Früchtememory

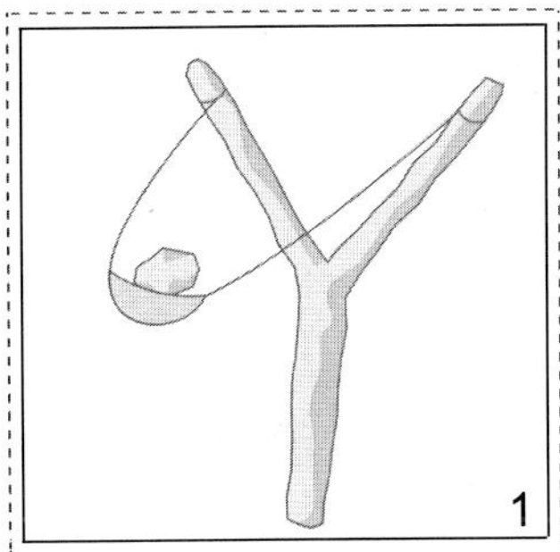
1

2

3

4

5

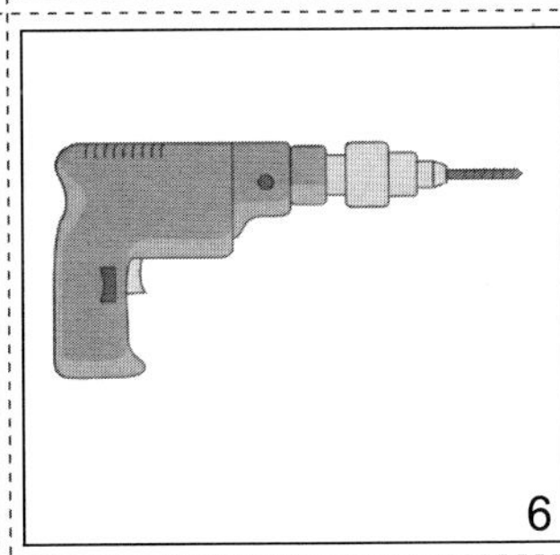
6

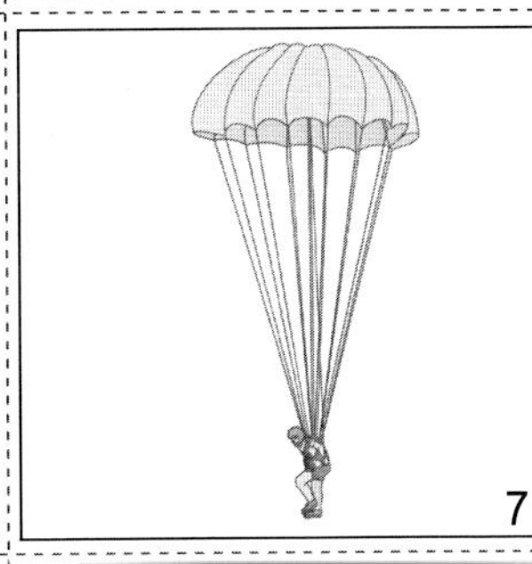
7

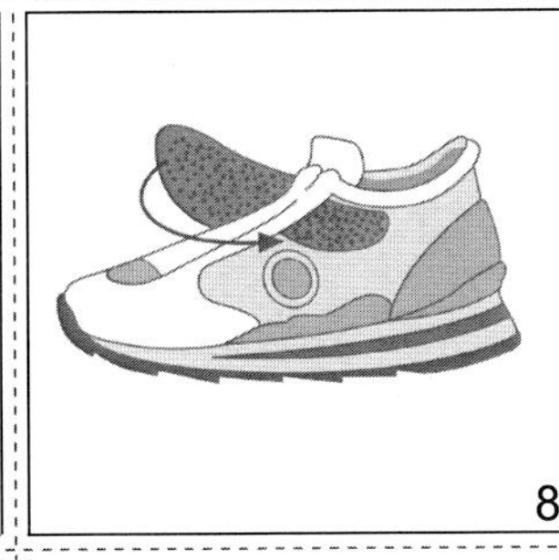
8

9

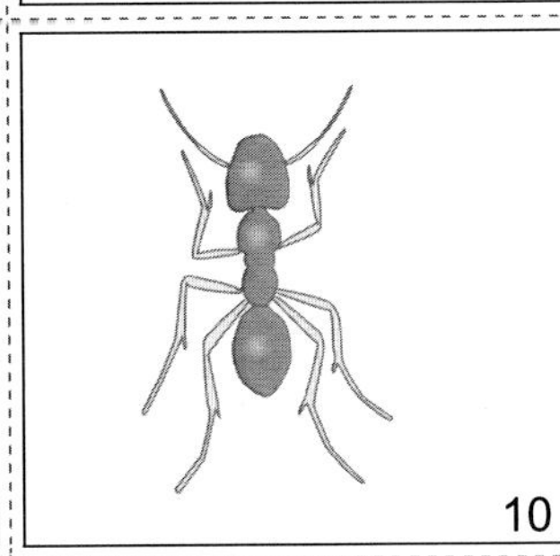
10

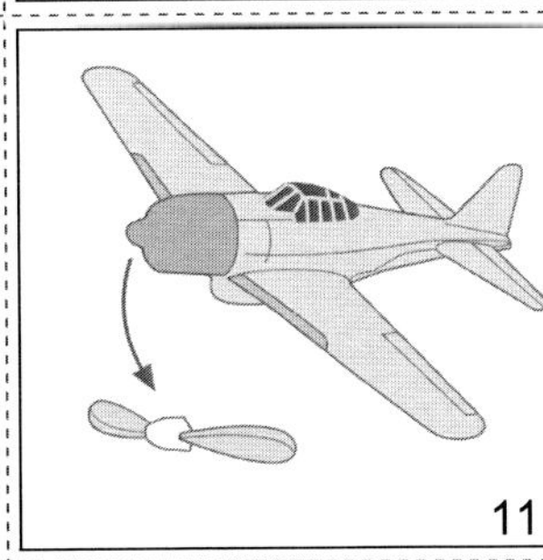
11

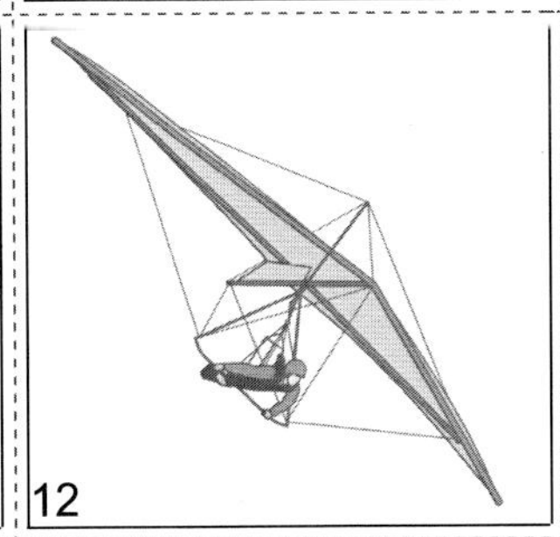
12

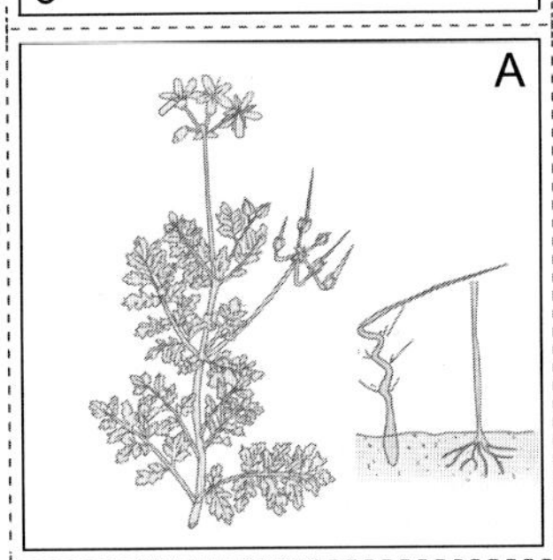
A

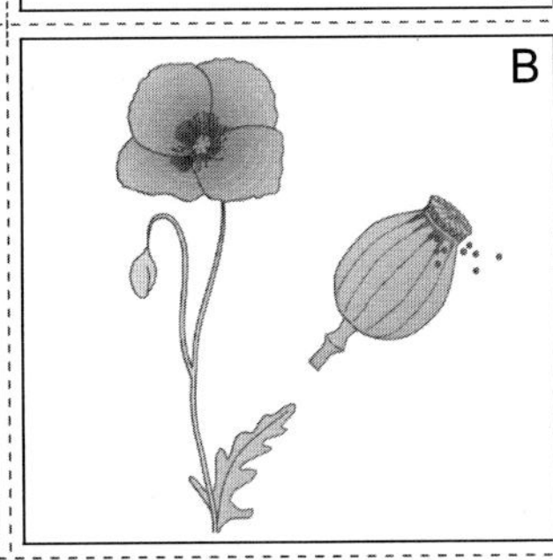
B

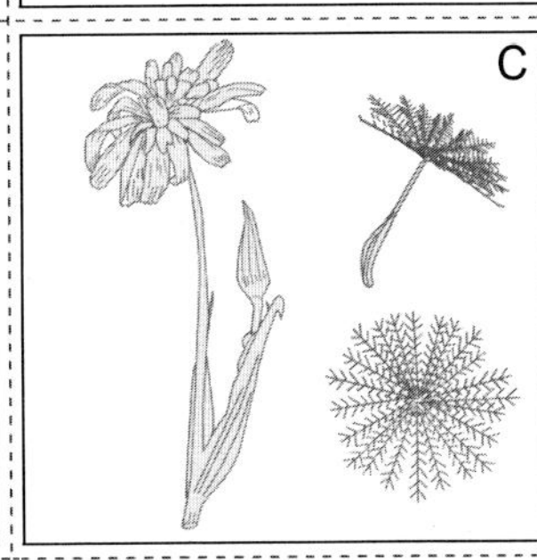
C

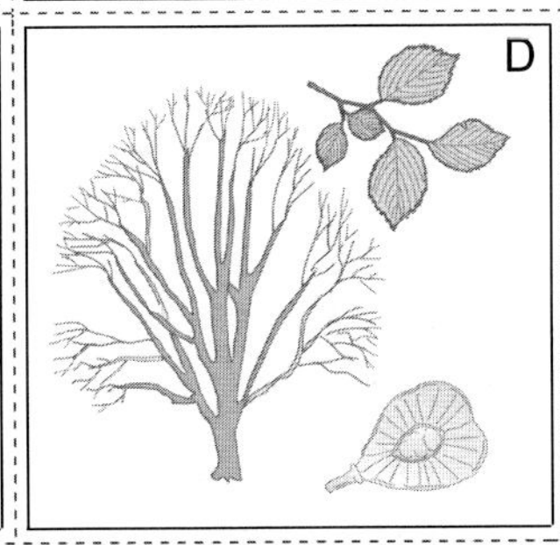
D

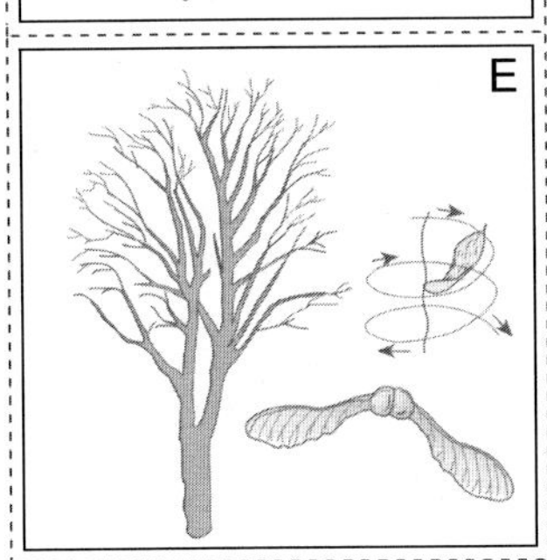
E

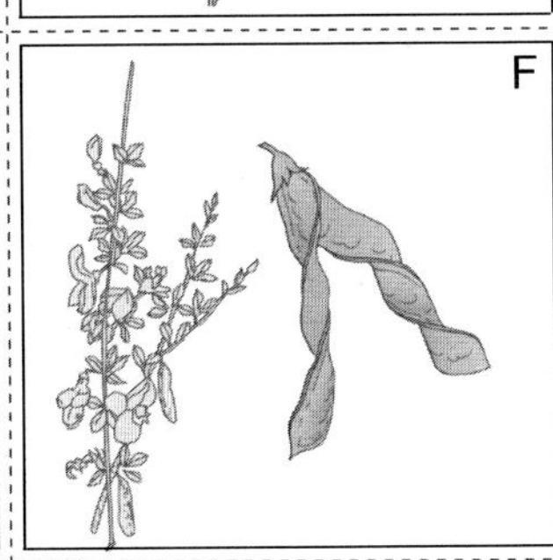
F

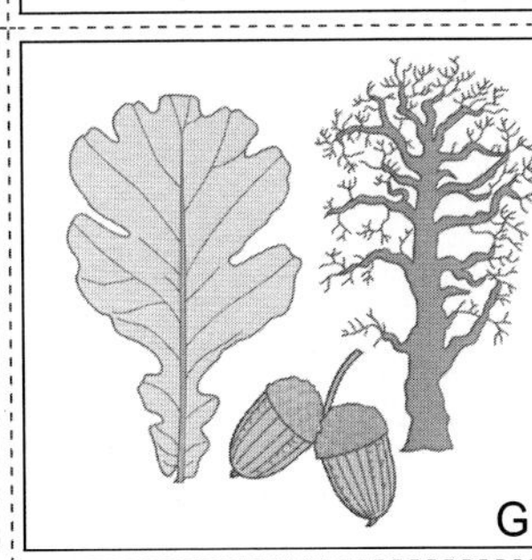
G

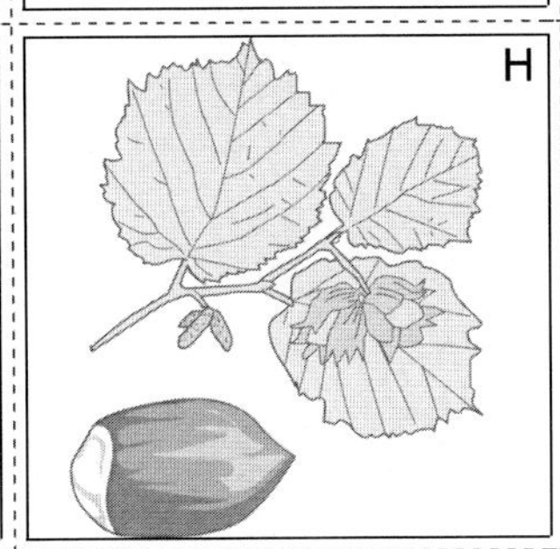
H

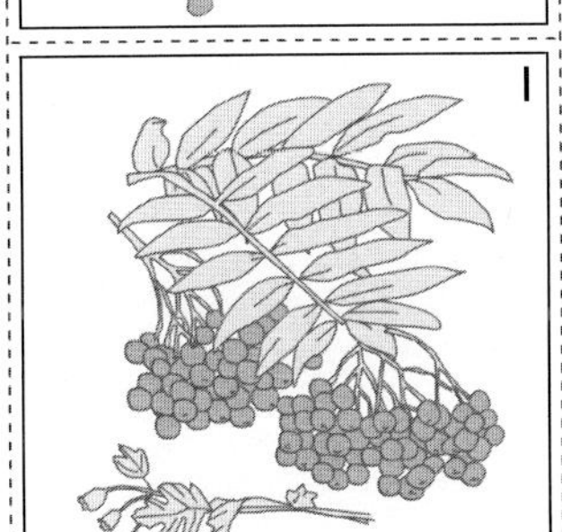
I

K

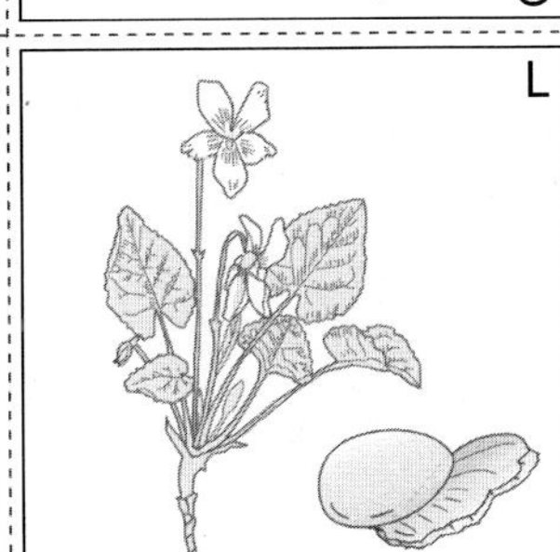
L

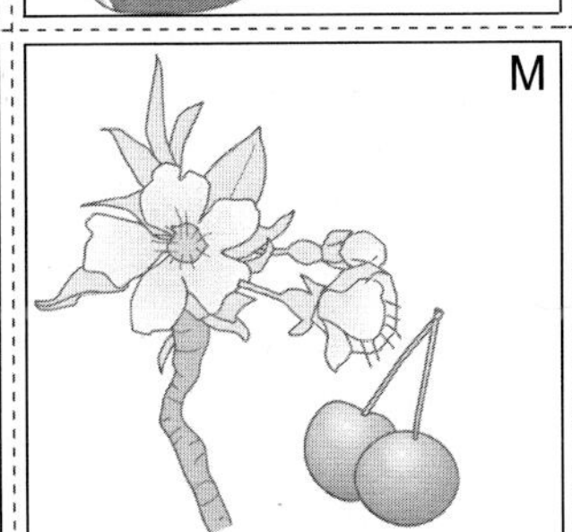
M

Wachstum und Entwicklung der Bohne

A **Arbeitsblatt Seite 165**

1. a) Hauptwurzel, b) Nebenwurzeln, c) Laubblätter, d) Stängel, e) Blüten, f) rankende Stängelspitze (Sprossranke).
2. Der Stängel wächst im Bogen, sodass seine Spitze der Öffnung zugewandt ist.
3. Die Pflanze wendet sich aktiv dem Licht zu. Dadurch erreicht die Pflanze maximalen Lichtgenuss.
4. Die Pflanze wächst nach unten und nicht seitlich weiter. Die Wurzel erreicht auf diese Weise die tieferen Schichten des Bodens, die weniger von Austrocknung gefährdet sind. Die Spitze der Sprossachse wächst nach oben, dem Licht entgegen.

Wachstum und Entwicklung der Bohne

1. Beschrifte die Bohnenpflanze.

a) ______________________________

b) ______________________________

c) ______________________________

d) ______________________________

e) ______________________________

f) ______________________________

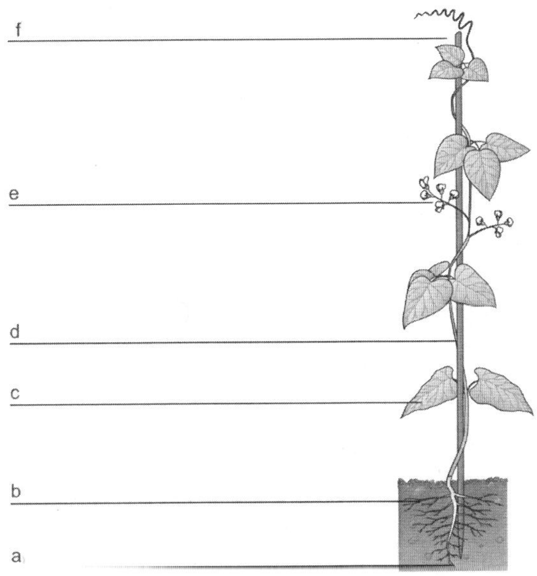

2. In einem Experiment hat man über eine junge Bohnenpflanze eine lichtdichte Schachtel gestülpt, die nur an einer Seite eine Öffnung hatte. Beschreibe die Reaktion der Pflanze.

____

____

____

3. Welche Bedeutung kann die im Versuch beobachtete Reaktion der Pflanze in der Natur haben?

____

____

____

4. In einem weiteren Experiment dreht man einige Zeit nach der Keimung den Keimling so, dass die Wurzel waagrecht liegt. Man beobachtet das Wachstum von Spross und Wurzel über einen längeren Zeitraum (siehe Abbildung). Welche Bedeutung hat die Reaktion der Pflanze in der Natur?

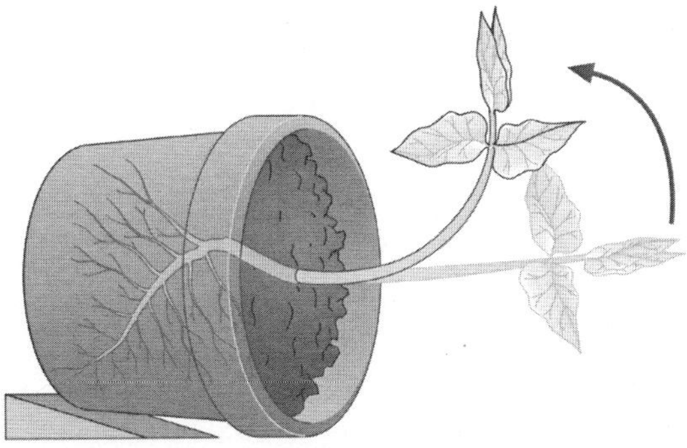

____

____

____

____

Die Ansprüche der Pflanzen an Wasser, Boden und Licht

A Arbeitsblatt Seite 167

Die Verdunstung durch Blätter kann alternativ auch durch Wägung bestimmt werden, wenn eine Waage zur Verfügung steht, die bei genügend großem Messbereich auch noch empfindlich genug ist. Eine Ergänzung des Versuchs wäre z. B. das Abdecken von Blattunter- bzw. Oberseite mit Vaseline (s. u.). So lässt sich die unterschiedliche Bedeutung der beiden Blattseiten erschließen. Die mikroskopische Untersuchung könnte dann eine Lösung des Problems liefern. Zu beachten ist, dass viele Pflanzen auch an der Oberseite der Blätter Spaltöffnungen haben, wie z. B. die Geranie (170/ mm^2) auf der Oberseite, 140/ mm^2 auf der Unterseite), die Erbse (100/200) und die Pappel (20/115).

V Spaltöffnungsmodell und Verdunstungswaage

Die turgorabhängige Bewegung der Spaltöffnungszeiten lässt sich am Fahrradschlauchmodell erklären. Man hängt einen Fahrradschlauch mit Stativmaterial so auf, dass zwei parallele, nebeneinander hängende Abschnitt entstehen. Aus einem zweiten Fahrradschlauch geschnittene Streifen klebt man mit Gummilösung auf die Innenseiten des aufgehängten Schlauchs. Diese Streifen entsprechen den innen liegenden verstärkten Zellwänden der Spaltöffnungszellen. Beim Aufpumpen des Schlauchs vergrößert sich der Zwischenraum zwischen den beiden Abschnitten.

Zwei gleichartige Blätter werden dünn mit Vaseline eingerieben, das eine auf der Ober-, das andere auf der Unterseite. Die Blätter werden mit Nähgarn an den Enden eines Strohhalms befestigt. In der Mitte wird der Strohhalm an einem Stativ aufgehängt. Durch Verschieben des Aufhängepunktes justiert man den Hahn waagrecht. Nach einigen Stunden bemerkt man, dass die Seite, an der sich die Vaseline auf der Oberseite des Blattes befindet, absinkt.

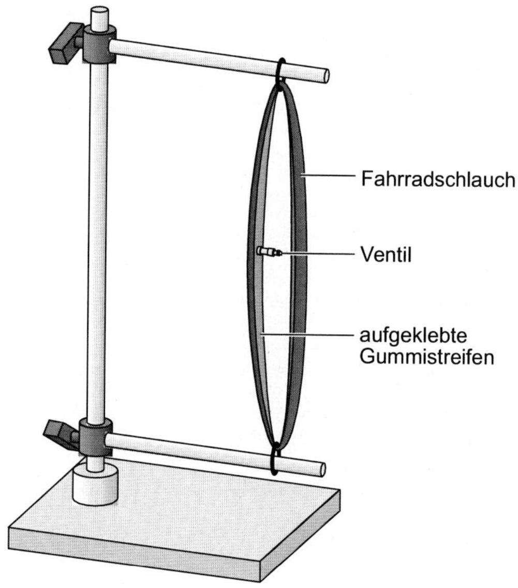

Spaltöffnungsmodell

Literaturhinweise

KNUST, I.: Experimentalunterricht zu „Wasserhaushalt der Pflanzen“; Unterricht Biologie 6/1982, Heft 71, S. 35

THIES, M.: Mikroskopie von Lackabzügen; Unterricht Biologie 11 (1987), Heft 129, S. 53

Wie durstig ist eine Pflanze?

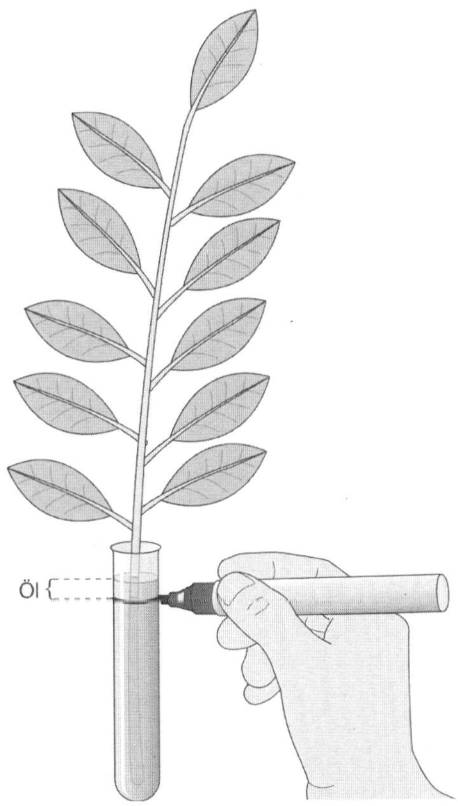

Nimm drei frische Zweige eines Laubbaumes (z. B. Rotbuche, Hainbuche oder Eiche). Achte darauf, dass die drei Zweige möglichst ähnlich sind (gleiche Blattzahl, ähnliche Blattgröße usw.). Fülle drei Reagenzgläser gleich hoch mit Wasser. Schneide in einer Schüssel die Zweige unter Wasser mit einem scharfen Messer an und stecke sie in die Reagenzgläser. Markiere den Wasserstand mit einem wasserfesten Filzstift. Schütte ein wenig Speiseöl auf die Wasseroberfläche. Stelle zwei der Reagenzgläser in einen Reagenzglasständer. Entferne bei einem Zweig die Hälfte der Blätter. Bring das dritte Reagenzglas mit dem Zweig (natürlich auch in einem Reagenzglasständer) in einen anderen Raum und stelle einen Ventilator davor auf. Markiere täglich den Wasserstand.

Wenn du nach dem Versuch die Gläser ausleerst, die Wassermenge bestimmst und dann mithilfe eines Messzylinders die Gläser jeweils bis zu den Markierungen füllst, kannst du herausfinden, wie viel Wasser die Zweige verbraucht haben. (Die Zweige müssen dabei noch in den Gläsern stecken!)

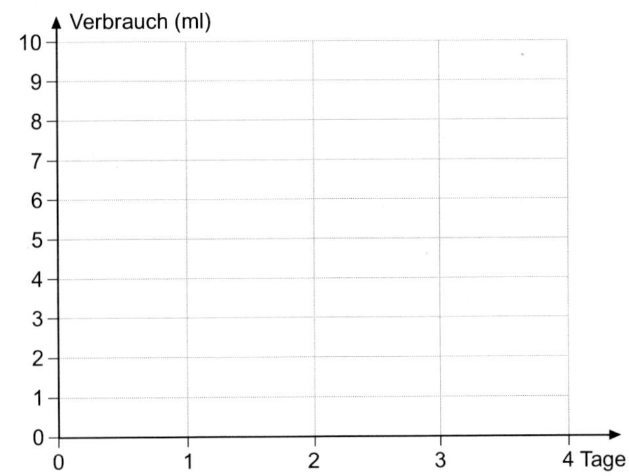

Aufgaben

1. Markiere mit drei verschiedenen Farben den Wasserverbrauch der Zweige für die verschiedenen Tage (z. B. rot für Zweig 1, blau für Zweig 2 und grün für Zweig 3) und zeichne ein entsprechendes Balkendiagramm.

2. Lege eines der abgepflückten Blätter auf das Kästchenpapier und zeichne seine Konturen mit einem Bleistift nach. Indem du die Kästchen, die mindestens zur Hälfte bedeckt waren, auszählst, kannst du bestimmen, wie groß etwa die Fläche des Blattes ist.
   Nenne Schlussfolgerungen aus den Ergebnissen.
   Blattflächen: Zweig 1: ___ cm^2; Zweig 2: ___ cm^2; Zweig 3: ___cm^2 (1 cm^2 = 4 Kästchen)

A **Arbeitsblatt Seite 169**

Ergebnis: Die Bläschenzahl wird mit zunehmender Entfernung von der Lichtquelle geringer. Die Lichtstärke ist umgekehrt proportional dem Quadrat der Entfernung, deshalb müssten die gemessenen Werte ungefähr im Verhältnis 36 : 8 : 2 : 1 stehen.

V **Sauerstofferzeugung bei der Wasserpest**

Wasserpest ist im Aquariengeschäft erhältlich. Der beschriebene Versuch kann bei Vorhandensein eines Luxmeters so abgeändert werden, dass man den Projektor jeweils so weit entfernt, dass die Helligkeit am Standzylinder immer die Hälfte des vorherigen Wertes ausmacht. Die direkte Abhängigkeit von der Lichtintensität lässt sich so leicht demonstrieren. Das entstehende Gas kann mit einem wassergefülltem Trichter und einem Reagenzglas aufgefangen werden. Mit der Glimmspanprobe wird es als Sauerstoff identifiziert.

Bei der Durchführung des allgemein bekannten „Schablonenversuchs" (s. auch S. 9 in diesem Buch) garantiert die Beachtung einiger Punkte den Erfolg:
Es ist wichtig, dass die Schablone dem Blatt eng anliegt, um Unterstrahlungen zu vermeiden. Weiter muss die Rückseite ebenfalls abgedunkelt werden, um Lichteintritt von hinten und damit am falschen Platz ausgelöste Fotosynthese zu verhindern. Lösen lässt sich dieses Problem, indem das Blatt (gut geeignet und ganzjährig verwendbar sind z. B. Geranienblätter) zwischen eine Glasscheibe und ein Stück Wellpappe gelegt wird. Glasscheibe, Wellpappe, Schablone und Blatt werden durch Wäscheklammern aufeinander gepresst (bei Verwendung eines Geranienblattes muss die Pappe einen Einschnitt erhalten, damit der Blattstiel nicht beschädigt wird). Durch die Verwendung von Wellpappe wird der Gaswechsel auf der Blattunterseite nicht behindert.

Ebenfalls von Bedeutung ist, dass das Blatt vorher kräftig ausgehungert wird. Dazu reicht ein 12-stündiger Aufenthalt im Dunkeln. Das noch an der Pflanze befindliche Blatt, zwischen Glasscheibe und Pappe wie beschrieben eingeklemmt, wird mit Stativmaterial gehalten. Die Pflanze wird in einem dunklen Raum (Keller, großer Karton, z. B. von Fernsehgerät o. ä.) aufbewahrt. 12 Stunden vor dem geplanten Auswertungstermin beginnt die Belichtung mit einer Leuchtstoffröhre (keine Gefahr der Überhitzung, ca. 15–20 cm Entfernung, 30 W), die zweckmäßigerweise mit einer Schaltuhr ein- und ausgeschaltet wird.

Als Schablone kann man z. B. das Foto eines Schülers verwenden, das man einscannt (dabei auf 1 Bit Farbtiefe, also reines Schwarz-Weiss, schalten) und mit einem Bildbearbeitungsprogramm in ein Negativ umwandelt. Nach Ausdruck und Kopie auf Folie hat man eine Schablone, die bei dem geschilderten Versuch wieder ein Positiv ergibt.

Das Entfärben geschieht am besten in einer Kristallisierschale mit Brennspiritus, der auf einer Elektrokochplatte erhitzt wird. Wegen der Geruchsentwicklung empfiehlt sich ein Arbeiten unter dem Abzug oder am geöffneten Fenster.

Wer kann unter Wasser Bläschen machen?

1. Führe folgenden Versuch durch:
Schneide vom Spross einer Wasserpest ein frisches Stück ab und bringe es sofort mit der Schnittstelle nach oben, also „kopfüber“, in ein großes Glas oder einen Standzylinder mit frischem Leitungswasser. Beleuchte das Glas mit dem Licht eines Diaprojektors, den du 50 cm von dem Glas entfernt aufstellst. Zähle, wie viele Bläschen aus der Wasserpest in einer Minute (Stoppuhr) aufsteigen. Wiederhole das Ganze noch 3-mal und berechne den Durchschnittswert. Wiederhole den Versuch mehrere Male, stelle jetzt aber den Diaprojektor 1 m, 2 m und 3 m entfernt auf!

Unter Wasser Bläschen machen
Kinder, ein Rätsel! Hört mich an!
Wer es herausbekommt, kriegt Geld! –
Wie kann man unter Wasser Bläschen machen?

Das müsst ihr versuchen – unbedingt! –
In der Badewanne. Und wenn es gelingt,
Werdet ihr lachen.

J. RINGELNATZ

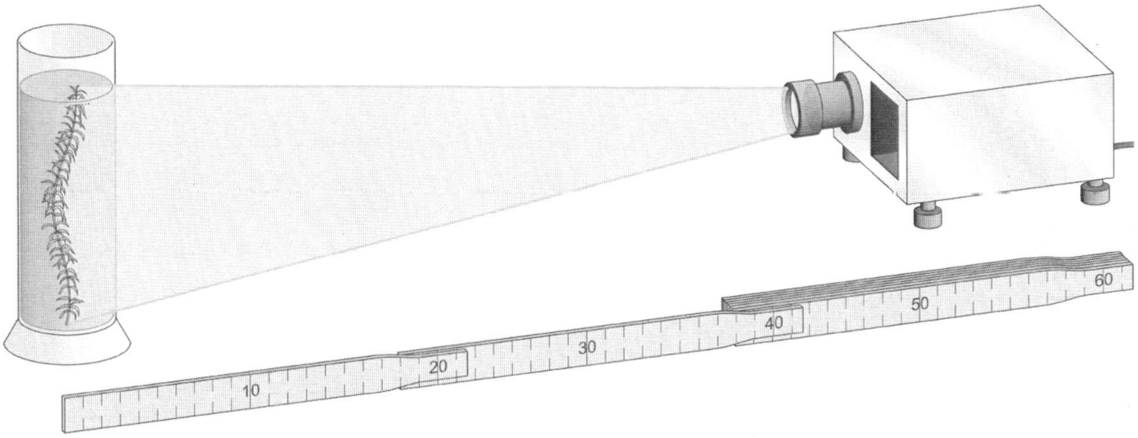

2. Zeichne die Messwerte in das Koordinatensystem ein.

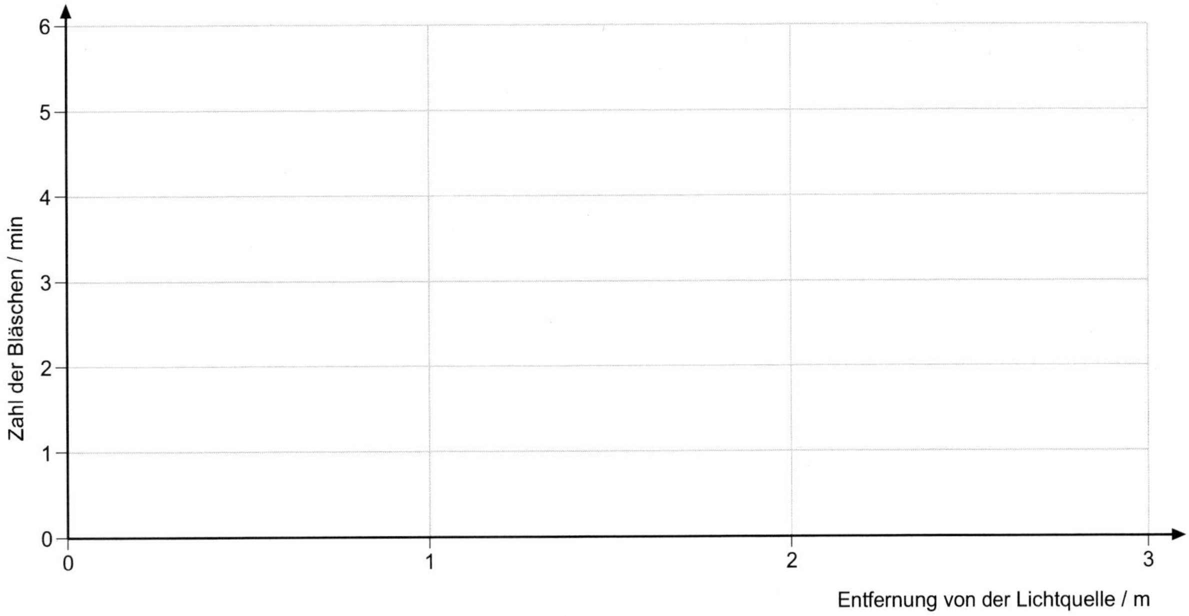

3. Finde eine Erklärung für die Messergebnisse.

____

____

____

Das Schneeglöckchen – Blüten im Schnee

A Arbeitsblatt Seite 171

1. Schneeglöckchen: a) äußere Schalen (Blätter) trocken), b) innere Schalen (Blätter fleischig), c) Knospe, d) Ersatzzwiebel, e) Brutzwiebel, f) Zwiebelscheibe, g) Wurzeln
   Krokus: h) Laubblätter, i) neue Knollenanlage, k) äußere Schale (trocken, verkümmerte Blattreste), l) letztjährige Knolle, m) Wurzeln
2. Die äußere Schicht der Knolle besitzt verkümmerte Blätter. Nur Sprossachsen entwickeln Blätter.
3. Sprossachse Schneeglöckchen: zwischen Knospe und Wurzel, ebenso Krokus: Knollen unter der trockenen Hülle; Blätter Schneeglöckchen: fleischige und trockene „Schalen", ebenso Krokus: trockene Hülle, grüne Laubblätter; Wurzel: bei beiden Pflanzen entsprechend.

Z Schneeglöckchenlektine und Kartoffeln

Schneeglöckchen müssen kaum unter Schnecken- und Insektenbefall leiden. Ursache dafür sind Lektine, für Schnekken und Insekten giftige Inhaltsstoffe. Der Gedanke, Lektingene in Nutzpflanzen einzubauen, führte 1999 zu einer Kartoffel, die durch Schneeglöckchenlektine vor Schädlingsbefall geschützt ist. Allerdings zeigte sich nach detaillierten Fütterungsstudien, dass aufgrund des Lektins, das für Wirbeltiere als unschädlich galt, bei Ratten, die intensiv mit diesen Kartoffeln gefüttert wurden, das Immunsystem und die inneren Organe Schaden genommen hatten.

Schutzstatus: Außerhalb von Gärten vorkommende Schneeglöckchen sind genauso wie Märzenbecher geschützt. Der aus dem Mittelmeerraum stammende Krokus vermehrt sich bei uns nicht durch Samen, er ist daher auf Gärten beschränkt und unterliegt keiner Schutzregelung. Für Untersuchungen muss in beiden Fällen auf Gartenexemplare zurückgegriffen werden.

Leben aus der Konserve

„Hässlich, diese verblühten Dinger!" sagt Herr Maier über die verwelkten Schneeglöckchen in seinem Garten und schneidet sie über der Erdoberfläche ab.

Im nächsten Jahr sagt er: „Mickrige Dinger, diese Schneeglöckchen. Wenn sie nächstes Jahr noch kleiner sind, schmeiße ich sie 'raus und setze neue . . ."

Was meinst du: Muss Herr Maier nächstes Jahr seine Drohung wahrmachen oder weißt du, wie man den Blumen noch eine Chance geben kann?

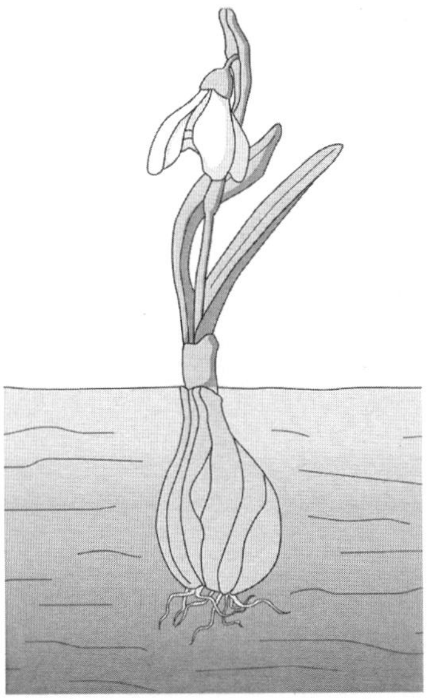

Schneeglöckchen und Krokus – zwei Frühblüher im Vergleich

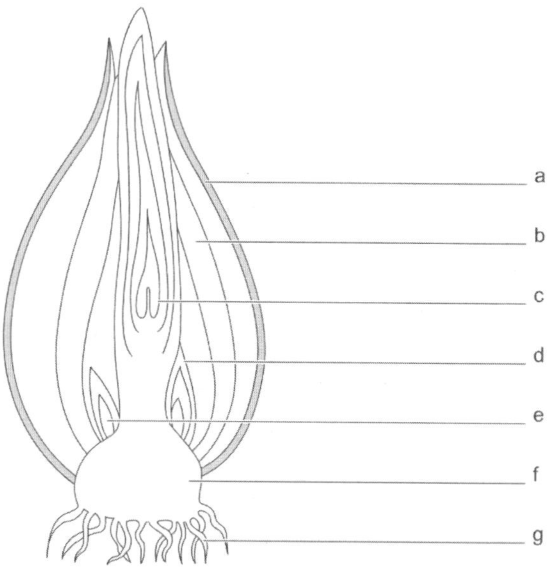

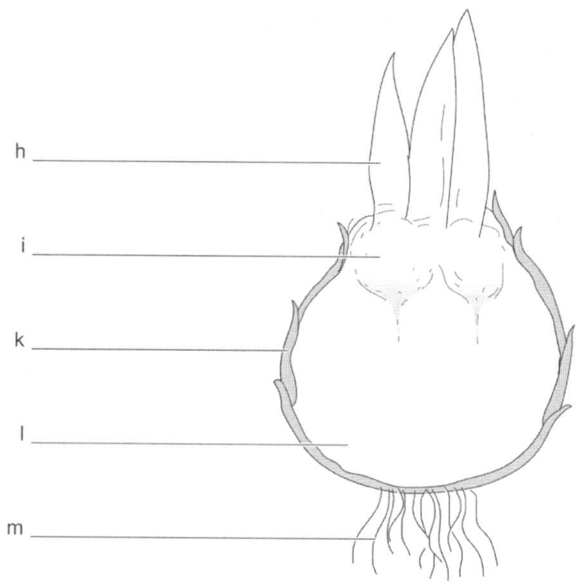

Aufgaben

1. Beschrifte die Abbildungen.

2. Erkläre, woran man erkennen kann, dass beim Krokus ein verdickter Spross die Knolle bildet.

___

___

3. Male bei den obigen Abbildungen die verschiedenen Grundorgane der Pflanze mit jeweils unterschiedlichen Farben aus. Verfasse eine Legende zu den Farben.

___

___

___

4. Untersuche die Blüte des Schneeglöckchens und des Krokus und zeichne je ein Blütendiagramm, das du den natürlichen Farben entsprechend ausmalst. Benutze dazu die vorgegebenen Kreise als Hilfsmittel. Beschrifte äußere Blütenblätter, innere Blütenblätter, Staubblätter und Fruchtknoten.

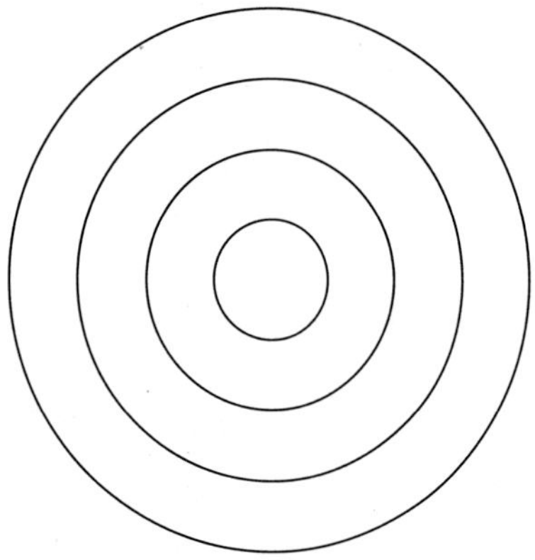

Schneeglöckchen

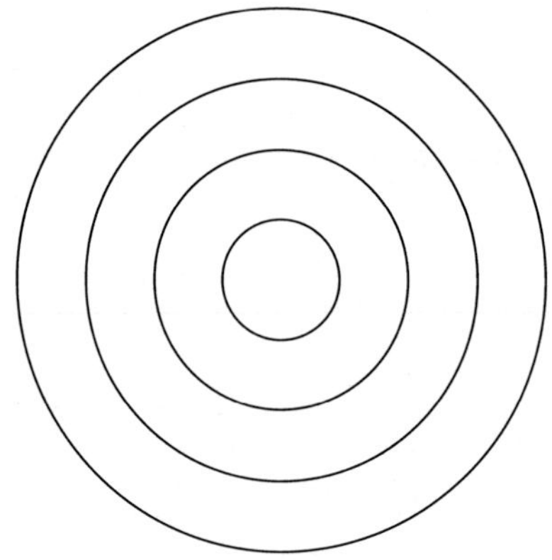

Krokus

A Arbeitsblatt Seite 173

A) Löwenzahn: Wurzel, Grundblätter; im Boden bzw. unter Schneedecke;
B) kriechender Hahnenfuß: Ausläufer; auf Boden unter Schneedecke;
C) Krokus: Knolle, im Boden;
D) Gras: Wurzeln, Grundblätter; im Boden bzw. unter Schneedecke;
E) Buschwindröschen: Erdspross; im Boden;
F) Sonnenblume: Samen; trocken, auf Boden unter Schneedecke;
G) Schneeglöckchen: Zwiebel, im Boden;
H) Strauch und
I) Laubbaum: Holz; Entwässerung, Stärke, bei starkem Frost auch Traubenzucker im Holz, kälteresistente Erneuerungsknospen.

Z Überwinterung

Kälteresistenz

Viele Moose und Flechten sind sehr kälteresistent. Die Kälteresistenz der Moose lässt sich zeigen, wenn man Begonienblätter und Sternmoosstücke in einer feuchten Kammer (mit feuchtem Filterpapier ausgekleidete Petrischale) für einen Tag in den Kühlschrank, einen weiteren Ansatz für einen Tag in die Kühltruhe stellt. Danach werden die Proben noch zwei Tage bei Zimmertemperatur aufbewahrt (die Kammern müssen feucht bleiben). Im Gegensatz zu der bei Zimmertemperatur aufbewahrten Vergleichsprobe ist das Begonienblatt aus der Kühltruhe abgestorben (verfärbt!), das aus dem Kühlschrank geschädigt (Nekrosen zum Teil nur mit der Lupe erkennbar), während das Sternmoos augenscheinlich unverändert ist.

Winterruhe

Die Anlage von Ruheorganen, Laubfall usw. wird hauptsächlich von Hormonen gesteuert. Im Herbst befinden sich die Knospen im Vorruhe-Stadium. Durch pflanzliche Hormone wird die Weiterentwicklung gehemmt (Vollruhe). Im frühen Winter wird, so nimmt man an, das hemmende Hormon unter Kälteeinfluss abgebaut. Jetzt können bei manchen Pflanzen höhere Temperaturen das Austreiben der Knospen bewirken. So ist z. B. das Phänomen der „Barbarazweige“ zu erklären. Mit beginnendem Frühjahr steigt die Konzentration der knospenfördenden Hormone (Nachruhe). Warme Tage fördern dann den Austrieb.

M Medienhinweise

FWU 10 02566 Von der Blüte bis zum Obst
FWU 10 02761 Von der Blüte zur Frucht
FWU 10 02861 Frühlingsbilder
FWU 10 03194 Die Schachblume

Überwinterung – aber wie?

1. Benenne die Pflanzen so genau wie möglich und trage die Namen in Zeile 1 ein. Bei manchen Pflanzen wirst du den Artnamen herausfinden können, bei anderen wirst du dich mit allgemeineren Angaben zufrieden geben müssen.
2. Welche Teile der Pflanzen überleben im Winter? Male die überlebenden Teile rot an und trage deren Bezeichnungen in Zeile 2 ein.
3. Notiere in Zeile 3, wodurch die überlebenden Teile im Winter geschützt sind.

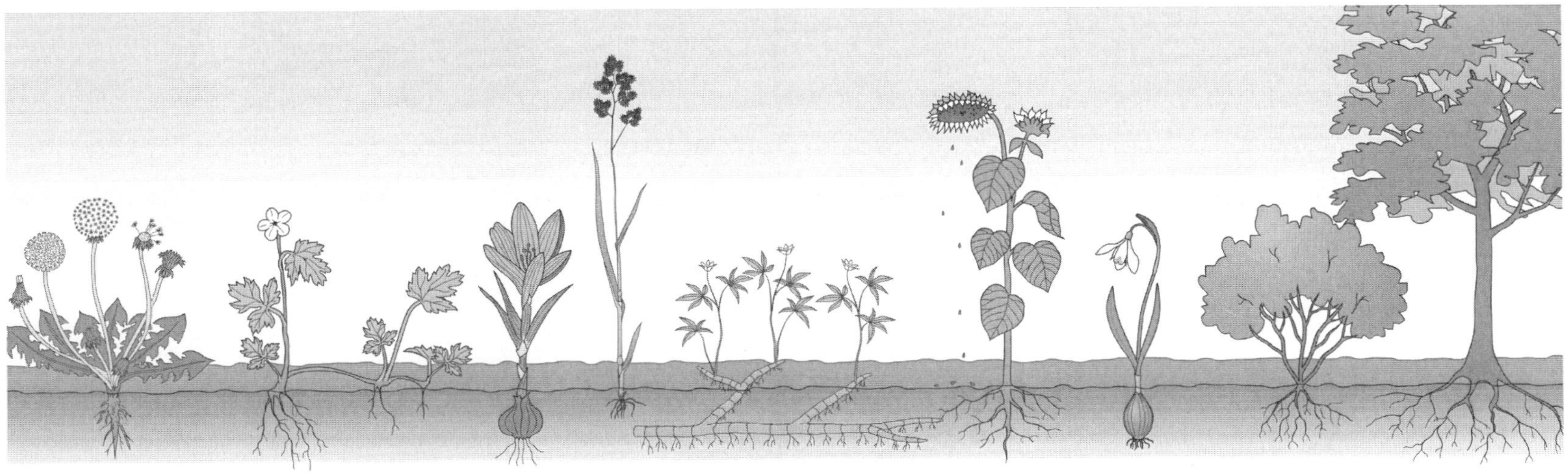

	A	B	C	D	E	F	G	H	I
1									
2									
3									

Bäume im Winterzustand

A Arbeitsblatt Seite 175

Die Bestimmung sollte möglichst an Naturobjekten geübt werden. Die Farbe wird dann mit der angegebenen Farbe verglichen und die Zweige mit ihren Knospen möglichst realistisch mit Buntstiften (nicht mit Filzstiften) ausgemalt.
a) Spitzahorn, b) Schwarzerle, c) Gemeine Esche, d) Sandbirke, e) Sommerlinde, f) Rosskastanie, g) Bergahorn, h) Stieleiche, i) Feldulme, k) Rotbuche.

V Experimente zum Laubfall

1. Wägung von mehreren Blättern im Herbst (frisch nach Laubfall) und Ende Frühjahr (evtl. Blattfläche mit Millimeterpapier vergleichen): Welkung und Trocknung im Herbst.
2. Extraktion der Blattfarbstoffe mit kochendem Ethanol (Vorsicht, keine offene Flamme, sondern Heizplatte!) bei grünen und herbstlichen Blättern; durch Eintauchen von Filtrierpapier werden bereits einige (bei dieser vereinfachten Chromatographie nicht alle) Pigmente sichtbar.
3. Das Laub wird zwar abgeworfen, aber viele Zellen leben trotzdem weiter: Knospen, Kambium usw. Wie schützen sie sich vor dem Einfrieren? Gefrierpunktserniedrigung durch Lösen von Stoffen kann annähernd berechnet werden nach: $\Delta T = 1{,}86 \times n \times c$, wobei n = Zahl der Teilchen, in die ein Molekül zerfällt (n = 1 bei Zucker, n = 2 bei Kochsalz), c = Konzentration der Lösung in mol/l. Eine reine Zuckerlösung von 2,7 mol/l (entspricht etwa 484 g Glukose/l) erniedrigt den Gefrierpunkt um ca. 5 K. Man stellt eine entsprechende Zuckerlösung und reines Wasser (in Plastikgefäßen) in ein Eisfach geeigneter Temperatur! Im Winter wird in Rinde und Ästen Stärke in lösliche Kohlenhydrate umgewandelt, während in den (kältegeschützten) Wurzeln die Stärke erhalten bleibt. Im Frühjahr wird der Zucker wieder in osmotisch unwirksame Stärke zurückverwandelt, beim Laubaustrieb kehrt sich der Vorgang abermals um (s. Kasten).

Z Die Rosskastanie

Die Rosskastanie ist eine giftige Pflanze! Alle Organe, besonders aber die unreifen Früchte und die grünen Pflanzenteile enthalten Saponine, die über die Schleimhaut aufgenommen werden können und zu Übelkeit, Bauchschmerzen und Erbrechen führen können. Beobachtet wurden auch Hautrötung, weite Pupillen, Angstgefühle und Schläfrigkeit nach Genuss einer Rosskastanienfrucht.
Die Rosskastanie eignet sich wegen ihrer charakteristischen und leicht erkennbaren jahreszeitlichen Veränderungen zusammen mit anderen Pflanzen hervorragend für die Anlage eines phänologischen Kalenders. Besonders interessant wird es, wenn Schüler einen solchen Kalender aufstellen, die in unterschiedlich hoch gelegenen Orten beheimatet sind (Verschiebung der Jahreszeiten).

Treiben der Knospen: Erstfrühling, Blüte: Vollfrühling, Früchte fallen: Frühherbst, Laub wird gelb: Herbst, Laub abgeworfen: Winter.

M Medienhinweise

FWU 10 03203 Die Rosskastanie
FWU 32 02773 Ein Baum
FWU 32 03722 und FWU 4001632 Der Baum – mehr als ein Stück Natur

Stärkespeicherung im Verlauf des Jahres

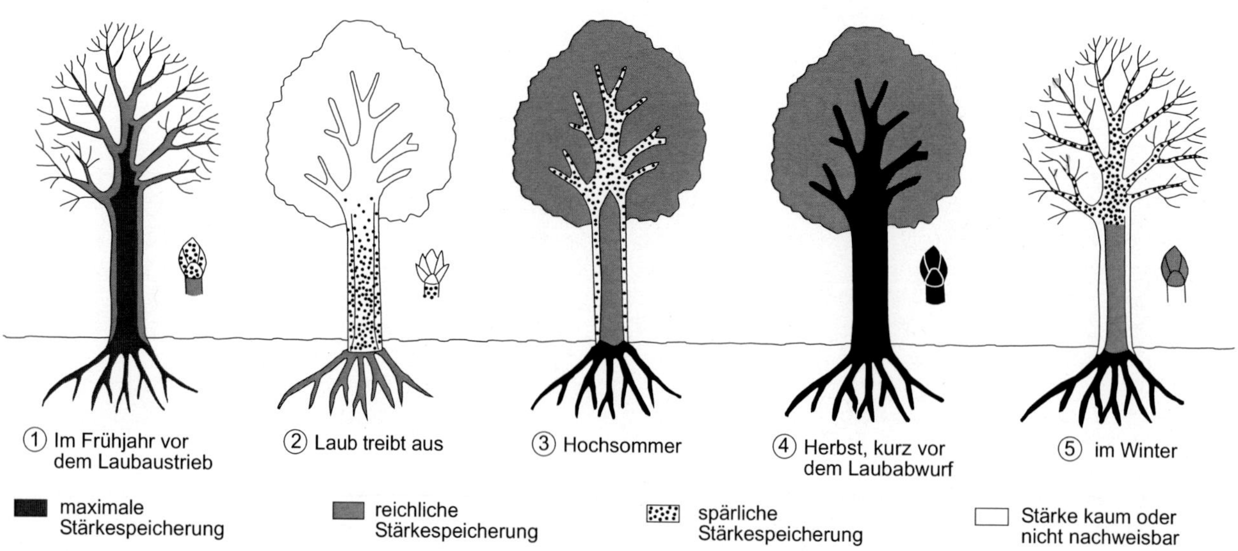

Bestimmung von Zweigen im Winterzustand

1	Knospen gegenständig	weiter nach	2
–	Knospen wechselständig	weiter nach	5
2	Knospen braun oder schwarz	weiter nach	3
–	Knospen grün oder rötlich	weiter nach	4
3	Knospen sehr groß, klebrig, glänzend, braun	*Rosskastanie*	
–	Knospen kleiner, schwarz oder schwarzbraun	*Gemeine Esche*	
4	Knospen grünlich, Knospenschuppen mit dunklem Rand	*Bergahorn*	
–	Knospen rötlich	*Spitzahorn*	
5	Knospen zweizeilig angeordnet	weiter nach	6
–	Knospen spiralig angeordnet	weiter nach	8
6	Knospen mit 2 oder 3 Knospenschuppen, eiförmig, grün bis rötlich, glänzend	*Sommerlinde*	
–	Knospen mit mehr als 3 Knospenschuppen	weiter nach	7
7	Knospen mehr als zweimal so lang wie dick, spitz, vom Zweig abstehend	*Rotbuche*	
–	Knospen weniger als zweimal so lang wie dick, schräg über Blattnarbe stehend dunkelbraun, mehr oder weniger behaart	*Feldulme*	
8	Knospen mit 2 oder 3 Knospenschuppen, auf einem Stielchen stehend	*Schwarzerle*	
–	Knospen mit mehr als 3 Schuppen	weiter nach	9
9	Knospen zu mehreren am Zweigende angeordnet	*Stieleiche*	
–	Knospen nicht am Zweigende gehäuft, eiförmig, oft klebrig	*Sandbirke*	

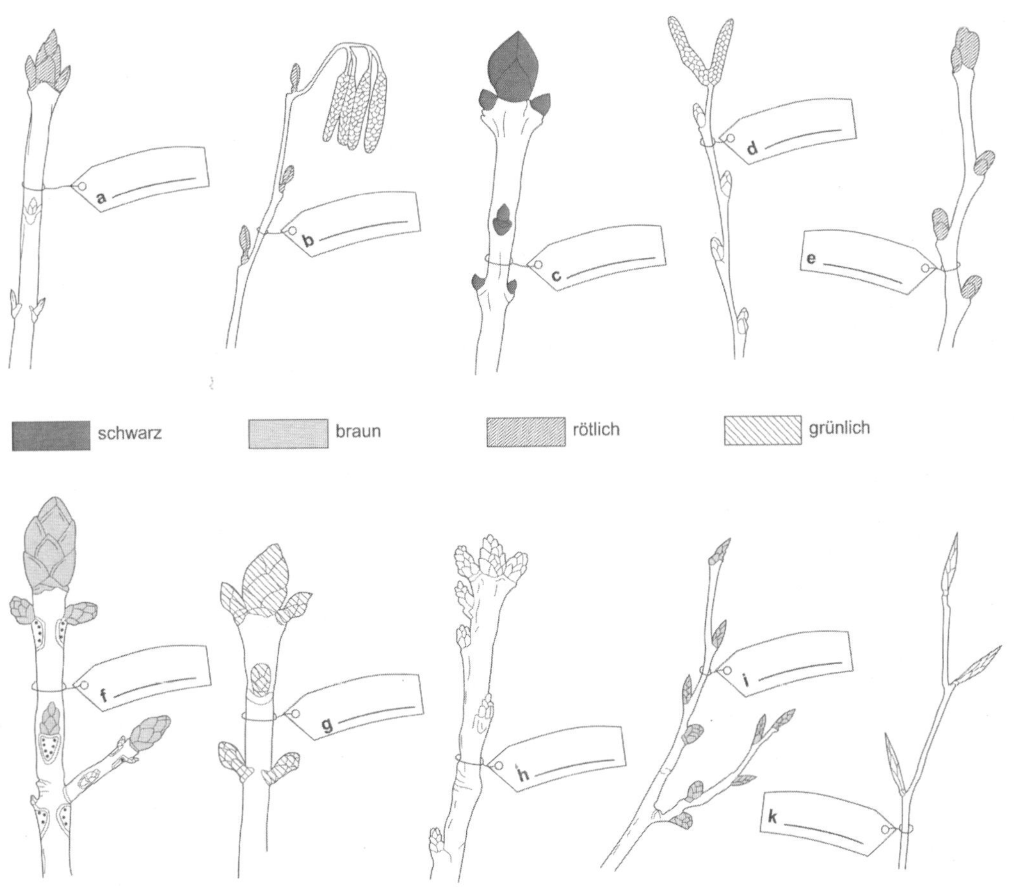

Die Familie der Lippenblütler

Arbeitsblatt Seite 177

1. a) Oberlippe
   b) Griffel mit Narbe,
   c) Staubblätter,
   d) Unterlippe,
   e) Kelch,
   f) (vierteiliger) Fruchtknoten;
   weitere Merkmale: Laubblätter kreuzgegenständig; vierkantige, hohle Sprossachse
2. Die Pflanzen der Abbildungen 1 und 4 sind keine Lippenblütler.
   Abb. 1: Laubblätter nicht kreuzgegenständig, Blüte nicht eindeutig in Ober- und Unterlippe gegliedert.
   Abb. 4: Sprossachse nicht vierkantig, Blüte stärker gegliedert.
3. Abb. 1: Frauenschuh, Abb. 2: Goldnessel, Abb. 3: Wiesensalbei, Abb. 4: Besenginster

Zusatzaufgaben

1. Viele Lippenblütler weisen eine helmförmige Oberlippe auf. Warum ist es trotzdem nicht sinnvoll, diese Familie als Helmblütler zu bezeichnen?

- *Die helmförmige Oberlippe tritt nicht bei allen Arten der Familie auf, sie fehlt z.B. in der Gattung Günsel. Allen Lippenblütlern ist eine Oberlippe bzw. Unterlippe als typisches Familienmerkmal gemeinsam.*

2. Stelle in einer Tabelle Vertreter aus der Familie der Lippenblütler zusammen, die als Heil- oder Gewürzpflanzen verwendet werden.

- *Einige Beispiele für Heil- bzw. Gewürzpflanzen aus der Familie der Lippenblütler:*
  - *Brennessel: bei Gicht, Rheuma, Nieren- und Blasenerkrankungen, als Tee oder Gemüse verwendbar.*
  - *Majoran: „Wurstkraut“, Küchengewürz*
  - *Melisse: wirkt entspannennd und beruhigt bei nervlichen Störungen*
  - *Pfefferminze: als Öl zum Einreiben bei Erkältungen, als Tee bei verschiedenen Beschwerden, z.B. bei Übelkeit*
  - *Rosmarin: als Öl in Kölnischwasser*
  - *Salbei: bei Beschwerden in Magen und Darm als Tee, als Aufguss bei Entzündungen im Mund, Küchengewürz*
  - *Thymian: in Hustentees und Hustenbonbons, Küchengewürz*

Lippenblütler, die leicht verwechselt werden

1. Beschrifte die Blüte und leite aus den Abbildungen die allgemeinen Merkmale der Lippenblütengewächse ab.

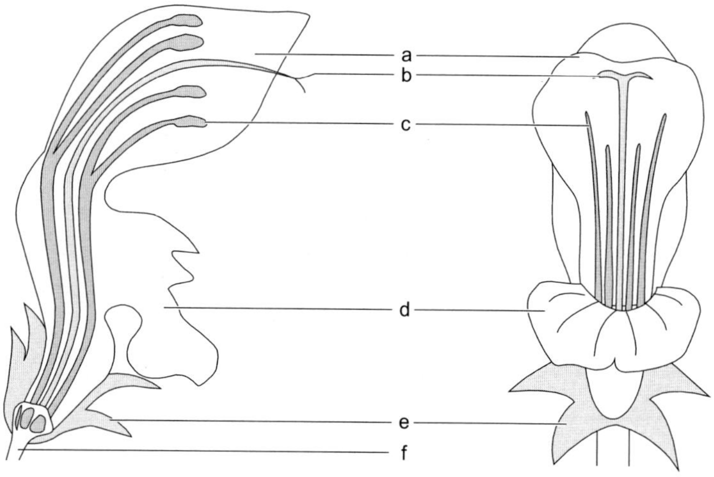

a

b

c

d

e

f

2. Anja hat verschiedene Pflanzen gesammelt, die nicht alle Lippenblütler sind. Finde die „falschen“ Pflanzen heraus und nenne abweichende Merkmale.

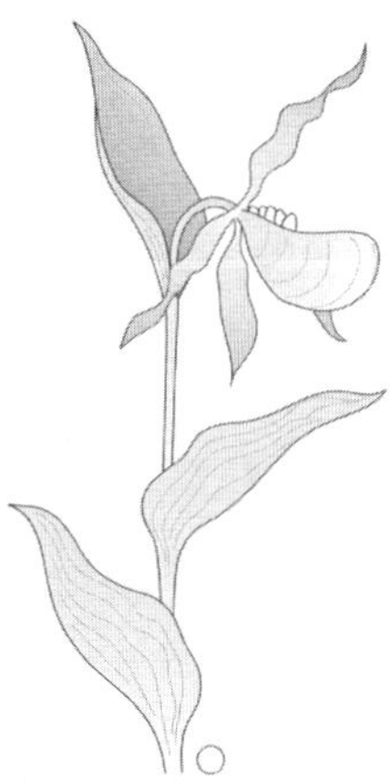
1

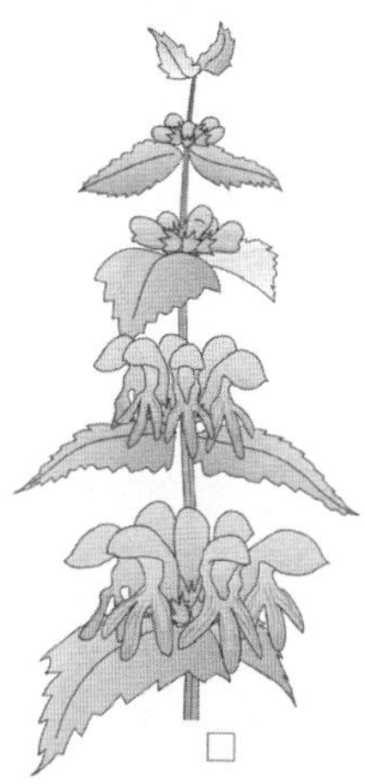
2

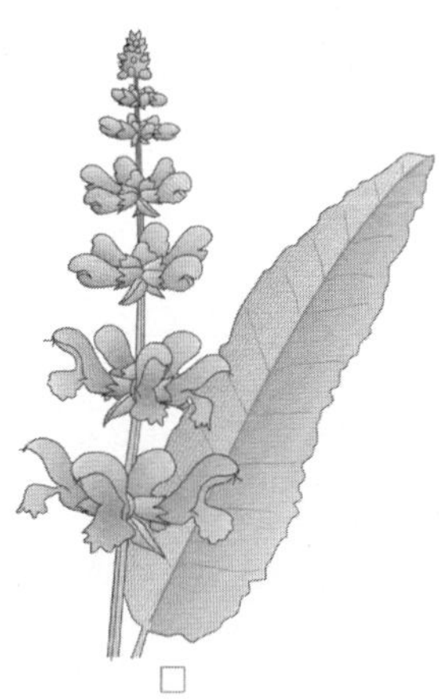
3

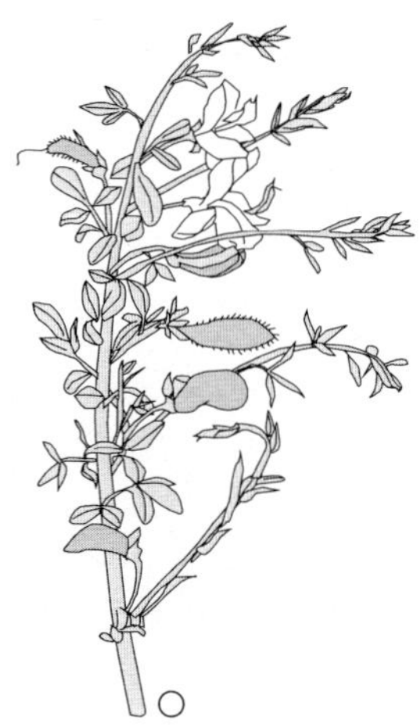
4

3. Wie heißen die abgebildeten Pflanzen?

Die Familie der Rosengewächse

A **Arbeitsblatt Seite 179**

1. viele Staubblätter, 5 Kronenblätter, 5 Kelchblätter, Laubblätter wechselständig
2. Strauch, Stacheln, zusammengesetzte Blätter, Nebenblätter, Hagebutten, wohlriechend
3. Herstellung von Wein, Tee und Marmelade.
4. „Stachelröschen“
5. Stacheln sind aufsitzend und deshalb leicht abknickbar. Dornen entspringen dem Rindengewebe, sind also nicht nur oberflächlich verankert. Sie lassen sich nur sehr schwer entfernen.

Projekt: Rosengewächse

Ungeschlechtliche Vermehrung der Hundrose

Die Hundrose bildet an geeigneten Standorten eine Vielzahl von Wurzelschösslingen, wodurch sie sich in der Natur ungeschlechtlich vermehrt. Gärtner säen im Herbst oder Frühjahr vorbehandelte (stratifizierte) Samen auf ein Freilandbeet. Auch die Vermehrung mittels grüner Sprossstecklinge kann mit Schülern im Schulgelände oder im Blumenkasten probiert werden.

Rollenspiel

Wenn man bis zu Adam und Eva zurückgeht, fallen jedem bestimmt sehr viele Erzählungen u.ä. ein, wo Rosengewächse eine Rolle spielen. Gemeinsam suchen die Schüler eine vorgeschlagene Geschichte aus, schreiben dazu Rollen, gestalten Kostüme und Kulissen und nach einigen Proben ist die Vorführung perfekt. Die Schüler können auch eigene Geschichten zu Rosengewächsen erfinden.

Vielfalt der Rosen

Die Blüten der Hundrose sind sehr kurz gestielt. Viele Rosen gibt es aber auch langstielig oder mit größeren und fülligeren Blüten. Wie dies realisiert wird und wie vielfältig die Sorten sind, kann ein Erkundungsauftrag für einen außerschulischen Lernort, wie Gärtnerei oder Baumschule, sein.

Bau der Rosengewächse

Schüler nehmen Pflanzenteile verschiedener Rosengewächse genauer „unter die Lupe“. Es kann die Anzahl der Blättchen, die Form der Stacheln usw. erkundet werden. Kleinere Teile, wie Pollen, werden mit dem Mikroskop untersucht und dann gezeichnet.

Sprichwortsuche

Viele unserer Obstbäume sind Rosengewächse. Die Schüler kennen Sprichwörter wie „Verbotene Äpfel sind süß“. Das Zusammentragen solcher Sprichwörter von Rosengewächsen in kleinen Schülergruppen bereitet viel Vergnügen.

Bedeutung der Rosengewächse

Rosengewächse lassen sich auf vielfältige Art nutzen. Die Schüler können sich Anregungen z.B. bei einem Tischler oder Drechsler, einer Parfümerie, einer Marmeladenfabrik sowie einem Blumenladen holen. Mit den Erkundungsergebnissen lassen sich schöne Anschauungsobjekte (z.B. Gestecke aus verschiedenen Rosengewächsen) oder auch eine Anschauungstafel erstellen. Einige Schüler können auch beauftragt werden, die Anregungen bzw. die erstellten Anschauungsobjekte zu fotografieren.

Von Bekannten und Verwandten kann man Rezepturen zur Marmeladeherstellung zusammentragen lassen. Bei dieser Gelegenheit sollte man es auch nicht versäumen, Marmelade selbst herzustellen und zu verkosten

Die Hundsrose

Die Hundsrose wächst an Hängen und Waldrändern wild. Sie ist ein breiter, etwa 2 m hoher Strauch mit grünen, etwas gebogenen Jahrestrieben. Wenn die Triebe älter werden, verfärben sie sich olivbraun und sind mit spärlichen, gekrümmten, leicht abtrennbaren Stacheln versehen. Die Laubblätter sind aus 5 bis 7 elliptischen Blättchen zusammengesetzt. Am Grund des Blattstiels befinden sich zwei Nebenblätter. Die 12 cm langen Blätter sitzen wechselständig an der Sprossachse. Im Winter werden die Sträucher nur durch die scharlachroten Hagebutten geschmückt. Die Hagebutten sind elliptisch bis flaschenförmig. In ihnen sind gelbbraune, bewimperte Schließfrüchte.

Ab Anfang Juni beginnt die Blütezeit. An den Zweigenden bilden sich 1–3 weiß bis rosa gefärbte, wohlriechende Blüten. Die Blüten haben 5 Kelch- und 5 Kronenblätter sowie eine Vielzahl von Staubblättern. Die Hundsrose hat keine besonderen Ansprüche an die Boden- und Luftverhältnisse. Sie wird häufig als Vogelschutzgehölz angepflanzt.

Aufgaben

1. Finde aus dem Text die allgemeinen Merkmale der Rosengewächse heraus.

____

____

2. Unterstreiche in dem Text die Merkmale, die auch bei Zuchtrosen zu finden sind.

3. Die Hagebutten enthalten viel Vitamin C. Wie nutzen wir diese Tatsache?

____

____

4. Das Märchen Dornröschen hat den verkehrten Namen. Wie müsste es richtig heißen?

____

5. Beschreibe den Unterschied zwischen Stachel und Dorn.

____

____

____

____

____

Die Familie der Korbblütler

A Arbeitsblatt Seite 181

1. z. B. Gemeine Schafgarbe, Löwenzahn, Gänseblümchen, Garten-Ringelblume, Huflattich, Kleinblütiges Knopfkraut
2. Heilpflanzen: Arnika, Wermut, Kamille
   Ölpflanze: Sonnenblume
   Gemüsepflanzen: Schwarzwurzel, Salat (z.B. Endivie, Chicoree)
   Zierpflanzen: Astern, Dahlien, Zinnien
3. Abb.1 = b; Abb. 2 = c; Abb. 3 = a

Z Einteilung der Korbblütler

Eine auch für Schüler leicht nachvollziehbare Einteilung der Korbblütler nach der Art der vorkommenden Blütentypen (s. u.):

- Korbblütler nur mit Zungenblüten
- Korbblütler nur mit Röhrenblüten
- Korbblütler mit Zungen- und Röhrenblüten

Die Schüler üben dabei die Unterscheidung der Blütentypen und erkennen, dass auch die unscheinbaren Röhrenblüten bei größerer Anzahl im Blütenstamm eine hinreichende, Insekten anlockende Wirkung haben.

Z Schon gewusst?

Die **Silberdistel** wird in einigen Gegenden auch mit dem Beinamen „Jagerbrot", „Wiesenkas", „Stachelkäse" bzw. „Kraftwurz" bezeichnet. Ursache hierfür sind ihre fleischigen, saftigen Blütenböden bei jungen Blüten, die teilweise von Kindern gern genascht werden, da sie einen Haselnuss- bzw. Mandelgeschmack haben. Die Namen „Wetterdistel" oder „Donnerkäse" sind nur noch selten in Gebrauch, da sich die althergebrachte Annahme, dass die Silberdistel wetterabwehrend ist, nicht bestätigt hat. Die Silberdistel steht unter Naturschutz.

Die **Echte Kamille** wirkt nicht nur entzündungshemmend. Man kann sie auch zur Beruhigung und zum Schweißtreiben nutzen. Auch die **Schafgarbe** hat neben ihrer entzündungshemmenden Wirkung noch weitere Einsatzgebiete. Sie kann beim Stillen von Blutungen, Absonderung von Magensaft und zur Kreislaufförderung eingesetzt werden.

Umschläge des **Huflattich** helfen bei Venenentzündungen und nassen Hautausschlägen. Man kann aber auch einen heilsamen Brusttee aus den getrockneten Pflanzen brauen. Eine entzündungshemmende Tinktur lässt sich auch aus der Arnika herstellen. **Arnika** steht unter Naturschutz.

Die schmalen, hellgrauen, weiß-pelzig behaarten Blätter des **Edelweißes**, die dem Blütenstand den Anschein eines großen samtig-weißen Sterns geben, sind weder Hüll- noch Blütenblätter. Es sind Hochblätter, die zum Anlocken von Insekten dienen. Edelweiß steht unter Naturschutz.

Die Pflanzenteile einiger Korbblütler, wie der **Färberdistel**, der **Färberkamille** oder der **Ringelblume**, können zum Färben von Textilien genutzt werden. Die Färberdistel kann zudem auch als farbgebendes Küchengewürz verwendet werden. Die Ringelblume wird auch in der Kosmetikindustrie zur Cremeherstellung genutzt.

Korbblütler nur mit Zungenblüten	**Korbblütler nur mit Röhrenblüten**	**Korbblütler mit Zungen- und Röhrenblüten**
Löwenzahn Gemeine Wegwarte Habichtskraut	Filzige Klette Rainfarn Ackerkratzdistel	Gemeine Schafgarbe Echte Kamille Jakobsgreiskraut

A Zusatzaufgaben

1. Vergleiche die Röhrenblüten der Sonnenblume mit den Zungenblüten des Löwenzahns.
   Sonnenblume:
   - *Röhrenblüten befinden sich innen, außen Zungeblüten*
   - *großer Fruchtknoten mit Spreublatt*
   - *Kelchblätter*
   - *5-zipfelige Blütenröhre*
   - *5 Staubblätter, zu einer Röhre verwachsen*
   - *Griffel wächst durch die Staubblattröhre*
   - *Frucht fällt aus dem Blütenkorb oder wird durch Vögel verbreitet*

   Löwenzahn:
   - *alle sind Zungenblüten*
   - *kleiner Fruchtknoten ohne Spreublatt*
   - *Haarkelch, aus dem sich später der „Fallschirm" entwickelt*
   - *zungenförmiges Blütenblatt*
   - *5 Staubblätter, zu einer Röhre verwachsen*
   - *Griffel wächst durch die Staubblattröhre*
   - *Frucht trägt auf langem Stiel einen Haarkranz; wird durch den Wind verbreitet*
2. Sammle auf Wiesen oder am Wegrand einige Korbblütler und ordne sie nach Röhren- bzw. Zungenblütigen.

- *Fotos im Schülerbuch oder Bestimmungsbücher können bei der Bestimmung der Pflanzen helfen.*

Korbblütler

1. Suche und bestimme mindestens 5 Arten aus der Familie der Korbblütler, die auf dem Schulgelände oder der näheren Umgebung wachsen.

_______________ _______________

_______________ _______________

_______________ _______________

2. Da etliche Korbblütler für den Menschen sehr bedeutsam sind, baut man diese häufig an. Diese Kulturpflanzen könnte man unterteilen in:

Heilpflanzen: _______________

Ölpflanzen: _______________

Gemüsepflanzen: _______________

Zierpflanzen: _______________

Ergänze die Gruppen mit bekannten Beispielen.

3. Die unten abgebildeten Pflanzen gehören alle zu den Korbblütlern. Ordne den Abbildungen 1, 2 und 3 die richtige Kamillenart zu.
   a) *Acker-Hundskamille:* Blütenboden markig und kegelförmig mit Spreublättern, die in einer Borste auslaufen. Laubblätter unregelmäßig doppelt fiederförmig; Sprossachse verzweigt; Pflanze spärlich weißhaarig oder kahl; kaum riechend.
   b) *Echte Kamille:* Weiße Randblüten hängen schon relativ kurz nach dem Aufblühen herunter; Blütenboden hohl und kegelförmig ohne Spreublätter; Laubblätter 2- bis 3fach fiederförmig; Sprossachse abstehend verzweigt; starker Kamillegeruch.
   c) *Geruchlose Kamille:* Blütenboden halbkugelig, markig, ohne Spreublätter; Laubblätter 2- bis 3fach gefiedert; fast geruchlos.

1

2

3

Die Blüte der Schmetterlingsblütler

Der Blütenaufbau der Schmetterlingsblütler ist für Schüler dieser Altersstufe nicht einfach nachzuvollziehen. Durch schrittweises Zerlegen einer Blüte und den Zusammenbau eines einfachen Blütenmodells wird auch dieser Blütentypus begreiflich.

A **Arbeitsblatt Seite 183**

A **Zusatzaufgabe „Modellblüte"**

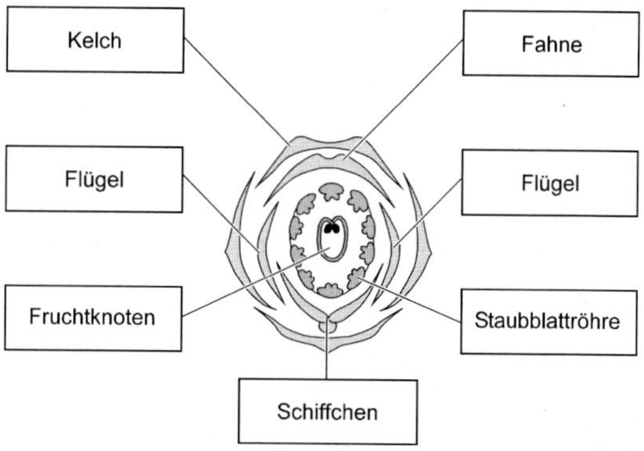

Hinweise zum Modellbau

1. Die Kopiervorlage (s. unten) wird auf 141% vergrößert.
2. Die Blütenteile werden ausgeschnitten, gefalzt und mit den üblichen Farben z.T. beidseitg angemalt.
3. Die Samenanlagen werden mit rotem Filzstift angefärbt. Der Stempel wird zusammengeklebt und gegen das Licht gehalten. Die Samenanlage scheinen durch wie im Realobjekt beobachtet.
4. Der Stempel wird im Klebebereich in die Staubblattröhre eingeklebt, die wiederum im hinteren Bereich in das Schiffchen eingeklebt wird.
5. Beidseitig werden die Flügel, anschließend die Fahne und zum Schluss der Kelch angeklebt.

So sieht das fertige Blütenmodell aus:

Aus diesen Bauteilen kannst du das Modell einer Schmetterlingsblüte zusammenbauen:

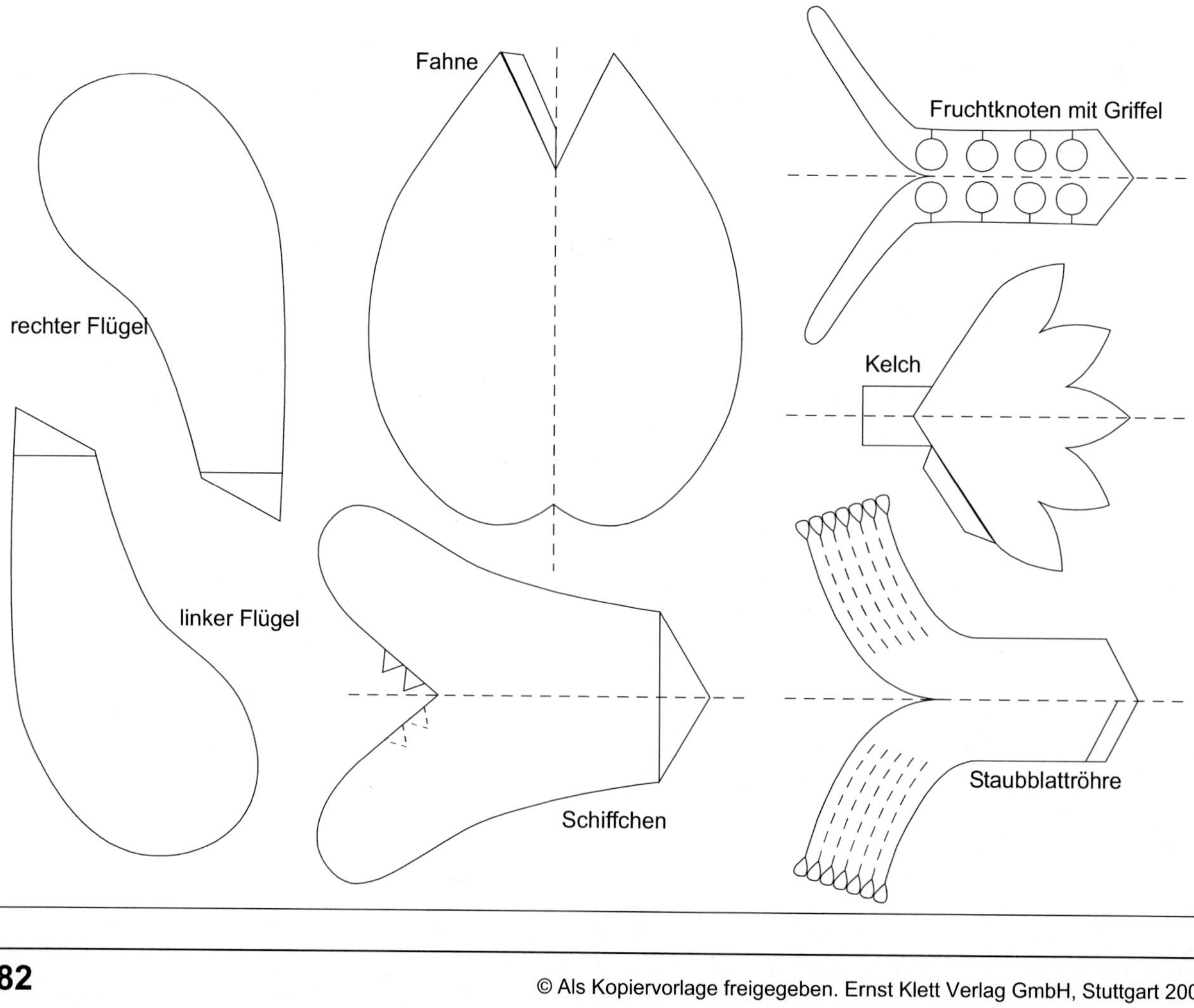

Eine Blüte wie ein Schmetterling

Die Gartenbohne und die Gartenerbse haben den gleichen Blütenaufbau. Die Blüten ähneln einem Schmetterling, wobei der grüne Kelch den Kopf darstellt und die Blütenblätter den Flügeln gleichen. Beide Pflanzen gehören daher zur Pflanzenfamilie der Schmetterlingsblütler.

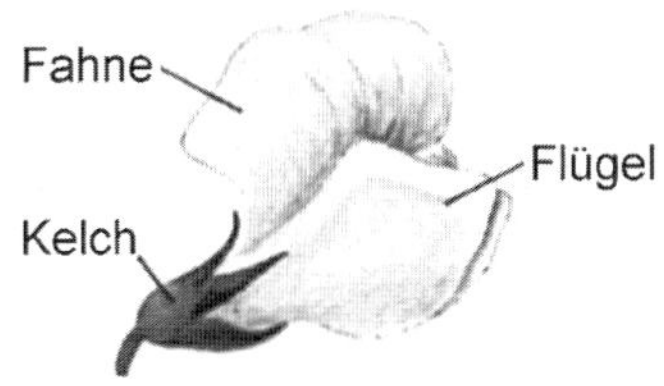

Du erkennst den Aufbau einer Schmetterlingsblüte, wenn du eine Erbsenblüte zerlegst.

1. Entferne das obere, aufgerichtete Blütenblatt sowie die beiden seitlichen Blütenblätter. Klebe sie mit einem durchsichtigen Klebestreifen in die passenden Klebefelder des Blütengrundrisses. Benenne sie. Färbe die Blütenblätter im Grundriss rot.

2. Die beiden zusammengewachsenen Blütenblätter, die noch übrigbleiben, nennt man Schiffchen. Entferne auch sie und gehe wie bei 1 vor.

3. Nun siehst du die Staubblätter. Ihre Staubfäden sind zu einer Röhre zusammengewachsen. Schlitze sie vorsichtig auf, entferne sie und klebe auch sie ein. Benenne sie und färbe sie im Blütengrundriss mit gelb.

4. Nun hast du den Fruchtknoten mit Griffel und Narbe vor dir liegen. Die Teile stecken allerdings noch im Blütenkelch. Trenne den Kelch ab. Hältst du den Fruchtknoten gegen das Licht, siehst du die Samenanlagen, aus denen später die Erbsensamen werden. Klebe auch diese Teile ein. Beschrifte. Färbe den Kelch grün und den Fruchtknoten blau.

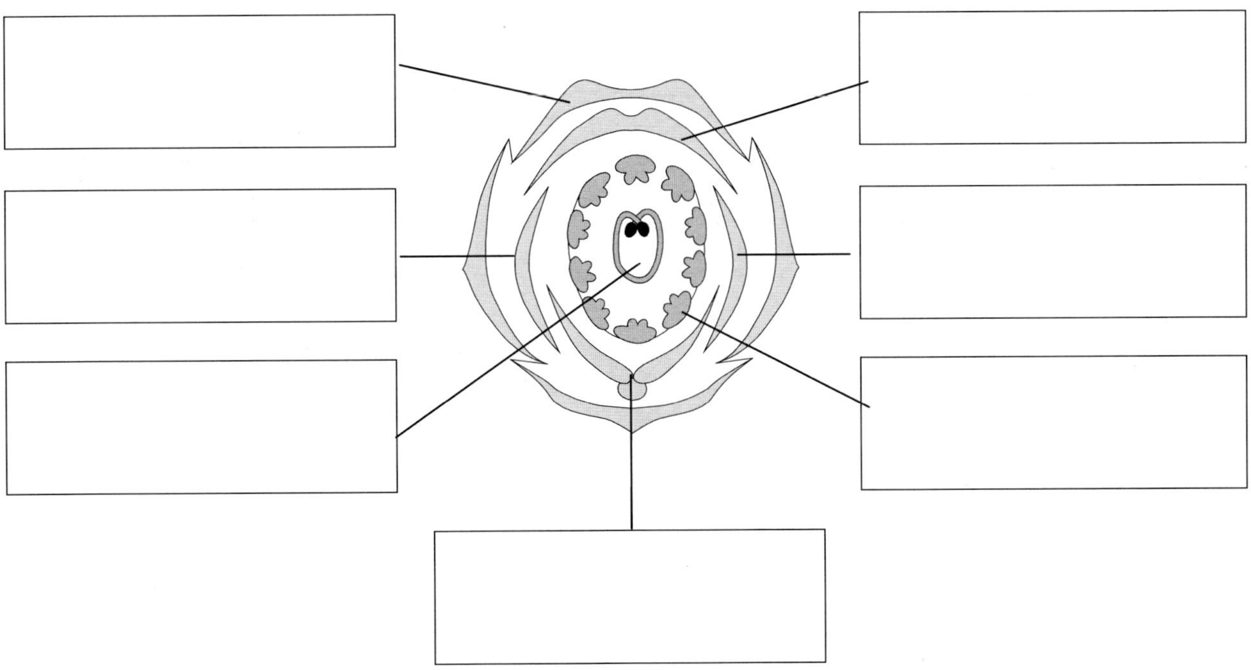

A Arbeitsblatt Seite 185

Gewöhnlicher Löwenzahn

Besondere Kennzeichen: Blätter in grundständiger Rosette, buchtig eingeschnitten, grob gezähnt; Körbchen einzeln am Ende eines blattlosen, glatten Stängels, Stängel hohl; Pflanze mit Milchsaft.

Gänseblümchen

Besondere Kennzeichen: Blätter in grundständiger Rosette; Zungenblüten weiß, auf der Unterseite oft rötlich überlaufen; Blütenköpfchen bis 1,5 cm breit.

Große Brennessel

Besondere Kennzeichen: Stängel und Blätter mit Brennhaaren; Blätter am Grund herzförmig, Rand grob gesägt, Blüten unscheinbar.

Z Didaktisch-methodische Hinweise

Kinder und Jugendliche verfügen in der Regel über eine sehr geringe Pflanzenkenntnis, zumal wenn sie in Siedlungsgebieten leben, wo versiegelte Flächen überwiegen. Die Motivation, Pflanzenarten kennenzulernen hält sich meist in Grenzen. Der Umgang mit Bestimmungsbüchern wird oft als kompliziert empfunden, nicht zuletzt aufgrund der oft unüberschaubaren Vielzahl der darin vorgestellten Arten.
Der gewöhnliche Löwenzahn (*Taraxacum officinale*) begegnet uns nicht nur auf gedüngten Wiesen, an Weg- und Ackerrändern, er ist auch mitten in Siedlungsgebieten zu finden, wo er als kleinwüchsige Modifikation sogar in Pflasterritzen vorkommt. Er ist relativ häufig und man kann mit einigem Optimismus davon ausgehen, dass die „Pusteblume" zu den Pflanzenarten gehört, die Schülerinnen und Schülern am ehesten bekannt sind. Ähnlich verhält es sich mir den beiden weiteren auf dem Arbeitsblatt vorgestellten Arten, dem Gänseblümchen (*Bellis perennis*) und der Großen Brennessel (*Urtica dioica*).
Eine solche Pflanzenauswahl erleichtert den Einstieg in die Pflanzenbestimmung. Allerdings: Nur den Namen einer Pflanzenart zu kennen, ist „leeres" Wissen. Interessant wird eine Art durch eigene Erfahrungen mit ihr. Wer z.B. einmal junge Löwenzahnblätter gesammelt und daraus einen Salat zubereitet hat, wird die Pflanze wohl nie mehr mit einer anderen verwechseln.

Vorschläge zur Weiterarbeit:

- Fundort und Hinweise unter „Vorkommen" vergleichen (Gibt es Übereinstimmungen? Kann man auf die Standortverhältnisse an den Fundorten schließen?)
- weitere Verwendungsmöglichkeiten herausfinden (z.B, Brennesselshampoos usw.); Rezepte besorgen; sonstige interessante Informationen sammeln;
- Grafik auf dem Arbeitsblatt mit Farbstiften naturgetreu anmalen;
- fertig ausgefüllte „Pflanzenkarten" ausschneiden und eine Sammlung anlegen, die durch andere Arten erweitert wird;
- zusätzlich ein Herbar anlegen.

Z Weitere häufige Pflanzenarten

Echte Kamille (*Matricaria chamomilla*)

Ein Tee aus Kamillenblüten wirkt krampflösend und entzündungshemmend.

Weiße Taubnessel (*Lamium album*)

Ein Tee aus den Blüten der Weißen Taubnessel hilft gegen Schlaflosigkeit.

Scharfer Hahnenfuß (*Ranunculus acris*)

Das frisch zerquetschte Kraut der Pflanze wurde früher als Warzenmittel eingesetzt. In manchen Gegenden werden Hahnenfußarten auch „Butterblume" genannt.

Literaturhinweise

BERGAU, M., MÜLLER, H., PROBST, W., SCHÄFER, B.: Streifzüge durch Dorf und Stadt – Pflanzen.
Ein ökologisches Bestimmungsbuch. Klettbuch 12554. Klett, Stuttgart 1999

Der Löwenzahn und andere interessante Pflanzenarten

Die Pflanzen, die auf dieser Seite abgebildet sind, habt ihr bestimmt schon einmal gesehen. Sucht in der Umgebung eurer Schule oder in eurem Wohnort nach ihnen. Notiert die besonderen Kennzeichen dieser Pflanzenarten und die Fundorte. Wenn ihr nicht sicher seid, nehmt ein Pflanzenbestimmungsbuch zu Hilfe.

Gewöhnlicher Löwenzahn (✾ April/Mai – Okt.)
(Korbblütengewächse)

Besondere Kennzeichen: ________________________________

____

Fundorte: ____________________________________

____

Vorkommen: Der Gewöhnliche Löwenzahn wächst auf Rasen, Wiesen und Weiden, besonders wenn diese intensiv gedüngt sind. Er kommt aber auch an Mauern und in Pflasterritzen vor.

Verwendung: Aus den Blättern des jungen Löwenzahns kann man einen schmackhaften Salat zubereiten.

Gänseblümchen (✾ Febr. – Nov.)
(Korbblütengewächse)

Besondere Kennzeichen: ________________________________

____

Fundorte: ____________________________________

____

Vorkommen: Gänseblümchen wachsen auf Rasen, Wiesen, Weiden und an Wegrändern. Sie bevorzugen mäßig stickstoffreiche Böden und vertragen häufiges Mähen und Tritt.

Verwendung: Aus den Blüten des Gänseblümchens lässt sich ein Tee zubereiten, der gegen Verstopfung wirkt.

Große Brennnessel (✾ Juni – Sept.)
(Brennnesselgewächse)

Besondere Kennzeichen: ________________________________

____

Fundorte: ____________________________________

____

Vorkommen: Die Große Brennnessel findet man oft massenhaft an Weg- und Ackerrändern und an Gewässerufern. Sie zeigt stickstoffreiche Böden an.

Verwendung: Junge Brennnesselblätter kann man als spinatähniches Gemüse essen. Brennnesseltee fördert die Durchblutung.

Merkmale zum Bestimmen von Pflanzen

A Arbeitsblatt Seite 187

A Scharfer Hahnenfuß (gefingert, gekerbt, wechselständig)
B Brennnessel (eiförmig, gesägt, kreuzgegenständig)
C Gänsefingerkraut (unpaarig gefiedert, gesägt, grundständig)
D Wiesenschaumkraut (fiederteilig, ganzrandig, wechselständig)
E Winterlinde (herzförmig, gesägt, wechselständig)

V Blattherbar

Bei der Erarbeitung der Vielfalt der Blattformen leistet ein Blattherbar hervorragende Dienste. Es soll als Anschauungsmaterial zur Verfügung stehen, kann aber auch von den Schülerinnen und Schülern selbst angelegt werden. Ein Unterrichtsgang in einen nahe gelegenen Park liefert Material in Hülle und Fülle. Blätter können auch gezeichnet oder als Schattenriss dargestellt werden. Schön ist auch die Herstellung von Fotogrammen (Belichtung mit Objekten auf Fotopapier). Die Kooperation mit dem Kunstlehrer bzw. der Kunstlehrerin bietet sich an.
Wenn ein Scanner zur Verfügung steht, können Blattabbildungen für Bestimmungshilfen und Arbeitsblätter auch direkt vom Original gewonnen werden.

Z Beispiele für Pflanzenmerkmale

Blütenformen und Beispiele:
- gleichartige Blütenblätter, einfach: Tulpe (jedoch 6-zählig!)
- Kelch- und Kronblätter verschieden, doppelt: Hahnenfußgewächse
- Kelch- und Kronblätter frei: Rose
- Kelch- und Kronblätter jeweils verwachsen: Glockenblume
- strahlig symmetrisch: Kirsche
- zweiseitig symmetrisch: Stiefmütterchen

Fruchtknoten:
- oberständig: Ackersenf
- mittelständig: Kirsche
- unterständig: Heckenrose

Blütenstände:
- Einzelblüte: Mohn
- Ähre: Wegerich
- Traube: Raps
- Rispe: Perlgras
- Körbchen: alle Korbblütler
- Dolde: alle Doldenblütler

Blattrand:
- ganzrandig: Rotbuche
- gekerbt: Zwergbirke
- gesägt: Linde
- doppelt gesägt: Hainbuche
- gebuchtet: Traubeneiche
- gezähnt: Schwarzpappel

Blattadern:
- netzadrig: alle Zweikeimblättrigen
- paralleladrig: Einkeimblättrige

Blattform:
- rundlich: Hasel
- eiförmig: Rotbuche
- verkehrt eiförmig: Schwarzerle
- paarig gefiedert: Gleditschie
- schildförmig: Kapuzinerkresse
- nierenförmig: Sumpfdotterblume
- handförmig: Ahorn
- unpaarig gefiedert: Eberesche

Nebenblätter:
Fingerkraut, Rose

Blattstellung:
- kreuzgegenständig: alle Lippenblütler
- wechselständig: Aster
- grundständig: Schneeglöckchen
- quirlständig: Labkraut

Die Schüler können aufgefordert werden, Beispiele für jede Grundform zu suchen oder gesammelte Pflanzen jeweils den Grundformen zuzuordnen.

Literaturhinweise

KREMER, B. P.: Welches Blatt ist das?; Franckh-Kosmos, Stuttgart 1989

Kein Blatt wie das andere

A

Blattform:

Blattrand:

Blattstellung:

Art:

B

Blattform:

Blattrand:

Blattstellung:

Art:

C

Blattform:

Blattrand:

Blattstellung:

Art:

D

Blattform:

Blattrand:

Blattstellung:

Art:

E

Blattform:

Blattrand:

Blattstellung:

Art:

Aufgabe

Benenne die Blattformen, die Blattränder und die Blattstellung. Um welche Pflanzenarten handelt es sich? (Abgebildet sind: Wiesenschaumkraut, Scharfer Hahnenfuß, Brennnessel, Winterlinde und Gänsefingerkraut.)

Arbeitsblatt Seite 189

A Kreuzblütler: Es fehlen 2 Kelchblätter, 1 Kronblatt und 2 Staubblätter.
B Schmetterlingsblütler: Es fehlen 2 Kronblätter und 4 Staubblätter.
C Rosengewächse: Es fehlen je 1 Kelch- und 1 Kronblatt.
D Lippenblütler: Es fehlen 1 Kelch- und 1 Kronblatt (Unterlippe).

Blütengrundrisse s. unten

Bestimmung von Pflanzen im Schulumfeld

Für die Hand von Schülerinnen und Schülern existieren kaum geeignete Bestimmungsschlüssel, die auch dem wenig Geübten zu sicheren Ergebnissen verhelfen. Die üblichen Floren sind zu umfangreich und ohne Vergleichsmaterial bzw. Erfahrung oft unsicher. Eine Nachbestimmung durch die Lehrkraft ist unerlässlich. Auch mit den Schlüsseln nach der „Comic-Methode" (Bildschlüssel) sind falsche Bestimmungen oft vorprogrammiert. Mit allerdings erheblichem Aufwand ist der umgekehrte Weg zu empfehlen: Der Artenbestand geeigneter Flächen des Schulumfeldes wird durch die Biologielehrer im Vorhinein aufgenommen. Daraufhin lässt sich ein schulspezifischer Schlüssel entwickeln, der nur die in dem betreffenden Areal vorkommenden Pflanzen berücksichtigt. Dieser Schlüssel könnte auch auf dem Computer vorliegen (etwa als HTML-Dokument). Der damit verbundenen Mühe steht jahrelanger Nutzen gegenüber. Möglicherweise könnte ein solches Unterfangen wertvolle Erkenntnisse für Regionalfloren liefern, hätte also auch wissenschaftlichen Wert. Unter Umständen könnte die Vergabe eines entsprechenden Teilthemas für eine Oberstufen-Facharbeit hilfreich sein.

Literaturhinweise

AICHELE, D.: Was blüht denn da?; Franckh-Kosmos, Stuttgart

FITSCHEN, J.: Gehölzflora; Quelle & Meyer, Heidelberg (dichotomer Schlüssel, sehr ausführlich, alle Bäume und Sträucher Mitteleuropas, auch kultivierte Formen, mit Früchteschlüssel)

KREMER, B. P.: Welches Blatt ist das?; Franckh-Kosmos, Stuttgart (Fotos von Blättern und beschreibender Text, gegliedert nach Blattmerkmalen, deshalb zum Bestimmen geeignet)

MITCHELL, A.: Die Wald- und Parkbäume Europas; Parey, Hamburg (Mischform aus dichotomem und Bildschlüssel, ausführlich)

RAUH, W.; SENGHAS, K.: Schmeil-Fitschen: Flora von Deutschland, Quelle & Meyer, Heidelberg

Blütengrundrisse

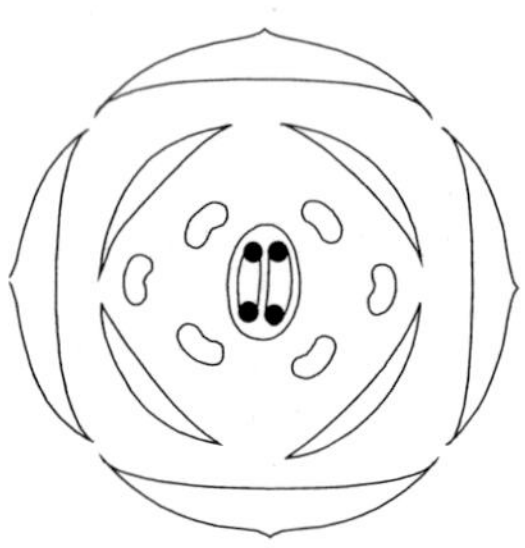

Kreuzblütler
(Ackersenf)

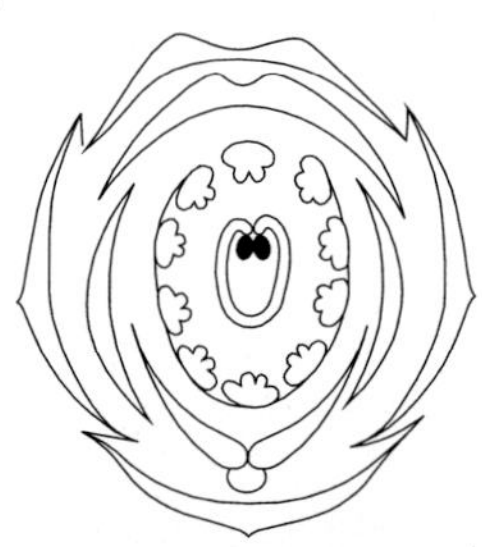

Schmetterlingsblütler
(Besenginster)

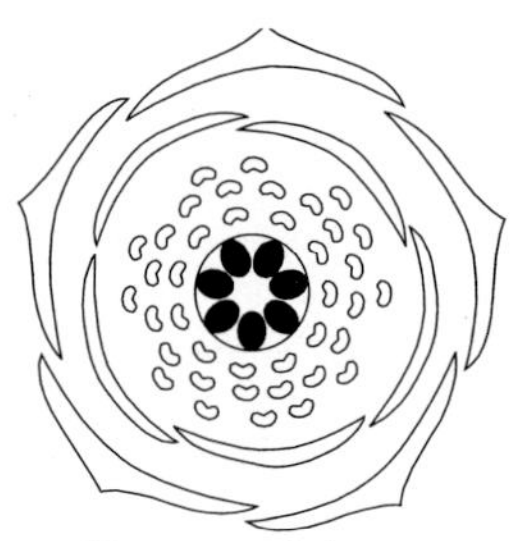

Rosengewächse
(Heckenrose)

Lippenblütler
(Weiße Taubnessel)

Welche Pflanzenfamilie ist das?

Hier sind die für vier Pflanzenfamilien typischen Blütengrundrisse abgebildet. Leider hat der Zeichner einige Teile vergessen. Finde heraus, welches Diagramm zu welcher Familie gehört. Dabei helfen auch die unten stehenden Informationstexte. Vervollständige die Diagramme.

A: ______________________________

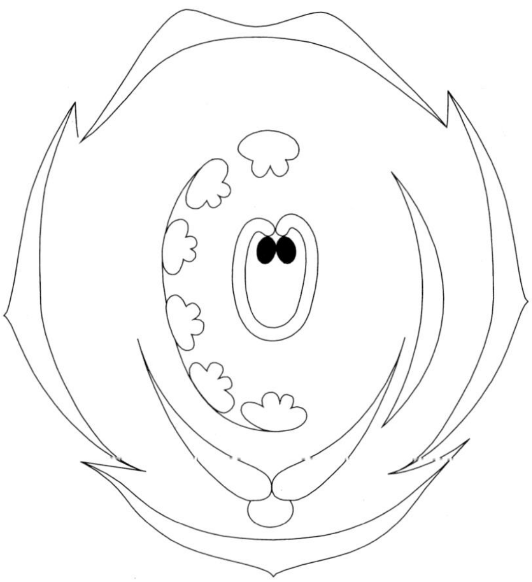

B: ______________________________

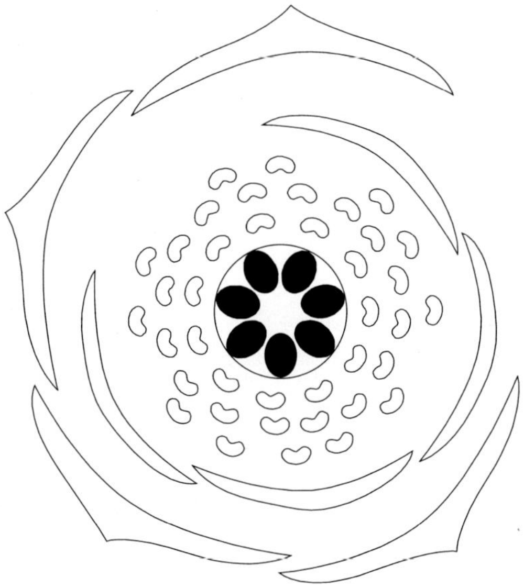

C: ______________________________

D: ______________________________

Kreuzblütler: 4 Kronblätter und 4 Kelchblätter, Frucht: Schote, 4 lange und 2 kurze Staubblätter
Rosengewächse: 5 Kronblätter und 5 Kelchblätter, Staubblätter zahlreich, Frucht oft Sammel- oder Steinfrucht
Lippenblütler: Blüte zweiseitig-symmetrisch, 5 verwachsene und unterschiedlich gestaltete Kronblätter, Ober- und Unterlippe bildend, 5 verwachsene Kelchblätter, meist 4 Staubblätter, Narbe gespalten, Frucht: 4-teilig
Schmetterlingsblütler: Blüte zweiseitig-symmetrisch, 5 unterschiedlich gestaltete Kronblätter, 5 verwachsene Kelchblätter, meist 10 Staubblätter, davon 9 zu einer Röhre verwachsen, Frucht: Schote

Futterpflanzen für Nutztiere – Gräser für den Menschen

Arbeitsblatt Seite 191

1. Die Samenkörner waren lagerungsfähig, sodass sie für den Verzehr und zur Aussaat aufbewahrt werden konnten. In Hungerszeiten konnte auf die angelegten Vorräte zurückgegriffen werden.
2. Die Ähren der Zuchtsorten haben mehr und größere Samenkörner. Die Grannen sind stark zurückgebildet.
3. Die Samenkörner wären schon auf dem Halm, spätestens aber bei der Ernte der Pflanzen abgefallen und verloren.
4. Oben: Dreschen der Ähren, Trennung von Weizenkörnern und Spreu.
   Unten: Vorratshaltung und Weiterverarbeitung

Getreide und Mehl

Mais

Mais gehört zur Familie der Süßgräser. Der Stängel ist durch Knoten unterteilt und mit Mark gefüllt, in dem sich die Gefäßbündel befinden. Maispflanzen sind Tief- und Flachwurzler zugleich. Wurzeln können bis zu 2,5 m tief reichen und seitlich bis zu 1 m ausgreifen. Mais gehört zu den einhäusigen Pflanzen, jede Pflanze besitzt einen männlichen und mehrere weibliche Blütenstände. Der männliche Blütenstand, die *Fahne*, befindet sich am Ende der Stängelspitze.
Die weiblichen Blütenstände sitzen auf kurzen Stielen in Blattachseln und sind von Hüllblättern umgeben. Jeder Fruchtknoten bildet einen Narbenfaden aus, der bis zu 50 cm lang werden kann und die Pollenkörner aufnimmt. Der Pollen einer Pflanze reift zwei Tage vor der Ausbildung der Narbenfäden, der Wind trägt ihn auf benachbarte Pflanzen. Selbstbestäubung ist dadurch weitgehend ausgeschlossen.

Verwendung: Bei uns angebauter Mais wird als ganze Pflanze oder in Teilen siliert und als Viehfutter verwendet.

Erosion durch Maisanbau: Der relativ späte Saattermin (Ende April), die langsame Jugendentwicklung und die großen Reihenabstände lassen die Bodenoberfläche eines Maisfeldes Wind und Niederschlägen gegenüber lange ungeschützt, der Bodenabtrag ist dadurch hoch.

Typenbezeichnung des Mehles

Type	Asche in %	Asche in 100 g
405	<0,5%	<500 mg
1600	<1,8%	<1800 mg

Der Nährstoffgehalt des Mehles hängt vom Ausmahlungsgrad ab. Mehl mit niedrigem Ausmahlungsgrad ist hell, reich an Stärke und zeichnet sich durch gute Backeigenschaften aus. Mehl mit hohem Ausmahlungsgrad ist dunkler, reich an Ballast- und Mineralstoffen sowie Vitaminen. Die Typenbezeichnung des Mehles gibt Auskunft über den Anteil nicht verbrennbarer Mineralstoffe in der Asche.

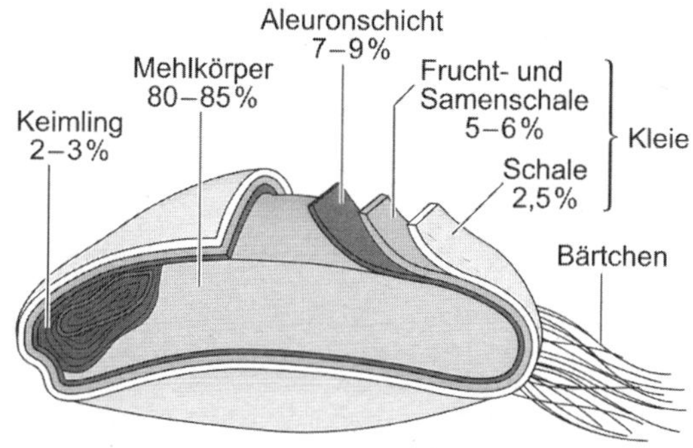

Prozentangaben sind Gewichtsanteile

Weizenkorn

Stärke liefernde Pflanzen

Alle Kohlenhydrate gehen aus dem Fotosyntheseprodukt *Glukose* (Traubenzucker) hervor. Diese kann vorübergehend in den Chloroplasten als Stärke gespeichert werden. Die Stärke kann in *Saccharose* (Rohrzucker) abgebaut werden, die über das Phloem der Leitbündel zu den verbrauchenden und speichernden Organen transportiert wird. In Stärke speichernden Organen wird der Rohrzucker in Glukose umgewandelt, die dann zu Stärke verkettet wird.

- Stärke in Wurzelknollen: Batate, Maniok
- Stärke in Sprossknollen: Kartoffel, Knolliger Sauerklee
- Stärke in Rhizomen: Pfeilwurz, Weiße und Gelbe Seerose
- Stärke in oberirdischen Sprossachsen: fast alle Bäume, Sagopalme
- Stärke in Samen: alle Getreidearten
- Stärke im Fruchtfleisch: Mehlbanane, Dattel

Literaturhinweise

Agrarwirtschaft, Fachstufe Landwirt, 5. Aufl.; BLV-Verlag, München 1997

Getreide – unser wichtigstes Grundnahrungsmittel

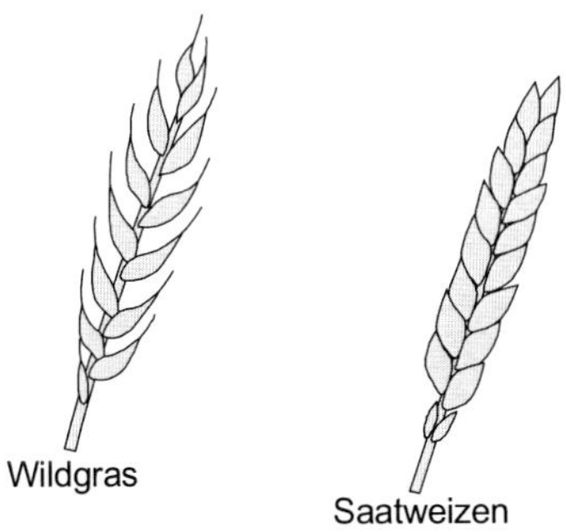

Abb. 1 Ursprungsform und Zuchtform von Weizen

Getreide ist das wichtigste Grundnahrungsmittel des Menschen. In der Steinzeit kamen Jäger und Sammler auf die Idee, freie Flächen planmäßig mit Wildgräsern als Getreide zur Gewinnung der stärkehaltigen Samenkörner zu bepflanzen. Die Samenkörner halten sich in trockenem Zustand mehrere Jahre lang und sind dann auch noch keimfähig.

Allerdings unterscheiden sich die heutigen Getreidesorten erheblich von den Wildgräsern, von denen sie abstammen.

Dadurch, dass die Menschen über lange Zeit hinweg nur diejenigen Ähren auswählten und die darin enthaltenen Samenkörner weiter anbauten, die ihnen geeignet erschienen, entstanden aus den ursprünglichen Wildgräsern unsere heutigen Getreidesorten.

Abb. 2 Getreideernte und -lagerung bei den Ägyptern

In den Ähren sind die Samenkörner fest verankert und zudem noch durch eine derbe, ungenießbare Hülle, die Spelze, geschützt. Um an die Körner zu gelangen, werden die Ähren gedroschen, d. h. sie werden im einfachsten Falle auf einen festen und sauberen Boden gelegt und mit Holzstöcken bearbeitet. Beim Dreschen werden die Samenkörner aus den Ähren und von Spelzen befreit.

Aufgaben

1. Welche Eigenschaft der Samenkörner machten die sesshaft gewordenen Menschen unabhängiger vom Jagdglück und halfen ihnen, Hungerzeiten besser zu überstehen?

___

___

2. Worin unterscheiden sich die Ähren des ursprünglichen Weizens von den heutigen Weizensorten?

___

___

3. Es gibt Wildgräser, deren Samenkörner im reifen Zustand sehr lose in den Ähren sitzen. Der Anbau dieser Gräser hätte das sehr mühsame und durch Staubentwicklung unangenehme Dreschen weitgehend überflüssig gemacht. Warum haben unsere Vorfahren nicht diese Gräser angebaut?

___

___

4. Im alten Ägypten wurde auch schon Weizen angebaut. Die Abbildung 2 zeigt einige Arbeitsschritte der Gewinnung von Getreidekörnern. Welche Arbeitsschritte kannst du erkennen?

___

___

Geschichte der Kartoffel

Die Kartoffel stammt aus dem peruanisch-bolivianischen Raum und wird dort seit ca. 8000 Jahren kultiviert. Bis heute ist die Entdeckung und Übertragung der Kartoffel auf die Alte Welt unklar. Die älteste Nachricht geht auf den spanischen Eroberer und Berichterstatter PEDRO CIEZA DE LEON zurück. Der Autor berichtet 1553, er habe auf einer Expedition in Kolumbien u. a. Kartoffeln gesehen: „Eine Art Erdnuss, die, wenn man sie kocht, weich wie eine gekochte Kastanie wird, aber eine Schale hat, die nicht dicker als jene einer Trüffel ist." Kartoffeln *(Solanum tuberosum, ssp. andigena)* gelangten in der zweiten Hälfte des 16. Jh. nach Europa. Die an das südamerikanische Kurztagsklima angepassten Pflanzen kamen unter den Langtagsbedingungen im Norden Europas schnell zur Blüte, bildeten aber kaum Knollen aus. Fast 200 Jahre wurden Kartoffeln in Ziergärten gehalten. In dieser Zeit vollzog sich – unterstützt durch die Selektion des Menschen – die Umwandlung in eine tagneutrale Form (Subspezies *tuberosum*). Im Laufe der Zeit kamen dann weitere Tuberosum-Formen aus Südchile dazu, die bereits dort einen entsprechenden Anpassungsprozess durchlaufen hatten. Kartoffeln lösten nach der Lockerung der Dreifelderwirtschaft zusammen mit Futterrüben und Kleearten das Brachefeld ab. In Schlesien und Pommern bedurfte es königlicher Zwangsmaßnahmen durch FRIEDRICH WILHELM I. und FRIEDRICH II., um den Kartoffelanbau durchzusetzen. Hungersnöte in Folge des siebenjährigen Krieges steigerten Anbau und Verzehr der Kartoffel.

Die Hungersnot in Irland 1845/46

In Irland setzte sich die Kartoffel als Grundnahrungsmittel rasch durch. Verschiedene Kartoffelkrankheiten gefährdeten die Versorgung der Bevölkerung, am schlimmsten war der Befall der Kulturen durch den Pilz *Phytophthora infestans*, dem Erreger der Braunfäule, der die gesamte Ernte der Jahre 1845/1846 vernichtete. Man schätzt, dass damals bis zu einer Million Menschen verhungerte. Bis zu 1,5 Millionen Iren verließen das Land infolge dieser Hungersnot. Sie waren damit Wegbereiter einer Migration, die noch bis zum Ersten Weltkrieg anhielt.

In Verbindung mit Geografie und Geschichte können Karten und Plakate entstehen.

Krankheiten und Schutz

Pflanzenschutz: Pflanzkartoffeln können in hohem Maße zur Verbreitung von Krankheiten beitragen. Das Pflanzgut soll nicht aus eigenem Bestand entnommen werden, vielmehr soll auf anerkanntes Pflanzgut zurückgegriffen werden. Im Handel befindliches Kartoffelpflanzgut unterliegt den Bestimmungen des Saatgutverkehrs bzw. der Kartoffelpflanzgutverordnung und wird auf Virus-, Pilz- und Bakterienbefall geprüft.

Braunfäule: Der Sommer 1845 schien in Irland eine reiche Kartoffelernte zu versprechen. In wenigen Tagen jedoch wurden die überirdischen Pflanzenteile braun und starben ab, die Knollen verfaulten. Die Krankheit breitete sich unglaublich schnell aus. Heute wissen wir, dass sich der Erreger der Braunfäule, der Pilz *Phytophtora infestans*, mithilfe von Sporen ausbreitet. Früher dienten Kartoffelfeuer nicht nur als geselliger Abschluss der Ernte. Das Verbrennen des Kartoffelkrautes vernichtete die Pilze bzw. ihre Sporen.

Anbau der Kartoffel

In der Andenregion sind über 150 Wildarten der Kartoffel bekannt, die sich von den Kulturformen unterscheiden: Knollen können fehlen oder sind klein und unregelmäßig ausgebildet. Das Fleisch kann weiß, gelb oder rot gefärbt sein. Die Kulturformen sind an die unterschiedlichsten Standortbedingungen angepasst, z. B. gibt es frostresistente Pflanzen. In Mitteleuropa werden Saatkartoffeln Mitte April als Knollen bis 10 cm tief ausgesetzt. Der Abstand in der Reihe beträgt 80 cm, der Abstand der Reihen voneinander 20 bis 50 cm. Nach dem Austreiben werden die Reihen mit 20 cm hohen Dämmen überhäufelt, um die Knollenbildung zu verstärken. Stirbt das Kraut ab, sind die Knollen reif (Erntezeit: Juni bis Oktober).

Kartoffeln im Eimer

In den Boden eines 12-Liter-Plastikeimers werden einige Löcher gebohrt. Dann wird der Eimer zur Hälfte mit einem Gemisch aus einem Teil Gartenerde und einem Teil Kompost gefüllt. Auf die Erde werden im April zwei bis drei vorgekeimte Saatkartoffeln gelegt (auf dem Wochenmarkt oder beim Bauern erhältlich). Auf die Kartoffeln wird eine 10 cm dicke Schicht Erde gegeben. Die Erde wird angefeuchtet und in eine warme Ecke nach draußen gestellt. Nach ca. zwei Wochen sind die ersten grünen Spitzen zu sehen. Diese Triebe werden sofort mit Erde bedeckt. Zwischendurch wird gegossen. Ist der Eimer voll, lässt man die Pflanze ungehindert weiterwachsen. Kartoffelpflanzen benötigen große Mengen an Nährstoffen: Einmal in der Woche gibt man biologischen, wasserlöslichen Dünger auf die Pflanzen. Nach rund 10 Wochen hängen an jeder Pflanze bis zu drei Pfund Kartoffeln.

Invasionsbiologie des Kartoffelkäfers

Kartoffelkäfer sind ein gutes Beispiel für die Konsequenzen ungewollter Organismentransporte. Nordamerika ist ihre Heimat (Coloradokäfer). Vor der Kultivierung der Kartoffel ernährten sie sich von wild lebenden Nachtschattengewächsen. Großflächiger Kartoffelanbau bot ihnen eine ideale Ernährungsgrundlage. 1874 überzog die Käferpopulation die gesamten USA. 1876 wurden die ersten Tiere in Bremen gefunden. Einzelne Befallsherde wurden durch Absammeln der Käfer bekämpft. Begünstigt durch die Wirren des 1. Weltkriegs gelangte er nach Westfrankreich. Von dort breitete er sich nach Osten aus und vernichtete die Ernten. Ganze Dörfer rückten aus, sammelten die Tiere mit der Hand ab oder vernichteten sie mit Blei- oder Kalkarsenat. Die Böden, in denen sich eingegrabene Käfer befanden, wurden mit Schwefelwasserstoff, Benzol oder Rohpetroleum behandelt. Heute ist der Kartoffelkäfer zwar in ganz Europa verbreitet, wird aber durch Pflanzenschutzmittel, resistente Kartoffelsorten und Insektenfresser an der Massenvermehrung gehindert.

Auf dem Höhepunkt des Kalten Krieges warf die russische Presse den USA vor, Osteuropa mit Kartoffelkäfern „bombardiert" zu haben (die „sechsbeinige Botschaft der Wall-Street").

GEBHARDT, H.; KINZELBACHER, R.; SCHMIDT-FISCHER, S.: Gebietsfremde Tierarten, ecomed, Landsberg 1990

Kartoffelqualität

Kartoffelsorten unterscheiden sich hinsichtlich Form, Größe, Geschmack und Kocheigenschaften. Für Trockenerzeugnisse (Chips, Pommes frites, Puffer) ist ein hohes Trockengewicht erforderlich und ein niedriger Gehalt an reduzierenden Zuckern, da sich sonst beim Braten Verfärbungen zeigen. Für Chips und Pommes Frites werden ovale Sorten verwendet. Für andere Zwecke werden runde Sorten wegen der besseren Schälbarkeit bevorzugt. Sorten mit hohem Stärkegehalt werden zur Stärke- und Alkoholproduktion verwendet. Da Kartoffeln im Anbau kostspieliger als Getreide sind, werden sie nicht in der Mast verwendet.

In Supermärkten und auf dem Wochenmarkt sind etliche Kartoffelsorten erhältlich. Klassifizierungen, wie mehlig oder fest kochend, findet man auf den Etiketten. Etwa gleich große Knollen können roh und gekocht verglichen werden: Farbe, Schnittfestigkeit, Geschmack usw.

Aus dem Natura-Kochstudio

Kartoffelpuffer indisch
Man benötigt für 6 bis 8 Puffer: 1 kg mehlig-kochende Kartoffelsorte, 3 Teelöffel Koriandersamen, 3 Esslöffel Sesamsamen, 3 Esslöffel Currypulver, 12 Frühlingszwiebeln, 3 Stück frischer Ingwer, Butterschmalz zum Braten.

Koriander und Sesam in einer trockenen Pfanne 1 Minute rösten, Curry dazugeben, abkühlen lassen. Die Kartoffeln waschen, schälen und nicht zu fein reiben. Die Masse in einem Tuch ausdrücken. Zwiebeln in feine Streifen schneiden, Ingwer schälen, reiben und alles mit der Masse vermischen. Reichlich Fett erhitzen, Masse in das Fett setzen und glattstreichen. Puffer nacheinander ca. 5 Minuten auf beiden Seiten knusprig braten.
Übrigens: Echte Kartoffelpuffer brauchen kein Ei – die Kartoffelstärke gibt dem Puffer Halt.

Kartoffelchips mit Paprika
Kartoffeln schälen und mit einem Gurkenhobel in hauchdünne Scheiben schneiden. Kurz waschen und gründlich abtrocknen. Portionsweise in Ausbackfett (180 °C) knusprig braten. Chips abtropfen lassen und mit Paprika und Salz bestreut servieren.

Was ist die Kartoffel?

Die Kartoffel ist ein umgewandelter Seitenspross. In die Blattnarben (Augen) einer länglichen Kartoffel werden Nadeln gesteckt. Vom Nabelstrang aus wird ein Faden von Nadel zu Nadel gelegt. Das Ergebnis kann mit „normalen" Pflanzensprossen oder einem Kaktus mit wenigen großen Stacheln verglichen werden.

SCHLOMS, M.: *Physiologische Schulversuche mit der Kartoffelknolle. Aulis, Köln 1981*

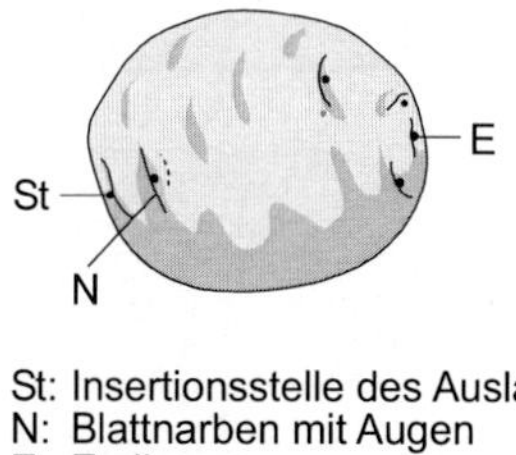

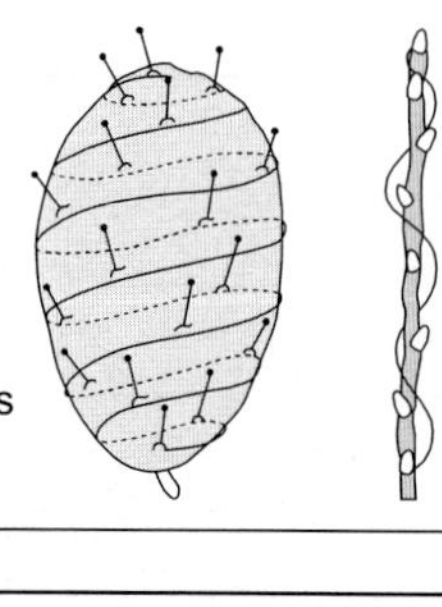

St: Insertionsstelle des Ausläufers
N: Blattnarben mit Augen
E: Endknospe

Die Kartoffel als Rohstoff

Stichworte liefern Anlässe, eine „Detektivarbeit" zu leisten.

Stärke-Industrie: Kartoffelmehl, Dextrine, Sago, Sirup, Stärkezucker, Puddingmehl, Textilappreturen

Spiritus-Industrie: pharmazeutische Erzeugnisse, Liköre, Kraftstoff, kosmetische Erzeugnisse, Brennspiritus, Rohstoffe für die Industrie

Batate – die Süßkartoffel

Die Süßkartoffel ist eine in den gesamten Tropen beheimatete Nahrungspflanze. Das einjährige Kraut gehört zu den Windengewächsen und kriecht mit den Stängeln am Boden. An den Knoten der langen Sprosse bilden sich Wurzeln, die entweder der Ernährung der Pflanze dienen oder zu spindelförmigen Knollen anschwellen. Die Knollen schmecken süß, da sie neben Stärke auch Zucker enthalten. Zur Vermehrung der Pflanze nimmt man meist bewurzelte Schösslinge oder Stecklinge.

Tipps und Adressen

Beim Besuch auf einem Schulbauernhof oder einem erkundungsoffenen Betrieb können Schüler konventionelle bzw. alternative Methoden des Anbaus kennen lernen.

Adressen sind bei den Landesbauernverbänden erhältlich:
- Deutscher Bauernverband e. V.,
  Godesberger Allee 142–148, 53175 Bonn.
  Tel.: 0228/81980, E-Mail: presse@bauernverband.de
  Homepage: http://www.bauernverband.de
- Arbeitsgemeinschaft ökologischer Landbau,
  Brandschneise 1, 64295 Darmstadt, Tel.: 06155/2081
  E-Mail: agoel@t-online.de
  Homepage: http://www.agoel.de
- AID Infodienst Verbraucherschutz. Ernährung.
  Landwirtschaft. e. V, Friedrich-Ebert-Str. 3, 53177
  Bonn, E-Mail: aid@dvg.dsb.net
  Homepage: www.aid.de (Übersicht über alle Publikationen unter „Medienshop")

Literatur

DOSTAL, B.: *Kartoffeln im ökologischen Landbau. In: Ökologie & Landbau, Heft 97, S. 37 1996*
Handelsklassen für Speisekartoffeln. AID e.V., Best. Nr. 1251
Kartoffeln. 200 köstliche Rezepte mit Warenkunde. Mosaik Verlag, München 1992
Kennwort Lebensmittel – ein Handbuch für den täglichen Einkauf. AID e. V., Best. Nr. 3017
Kooperation: Vier Bauern erzeugen Kartoffeln. In: Bio-Land. Fachzeitschrift für den ökologischen Landbau. Heft 6, S. 8, 1995
SCHLOMS, M.: *Physiologische Schulversuche mit der Kartoffelknolle. Praxis Schriftenreihe Biologie, Band 30. Aulis Verlag 1981*

Wir erkunden einen Bauernhof. AID e. V., Best. Nr. 1296

Viele Gemüsepflanzen sind Kreuzblütler

Arbeitsblatt Seite 195

1. Die Wildkohlpflanzen unterschieden sich etwas in ihren Merkmalen. Es gab Pflanzen, die etwas dickere Stängel besaßen. Samen dieser Pflanzen wurden weiter angebaut.
   Samen von Pflanzen mit den dicksten Stängeln wurden wiederum weiter angebaut usw.
2. Weiß-/ Rotkohl: Blätter; die Sprossachse wurde gestaucht, die Blätter wurden größer sowie fleischiger und bilden einen Kopf.
   Grünkohl: Blätter; die Blätter sind stark gekraust.
   Rosenkohl: Knospen; die Knospen (Rosen) werden aus verkleinerten Blättern gebildet.
   Kohlrabi: verdickte Sprossachse; die Sprossachse (Blattnarben) hat sich verkürzt und ist stark angeschwollen.
   Blumenkohl: Blütenstände; die Blütenstandachse hat sich verkürzt, die Blüten haben sich vermehrt und sind mächtiger geworden.
   Brokkoli: Blüten und Blütenstandachse; Brokkoli kann als eine Fortentwicklung des Blumenkohls aufgefasst werden. Die Blütenstandachsen sind länger.

Salat liefernde Planzen

Die Organe Salat liefernder Pflanzen dienen als Beikost und werden roh oder gekocht gereicht. Sie liefern Ballaststoffe, Vitamine, Mineralstoffe sowie Extraktstoffe und etherische Öle, die geschmacksbildend wirken.

- Algengemüse: Meeressalat (Grünalge *Ulva lactuca*)
- Gartenkresse; genutzt werden meist Keimpflanzen
- Kopfsalat, Schnittsalat, Sommerendivie, Spargelsalat. Diese Sorten leiten sich vermutlich vom Wilden Lattich (*Lactuca serriola*), einer Steppenpflanze Südeuropas ab, die bei uns auf Schuttplätzen zu finden ist.
- Cichorium: Winterendivie, winterhart, die Blätter können schon im Frühjahr geerntet werden.
  Löwenzahn: Wildsalat; bedeckt man die Rosetten mit Stroh, vergeilen die Blätter und bleiben zart.
- Feldsalat: Wintersalat; die Rosetten sind winterhart
- Gartensauerampfer (*Rumex rugosus*): Wildsalat; die Blätter werden in der Frühjahrssuppe gegessen.

Literaturhinweise

SCHARF, V.; KAUFMANN, H.: Zucker – ein natürlicher Stoff? In: Friedrich Jahresheft (17), Mensch – Natur – Technik, S. 14–16; Friedrich-Verlag, Seelze 1999

Zuckerrüben

Botanik

Zuckerrüben, Futterrüben (Runkelrüben) und Rote Rüben gehören zu Art *Beta vulgaris* und werden deswegen auch als Betarüben bezeichnet. Die Pflanzen sind zweijährig; im ersten Jahr entwickelt sich der Rübenkörper, im zweiten der Samenträger.

Geschichte

Schon im 8. Jahrhundert v. Chr. bauten die Babylonier Rüben mit süßem Geschmack an. Auch in den Küchenverzeichnissen Karls des Großen finden sich Angaben über süße Rüben, als Zuckerlieferant waren sie unbekannt. Erst die Berliner Chemiker Marggraf und Achard beschrieben den Zuckergehalt von Betarüben. Achard gründete 1801 die erste Zuckerfabrik in Cunern (Schlesien). Zuerst wurde er mit Hohn und Spott bedacht und angefeindet. Die Kontinentalsperre unter Napoleon I. und die ausbleibenden Einfuhren von Zucker aus Zuckerrohr bewirkten ein Umdenken. Man begann systematisch mit der Züchtung von Betarüben mit hohem Zuckergehalt (16 bis 17 Gewichtsprozente). Heute wird 1/3 der Weltzuckerproduktion aus Betarüben gewonnen.

Zuckergewinnung

Den Zucker (Rohrzucker) gewinnt man durch Auslaugen von Rübenschnitzeln. Unerwünschte Begleitstoffe wie Säuren und Eiweiße werden mit Calciumhydroxid ausgefällt. Die Lösung wird in Vakuumverdampfern eingedampft. Die Rückstände werden zu Alkohol vergoren oder als Viehfutter verwendet.

Gemüsekohl

Die verschiedenen Kohlsorten, die wir heute kennen, gehen auf eine Ursprungsform, den Wildkohl, zurück. Die Blätter des Wildkohls wurden bereits im alten Rom gegessen. Die Menschen damals machten wohl die Beobachtung, dass bei der einen oder anderen Kohlpflanze die Blüten größer, die Blätter fleischiger, zarter oder wohlschmeckender waren oder gar die Stängel an Dicke zugenommen hatten. Diese Pflanzen wurden getrennt von den anderen weiter vermehrt. Unter den Nachkommen wurden diejenigen ausgewählt, die bestimmte gewünschte Merkmale besonders stark ausgeprägt hatten. Über viele Jahrhunderte hinweg wurden auf diese Weise die heutigen Spielformen des Wildkohls herausgezüchtet.

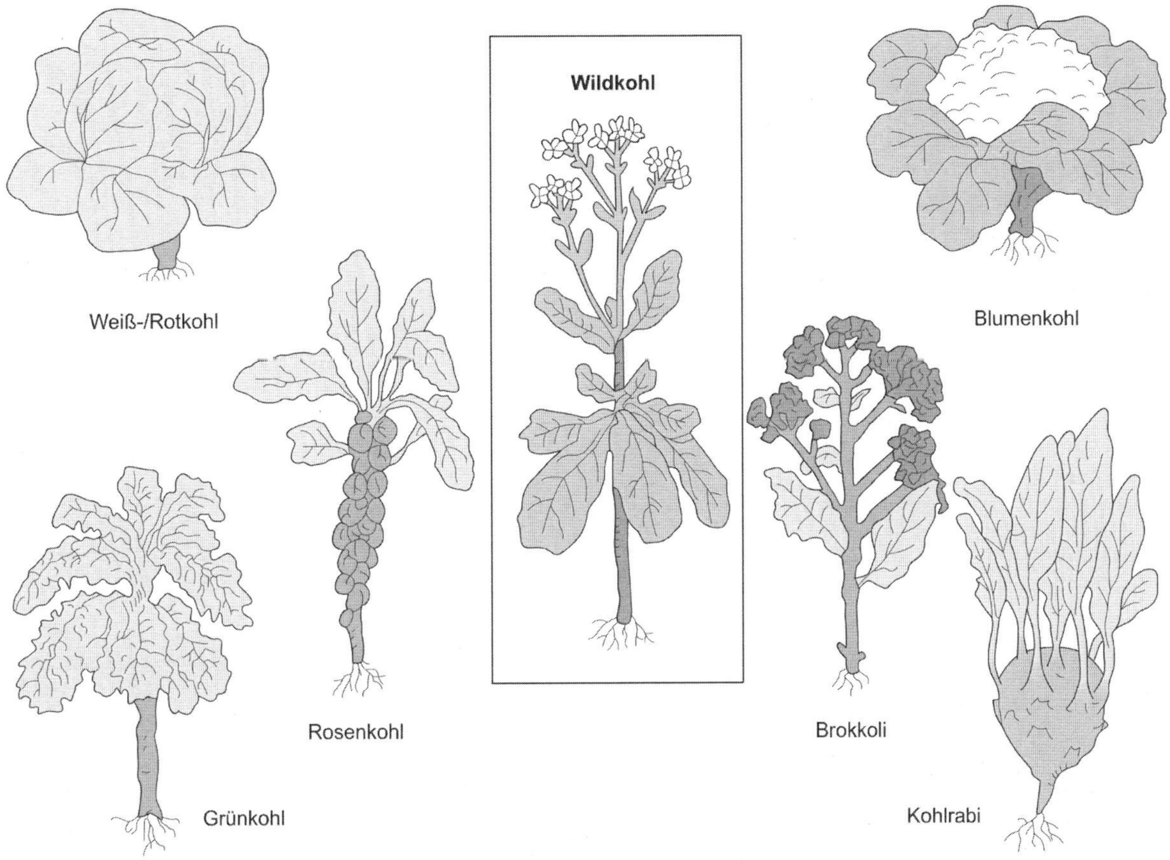

Aufgaben

1. Wie aus dem Wildkohl der Kohlrabi gezüchtet wurde, weiß zwar keiner genau, dennoch gibt es begründete Vorstellungen. Erläutere, wie aus dem Wildkohl durch Züchtung der Kohlrabi entstanden sein könnte.

___

___

___

2. Welche Pflanzenteile verzehrt der Mensch von den dargestellten Kohlsorten? Wie haben sich die Pflanzen im Vergleich zum Wildkohl verändert?

___

___

___

Pflanzen können sich ungeschlechtlich vermehren

Arbeitsblatt Seite 197

1. Begonie: Die Blätter werden zerschnitten und bewurzeln sich, wenn sie in Erde gesetzt werden.
   Grünlilie: Die Mutterpflanze bildet Ausläufer, die sich bewurzeln.
   Forsythie: Äste der Mutterpflanze werden als Stecklinge in Wasser gestellt und bewurzeln sich.
   Ananas: Die rosettigen Kronschöpfe werden aus der Ananas gebrochen und bewurzeln sich, wenn sie in Wasser gestellt werden.
   Stachelbeere: Wenn ein Ast den Boden berührt, wachsen dort Wurzeln. Es entsteht eine neue Pflanze, wenn man den Ast später abtrennt,
2. Begonie, Ananas (Schnitte erforderlich)
3. Die meisten Zimmerpflanzen (siehe Zusatzinformation), Erdbeeren, etc.

Vegetative Vermehrung

Bei zahlreiche Pflanzenarten dominiert die vegetative Vermehrung. Dazu gehören das Scharbockskraut *(Ranunculus ficaria)*, die Quecke (*Agropyron spec.*) und zahlreiche Wasserpflanzen. Bei der Erdbeere und beim Kriechenden Hahnenfuß (*Ranunculus repens*) sind vegetative und generative Vermehrung von gleichem Gewicht für den Fortbestand der Art. Alle einjährigen Pflanzenarten verlassen sich ausschließlich auf die Samenbildung.

Selbst gezogene Pflanzen im Klassenzimmer

Vermehren die Schüler Pflanzen, entsteht meist eine gewisse emotionale Bindung, wenn diese heranwachsen und gedeihen. Die Pflanzen haben einen hohen Aufforderungscharakter für die Schüler. Werden die selbst vermehrten Pflanzen im Klassenzimmer gehalten, werden sie meist ordentlich gepflegt und in den Ferien auch bereitwillig mit nach Hause genommen. Bei der Auswahl der Pflanzenarten sollte Wert darauf gelegt werden, dass die Wasserversorgung mit den Eigentümlichkeiten des Schulbetriebs verträglich ist.

Folgende Arten, die sich vegetativ vermehren lassen, haben sich im Klassenzimmer bewährt:

- Grünlilie (*Chlorophytum comosum*, Steppenpflanze aus Südafrika): Ausläuferpflänzchen von den langen Trieben abschneiden; unterste Blätter entfernen, damit keine Fäulnis entsteht; in Wasser halten, bis die Wurzeln ca. 3 cm lang sind; in Komposterde auspflanzen.
- Zyperngras (*Cyperus alternifolius*; *C. papyrus*, Sumpfpflanze aus Madagaskar): Blütenschopf mit kurzem Halmstück abschneiden und die Hochblätter auf die Hälfte einkürzen; Blütenschopf in Wasser oder ein Gefäß mit nassem Sand setzen; bewurzelte Pflänzchen in Komposterde auspflanzen; Topfballen muss stets feucht sein; Töpfe in tiefen Untersetzer stellen, der mit Wasser gefüllt ist.
- Dreimasterblume (*Tradescantia spec.*, tropisches und subtropisches Amerika): 6 cm lange Kopfstecklinge in wassergefüllte Gläser setzen; wenn die Wurzeln 3 cm lang sind, in Komposterde auspflanzen.
- *Sansevieria* (Steppenpflanze aus Afrika): Ausläufer der Pflanzen mit einem scharfen Messer abschneiden; damit die Schnittstellen nicht faulen, werden sie mit pulverisierter Holzkohle bestreut; Ableger in ein Gemisch aus zwei Teilen Erde und einem Teil Sand setzen; Topf warm und hell stellen, nur wenig feucht halten.
- Brutblatt (*Kalanchoe daigremontiana; K. laxifolia, K. tubiflora*, Wüsten und Halbwüsten Madagaskars): An den Blatträndern des Brutblattes wachsen zahlreiche violette Brutknospen. Fallen sie ab, wachsen vollständige Pflanzen heran. Normalen Dünger vertragen die Brutblätter nicht, im Sommer wenig Kakteendünger gebe

Außerschulische Lernorte

Die Schüler besuchen eine Gärtnerei und lassen sich alle Einrichtungen zeigen, die zu einem Vermehrungsbeet gehören. Gefragt werden kann nach: Vermehrungsweise der angebauten Arten, Bewurzelungsdauer, Lichtmenge, Luftfeuchtigkeit, Bodenfeuchtigkeit, Bodentemperatur und Bodenmischung im Vermehrungsbeet.

Botanische Gärten halten für Schulen meist kostenlos eine Reihe von vegetativ vermehrbaren Pflanzen bereit.

Ungeschlechtliche Vermehrung

Es gibt verschiedene Möglichkeiten, Pflanzen ungeschlechtlich zu vermehren.

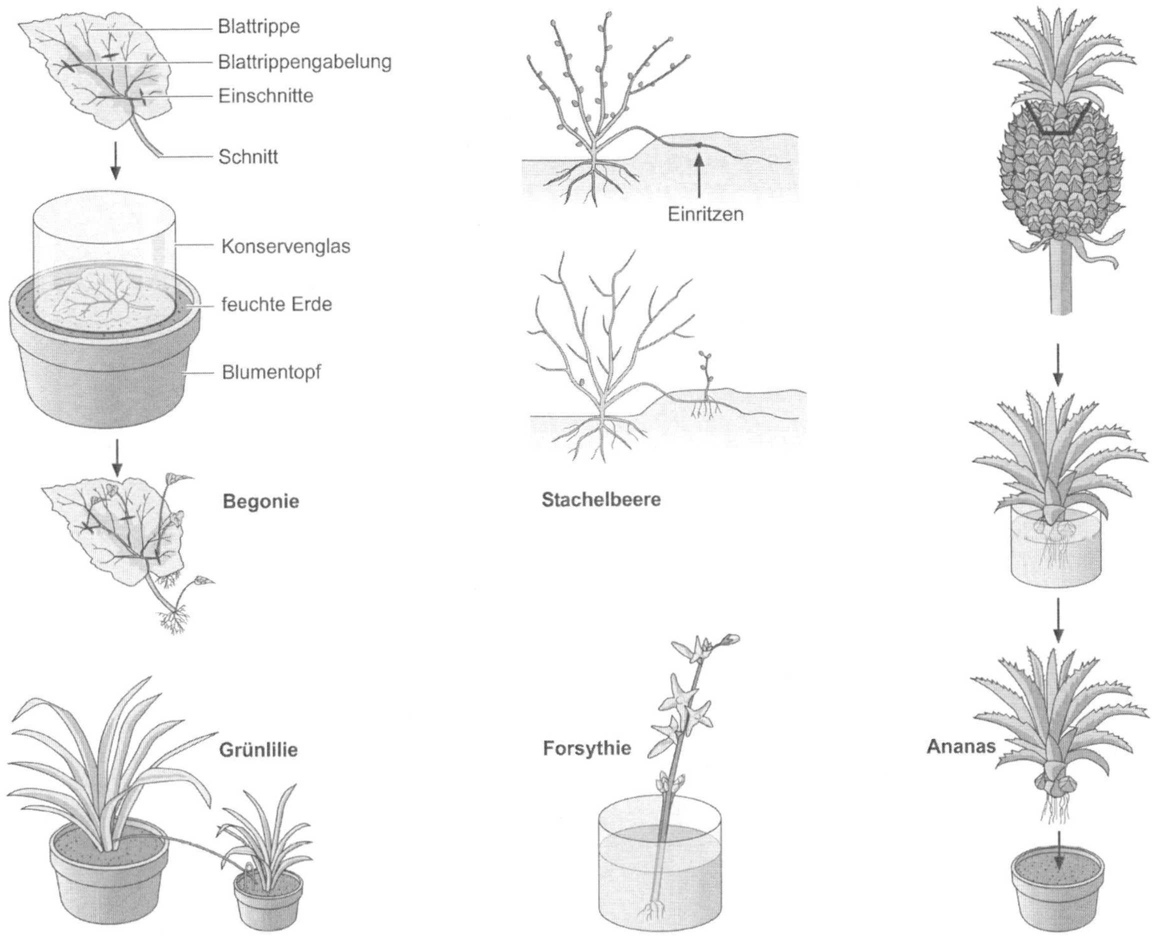

Aufgaben

1. Schau dir die Abbildungen genau an und schreibe auf, was dargestellt ist. Notiere auch jeweils, aus welchen Teilen der Mutterpflanze die neue Pflanze herangezogen worden ist.

   Begonie: ______________________________

   Grünlilie: ______________________________

   Forsythie: ______________________________

   Ananas: ______________________________

   Stachelbeere: ______________________________

2. Welche der gezeigten ungeschlechtlichen Vermehrungsarten kommen in der Natur nicht vor? Begründe.

   ____

3. Kennst du weitere Pflanzenarten, die ungeschlechtlich vermehrt werden? Schreibe die Namen auf.

   ____

Arbeitsblatt Seite 199

2. Baumwollfasern fühlen sich weich an, Sisalfasern sind rau.
3. Das Baumwollgarn reißt zuerst.
4. Baumwollfasern lassen sich gut anfärben.
5. Beim Verbrennen von Pflanzenfasern riecht es wie verbranntes Papier, das ebenfalls aus Zellulose besteht.
6. Baumwolle: sie ist weich, reißfest und gut anfärbbar. Die Fasern des Baumwollsamens dienen der Verbreitung der Samen, Sisalfasern dienen der Verstärkung der Blätter, die mechanischen Einwirkungen (z. B. Wind, Regen) besser widerstehen können.

Fasern liefernde Pflanzenarten

Baumwolle

Bei der Baumwolle handelt es sich um eine alte Kulturpflanze der warmen Gebiete der Erde. Archäologische Funde belegen, dass Baumwolle bereits 2500 vor Chr. in Peru und 500 v.Chr. in Ägypten verarbeitet wurde. Im 19. Jahrhundert gewann die Baumwollpflanze mit der industriellen Revolution und dem Bevölkerungswachstum an Bedeutung. Insbesondere die Erfindung von Entkernungsmaschinen (Abtrennung der Haare vom Samen) beschleunigte ihren Aufstieg zur Weltwirtschaftspflanze. 1988 macht die weltweite Baumwollproduktion mit rund 18 Millionen Tonnen 78 % aller produzierten Pflanzenfasern aus. Baumwollhaare können bis zu 4 cm lang werden, sind fest, gut spinnbar und anfärbbar (Jeans). Da die Haare innen hohl sind, haben sie wärmeisolierende Wirkung. Aus den abgetrennten Samen wird Öl und Protein gewonnen.

Sisal

Zur Gewinnung von Hartfasern werden die Blätter der *Agave sisalana* in tropischen Ländern angebaut. (Die besonders fleischigen Blätter der *Agave americana*, die aus dem Mittelmeerraum bekannt ist, eignen sich nicht dazu.) Die lanzettlichen, stachelspitzen Blätter können bis zu 2 Meter lang werden. Nach 6 bis 9 Jahren bilden die Pflanzen Blütenstände aus und sterben ab; bis dahin können bis zu 250 Blätter geerntet werden. 1986 wurden weltweit 436 000 Tonnen Sisalfasern produziert.

Weitere Faserpflanzen

- Fasern aus Sprossachsen: Faserlein (Flachs), Hanf, Große Brennnessel, Jute
- Fasern aus Früchten: Cocos

Fasern im Unterricht

Baumwollgarn kann im Handarbeitsgeschäft, Watte und Sisal im Haushaltsgeschäft besorgt werden.
Watte, in der die einzelnen Fasern keine Vorzugsrichtung aufweisen, lässt sich leicht zerzupfen, Baumwollgarn hingegen, in dem die Fasern versponnen sind, zeichnet sich durch eine gewisse Reißfestigkeit aus. Die Schüler können mithilfe des Mikroskops den Grund dafür herausfinden.
Die Dehnbarkeit von Pflanzenfasern im Vergleich zu Haaren kann mit dem Versuchsaufbau von Aufgabe 3 untersucht werden. Haare (Wolle) führen bei der Verbrennung zum typischen Ammoniakgeruch (Protein).

Literaturhinweise

FRANKE, W.: Nutzpflanzenkunde; Thieme-Verlag, Stuttgart 1992
Heimische Faserpflanzen. In: Praxis der Naturwissenschaften, Biologie. Themenheft 2/47, März 1998
NACHTIGALL, W.: Vorbild Natur; Springer Verlag, Berlin 1997

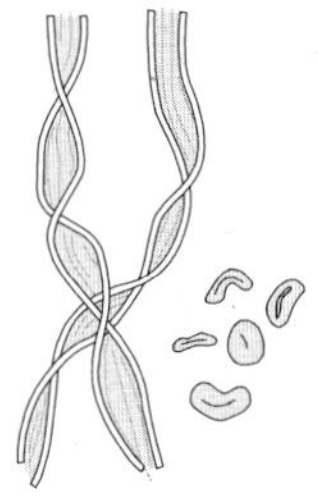

Baumwollfaser

Baumwolle und Sisal – zwei Naturfasern

Der Mensch versteht sich schon mehrere tausend Jahre lang darauf, Fasern aus Pflanzen zu gewinnen. Die Samenkörner der Baumwolle besitzen Fasern, die bis zu 4 cm lang werden können. Sie werden vom Samenkorn abgetrennt und zu Baumwolle versponnen. In den Blättern der Agave befinden sich bis zu 2 m lange Fasern (Sisal), die aus den Blättern herausgelöst werden können.

Aufgaben

1. Bringe wenige Baumwollfasern aus Watte, Baumwollgarn sowie Sisalfasern auf einen Objektträger. Füge dann mit einer Pipette einen Tropfen Wasser zu jeder Faserart hinzu. Lege jeweils ein Deckgläschen auf und untersuche die Fasern bei geringer Vergrößerung unter dem Mikroskop. Fertige möglichst genaue Zeichnungen der Fasern an.

2. Wie fühlen sich die Fasern der Baumwolle und der Agave an?

____

____

____

3. Hänge Gewichte (z. B. zwei Liter-Plastikflaschen) an einer Sisalfaser bzw. einem dünnen Baumwollfaden auf. Fülle die Flaschen langsam mit Wasser. Welche Faser reißt zuerst?

____

4. Lege die Fasern in eine Färbelösung (z. B. Saft aus grünen Pflanzenteilen oder Kirschsaft). Welche Faser färbt sich besser?

____

5. Lege Faserproben in eine Porzellanschale und zünde sie an. Welchen Geruch stellst du fest?

____

6. Welche Faser eignet sich zur Herstellung von Kleidungsstücken? Begründe deine Meinung. Welche Aufgabe haben deiner Meinung nach die Fasern des Baumwollsamens, welche die Fasern im Blatt der Sisal-Agave?

____

____

____

7. Mikroskopiere Fasern verschiedener ausrangierter Kleidungsstücke und stelle fest, in welchen Baumwollfasern verarbeitet wurden.

A **Arbeitsblatt Seite 201**

Brennessel – *Urtica dioica* – entwässernd
Sonnenhut – *Echinacea* – stärkt die Abwehrkräfte
Baldrian – *Valeriana officinalis* – beruhigend
Johanniskraut – *Hypericum perforatum* – antidepressiv
Fenchel – *Foeniculum vulgare* – verdauungsfördernd
Lösungswort: Hopfen
Hopfen wird als Heilmittel bei Schlafstörungen eingesetzt. Darüber hinaus liefern Hopfenblüten beim Bierbrauen wichtige Geschmacksstoffe.

Einsatzmöglichkeit des Arbeitsblattes:

Die gesamten Informationen zur Lösung des Arbeitsblattes finden sich auf vielen Seiten des Internets, die sich mit dem Thema Heilpflanzen beschäftigen. Falls an der Schule die Möglichkeit besteht, im Internet zu recherchieren, so kann das Arbeitsblatt in diesem Zusammenhang eingesetzt werden (s.a. Zusatzinformationen auf dieser Seite).
Als **Zusatzaufgabe** können die Schülerinnen und Schüler noch herausfinden, welcher Teil der Heilpflanze zum Einsatz kommt:
Brennessel: Blätter und Wurzel
Sonnenhut: meist als Fertigpräparat erhältlich, Frischpflanzenpresssaft
Baldrian: Wurzel, Pflanzenpresssäfte
Johanniskraut: Blätter und Blüten
Fenchel: Früchte

Die unterschiedliche Benennung ein und derselben Pflanze mit deutschen Namen ist eine mögliche Schwierigkeit, mit der die Schülerinnen und Schüler konfrontiert werden. Um dies zu thematisieren, können die Schüler solche Synonyme für die Pflanzen mitrecherchieren. Beim Sonnenhut gibt es bspw. auch eine weitere lateinische Benennung (*Rudbeckia*).

Z **Zusatzinformationen**

Heilpflanzen

In den letzten Jahren stieg das Interesse an Naturheilverfahren und alternativen Heilmethoden stark an. Innerhalb dieser Methoden, die auch als Komplementärmedizin bezeichnet werden, spielen Heilkräuter eine wichtige Rolle (Anthroposophische Medizin, Bach-Blüten-Therapie, Homöopathie, Phy to-Therapie). Insofern tauchen Heilpflanzen auch immer mehr in der Erfahrungswelt unserer Schülerinnen und Schüler auf. Bei der Behandlung dieses Themas im Unterricht sollten die Kinder jedoch darauf aufmerksam gemacht werden, dass die werbewirksame Aussage „rein pflanzlich“ an sich noch kein Qualitätsmerkmal eines Produktes ist. Das aus Tabakpflanzen gewonnene Nikotin ist „rein pflanzlich“ aber höchst gefährlich. Auch Heilpflanzen enthalten z. T. hoch giftige Substanzen, die jedoch oft nur gering konzentriert sind. Trotzdem ist ein Hinweis auf die Gefahr der Selbstmedikation sinnvoll. Viele der in Heilpflanzen enthaltenen Wirkstoffe kommen auch in allopathischen Pharmaprodukten vor (bspw. Acetylsalicylsäure – Aspirin®). Welchen Vorteil bietet dann die Anwendung von Heilpflanzen? Zunächst besitzen viele Heilpflanzenzubereitungen nur geringe Konzentrationen eines Wirkstoffes. Zum anderen werden mit diesen Zubereitungen auch eine Menge an anderen Stoffen mit aufgenommen, die die Verarbeitung im Körper unterstützen können. Naturheilkundler sprechen vom biologischen Kontext eines Wirkstoffes, der eine größere Bekömmlichkeit verspricht.

Internetrecherche

Die meisten der Schülerinnen und Schüler in Klasse 5 und 6 haben bereits Erfahrungen mit dem World Wide Web und oft auch schon mit Suchmaschinen. Allerdings hat die Erfahrung gezeigt, dass ein eher geringes Hintergrundwissen zu diesen wichtigsten Werkzeugen im Internet vorhanden ist. So kommt es vor, dass Kinder die gesamte Fragestellung als Suchbegriff eingeben („Wie viele Säugetiere gibt es?“). Die anschließende Bearbeitung hunderter unpassender Suchergebnisse demotiviert sehr schnell. Eine sorgfältige Einführung könnte folgende Punkte umfassen:
Arbeitsweisen von Suchmaschinen:
Suchmaschinen greifen auf große Datenbanken zu, in denen die Schlagwörter vieler Internetseiten gespeichert sind. Diese Datenbanken unterscheiden sich von einer Suchmaschine zur anderen und somit auch die angezeigten Suchergebnisse. Diese Datenbanken werden in den meisten Fällen von Suchrobotern erstellt, die durch das WWW „rasen“ und Seite um Seite auf Schlagwörter „durchlesen“ und registrieren. Gibt man nun ein Schlagwort in die Suchmaschine ein, so werden die Seiten aufgelistet, die dieses Stichwort enthalten. Das gleiche gilt für Wortkombinationen. Knackpunkt bei der Suche ist die Wahl des Suchbegriffes bzw. einer geeigneten Kombination von Begriffen. Der Suchbegriff „Heilpflanzen“ liefert Seiten von Pflanzenversendern, medizinische Fachseiten, populärwissenschaftliche Seiten, Seiten von Pharmaunternehmen oder Informationen über Heiler aller Art, die mit Heilpflanzen arbeiten. Hier sollte die Einschränkung der Suche durch mehrere Kriterien geübt werden. Die Kombination „Heilkräuter“ und „Wirkung“, „Heilkräuter“ und „lateinische Namen“ o.ä. ergibt eine Auswahl an Suchergebnissen, die präziser den Erwartungen entspricht. Letztlich verbirgt sich dahinter eine Übung zu Wortfamilien, die auch in vielen Lehrplänen im Fach Deutsch in dieser Altersstufe zu finden ist (fächerverbindender Unterricht). Manche Suchmaschinen (www.metager.de) besitzen auch einen Assoziator, der zu einem Begriff Wortfamilien generiert.
Reihenfolge der Suchergebnisse
Jede Suchmaschine gibt die Suchergebnisse nach einer anderen Gewichtung aus. Einige Suchmaschinen ordnen nach der Häufigkeit, wie oft der Suchbegriff auf einer Seite vorkommt (kurze, prägnante Seitentexte werden dadurch benachteiligt). Andere gewichten die Seiten höher, bei denen der Suchbegriff im Titel der Seite vorkommt. Einige Suchmaschinen listen nach dem Erstellungsdatum auf oder führen Seiten zuerst auf, die von den Suchmaschinennutzern am häufigsten aufgerufen werden. Bei einigen wenigen Suchmaschinen können Betreiber von Internetseiten gegen Bezahlung erreichen, dass ihre Seiten zuerst gelistet werden. Schülerinnen und Schüler sind oft frustriert, wenn sie in den ersten Seiten keine brauchbaren Ergebnisse finden. Diesem Problem lässt sich mit obigem Hintergrundwissen nur dadurch begegnen, dass die Suchbegriffe präzisiert werden und dadurch die Suche eingeschränkt wird. Wenn Sie die Einführung sehr ausführlich unterrichten wollen, bietet es sich an, eine erweiterte Suchfunktion (Profi-Suche) einer Suchmaschine zu besprechen. Dort kann man oft weitere Einschränkungen, z.B. Seitensprache wählen.
Arten von Suchmaschinen
Neben den allgemeinen Einzelsuchmaschinen wie altavista, google, lycos etc. stehen den Nutzern Fachsuchmaschinen zur Verfügung (z.B. www.biofinder.org).
Grundsätzlich bleibt jedoch zu bemerken, dass nur ca. ein Drittel aller WWW-Seiten in Datenbanken von Suchmaschinen erfasst sind.

Kleine Heilkräuterkunde

Die kleine Kräuterhexe möchte sich Karteikarten mit Heilpflanzen anlegen. Auf jede Karte will sie den deutschen und den lateinischen Namen, eine Abbildung und die Wirkung der Pflanze auf einem Kärtchen aufkleben. Aber leider scheint da ein bisschen Unordnung hinein gekommen zu sein. Kannst du ihr helfen?
Schneide dazu die Kärtchen der zweiten, dritten und vierten Spalte aus und lege zu den deutschen Namen der ersten Spalte jeweils den lateinischen Namen, die Abbildung und die Wirkung der Heilpflanze.
Die Buchstaben, die auf manchen Kärtchen stehen, ergeben nacheinander gelesen eine weitere Heilpflanze als Lösungswort.
Benutze zur Lösung ein Bestimmungsbuch bzw. recherchiere im Internet (Suchbegriff: Heilpflanzen).

Brennnessel	**stärkt die Abwehrkräfte** **O**		
Sonnenhut		***Echinacea***	**verdauungs-fördernd, gegen Blähungen**
Baldrian	***Hypericum perforatum*** **E**	***Valeriana officinalis*** **P**	
Johanniskraut	**entwässernd**	***Foeniculum vulgare*** **N**	***Urtica dioica*** **oder** ***Urtica urens*** **H**
Fenchel	**beruhigend** **F**		**wirkt gegen Depressionen (Niederge-schlagenheit)**

Lösungswort: ______________________________

Welche Heilwirkung hat diese Pflanze? Wofür wird sie außerdem verwendet?
Zusatzaufgabe: Finde heraus, welche Teile der Heilpflanze (Wurzel, Blüte, ...) jeweils genutzt werden

Nutzpflanzen präsentieren

Zur Verwendung der abgebildeten Karten

Die abgebildeten Karten (Quartett Nutzpflanzen, S. 203-205) sollen als Anstoss für schülerzentrierte Unterrichtssequenzen zum Thema Nutzpflanzen dienen. Ziel dieses Unterrichts ist es, dass sich die Schüler selbstständig mit einem Thema befassen und ihr gewonnenes Wissen darstellen können. Am Schluss einer solchen Sequenz steht die Präsentation des erarbeiteten Wissens über verschiedene Nutzpflanzen.

Nach Studien der American Audiovisuell Society über menschliche Behaltensleistungen behalten wir 20% von dem, was wir hören, 30% von dem was wir sehen, 80% von dem, was wir selber formulieren können und 90% von dem, was wir selbst tun.

Nutzpflanzen können für Schüler der fünften und sechsten Klassen ein interessantes Thema mit vielen Alltagsbezügen darstellen und den oft als wenig spannend erlebten Unterricht über Pflanzen bereichern.

Eine solche Unterrichtseinheit lässt sich in drei Phasen durchführen, nachdem jeder Schüler eine der Karten gezogen hat:

Informationen beschaffen

Als Quellen können hier das Schulbuch, Lexika oder elektronische Nachschlagewerke (z.B. encarta u.a.) dienen. Sehr oft besitzen auch Schüler eigene Bücher zu einem Thema, die sie sehr gerne im Unterricht zur Verfügung stellen. Wenn die schuleigene Bibliothek nicht besonders gut ausgestattet ist, so finden sich in öffentlchen Bibliotheken oft sehr gute, altersgerechte Bücher, die Informationen zum Thema enthalten. Natürlich kann hier auch die Informationsrecherche im Internet – evtl. auch als Hausaufgabe – eingebaut werden (s. S. 200).
Da vielen Schülern in diesem Alter die Unterscheidung zwischen wichtigen und weniger wichtigen Inhalten schwer fällt, ist es sinnvoll eine Suchstruktur vorzugeben bzw. anzubieten, z.B.:

- botanische Informationen zur Pflanze (Verbreitung, Lebensansprüche usw.),
- Aussehen der Pflanze (Zeichnung, Abbildungen),
- nutzbarer Pflanzenteil,
- Produkte aus dieser Pflanze,
- Besonderheiten/Sonstiges.

Informationen aufbereiten

Anhand der obigen Suchstruktur können die Schüler Informationen mittels verschiedener Methoden herausarbeiten. Die gewonnenen Informationen sind Grundlage zur Erstellung der Sachtexte. Diese sollten nach je nach Inhalt mit Diagrammen oder Skizzen aufgelockert sein. Hat man keine Suchstruktur vorgegeben, können die Schüler die gefundenen Informationen selbstständig strukturieren, z.B. mittels einer Mind-Map. Das Ergebnis könnte auch graphisch in die Präsentation als Referat oder auf einem Plakat mit eingehen. Den Schülern sollte im Sinne der eingangs erwähnten Untersuchung vor diesem Unterrichtsabschnitt deutlich klar gemacht werden, dass sie die Informationstexte selbst verfassen sollen. Seiten im Internet oder auf elektronischen Datenträgern verführen dazu, mittels Kopierfunktionen übernommen zu werden.

Informationen präsentieren

Als Präsentationstechniken bieten sich die Erstellung eines Themenheftes oder einer Themenmappe, ein Informationsplakat oder ein folien- oder plakatunterstütztes Schülerreferat an. Altersgemäß aufbereitete Tipps zu diesen Präsentationsformen finden sich beispielsweise in der Literatur (s. Literaturhinweis „Lernbox Informationen...")
Diese Arbeit ist als Einzel- oder Gruppenarbeit durchführbar. Die Gruppeneinteilung in Vierergruppen kann leicht anhand der verschiedenen Nutzpflanzenkategorien, die in der Überschrift jeder Karte angegeben sind, geschehen.
Das Thema Nutzpflanzen eignet sich auch als fachlicher Aufhänger für ein Methodentraining (s. zweiter Literaturhinweis) in Klasse 5 oder 6.

Zusatzinformationen

Nutzpflanzenquartett

Für dieses Quartett können die abgebildeten Nutzpflanzenkärtchen auf größere Kartonkarten aufgeklebt und farbig ausgemalt werden. Danach sind sie z. B. in einem Lernzirkel oder im Lernstationenbetrieb einsetzbar.
Die Karten werden gemischt und an die Spieler ausgeteilt. Jeder Spieler versucht nun, möglichst viele vollständige Quartette zu erhalten, die dann zur Seite gelegt werden. Dazu wird jeweils ein Mitspieler nach der fehlenden Karte befragt. Ist die Antwort negativ, ist der nächste Spieler an der Reihe. Bei positiver Antwort muss der Befragte die betreffende Karte an den Fragenden abgeben. Dieser kann dann so lange weiterfragen, bis er eine negative Antwort bekommt. Wer auf diese Weise die meisten Quartette sammeln kann, hat das Spiel gewonnen.

Literaturhinweise

Lernbox Informationen beschaffen aufbereiten präsentieren Friedrich-Verlag 2001.
KLIPPERT, Heinz: Methodentraining. Übungsbausteine für den Unterricht. Weinheim/Basel 1999.

Medienhinweise

Diareihen:
FWU 1003047 Kaffee aus Brasilien
FWU 1003159 Getreide
FWU 1003277 Nutzpflanzen
Videokassetten:
FWU 4269177 Die Kartoffel
FWU 4231038 Die Multiknolle
FWU 4268574 Weizen
FWU 4210417 Getreide –Kulturgräser der Welt

Quartett Nutzpflanzen

Genussmittelpflanzen Tee 	**Genussmittelpflanzen** Kaffee 	**Genussmittelpflanzen** Kakao 
Genussmittelpflanzen Tabak 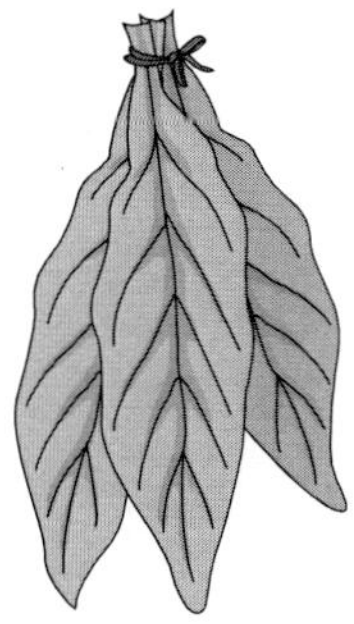	**Gemüsepflanzen** Spargel 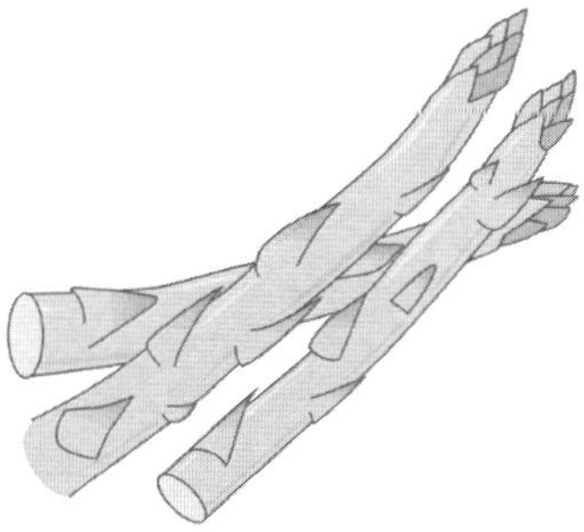	**Gemüsepflanzen** Spinat 
Gemüsepflanzen Chicoree 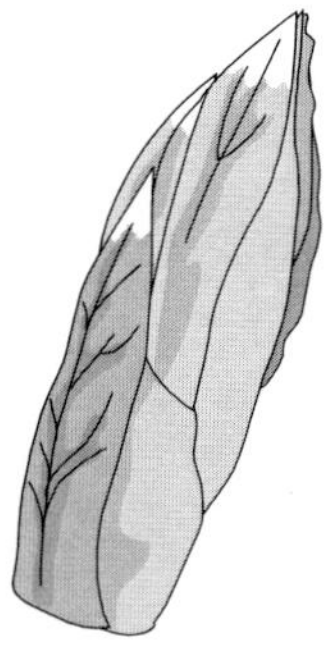	**Gemüsepflanzen** Artischocke 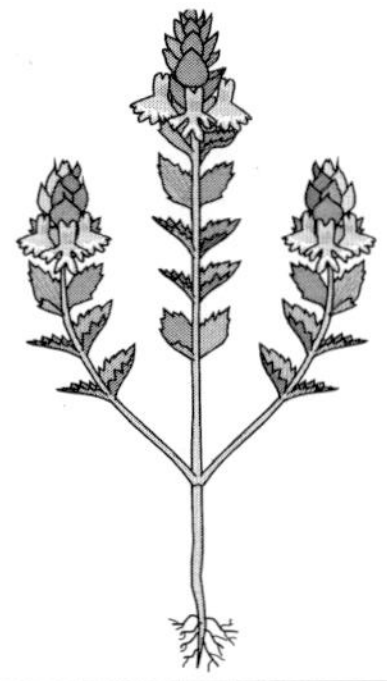	**Gewürzpflanzen** Pfeffer 
Gewürzpflanzen Zimt 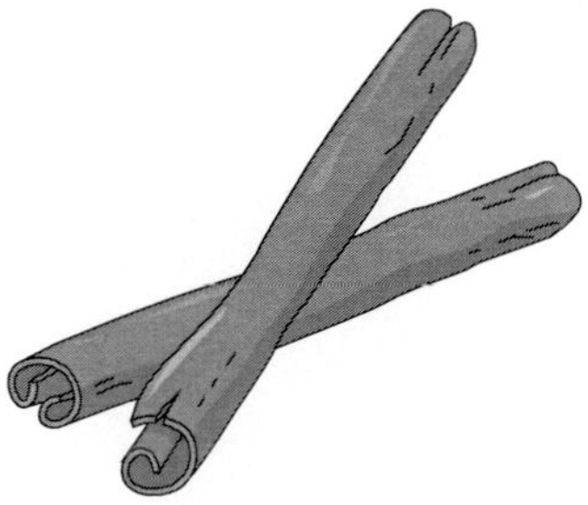	**Gewürzpflanzen** Muskatnuss 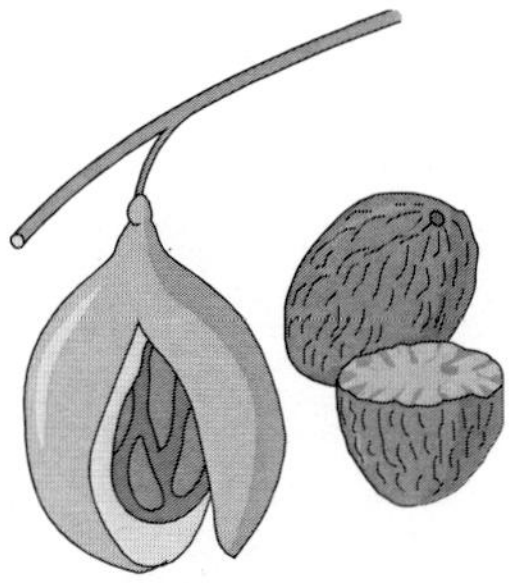	**Gewürzpflanzen** Vanille 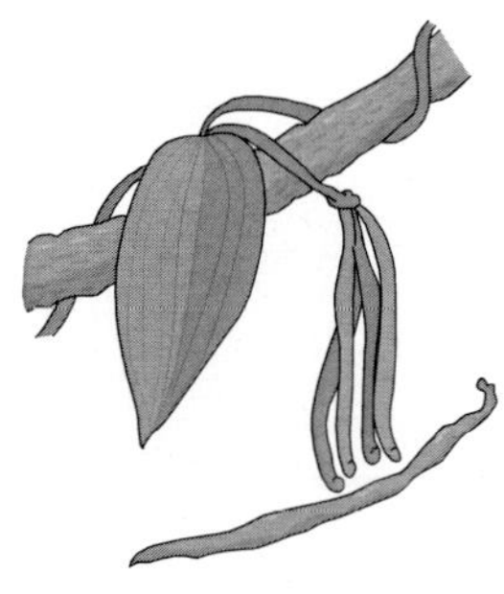

Quartett Nutzpflanzen

Faserpflanzen

Baumwolle

Faserpflanzen

Jute

Faserpflanzen

Flachs

Faserpflanzen

Kokospalme

Heilpflanzen

Fingerhut

Heilpflanzen

Melisse

Heilpflanzen

Arnika

Heilpflanzen

Salbei

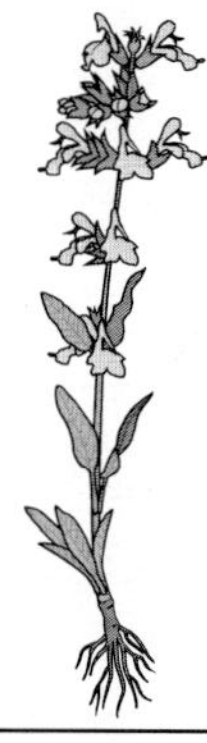

Öllieferanten

Olivenbaum

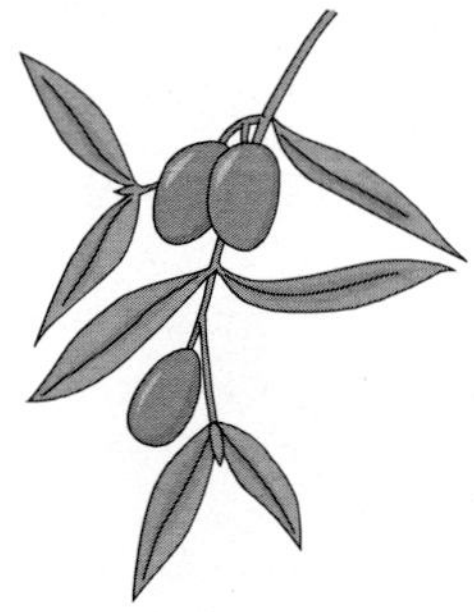

Öllieferanten

Sonnenblume

Öllieferanten

Raps

Öllieferanten

Erdnuss

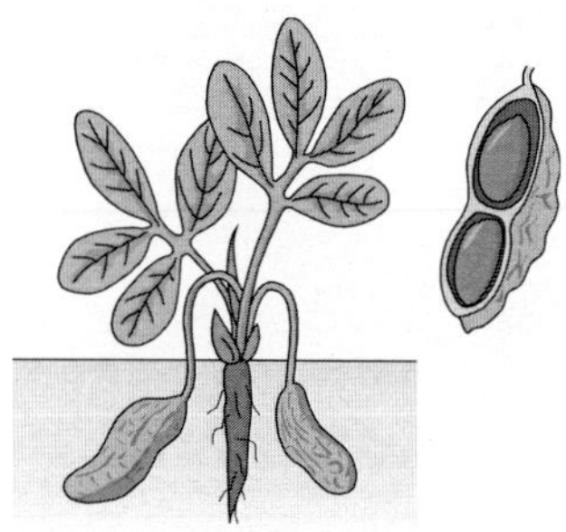

Quartett Nutzpflanzen

Stärkelieferanten Maniok 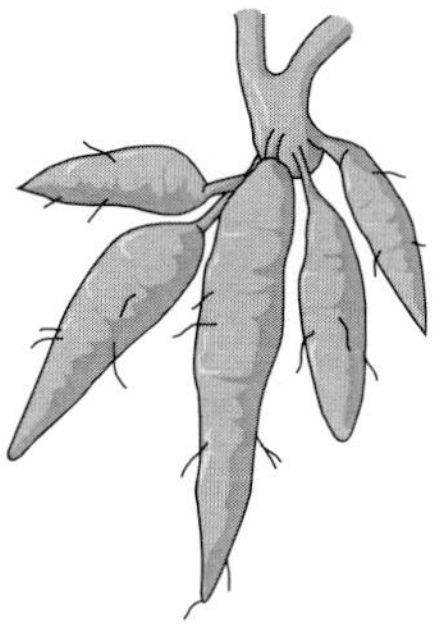	**Stärkelieferanten** Reis 	**Stärkelieferanten** Mais 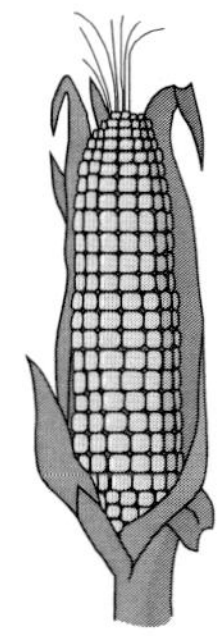
Stärkelieferanten Weizen 	**Farbstofflieferanten** Färberwaid 	**Farbstofflieferanten** Hennastrauch 
Farbstofflieferanten Färberdistel 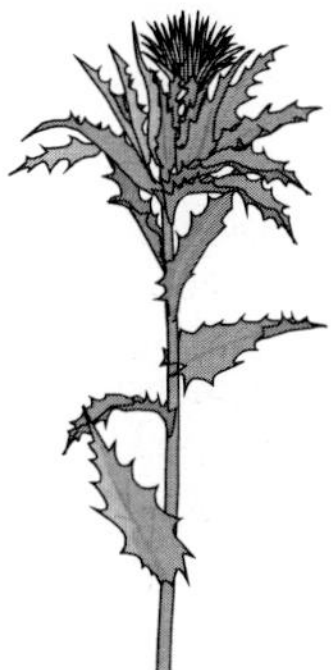	**Farbstofflieferanten** Färberröte (Krapp) 	**Eiweißlieferanten** Gartenbohne 
Eiweißlieferanten Linse 	**Eiweißlieferanten** Sojabohne 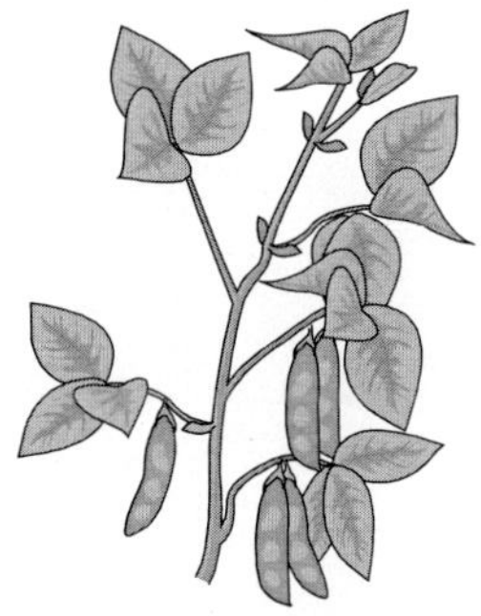	**Eiweißlieferanten** Kichererbse 

Arbeitsblatt Seite 207

Ziel der beschriebenen Arbeitsaufträge ist es, einen Baum mit möglichst vielen Sinnen zu erfahren und anschließend die gesammelten Erfahrungen und Informationen zu präsentieren. Auf dem Arbeitsblatt wurde als Präsentationsmethode ein Plakat vorgeschlagen, was aber natürlich variiert werden kann.

Hinweis zur Abschätzung der Baumhöhe
Es gibt verschiedene Arten eine Baumhöhe abzuschätzen. Eine sehr einfache ist die so genannte Holzfällermethode: Dabei hält man einen Holzstab (Ast o.ä.) mit ausgestrecktem Arm. Man peilt nun über die Enden des Holzstückes Baumfuß und Baumspitze an (s. Abb. 1) Stimmt die Peilung, so dreht man den Holzstab nach einer Seite, ohne die Armhöhe zu verändern. Eine zweite Person stellt sich nun so neben den Baum, dass ihre Position in der Peilung mit dem Stabende übereinstimmt. (s. Abb. 1) Es ist darauf zu achten, dass die Verbindungslinien vom Baum zu den Personen rechtwinklig sind. Die Entfernung der zweiten Person zum Baum entspricht ungefähr der Baumhöhe und kann mit Schritten ausgemessen werden (Schrittlänge ermitteln!). Diese Methode ist allerdings nur bei genügend Freiraum um den Baum anwendbar (Lichtungen, Stadtparks, Waldrand).

Abb.1

Baumbücher - Holzbibliothek

Eine aufwändige Möglichkeit, Bäume langfristig zu präsentieren, sind so genannte Holzbücher, wie sie z. T. in Museen zu sehen sind. Dabei werden alle wichtigen Baumteile im (getrockneten) Original archiviert (Rinde, Holz, Blätter, Früchte, evtl. Blüten). Rinden- und Holzproben sind bei den meisten Forstverwaltungen zu erhalten. Das Buch besteht aus zwei Kästchen, die von einem zugesägten Rindenstück als Buchrücken verbunden werden (s. Abb. 2.). Dabei kann man mit Scharnieren oder mit Gewebeklebeband arbeiten. Die beiden Kästchen werden nun mit den Baummaterialien ausgestattet. Die Gegenstände sollten gut befestigt werden (versch. Kleber oder Heißklebepistole), damit das Buch aufrecht mit dem Rinden-Buchrücken in das Schularchiv gestellt werden kann.

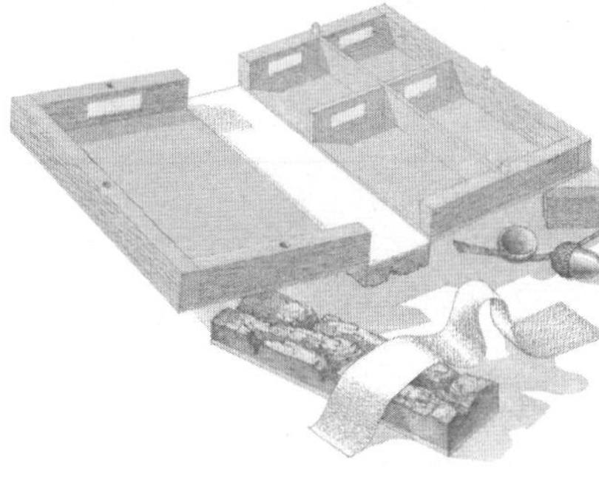

Abb. 2

Wald bei Nacht

Die Waldpädagogik hat sich in den vergangenen Jahren stark entwickelt und viele Forstverwaltungen stellen dafür ausgebildete Fachkräfte zur Verfügung, die sehr oft erlebnispädagogisch orientierte Veranstaltungen für Schulklassen anbieten. Eher selten findet man dabei Nacht-Exkursionen. Diese bieten ein ganz eigenes Erlebnis. Damit die Eindrücke einer Nacht in der Natur wirklich erlebt werden können, sollte man vor der Exkursion mit den Schülern vereinbaren, auf Taschenlampen zu verzichten (jeder kann eine Notfall-Taschenlampe in der Jackentasche mitnehmen). Das Auge gewöhnt sich sehr schnell an die Dunkelheit. Ein ganz besonderer Höhepunkt einer solchen Exkursion ist ein Wegstück, das die Schüler alleine gehen können. Für diesen Teil sollte der Lehrer einen kleinen Weg im Wald auswählen, der auch eher etwas unwegsam sein kann. Bevor die Schüler dort eintreffen, werden im Abstand von 100-200m Windlichter aufgestellt. Bei jedem zweiten Windlicht sitzt eine Begleitperson. Am Wegbeginn sammelt sich die Gruppe und nun können die Schüler alleine in Abständen von ca. 3 Minuten von einem Windlicht zum nächsten gehen. Falls es einzelnen Schülern zu unheimlich ist, sollte von Anfang an die Möglichkeit gegeben werden auch paarweise zu gehen. Auf alle Fälle sollten die Taschenlampen ausgeschaltet bleiben. Erfahrungsgemäß ist ein solches Wegstück auch für Schüler der Klasse 8 mit Überwindung verbunden, aber auch mit einem hohen Erlebniswert.

Wildniscamp im Bayerischen Wald

Eine einzigartige Möglichkeit mit Schulklassen Wald und Natur zu erleben gibt es seit 2002 im Bayerischen Wald in der Nähe der Stadt Zwiesel. Dort können Schulklassen aufgeteilt in kleine Gruppen in so genannten Themenhütten eine Naturerlebniswoche verbringen. Jede Themenhütte ist so gestaltet, dass sie die Sinneseindrücke eines Biotoptypus vermittelt: das Wiesenbett schmiegt sich in eine Wiese und die Schüler schlafen auf Heu, die Wasserhütte steht auf Pfählen in einem aufgestauten Waldsee, das Baumhaus befindet sich in luftiger Höhe und die Schüler schlafen in Hängematten etc. Jede Gruppe arbeitet mit Betreuern während des Aufenthaltes an einem selbstgewählten Thema. Näheres zu diesem auch finanziell attraktiven Angebot ist unter www.wildniscamp.de zu erfahren.

Literaturhinweise

DANNECKER, A. u.a., Der Wald (Teil 1 und 2), Materialien für fächerverbindende Themen, FTh 515, Landesinstitut für Erziehung und Unterricht, Stuttgart 1998.
Materialien aus den Fächern Biologie, Geschichte, Technik, Erdkunde, Deutsch, Religion/Ethik von Lehrern für Lehrer
LEINERT, C. u.a., Wald auf der Schulbank, RIWA-Verlag Augsburg, 2000, Bezug über Fachverband Forst, Rathausplatz 3, 86420 Diedorf.
Viele praktische Anregungen, mit Hinweisen zu haftungs- und versicherungsrechtlichen Fragen
LAUDERT, D., Mythos Baum, BLV, München 1998.
Viele Informationen über die Geschichte und Bedeutung von Bäumen nach Baumarten geordnet.

Wir beschreiben Baumpersönlichkeiten

Wähle einen Laubbaum aus, der dir besonders gut gefällt. Versuche die Gestalt des Baumes, seine Blätter oder Nadeln und seine Rinde anhand der folgenden Hinweise zu beschreiben. Präsentiere anschließend deine Ergebnisse auf einem Plakat.

Material

Schreibunterlage, Schere, Kugelschreiber oder Filzstift, Filmdöschen, Knetmasse, Gefrierdose zur Aufbewahrung des Knetabdrucks

Aufgaben

1. Baumgestalt:

a) Fertige eine Skizze (DIN-A4-Größe) des äußeren Umrisses des Baumes an. Sie soll zeigen, ob der Baum insgesamt eher einen runden, ovalen oder einen spitzen Umriss hat.
Zeichne in diese Skizze den Verlauf der Äste ein. Beachte dabei, ob sie eher steil oder waagerecht verlaufen, ob sie sich stark oder weniger stark verzweigen und ob sie eher gerade oder gebogen sind.

b) Schätze die Höhe des Baumes ab.

2. Blätter/Nadeln:

a) Fertige ein Modell des Blattes aus Moosgummi. Vergiss nicht, die Blattadern und Auffälligkeiten des Blattes mit Kuli oder Filzstift einzuzeichnen.

b) Beschreibe das Blatt mit den folgenden Fachbegriffen:

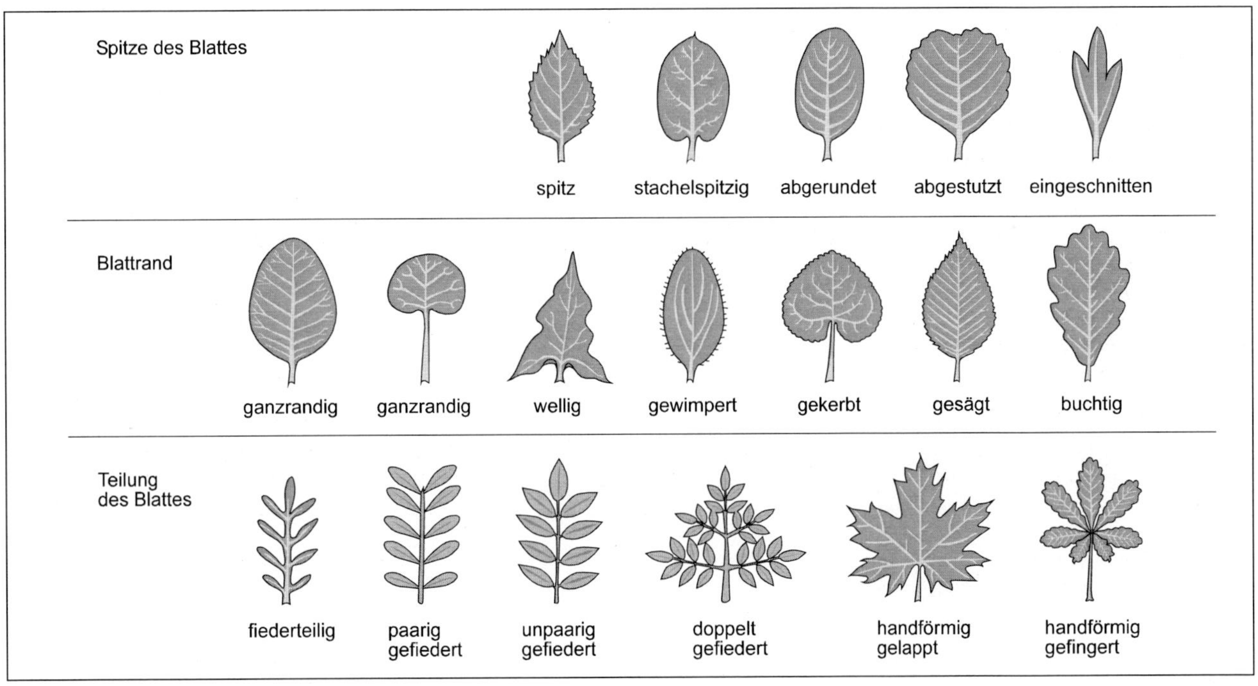

c) Zerreiße einige Blätter und fülle sie in das Filmdöschen. Rieche nach einiger Zeit daran und versuche den Duft zu beschreiben, auch wenn das ein bisschen schwer ist.

3. Rinde:

a) Schließe deine Augen und befühle die Rinde. Präge dir deine Wahrnehmung ein. Wenn du nach allen Arbeitsaufträgen noch Zeit hast, kannst du versuchen mit verbundenen Augen „deinen“ Baum wiederzufinden. Dazu soll dich ein Klassenkamerad zu verschiedenen Bäumen führen.

b) Beschreibe, wie sich die Rinde anfühlt und wie sie aussieht.

c) Stelle einen Knetabdruck der Rinde her und bewahre ihn für dein Plakat auf.

Die Stockwerke des Waldes

Arbeitsblatt Seite 209

1. Baumschicht, Strauchschicht, Krautschicht und Moosschicht.
2. Baumkrone: Habicht
   Baumstamm: Kleiber, Baummarder, Fichtenkreuzschnabel, Dompfaff
   Strauchschicht: Eichhörnchen, Reh
   Krautschicht: Dachs, Rötelmaus, Fuchs, Kaninchen

Zusatzaufgaben

1. Stelle einige Unterscheidungsmerkmale von Laub- und Nadelwald zusammen. Achte dabei auf die Anzahl der Baumarten, Lichtverhältnisse im Frühjahr und Sommer, Ausbreitung von Sträuchern und Dichte der Krautschicht. Lege eine Tabelle an.

– *Laubwald:*
  – *viele verschiedene Baumarten*
  – *Sträucher und junge Bäume zahlreich (Naturverjüngung)*
  – *Waldboden im Frühjahr mit Blumen und Kräutern*
  – *wenige Moose*
  – *viel Licht im Frühjahr, wenig Licht im Sommer*

  Nadelwald:
  – *wenige Baumarten*
  – *wenige Sträucher und junge Bäume (wenig Naturverjüngung)*
  – *Waldboden mit Farnen, Heidelbeeren, Preiselbeeren, wenig Blumen und Kräuter*
  – *viele Moose*
  – *Lichtverhältnisse immer gleich*

2. Begründe, warum viele Pflanzen der Krautschicht Frühblüher sind.

– *Die Frühblüher nutzen die Zeit bis Ende April, solange die Laubbäume noch kahl sind. Diese Blumen und Kräuter blühen und fruchten im Frühjahr und lagern Reservestoffe ein (in Zwiebeln, Knollen, Wurzelstöcken).*

3. Die Stockwerke des Waldes sind Wohnräume und Nahrungsgrundlage verschiedener Tiere. Ordne folgende Tiere den einzelnen Stockwerken zu. Achte auf die Überschneidungsmöglichkeiten: Buchfink, Rötelmaus, Reh, Fuchs, Eichhörnchen, Ameise, Dachs, Kleiber, Baummarder, Dompfaff.

– *Fast alle Tiere leben nicht nur in einem Stockwerk des Wades:*
  Das Reh frisst Kräuter, die auf dem Boden wachsen, nimmt aber auch Triebe und Knospen von Sträuchern und jungen Bäumen. Fuchs, Dachs, Kaninchen und Rötelmäuse haben ihren unterirdischen Bau und kommen an die Erdoberfläche, um sich zu ernähren. Eichhörnchen und Baummarder durchstreifen alle Schichten des Waldes. Dompfaff und Fichtenkreuzschnabel halten sich vor allem in der Baum- und Strauchschicht auf, ebenso der Kleiber. Der Sperber jagt Vögel in der Strauch- und Baumschicht.
  Der Maikäfer lebt als Larve (Engerling) von den Wurzeln der Waldpflanzen, als erwachsenes Insekt frisst er Blätter von Bäumen und Sträuchern. Ameisen sind am beweglichsten. Ihr Bau ist unterirdisch, sie suchen in allen Stockwerken des Waldes nach Nahrung.

Der Wald in Zahlen

– Auf die Bundesrepublik rieseln jährlich ca.
  – 2 Millionen Tonnen Staub und Ruß,
  – 5 Millionen Tonnen chemische Abgase,
  – 2 Millionen Tonnen Schmutz

  herunter. 1 Hektar Waldfläche filtert pro Jahr 68 Tonnen Staub. Waldluft enthält deshalb 200- bis 1000-mal weniger Staub und Ruß als die Luft über Industriegebieten. Durch den Regen landet der Schmutz letztendlich auf dem Boden.
– Um 1 kg Holz zu produzieren, nimmt ein Baum 500 m^3 Kohlenstoffdioxid aus der Luft auf.
– Eine große Eiche trägt ungefähr 250 000 Blätter.
– Eine 100-jährige Buche verdunstet 400 Liter Wasser am Tag und erhöht dadurch die Luftfeuchtigkeit in ihrer Umgebung um 10 %.
– 50 bis 200 Liter Wasser können unter einem Quadratmeter Waldboden gespeichert werden.
– 20 Fichten erzeugen durch Fotosynthese den Sauerstoffbedarf eines Menschen.
– Der Blütenstaub einer Fichte fliegt drei bis fünf Kilometer weit.
– 300 bis 500 Samen sind in einem Fichtenzapfen.
– Jedes Jahr werden in Deutschland 300 Millionen Jungbäume gesetzt.

Medienhinweise

FWU 42 02145 Stockwerke des Waldes

Stockwerke des Waldes

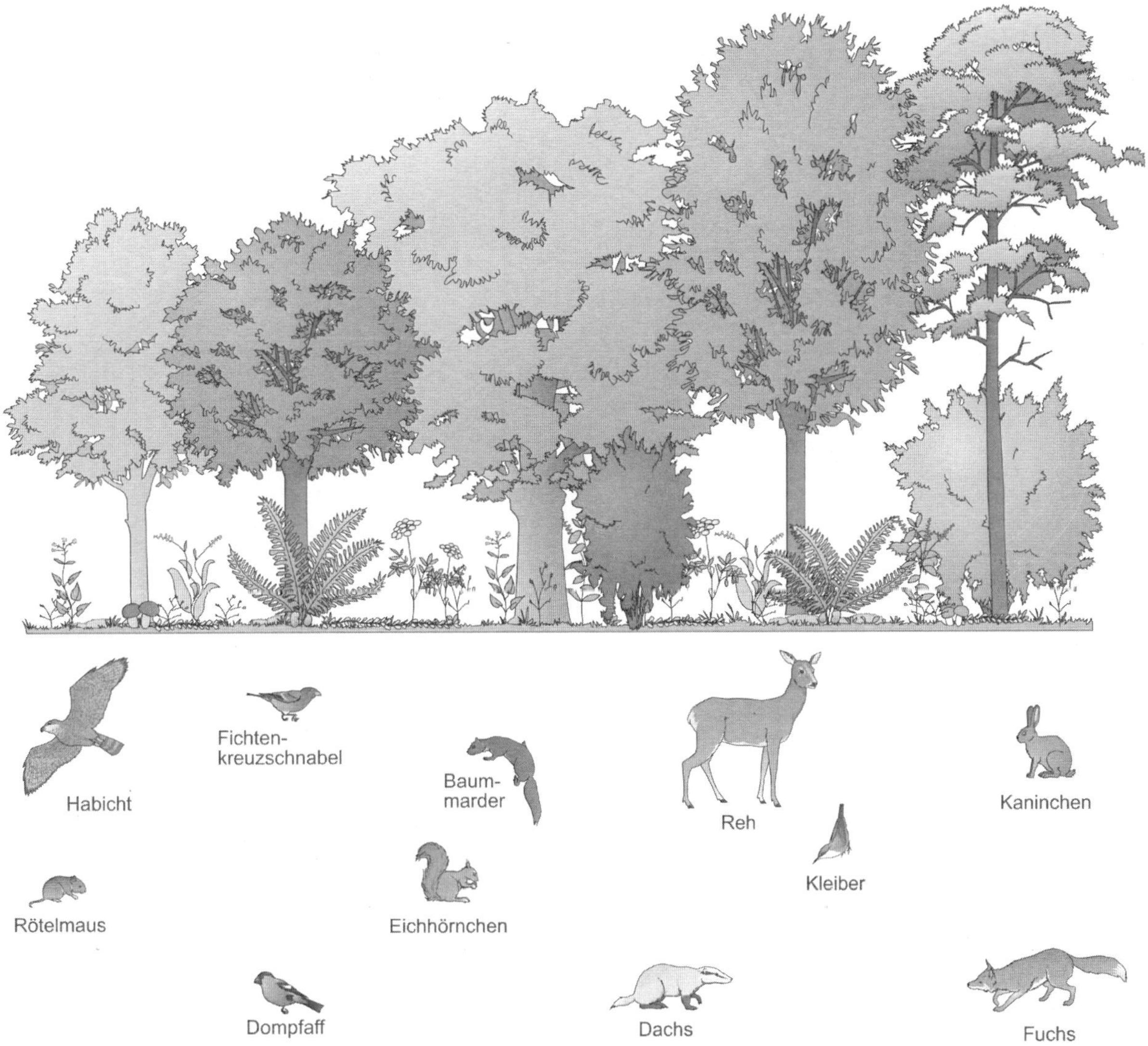

Aufgaben

1. Kennzeichne und benenne die Schichten des Waldes.

 ____

 ____

2. Ordne die Tiere den Stockwerken zu, in denen sie sich überwiegend aufhalten. Unterteile dabei die Baumschicht in Baumkrone und Baumstamm.

 ____

 ____

 ____

3. Zeichne in deinem Heft einen schmalen Ausschnitt maßstabsgerecht; daneben die kaum zu sehende Moos- und Krautschicht in 10facher (Lupen-)Vergrößerung.

Nahrungsbeziehungen im Wald

A Arbeitsblatt Seite 211

1. Grassamen, Himbeere, Waldmaus, Steinmarder, Milan, Amsel
2. Pflanzen: Grassamen, Himbeere
   Pflanzenfresser: Waldmaus, Amsel
   Fleischfresser: Steinmarder, Milan
3. Himbeere → Amsel → Steinmarder
   Himbeere → Waldmaus → Steinmarder
   Grassamen → Waldmaus → Milan

Z Waldschäden durch Pilze, Insekten und Nagetiere

Die Infektion mit waldschädigenden Pilzen geschieht fast nur über Wunden, die aus überhöhten Wildbeständen resultieren, bei Windbruch entstehen oder durch den Menschen, z. B. beim Fällen von Bäumen, hervorgerufen werden. In derartigen Fällen können Destruenten, deren zersetzerische Tätigkeit ansonsten sehr nützlich ist, zu gefährlichen Feinden der Bäume werden. Die *Schütte* z. B. befällt bevorzugt Kiefernadeln, der *Mehltau* zersetzt Eichenblätter. Die *Rot-* und die *Weißfäule* schädigen den Baum im Bereich der Wurzeln und des Stammes.

Massenvermehrungen von Schadinsekten können durch mehrere Faktoren begünstigt werden. Ein sehr wichtiger Auslöser sind Monokulturen. Sobald auch noch günstige klimatische Bedingungen und ein ausreichendes Nahrungsangebot dazukommen, werden Insekten, wie der Fichtenborkenkäfer, der Nutzholzborkenkäfer, die Nonne, der große braune Rüsselkäfer, der Eichenwickler, die Kieferneule und der Kiefernspanner zu Plagegeistern. Der Borkenkäfer wird dann mit Pheromonfallen, die in vielen Waldgebieten zu sehen sind, dezimiert. Alle anderen Schadinsekten werden auf Betreiben der Forstbehörden von der Luft aus bekämpft.

Die teilweise stark überhöhten Bestände an verschiedenen Mäusearten versucht man durch Unterstützung der natürlichen Feinde, wie Wiesel und Bussard, zu regulieren. Große Populationen von Wald- und Gelbhalsmäusen reduzieren die ausgebrachte Saat so stark, dass Neuansiedlungen nur schwer über Samen realisiert werden können.
Erd- und Rötelmaus schädigen junge Pflanzen durch das Abfressen der Rinde. Schermäuse fressen die Wurzeln an, sodass die Pflanzen nur unzureichend mit Nährstoffen versorgt werden und eingehen.

Eichenwickler	**Nonne**	**Buchdrucker**
	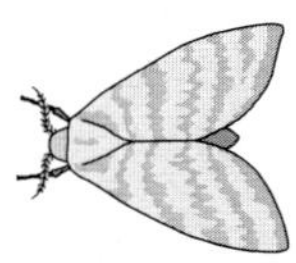	
spezialisert auf Eichen; Raupen fressen Knospen und junge Blätter; überwintern im Eistadium	bevorzugt Fichten; Raupen fressen zuerst Maitrieb und Knospe; Raupe überwintert	bevorzugt Fichten; Käfer fressen Hauptgang in kränkelndes Holz; Larven fressen seitliche Gänge
Eichenbock	**Kiefernspinner**	**Forleule**

bevorzugt Eichen; Larven entwickeln sich 3 Jahre; fressen Gänge ins kränkelnde Holz	bevorzugt Kiefern; Raupen überwintern in der Streudecke; fressen alte Nadeln und Maitrieb	befällt alle Nadelbäume; Raupen nagen erst Maitrieb an, dann weitere Nadeln; überwintern als Puppe

Nahrungsbeziehungen im Wald

Im abgebildeten Suchworträtsel sind 6 Bezeichnungen für Pflanzen und Tiere versteckt (auch diagonal bzw. rückwärts), mit denen man Nahrungsbeziehungen im Wald darstellen kann.

C	U	Q	E	U	R	H	K	K	H	G	C	P	S	S
W	N	O	E	Q	M	P	M	I	O	K	A	Q	V	O
O	I	R	E	D	R	A	M	N	I	E	T	S	E	N
U	Z	R	U	X	H	B	R	G	O	Y	P	O	C	M
G	T	Y	X	P	E	U	R	M	Y	J	H	R	M	P
C	A	A	L	E	E	A	L	M	V	C	E	S	T	W
W	O	Y	R	L	S						S	F	F	A
V	K	E	A	S	W						A	O	B	Z
N	J	H	A	Q	M						M	B	O	S
Q	V	M	G	O	H						S	M	K	B
C	E	A	G	G	T						E	X	A	U
N	K	B	Q	F	T						L	Q	P	O
I	N	A	L	I	M	L	O	G	D	Y	Z	G	H	H
Z	V	T	Y	Z	T	W	R	Q	H	O	K	J	R	I
V	G	U	X	D	F	B	S	U	A	M	D	L	A	W
A	U	E	B	L	Z	F	Q	C	V	R	C	U	B	R

Aufgaben

1. Finde diese Begriffe und markiere sie.

2. Ordne diese Lebewesen in die Gruppen Pflanze, Pflanzenfresser und Fleischfresser.

Pflanze: ______________________________

Pflanzenfresser: ______________________________

Fleischfresser: ______________________________

3. Erstelle mit diesen Organismen mindestens ein Nahrungsnetz.

A Arbeitsblatt Seite 213

1.

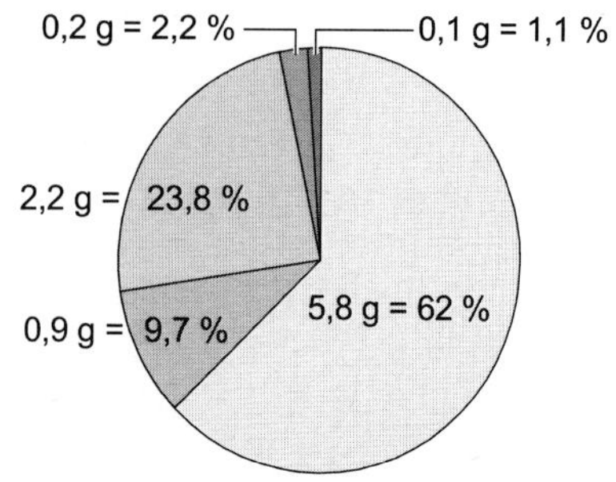

2.

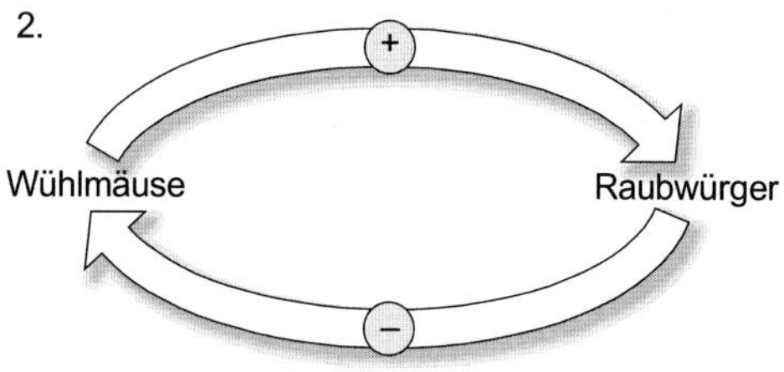

b) Die Raubwürger hatten mehr Nahrung und könnten so eventuell mehr Junge großziehen. Die Wirkung auf die Population wäre positiv.

c) Wenn nicht andere Fleischfresser, wie Waldohreule oder Steinkauz, die Population dezimieren, können die Mäuse überhand nehmen.

Z Jagd und Jäger heute

In unseren Wäldern gibt es kaum noch größere Raubtiere. Das verbreitetste „Raubtier" ist der Mensch. Jagen kann heutzutage jeder, der eine Jägerprüfung abgelegt und somit das Jagdausübungsrecht in Verbindung mit einem Jagdschein erworben hat. Das Jagdrecht ist außerdem untrennbar an Grund und Boden gebunden. Da die Jagdreviere sehr teuer sind, besitzt nur ein kleiner Teil aller Jagdscheininhaber ein eigenes Revier. Die Mehrzahl der Jäger hat nur die Möglichkeit, gelegentlich zu einer Treibjagd eingeladen zu werden.

Die Jagdleidenschaft ist, nicht wie im Mittelalter, Privileg des Adels; sie durchzieht alle Berufsgruppen:

- Angestellte 12 %
- Arbeiter 8 %
- Kaufleute und Fabrikanten 16 %
- Handwerker 8 %
- Beamte 13 %
- Landwirte 22 %
- Freie Berufe 9 %
- Auszubildende 3 %
- Hausfrauen 2 %
- Sonstige 7 %

Wichtigste Aufgabe der Jagd ist heute eine verantwortungsbewusste Regulierung der Wildbestände. Dabei muss das wichtigste Kriterium für die Größe des Wildbestandes ein gesunder Wald sein. Die wichtigsten Baumarten dürfen nicht daran gehindert werden, sich ohne technischen Schutz natürlich zu verjüngen. Insgesamt sind die tatsächlichen Gegebenheiten eines Revieres allumfassend zu betrachten, um Maßstäbe festzulegen. Nicht außer Acht sollte dabei gelassen werden, dass unter anderem von der intensiven Bewirtschaftung in der Landwirtschaft eine große Bedrohung der frei lebenden Tiere ausgeht.

Der hohe Bestand an Reh- und Rotwild in vielen Gebieten Deutschlands zeigt sich dem aufmerksamen Beobachter an abgebissenen Trieben junger Bäume. Die Tiere selbst bekommt man kaum mehr zu Gesicht, da das Wild in seinen Aktivitäten immer heimlicher wird. Leider wird in vielen Jagdrevieren noch immer durch Zufütterung eine zu starke Vermehrung des Wildbestandes provoziert. Die dann notwendig werdende Schadensbegrenzung ist somit vorprogrammiert.

Probleme durch nicht einheimische Wildtiere

In einigen Regionen Deutschlands werden Jäger auch eingesetzt, um die Bestände von „Ausreißern", wie z. B. die Nutria, zu dezimieren. Diese Tiere, die ursprünglich aus Amerika stammen, sind aus Farmen entflohen bzw. freigelassen worden, weil ihre Haltung nicht mehr lohnenswert war. Dies ist durch den Wechsel der Modebranche von Natur- zu Kunstpelzen verursacht worden.

Die Nutria kann sich aufgrund ihrer Größe und ihrer Lebensgewohnheiten gut zwischen Bisam und Biber einnischen. Genauere Untersuchungen müssen jetzt zeigen, welche Schäden im Ökosystem durch die Nutria verursacht werden. Sie siedeln sich bevorzugt auch in Gegenden mit Steinschüttung an, wo ihre Grabaktivitäten die Sicherheit von Dämmen und Böschungen beeinträchtigen. Von der tief liegenden Marschlandschaft Ostenglands ist z. B. bekannt, dass sie dort Dämme erhöht angelegter Entwässerungskanäle so stark unterwühlt haben, dass die Dämme brachen und die Felder überflutet wurden. Andere „Ausreißer", wie der amerikanische Nerz, bringen zwar anders gelagerte, aber nicht minder wichtige Probleme mit sich. Diese „Neubürger" verdrängen an einigen Stellen in Deutschland die einheimischen kleineren Räuber.

Der Raubwürger

Sehr wenige Brutpaare (ca. 2000) dieses interessanten Vogels finden sich nur noch in Deutschland (einige in Baden-Württemberg, Nordrhein-Westfalen, Schleswig-Holstein, die Mehrzahl in Ostdeutschland). Er jagt relativ große Beutetiere, die er nie im Ganzen verschlingen könnte. Er spießt sie auf Dornen bzw. klemmt sie in Astgabeln, um dann kleinere Portionen abzureißen und zu fressen. Die unverdaulichen Reste würgt er als Gewölle wieder aus. Täglich entstehen so 3 bis 4 Gewölle mit durchschnittlich 11,3 g Gewicht.

In 3 Raubwürger-Gewöllen (insgesamt 9,2 g) während der Brutzeit war die Herkunft der Nahrung wie folgt verteilt: 5,8 g Wühlmäuse, 0,9 g Vögel, 2,2 g andere Wirbeltiere, 0,2 g Insekten (Laufkäfer/ Hummeln) und 0,1 g andere Wirbellose.

Aufgaben

1. Erstelle ein Kreisdiagramm für diese konkrete Nahrungszusammensetzung des Raubwürgers.

2. Die Hauptbeute des Raubwürgers sind Wühlmäuse.
   a) Stelle in einem Pfeildiagramm die Abhängigkeit der Bestandsentwicklung beider Arten mit den Zeichen + und – dar.

   b) Erkläre die möglichen Auswirkungen auf die Anzahl der Raubwürger, wenn sich z. B. in einer größeren Windwurffläche des Waldes die Anzahl der Mäuse sehr stark erhöht.

   ____

   ____

   c) Was passiert, wenn die Anzahl der Raubwürger noch weiter zurückgeht?

   ____

   ____

Der Stoffkreislauf im Wald

A **Arbeitsblatt Seite 215**

1. Richtige Reihenfolge:
   Zettel 5, Zettel 3, Zettel 2, Zettel 1, Zettel 4.
2. oben: Sauerstoff; unten: Kohlenstoffdioxid

Z **Der Wald-Holz-Kreislauf**

Theoretisch ist ein geschlossener Wald-Holz-Kreislauf möglich (s. Abb.). Praktisch wird dem Kreislauf Holz entzogen, z. B. wenn es mit Kunststoff beschichtet oder mit giftigen Holzschutzmitteln getränkt wird. Dieses Holz wird zum Teil als Müll (nicht thermisch) entsorgt.

A **Zusatzaufgaben**

Erläutere die Unterschiede in der Lebensweise von Erzeuger, Verbrauchern und Zersetzern.

– *Erzeuger können durch den Vorgang der Fotosynthese selbst Nährstoffe aufbauen (synthetisieren). Im Gegensatz dazu müssen die Verbraucher und die Zersetzer Nährstoffe aufnehmen, die von grünen Pflanzen aufgebaut worden sind. Zersetzer leben von Resten toter Lebewesen.*

Der Wald-Holz-Kreislauf

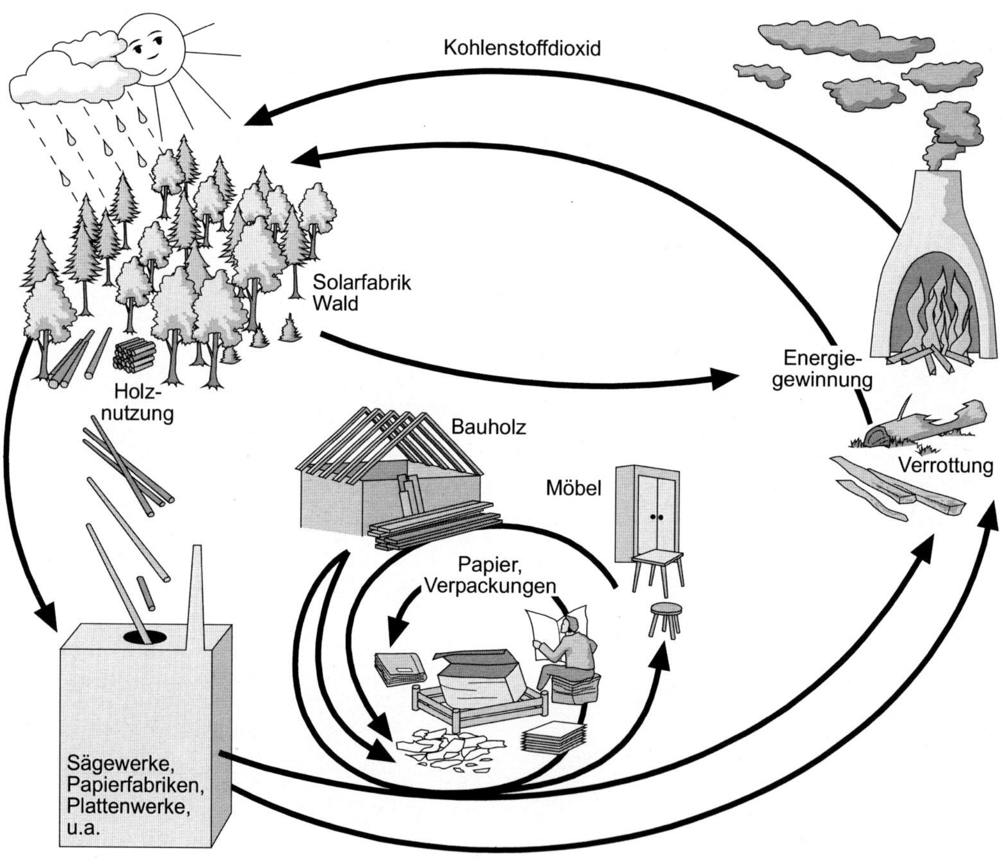

Der Stoffkreislauf im Wald

1. Ein Schüler hat über ein Jahr hinweg die Zersetzung eines starken Astes, der durch Windbruch von einer Hainbuche gefallen ist, beobachtet. Seine Notizen gerieten leider durcheinander. Lies die Zettel aufmerksam durch und ordne sie sinnvoll.

1) Der Stamm liegt zwischen Moospflanzen, die beginnen, ihn zu überwuchern. Im Schutz der Moose dringen vorwiegend Tiere und Pilze an der Bruchstelle und seitlich in die Borke und Rinde ein.

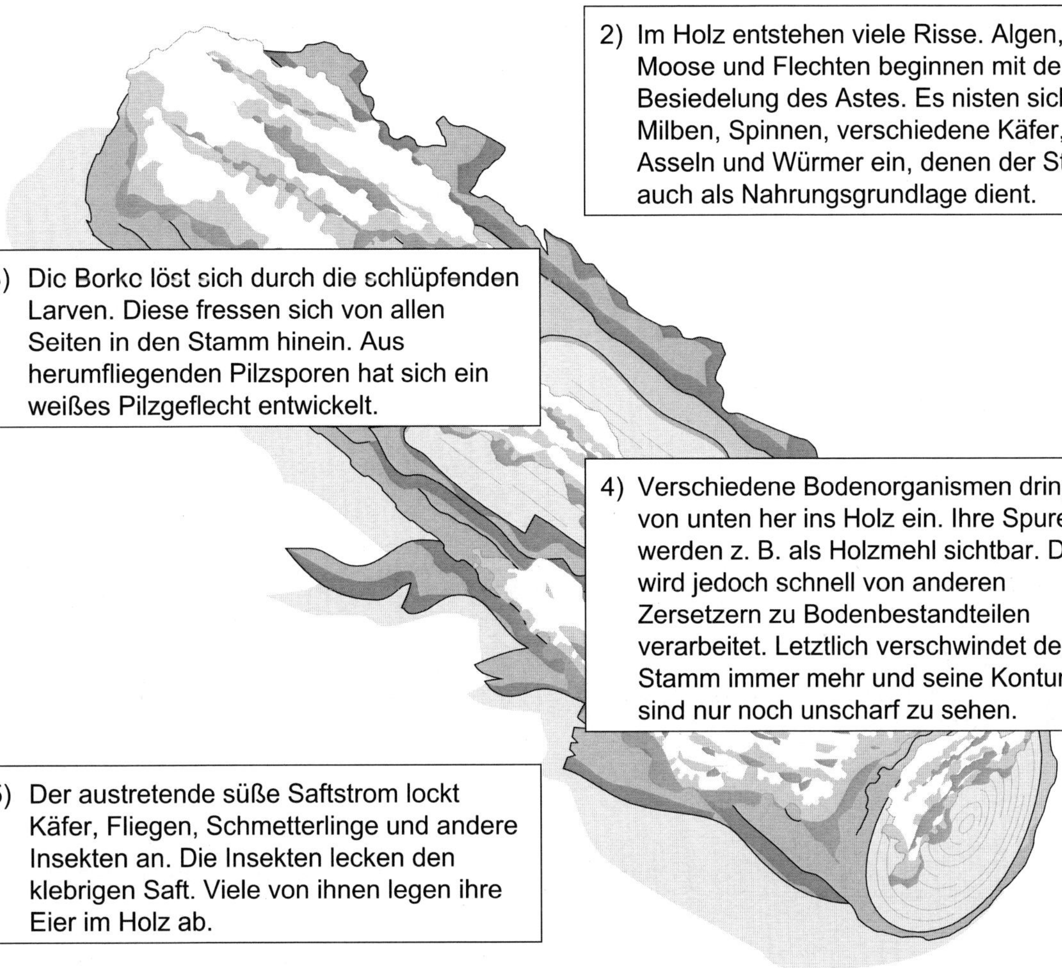

2) Im Holz entstehen viele Risse. Algen, Moose und Flechten beginnen mit der Besiedelung des Astes. Es nisten sich Milben, Spinnen, verschiedene Käfer, Asseln und Würmer ein, denen der Stamm auch als Nahrungsgrundlage dient.

3) Die Borke löst sich durch die schlüpfenden Larven. Diese fressen sich von allen Seiten in den Stamm hinein. Aus herumfliegenden Pilzsporen hat sich ein weißes Pilzgeflecht entwickelt.

4) Verschiedene Bodenorganismen dringen von unten her ins Holz ein. Ihre Spuren werden z. B. als Holzmehl sichtbar. Dieses wird jedoch schnell von anderen Zersetzern zu Bodenbestandteilen verarbeitet. Letztlich verschwindet der Stamm immer mehr und seine Konturen sind nur noch unscharf zu sehen.

5) Der austretende süße Saftstrom lockt Käfer, Fliegen, Schmetterlinge und andere Insekten an. Die Insekten lecken den klebrigen Saft. Viele von ihnen legen ihre Eier im Holz ab.

Die richtige Reihenfolge lautet: ______________________________

2. Im Kreislauf der Stoffe im Wald kommen auch Kohlenstoffdioxid und Sauerstoff vor. Vervollständige die Abbildung und nenne die Vorgänge.

____

____

____

____

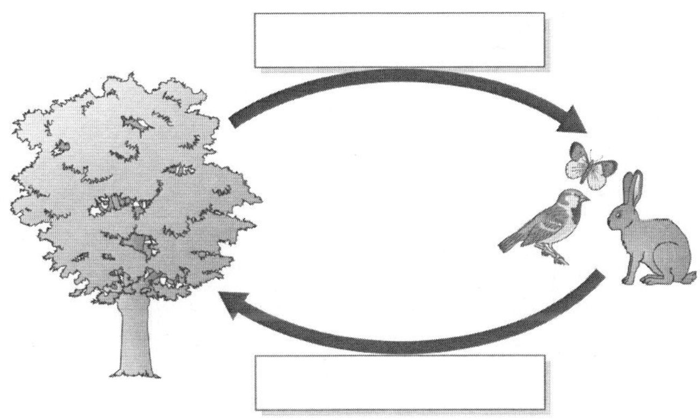

Der Wald als Bestimmungsort

Vielfältige Möglichkeiten bieten sich zur Bestimmung im Wald. Besonders leicht lassen sich die Baumarten anhand von Blättern, der Borke, Knospen, Früchten oder Samen bestimmen. Etwas schwieriger sind die Bestimmungen von Fraßbildern, Beeren, Pilzen, Kräutern, Nesttypen der Waldvögel, die Waldvögel selbst und was sonst noch im Wald kreucht und fleucht. Am günstigsten ist es, wenn sich die Teilgruppen für dieses Projekt jeweils einen Gegenstand bzw. eine Gruppe von Organismen zur Bestimmung vornehmen.
Die Vögel des Waldes sind oft sehr schwer zu sehen. Am besten orientiert man sich an ihren Stimmen. Man sollte jedoch vorher etwas üben, um die Vögel im Wald besser auseinander halten zu können. Dazu kann man verschiedenste Tonträger mit Vogelstimmen nutzen.
Um andere Wirbeltiere zu sehen, benötigt man vielfach ein besonders geschultes Auge. In sehr kleinen Gruppen bieten sich hier Exkursionen mit dem Förster an, der es den Schülern auch ermöglichen kann, an Beobachtungen auf einem Hochstand teilzunehmen. Dazu muss man jedoch eine Menge Zeit und Disziplin mitbringen.

Waldgesetze

Der Wald ist durch die Waldgesetze der einzelnen Bundesländer und durch das Bundeswaldgesetz geschützt. Erkunde deren Inhalte. Inwiefern bieten Naturschutzgebiete, Landschaftsschutzgebiete und Naturparks auch Schutz für den Wald?

Des Försters Sorgen

Informiert euch bei einem Förster über seine Arbeit, die Schwierigkeiten, die dabei zu bewältigen sind, und die Erlebnisse, die erfreulich waren. Mögliche konkretere Fragen könnten das Aufforsten, die Schäden an Bäumen durch Luftverschmutzung oder durch zu große Wildpopulationen, das Werkzeug der Forstarbeiter und die Waldpflegemaßnahmen betreffen. Versucht in der Vorbereitung dieses Gesprächs einen undurchforsteten und einen durchforsteten Bestand in einem nahegelegenen Wald zu erkennen (s. Tabelle).

Projektwoche im Wald

Auen sind interessante und sehr spezifische Landschaften. Trotzdem gehören Auwälder zu den am meisten gefährdeten Wäldern Deutschlands. Jugendwaldheime oder Jugendherbergen in ihrer Nähe sind ein idealer Ausgangspunkt für die Begegnung mit der Natur und ihre Untersuchung.

Papierherstrellung

Die Bäume des Waldes liefern u. a. unser Schreibpapier. Die Schüler können sich über die Papierherstellung informieren und selbst Papier „schöpfen“. Anleitungen findet man z. B. in Hobbybüchern.
Mit Lupe und Mikroskop kann man Papiersorten unterscheiden.
Die Borke der Birken, Pergament und Papyrus waren Vorläufer unseres Schreibpapiers. Bücher oder Museen sind Informationsquellen. In Geschichtsbüchern findet man z.T. Beispiele abgebildet.

Ordnung schaffen in der Artenfülle

Nach den Bestimmungen wird jede einzelne Projektgruppe in der Lage sein, eine Vielzahl von Lebewesen zu benennen. Diese Einzelergebnisse müssen der Übersicht halber sortiert und dokumentiert werden. Es ist dazu ratsam, die Organismen zunächst in bestimmte Gruppen, wie häufigste Pflanzen der Krautschicht, häufigste Tiere in den Baumkronen, Pilze an Baumstümpfen, Tiere der Blattstreuschicht usw., zu ordnen. Von diesen Organismen können dann in der Schule Kopien oder Zeichnungen angefertigt werden, um auf einer Anschauungstafel das untersuchte Waldstück vorzustellen. Aus biologischer Sicht wäre auch noch eine weitere Unterteilung, z. B. der Pflanzen in einjährige, zweijährige bzw. mehrjährige, ergänzend möglich. Die Artenfülle kann in unterschiedlichen Waldgebieten sehr stark voneinander abweichen. Dafür ist hauptsächlich der Waldtyp verantwortlich. Aus der nachfolgenden Tabelle sind einige Ursachen ersichtlich.

Merkmal	**durchforsteter Bestand**	**undurchforsteter Bestand**
Kronen	gut entwickelt	gering entwickelt
Stammzahl	gering, aber Stämme mit guten Stärkeklassen	hoch
Gesamtmasse	hoch	hoch
Zuwachs	an begünstigten Stämmen (durch Pflegehiebe) hoch	stagnierend
kranke Bäume	werden entfernt	bilden für die umstehenden Bäume Infektionsherde
Standfestigkeit	gut	gering
Bestandsdach	aufgelockert	dicht
klimatische Verhältnisse	günstiger Licht-, Wärme- und Wasserhaushalt	Licht-, Wärme- und Wasserhaushalt durch dichtes Kronendach ungünstig
Tätigkeit der Bodenorganismen	gut (gesunder Boden)	gering (negative Beeinflussung) durch klimatische Faktoren
Vorerträge	bis zu 40 % der Gesamtmasse durch Ausholzung	kaum verwertbare Vorerträge
Holzbewertung	astarmes, hochwertiges Stangenholz	gering und mäßig bezahlte Hölzer

Wachstum und Alter von Bäumen

Das Alter von Forstbäumen richtet sich vielfach nach der Nutzung des Holzes. Das maximale Alter für die im Forst wachsenden häufigsten Baumarten ist wie folgt: Kiefer: 100–120 Jahre, Fichte: 80–120 Jahre, Tanne: 90–130 Jahre, Rotbuche: 120–140 Jahre, Eiche: 200– 300 Jahre, Ulme: 120–140 Jahre. Obwohl uns ein derartiges Alter sehr hoch erscheint, ist es fast unbedeutend, wenn man z. B. an die Borstenkiefer *(Pinus aristata)* aus den White Mountains (Kalifornien) denkt. Bäume dieser Art sind bis zu 4600 Jahre alt.

Das Alter von gefällten Bäumen lässt sich durch Zählen der Jahresringe bestimmen. Man kann versuchen, Abnormitäten in deren Wachstum zu finden und zu erklären.

Bäume, besonders im Hochgebirge, sind trotz hohem Alter nicht besonders groß und häufig stark nach einer Seite entwickelt. Stehen Bäume in Überflutungsregionen, so bilden einige *Stelzwurzeln*, andere *Luftwurzeln* aus. Es gibt auch Bäume mit *Brettwurzeln*.

In botanischen Gärten oder Parks gibt es häufig Beispiele für verschiedene Wuchsformen (auch einzelner Organe) der Bäume.

Der moderne stadtnahe Wald

Viele Städte sind von sogenannten Stadtwäldern umgeben, die in erster Linien der Naherholung dienen. Immer häufiger findet man hier speziell angelegte Rastplätze mit rustikalen Sitzgruppen, Fitnesspfade, Grillplätze, Waldlehrpfade, Waldspielplätze und Wildgehege, die zum Verweilen einladen. Vielleicht ist es möglich, diese Anlagen nicht nur zu nutzen, sondern auch mitzugestalten.

Waldspiele

Für eine spielerische Begegnung mit dem Wald gibt es viele Möglichkeiten: sportliche Wettkämpfe, wie Zapfenzielwurf, Hangeln an einem starken Seil zwischen zwei kräftigen Bäumen, Balancieren auf umgestürzten Bäumen usw.
An Stationen kann erworbenes Wissen unter Beweis gestellt werden beim Wiedererkennen oder Ertasten von Objekten wie Früchten, Blättern und Borke von bestimmten Bäumen.

Experimente nach dem Waldbesuch

1. Ein intakter, moosbedeckter Waldboden kann auf einem Hektar bis zu 30 000 Liter Wasser festhalten. Das Wasserhaltevermögen von Erde ohne Bewuchs ist wesentlich geringer.
   Zur Untersuchung entnimmt man unterschiedlichen Stellen des Untersuchungsgebietes Bodenproben und bestimmt deren Wasserhaltevermögen, z. B. durch Platzieren der Probe auf einem Sieb und Auffangen des Restwassers nach Begießen mit einer definierten Wassermenge.
2. Man nimmt mit einem Klebestreifen einen Abdruck von der Borke verschiedener Bäume. Nach dem festen Andrücken und dann vorsichtigem Abziehen klebt man ihn auf einen Objektträger und betrachtet ihn mit Lupe oder Mikroskop. Man erhält so einen Eindruck vom Algen- oder Flechtenbewuchs bzw. von der Luftverschmutzung am jeweiligen Standort. Manchmal findet man auch Pollen.
3. Zur Untersuchung des Blattabbaus eignet sich folgender Langzeitversuch: Man gibt in mehrere Gefäße jeweils gleich große Mengen von Walderde und legt ein Blatt auf die Erdoberfläche des ersten Gefäßes, ein Blatt der gleichen Art in die Mitte der Erdschicht des Gefäßes 2 und ein gleichartiges Blatt in Gefäß 3 auf den Boden. Weitere Varianten entstehen, wenn gezielt zusätzliche Bodenorganismen eingesetzt werden.
4. Gallen können mit Präparierbesteck untersucht werden.

Was lässt sich alles aus Kräutern, Beeren und Pilzen zubereiten?

In Koch- und Backbüchern lassen sich viele tolle Rezepte finden, um die Früchte des Waldes zu nutzen. Voraussetzung ist eine sichere Bestimmung, um Vergiftungen zu vermeiden.

Die Geschichte des Waldes

Viele Gemeinden und Städte verfügen über alte Karten und Grundbucheintragungen über frühere Besitzverhältnisse eines Waldstückes. Befragungen älterer Menschen können helfen, die Geschichte des Waldes zu rekonstruieren. Heute nicht mehr übliche Nutzungen, wie Beweidung durch Vieh, Holzkohlegewinnung, Brennholzeinschlag usw., lassen sich möglicherweise rekonstruieren.

	Mischwald	**Reinbestand**
Bodenverhältnisse	vielseitige Nutzung der Nährstoffe, gute Humusbildung, gute Wasser- und Durchlüftungsverhältnisse	einseitige Nutzung der Nährstoffe, schlechte Humusbildung, schlechte Wasser- und Durchlüftungsverhältnisse
Strauch- und Krautschicht	gut bis sehr gut ausgebildet	spärlich oder gar nicht ausgebildet
Bäume	verschiedenartig und ungleichaltrig	gleichartig und gleichaltrig
Tiere	verschiedenenartig, kein Massenvorkommen einer Art	wenige Arten, die in Massen auftreten können (Schädlinge)
Gefährdung	geringere Schäden bei Sturm, Schnee und Feuer	stärkere Schäden durch Sturm, Schnee, Feuer und Insekten
Bewirtschaftung	Stämme werden einzeln oder in Gruppen gefällt (Maschineneinsatz erschwert)	meist Kahlschlag, wodurch der Einsatz von Maschinen begünstigt ist
Walderneuerung	ständige natürliche und künstliche Verjüngung	Wiederaufforstung der kahl geschlagenen Flächen

Die Skizze

Die Schüler fertigen eine Skizze des Schulgeländes an. Als Orientierungsrahmen dient eine Auszugsvergrößerung aus einem Stadtplan mit Schulgelände und angrenzenden Straßen. Die Skizze soll enthalten: die Gebäudekörper, das Wegenetz innerhalb der Schule, angrenzende Straßen, Rasenflächen, versiegelte Flächen, Biotope, Baumbestand, Sträucher und Hecken. Die Skizzen werden mit Grundrisszeichnungen der Schule, die der Schulleitung vorliegen, verglichen. Die Himmelsrichtungen werden in die Schülerskizzen eingetragen, nötigenfalls Korrekturen vorgenommen.

Die Schüler stellen auf Beobachtungsgängen fest, wie die verschiedenen Flächen in den Pausen genutzt werden: Wo wird gespielt (Trittindikator Breitwegerich, s. Kasten S. 219), gibt es Ruhezonen und laden sie zum Verweilen ein? Wo halten sich ältere und wo jüngere Schüler auf? Gibt es besonders laute und leise Ecken? Wo sammelt sich bevorzugt Müll an? Gibt es besonders schöne, besonders hässliche Gegenden und wodurch unterscheiden sich diese?

Bei der Protokollierung des Schulgeländes können räumliche Gegebenheiten (Geländemorphologie, Kletterbäume, Gebüsche zum Verstecken, unpassierbare Hecken usw.) und zeitliche Wechsel eine Rolle spielen. Das betrifft tageszeitliche Phänomene, wie Sonnengang und Schattenwurf durch Bäume (Schattenlänge zu verschiedenen Tageszeitpunkten feststellen) und jahreszeitliche Veränderungen (z.B. Belaubung, Blühen und Fruchtreife von Bäumen).

Durchführung und Finanzierung von Schulhofumgestaltungen

Eigenleistungen: Präsentationsmappe, Einsatz der Arbeitskraft von Eltern, Schülern und Lehrern. Sind bereits Eigenleistungen erbracht, sind die Erfolgschancen auf den nachgeordneten Ebenen größer.

Eigenmittel: Geld wird auf Veranstaltungen, wie Bazaren, Flohmärkten und Schulfesten, eingenommen. Im Rahmen der Schulautonomie, die in einigen Bundesländern weit fortgeschritten ist, haben Schulen die Möglichkeit, Gelder des Etats umzuwidmen. Firmen im Stadtteil werden zu Spenden aufgefordert (der Schulverein stellt Spendenquittungen aus).

Mittel der Kommune: Als Schulträger ist die Kommune für die Außenanlagen verantwortlich. Auf Seiten der Verwaltung ist das Gartenbauamt oder das Hoch- bzw. Tiefbauamt zuständig. Stehen ohnehin Erdbewegungen auf dem Schulgelände an, ist die Gelegenheit, Gestaltungsvorschläge einzubringen, günstig. Politisch sind die Stadtparlamente oder Bezirksgemeinderäte und Parteien zuständig.

Stiftungsmittel: Es gibt zahlreiche lokal und regional tätige Stiftungen, die auch Schulhofumgestaltungen unterstützen.

Adressbuch Umweltschutz, 4. Aufl.: Hrsg. Deutsche Umweltstiftung, BAV-Verlag, Wiesbaden 1996
EDINGER-ACHENBACH, S. (1993): Der Schulhof – ein Spielraum für Kinder. In: Motorik, Schorndorf, Heft 1, 13–20.

Gestaltungsvorschläge

Die Schüler halten in Text und Bild fest, wie sie ihr Schulgelände gestalten würden, um sich noch wohler zu fühlen. Die Umgestaltungsvorschläge betreffen die Bewegungsräume (Grünflächen, stationäre Spielelemente), die Ruhezonen und die Ästhetik (Ökoinseln, Bepflanzung, Fassaden, Mauern usw.). Die Gestaltungsvorschläge werden gesammelt. Es wird eine Präsentationsmappe angefertigt, die den Ist-Zustand und den angestrebten Soll-Zustand des Schulgeländes wiedergibt. An diesem Punkt kann das Projekt enden.

Die Mappe kann aber auch der Schulkonferenz vorgelegt werden. In diesem Gremium wird entschieden, welche Vorschläge wünschenswert und umsetzbar sind.

Ein Teil der Vorschläge lässt sich schulintern realisieren (z.B. Weidengänge, Anschaffung von Spielgeräten für die aktive Pause, Aufsichten), andere (stationäre Spielgeräte, Erdbewegungen, Fassadenbegrünung) bedürfen der externen Unterstützung.

Aktive Pause. Anregungen für bewegte Pausen. Handreichung Behörde für Schule, Jugend und Berufsbildung, Freie Hansestadt Hamburg, 1987. Bezugsadresse: Amt für Schule – Referat Sport. Humboldtstr. 30, 22083 Hamburg.
BAUMANN, R.: Begrünte Architektur. Callwey-Verlag 1985
STICHMANN, W.: Biotope aus zweiter Hand. Themenheft, Unterricht Biologie, Heft 135, 1988

Extremstandorte und Überlebenskünstler auf dem Schulgelände

Kletterer: Efeu

Winder: Blauregen, Geißblatt, Zaunwinde, Windenknöterich

Ranker: Wilder Wein, Waldrebe, Wicke, Weinrebe

Trittpflanzen: Breitwegerich, Löwenzahn, Vogelknöterich, Hirtentäschelkraut, Strahlenlose Kamille, Liegendes Mastkraut, Einjähriges Rispengras

Mauerpflanzen: Scharfer Mauerpfeffer, Rispengras, Echte Hauswurz

Der Breitwegerich – ein Trittanzeiger

Der Breitwegerich *(Plantago major)* ist eine mehrjährige Pflanze, deren Blätter grundständige Rosetten bilden. Die Pflanze kommt auf Schuttplätzen und Wegen insbesondere dort vor, wo aufgrund von hoher Tritthäufigkeit und Bodenverdichtung kein Gras mehr wachsen kann. Gummiartige derbe Blattstiele und Blätter ermöglichen der Pflanze ein Überdauern auf stark strapazierten Flächen (z.B. Eckfahne und Tor eines Bolzplatzes, Garageneinfahrten, Gehsteige). Auch auf dem Schulgelände sind stark betretene Flächen durch das Vorkommen des Breitwegerichs markiert.

Untersuchung eines Breitwegerichs

Beim Ausreißen der Blätter und Blattstiele wird die Zähigkeit der Pflanze festgestellt.

Der Breitwegerich bildet eine Ähre als Blütenstand aus. Die zahlreichen kleinen Samen werden bei Feuchtigkeit klebrig, bleiben an Tierhufen oder Schuhen hängen und werden so verbreitet. Da der Breitwegerich von Europa auf diese Weise nach Amerika gelangte und sich entlang der Wirtschaftswege ausbreitete, nannten ihn die Indianer auch „Fußstapfen des Weißen Mannes“. Das Klebrigwerden kann unter dem Mikroskop beobachtet werden.

Schneidet man mit einem scharfen Messer die Pflanze dicht über dem Boden ab, so kann man an den Jahresringen ihr Alter ablesen.

Bestimmungsschlüssel Pflanzen in Pflasterritzen, Beihefter. In: Unterricht Biologie, Themenheft Stadtökologie, H. 143.

POPPENDIECK, H.: Breitwegerich als Bioindikator. In: Unterricht Biologie, Heft 131, S. 50, 1987

Adressen

Fassadenbegrünung, Kletterhilfen, Dachbegrünung, Wildpflanzen: Zentralverband Gartenbau, Godesberger-Allee 142–148, 53175 Bonn.

Nisthilfen für Vögel: Schwelger Vogel- & Naturschutzprodukte GmbH, Heinkelstraße 35. 73614 Schorndorf

Bund für Umwelt und Naturschutz Deutschland (BUND) Im Rheingarten 7, 53225 Bonn

Pro Natur Gesellschaft zur Förderung des Naturschutzes m.b.H., Geleitsstr. 14, 60599 Frankfurt

Bäume

Laubbäume des Schulgeländes können gut mithilfe gesammelter und gepresster Blätter bestimmt werden. Nötigenfalls können diese Blätter auch Experten zur Bestimmung vorgelegt werden oder mit Bäumen eines Baumlehrpfades verglichen werden. Die Höhe von Bäumen kann leicht abgeschätzt werden: Es wird eine Markierung (z.B. Baustellenabsperrband) 2 Meter über dem Boden am Baumstamm angebracht. In ausreichender Entfernung wird der Baum mit einem Lineal „angepeilt“. Die Skala des Lineals wird mithilfe der Teilstrecke von 2 Metern geeicht. Da nun bekannt ist, wie viele Zentimeter auf der Skala des Lineals 2 Metern Stammhöhe entsprechen, kann die Gesamthöhe des Baumes leicht errechnet werden.

AICHELE, R.; SCHWEGLER, A.: Welcher Baum ist das? Franckh-Kosmos, Stuttgart 1985

Von anderen lernen

Besuchen Sie eine Modell-Schule, die bereits eine Umgestaltung des Schulgeländes vorgenommen hat. Adressen sind über die Schulbehörden erhältlich. Beratung zum Thema Gestaltung des Schulgeländes bieten oft auch Schulbiologie- und Umweltzentren an.

Untersuchung der Trittgesellschaft auf dem Schulgelände

Auf einer stark betretenen Fläche (Bolzplatz, Wege) wird eine Fläche von 1 m^2 abgesteckt. Man stellt die Zahl der verschiedenen Pflanzenarten fest (Belegexemplare können herbarisiert werden). Dann wird die Häufigkeit der einzelnen Pflanzenarten bestimmt.

Dann lassen sich die Lebensbedingungen der Trittpflanzen abschätzen: Feuchtigkeit, Temperatur, Sonneneinstrahlung, Bodenbeschaffenheit. Eine Fläche, die etwa im Schattenbereich eines Baumes liegt, kann zum Vergleich herangezogen werden.

GEBHARD, K.; GEBHARD, R.: Pflanzen in Pflasterritzen. In: Unterricht Biologie, Themenheft Stadtökologie, Heft 143, S. 16–19, 1989

Aktion Tierwohnung

Bei der Planung können auch die Bedürfnisse unterschiedlicher Tierarten berücksichtigt werde. Schüler können Nisthilfen für Vögel, Fledermäuse und Wirbellose (z. B. Holzscheite mit Bohrlöchen für Goldwespen) bauen und anbringen. Dabei lernen sie gleichzeitig Wissenswertes über die Lebensweise der Tiere und ggf. über ihre Gefährdung. Nach der Besiedlung entstehen so auch schulnahe Beobachtungsmöglichkeiten für den Unterricht.

LUDWIG, H. W.; BECKER, N.: Tiere im Gartenteich; BLV Verlag, München 1991
REICHHOLF, J. H.: Wir tun was für kleine Säugetiere. G. Steinbach (Hrsg.) Aktion Ameise; Franckh-Kosmos, Stuttgart 1991
SCHREIBER, R. L.: Tiere auf Wohnungssuche: Ratgeber für mehr Natur am Haus; Dt. Landwirtschaftsverlag, Berlin 1993
STEINBACH, G. (Hrsg.): Wir tun was für unsere Singvögel. Franckh-Kosmos, Stuttgart

Anmerkungen zum Register

Das folgende Register weist einige Besonderheiten auf:
- Seiten mit Lösungen und Informationen zu einem Thema und die dazu gehörenden Arbeitsblätter werden als eine Einheit aufgefasst. Die im Register aufgeführten Seitenzahlen geben immer die Seite für die Lehrkraft an, auch dann, wenn der entsprechende Inhalt sich u. U. auf einem Arbeitsblatt befindet.
- Bei Themen, die häufig vergleichend betrachtet werden, sind die Schlagworte so formuliert, dass man die Angebote zu diesem Thema auf einen Blick erkennen kann. Beispiel: Statt „Fleischfressergebiss" wurde der Begriff „Gebiss – Fleischfresser" gewählt. So ist im Register einfach zu erkennen, welche anderen Gebisstypen ebenfalls behandelt sind.
- Einige Schlagworte beziehen sich in erster Linie auf die Art des Materials und nicht nur auf den Inhalt. Beispiele: Bestimmungsübungen werden für unterschiedliche Tier- und Pflanzengruppen angeboten. Sie sind so auf einen Blick erkennbar. Auch die in diesem Buch enthaltenen Spiele und Projektvorschläge sind so leicht zu finden.
- Es sind auch Stichworte aufgenommen, die auf den genannten Seiten nicht vorkommen, aber einen thematischen Bezug zum Inhalt haben.

Register

Bildnachweis
S.41 Superbild (Erich Bach), Grünwald – S.158 Okapia (Frieder Sauer) – S.168 Klett-Archiv, Stuttgart – S.191 Bildarchiv Preussischer Kulturbesitz – S.201 Klett-Archiv, Stuttgart; Okapia (Haus Reinhard)